大漠雄鹰

冒顿单于传奇——

曾宪法 ◎ 著

中国文史出版社

图书在版编目（CIP）数据

大漠雄鹰：冒顿单于传奇／曾宪法著．－－北京：
中国文史出版社，2022.11
ISBN 978-7-5205-3864-0

Ⅰ.①大… Ⅱ.①曾… Ⅲ.①冒顿（？－前174年）—传
记 Ⅳ.①K827=341

中国版本图书馆 CIP 数据核字（2022）第 197152 号

责任编辑：胡福星

出版发行：中国文史出版社
社　　址：北京市海淀区西八里庄路 69 号院　　邮编：100142
电　　话：010-81136606　81136602　81136603　81136605（发行部）
传　　真：010-81136655
印　　装：廊坊市海涛印刷有限公司
经　　销：全国新华书店
开　　本：787×1092　1/16
印　　张：24
字　　数：360 千字
版　　次：2023 年 3 月北京第 1 版
印　　次：2023 年 3 月第 1 次印刷
定　　价：72.00 元

目　录

1

引　子

史迁（司马迁）以写人物传记揭开了中国璀璨历史的篇章，他把我们远祖的音容笑貌、喜怒哀乐、功过是非、盛衰成败、货殖经济、社会结构、典章制度、文哲思想、发明创造、迁徙流动、民族交往、兵戎纷争以及社会生活的方方面面都活灵活现地展示出来。以《史记》为先河的二十四史都沿着纪传体的格局续写着中华民族的历史。英国的汤马斯·卡莱尔说："历史是无数传记的荟萃。"美国的爱默生则宣称："准确地说，没有历史，只有传记。"

18世纪的卡莱尔和19世纪的爱默生未必读过《史记》，他们的话当然也并非针对包括《史记》在内的中国二十四史而言。但重视和强调传记，不论是中国的古圣先贤，还是外国的近代史家，所持意见是一致的。爱默生的话也许显得偏颇或被斥为偏激，但其核心的观点在于传记，这一点没错。

有了最具代表性的人物的传记，那才可能见到鲜活的、唯一的、可以触摸的，甚至可以与之"对话"或"交流"的历史。离开了人物传记的历史，充斥着一些抽象的线条，一种"先验"的理念，一套固定的模式，一堆明着反对宿命实则回归宿命的公式，使人们对历史的进程，既找不到源，也不知其流，更看不见具体的有血有肉的活人的真实的行状，究竟要使人看到什么呢？经典史家之所以给人们留下经典作品就在于他们把创造历史的人活灵活现地树立在历史的画廊上了。

研究民族历史，不言而喻，也应从研究民族最具代表性的人物传记开始，这个民族的历史才会是鲜活的。

中华民族不是单一的民族，从很早的古代起，作为我国各民族的总称——中华民族的祖先就劳动、生息、繁衍在这块美丽、富饶、广阔的土地上，并有着将近四千年的有文字可考的历史。史迁开创的先河——纪传体的《史记》及其以后的"二十四史"把中华大地所有各民族的活动都留下了记录。这份遗产为整个人类的文明做出了无与伦比的贡献。但因史料的来源有别，古代信息不畅，古文叙事简约，史观因人因时而异，致使一些历史事件情况不明，甚至真伪难辨，使古史留下许多难解之谜。但史迁给后世学人留下治史的榜样：行万里路，到历史事件发生点实地考察以体

验和验证文献所述的实感或不足。

历史不是抽象的概念，不是先验的规定。史迁考察和体验历史事件发生点之后所写的传记，其人物虎虎有生气，写景色熠熠闪光辉，绘声如金石掷地，绘色见流云生彩。叙战事如置身金戈铁马冲锋陷阵的战场，讲货殖可闻驼铃叮咚贩夫叫卖的喧声，历史是具象的、可读的。它记载着重大的历史事件，也表现着普通百姓的生活；它再现政治家的智慧，也揭露独裁者的罪恶；它描写军事家的丰功伟绩，也悲悼士卒们的沙场白骨。

匈奴曾是中华民族的一个重要成员，史迁也为之立了列传。此后，在其存世期间，历代史书亦皆为之立传。它已经淡出了中国历史，但其影响却始终存在着。在 20 世纪，考古发掘发现多处匈奴人留下的大墓，出土了许多非常重要的文物，国内外各有关方面都密切关注。特别是当年从中国境内出走的那一支北匈奴人的后裔纷纷前来寻根，以了解其远祖的历史。匈奴史成为国际学者多方进行研究和探讨的一门显学。我国研究民族史的学者和考古学家们做了大量的开拓性的研究和挖掘工作，为匈奴史的研究做出了非常重要的贡献。向西方迁徙的那一支北匈奴人的足迹流落在沿途所经之处，它也为中外史家所钩沉，大体可以理出一个脉络，并与有关的文献记载的古史做了大致的衔接。

但尽管如此，想要做出一篇较为翔实的有充分史料作为依据的冒顿（mò dú）单于传却难乎其难。譬如一个简单的问题：冒顿的生年、生地，不可知。因此他究竟活了多少岁就是一笔糊涂账。冒顿的名字怎么读？什么意思？匈奴人的语言可以肯定属突厥语系，但属什么语族就摸不清了。诸如此类的问题在研究冒顿生平时，俯拾皆是。

再如史迁在《史记》中所写的"白登之围"或称"平城之战"谓冒顿在白登山集中了四十万"控弦之士"，把刘邦的十二万骑兵围困在白登山（亦作白登台）上七天七夜，水泄不通。后来刘邦用陈平的美人计，又加上刘邦的后续二十万步兵亦将抵近，终使冒顿开出一条缝，放刘邦一条生路。

这段记载属实吗？当时的冒顿有四十万"控弦之士"吗？楚汉战争后的刘邦已宣布"罢兵归家"，一时之间他怎样征调三十二万人马？白登台不足一万平方米，能容几多兵马？冰天雪地中作战双方五十多万人马（不计刘邦后续步兵）和百万匹战马（匈奴"控弦之士"皆有备用战马，汉家兵丁缺少战马，但战将也得有备用坐骑）集中在一块屁股大的白登台上能作战吗？七天七夜中人无口粮、马无草料、夜无薪柴、宿无帐幕，还说什么美人计！而且陈平作为刘邦的第二谋主，为刘邦"六出奇计"，计计皆用美人一法，也叫人瞠目。这种"小说家言"怎么混入了正史？其双方态势究竟怎样呢？

为冒顿作传几乎步步都会碰到这类叫人不敢细究却又不能不予以细究的问题。如果不细究，那么根据传言写成的匈奴列传中的冒顿是一个从稚童时代开始就要弑父自立而为单于的人。在其弑父之后便四出攻略：东征东胡（当时这是个不明确的概念），北伐丁零，远征萨彦岭，扫荡燕然山，驱逐月氏，威降西域，终其一生，辖制大汉，子孙承嗣，连年南侵。他所建立的三分制政权和所谓的"奴隶制社会"（这是现代史学家的称谓，是一个完全错误的概念）的匈奴国家，究竟是个什么样的社会？这叫我们怎么认识冒顿这个人？他的三分制何以对后匈奴时代的草原帝国产生那么长远的影响呢？

我深深地爱着草原，从大兴安岭到喀尔巴阡山，我尽可能地踏访着匈奴人曾经留下足迹的地方，试图理解他们的生活，他们的甘苦和他们的快乐，从而深入了解他们的历史。在我想去却又走不到的地方，我也想方设法寻找第二手资料，让我感受他们为求生存而经历过的艰辛和由于贪婪与愚蠢而制造的罪恶。在我捧读《史记》时，那些流光溢彩华丽生辉的篇章不禁使我感到这肯定是史迁曾经亲历或者是直接采访过而写出来的，所以文字才能像音符那样记录优美的旋律，发出高亢的越过时空穿透心扉的歌声，而立即使读者心灵与之产生共鸣。但是当读到那些从别人的叙说、传闻或从旧档案中收罗的材料辑入其文中的时候，就感受到有些段落的文字显得那么苍白、虚弱和口气上的游疑。我在写《"白登之围"兵员数目考》一文的过程中，这种感觉就特别强烈。

我还试图把草原文化和农耕文化、山地文化、水网文化、绿洲文化和因绿洲而形成的城邦义化、渔猎义化、海岛文化以及受各种宗教文化影响所形成的各种特殊性进行比较，如果将这些因不同条件所形成的不同特点和创造性的适应过程一律忽略不计，硬要将其放在某一特定的公式、固定的套路中加以诠释，那么历史就将见不到一个有个性的人和有独特传统的部落、部族或民族了。

我深深地爱着草原。牧人所创造的游牧文化不仅仅是一种生活方式，还因其游动而接触、吸收并传播其他各种文化和生活方式。人类的进步是因为各种文化的传播和交流而加速发展的，但文化的传播并不都像流行的情歌那样浪漫，它往往要伴随着冲突甚至战争。战争是一把双刃剑，它并不单纯地表现为胜和负，它既有毁灭的一面，也有创造的一面。它是人类固有的一种互动模式。胜王败寇，并非天定，亦非人谋。三十年河东，三十年河西，势也。谁善于观察势，谁能够驾驭势，也不完全是主观能决定的。偶然性和必然性都在起作用，谁能有绝对的把握？

匈奴无文字，冒顿未读书，当然亦无兵法可学。但有兵家称他每用兵多与兵法暗合。这表明他是天才喽！但观其一生行状，却全无天才表现。他一生歧路坎坷，险象环生。而他竟然创出一爿天地，既非天定，亦非人谋，关键在于势。即他善观察势，了解势，谋于势，驾驭势，因而成就他那一代伟业。

秦由极盛突转骤衰是一种势。项羽百战百胜而一败涂地，刘邦百战百败却一胜定鼎是另一种势。戎狄各部百有余种，西据天山南北，东占大漠四周，或依绿洲建立邦国，或逐水草走圈游牧，或藏山林亦田亦猎，或近中原改习农作，各自为政，不相与谋，这当然又是一种势。

寸有所长，尺有所短。形格势禁，变化万千，事与愿违，天意难遭。冒顿能在战国末年强秦骤衰、楚汉角力强弱逆转的一个大时代里脱颖而出，竟然建立起一个强大的草原帝国，不仅影响了东方的历史进程——西汉帝国的灭亡，东汉帝国的动乱，后来还影响了西方的历史进程——东罗马帝国的崩溃，西罗马帝国的衰落。

这样一个草原帝国的缔造者，我想是应该为他立传的。但在为他立传之前，我是犹豫得太久太久，在无法按常规作业的情况下，就只好先绕一个弯子，从"白登之围"说起了。

白登之围

公元前 200 年，按汉纪元为高帝七年，亦即楚汉战争结束之后的两年，汉高帝刘邦又遭遇了一场"白登之围"，史亦称"白登之战"，或谓"平城之围""平城之战"。

秦末群雄并起，天下纷扰，经过历史的整合，形成两大势力的冲突，在历时五年的战争中，项羽以百战百胜的雄姿傲视天下，却走到英雄末路，自刎乌江，肝脑涂地，而刘邦则从百败百战中创造奇迹而终成帝业，洛阳称尊，定鼎关中。他本以为可以刀枪入库，马放南山，但又遇到了新的挑战者。

一、刘邦定鼎关中

楚汉战争结束之后，胜利的刘邦在公元前 202 年，应诸侯王和众臣工上疏吁请，在曹州济阴的氾水之阳登坛即皇帝位。刘邦称尊后不久即去洛阳，洛阳故城中尚有前朝留下的南宫和北宫。北宫似已残破，而南宫保存尚好，因而南宫就成了刘邦的皇宫。在前 202 年的夏五月，刘邦在这里做了一项重要的决定：罢兵归家，并诏令因避秦乱而逃亡山泽的百姓人等各归故里，"复故爵、田宅"。他颇有一种"归马于华山之阴，放牛于桃林之野"的愿望。与此同时，刘邦对于随他征战的弟兄们、鞍前马后的随从们、亲朋好友及策谋之士，依例都要论功行赏，加官晋爵，增邑封侯，另外对于那些与他结成反楚统一战线的各路诸侯则仍然裂土封王。当然还有两类人群需要特殊对待，这是不能完全按功勋和成绩来决定的，只不过在做法上或名义上却需要做得巧妙些、隐蔽些或者在时间上拖一拖。其中的一类是宗亲、姻戚，另一类是伤害过他或是不忠于他的一些人。总之是亲疏、远近、内外、恩仇要严格区分，不过这些原则不能完全讲在嘴上，甚至是完全不能讲在嘴上。

刘邦从在定陶称尊，到在洛阳南宫坐朝，他的周围始终有些乱哄哄的样子。

当然这种状况不应苛责。在战争时期，刘邦面对的始终是非常强大的敌手。最初是直面统一六国建立起强大政权的强秦，其次是堪称百战百胜

立式羚羊形铜饰件（战国，高 17.4 厘米，1974 年准格尔旗玉隆太出土）

的"力拔山兮"的霸楚，哪个也不好惹。但他都惹上了，而且还都赢了。那时他处于弱势，而且始终处在吃败仗的阴霾下，所以他的队伍也总是乱哄哄的。不过虽然形势非常严峻，但却非常单纯：打得赢就打，打不赢就跑。只要还有一口气，转过身来再打。输了就跑，转身再打；再跑，再打。上天眷顾，他终于打赢了。到了洛阳之后，情势不同了，他们没有对手了，也就没有危机了，但形势却不再单纯了。或者应直白地说，形势越发复杂了。以裂土分封而论，那可是个最棘手的事情。当初迫于强敌之压，刘邦怎敢不放下身段，哪怕只求人家作个态，表示一下中立，他都得以裂土相应，更不用说真的率军助战，他更得裂土相酬。但彼一时，此一时。现在天下归刘，裂土就是建立国中之国，而且还不止三五个。自古天无二日，国无

两君，何况有许多个王。但他又不能不裂土分封。对于诸异姓王来说，哪一个会觉得满足呢？哪一个会觉得自己不如人呢？横向与同列为王的人相比，与自己过去的领地相比，与自己认为自己所出的力、所立的功及所期望的值相比，以及对自己的前途的担忧，哪一个人的心理会平衡呢？

立大功者得以封侯，立次功者虽难得封侯之赏，但毕竟也是在战场上摸爬滚打，拼却性命的，也得算一番作为。他们在南宫殿外，竟是"日夜争功不决"，这叫刘邦颇感为难。因为他们人数众多，而且毕竟是冲锋陷阵之士，天下是靠他们的血汗拼下来的，而且今后还得使用他们。如果处理不好，那麻烦就大了。因此必须先采取稳定办法，假以时日，容后逐步解决。这事自有谋臣为之献策。

但在何处建都这个问题上，刘邦似乎又碰到了难题。就他本人而言，从一介亭长而为南宫之主，已经很有满足之感了。裂土封王者自负封地，爵为彻侯者各有食邑。建都何地对他们而言，似乎并不重要，而那些争功不决者对此却突然关心起来，因为刘邦的核心力量多出自洛阳以东之地。现在战争结束了，士卒们已高高兴兴回家种田去了，而那些有功而未得行封之辈自度得一爵位是迟早的事，他们可以荣耀乡里，甚至成为一方官

吏，自然离家越近越好，离朝廷也是越近越好。因此，他们主张就在洛阳建都，认为这里比什么地方都好。而那些为刘邦赢得胜利具有决定性影响的著名的谋士、文臣、武将竟然也无一人站出来对建都问题陈述一言。

建都洛阳似乎已成定案。

但在这时，一个叫娄敬的人却跑出来说话了。

这个娄敬是齐人，原是奉命远去陇西守边的赶车的戍卒。他路过洛阳，因与虞将军有同乡之谊，请其转达求见皇上之意。虞见其穿着寒碜，想叫他换上一件鲜亮的衣服。他却说："臣衣帛，衣帛见；衣褐，衣褐见；终不敢易衣。"他就这样被召见，而且陈述了他对选择建都地点的高见。他说："陛下都洛阳，岂欲与周室比隆哉？"刘邦答曰："然！"他说："陛下取天下与周异。周之先，自后稷封邰，积德累善，十有余世，至于太王、王季、文王、武王而诸侯自归之，遂灭殷为天子。及成王即位，周公相焉，乃营洛邑，以此为天下之中也，诸侯四方纳贡职，道里均矣。有德则易以王，无德则易以亡。故周之盛时，天下和洽，诸侯、四夷莫不宾服，效其贡职。及其衰也，天下莫朝，周不能制也；非唯其德薄也，形势弱也。今陛下起丰、沛，卷蜀、汉，定三秦，与项羽战荥阳、成皋之间，大战七十，小战四十；使天下之民，肝脑涂地，父子暴骨中野，不可胜数，哭泣之声未绝，伤夷者未起；而欲比隆于成、康之时，臣窃以为不侔也。且夫秦地被山带河，四塞以为固；卒然有急，百万之众可立具也。因秦之故，资甚美膏腴之地，此所谓天府者也。陛下入关而都之，山东虽乱，秦之故地可全而有也。夫与人斗，不扼其亢，拊其背，未能全其胜也；今陛下案秦之故地，此亦扼其亢，拊其背也。"

一个身披老羊皮的戍卒，纵论商周兴替，横谈东西形势，俯视天下，陈说利害，令刘邦刮目相看。而廊下群臣则以寸光之私见，不愿远离故土，争言："周王数百年，秦二世即亡。洛阳东有成皋，西有殽、渑、倍河，乡伊、洛，其固亦足恃也。"只有张良力排众议，支持戍卒娄敬之言。他说："洛阳虽有此固，其中小不过数百里，田地薄，四面受敌，此非用武之国也。关中左、函，右陇、蜀，沃野千里；南有巴、蜀之饶，北有胡苑之利。阻三面而守，独以一面东制诸侯；诸侯安定，河渭漕挽天下，西给京师；诸侯有变，顺流而下，足以委输；此所谓金城千里，天府之国也。娄敬说是也。"

其实，关于关中地区是天府之国之论既不是娄敬的创意，也不是张良的发明。纵横家苏秦以连横说游说秦惠王时就有此论了。他说："大王之国，西有巴、蜀、汉中之利，北有胡貉、代马之用，南有巫山、黔中之限，东有殽、函之固，田肥美，民殷富，战车万乘，奋击百万，沃野千

里，畜积饶多，地势形变，此所谓天府，天下之雄国也。"苏秦之论见于《战国策》。《战国策》成书很晚，约在西汉末年才开始流传。近年来湖南长沙马王堆出土西汉帛书，记述战国时事，定名《战国纵横家书》，与《战国策》内容相似，当然这也晚于刘邦在世时期。不过战国时游说之士的策谋和言论在秦统一六国之前或以单篇、或以合集，很有可能就已经广为流传了，后以《国策》《国事》《事语》《短长》《长书》《修书》等名称汇编成册。但刘邦生活在秦始皇时代，焚书坑儒的政策自然影响到刘邦那一代人中的大多数。秦始皇怕有知识的人造他的反，而造他反的人恰是"原来不读书"的刘项。项羽完成了推翻焚书坑儒政策的秦王朝的历史使命之后，却以恢复春秋或战国的诸侯分治天下的旧秩序为己任，也终于被历史淘汰出局。所以娄敬的一席话使刘邦有振聋发聩之感，而在得到张良的首肯之后，这位一向蔑视儒生却又善纳儒生之言的刘邦大约已经意识到娄敬一言有兴邦之益，立即摒弃自定陶称尊以来在处理政事方面经常出现的优柔寡断之风而做出一项重大决策：定都关中，即日起驾西行。这使他又像一条汉子，既洗去小人得志之态，又革去高阳酒徒和市井无赖之习。他还给那个披着老羊皮衣的戍卒娄敬赐姓刘，号曰奉春君，春为岁始，而娄敬发建都关中之始，故称奉春，并拜为郎中。郎中为皇帝近臣。郎官的职责原为护卫陪从，随时建议，备顾问及差遣（后世郎官的职责及权限多有变化，但其近上之意不变）。本书后文涉及娄敬时，则一律称之为刘敬也。

关中地区已被项羽三月不熄的一把大火烧得残破不堪，但这不是说关中地区的全部地面建筑都被付之一炬。秦咸阳渭河南岸上的长安乡就还剩下一座兴乐宫躲过大火的劫难，不过绝难避免劫掠之灾，终致人员踪影不见，任凭蛇鼠肆意横行，禁苑中荒草蔓延，寝殿上豺狐出没。

不过这里毕竟比他处略胜一筹，楼宇没有变成焦土。只要野草还能滋生，大地就还能孕育生气。秦始皇当年修筑的射鸿台依旧巍然耸立在宫苑之中。这也许就是刘邦根据刘敬提议和张良附议建都关中之所以选择长安的主要原因之一吧。

秦始皇在关中地区修建了三百多座离宫别苑，但在统一六国之后，仍觉得"咸阳人多，先王之宫还小"。他还认为周文王、周武王建都丰、镐之间，乃"帝王之都也"，便决定向渭南发展，于是一系列宫殿、宗庙、台、阁、苑囿在渭南拔地而起，同时又起复道，自阿房宫渡渭，直通咸阳。这就是说，渭南与渭北咸阳城相对的地区，西起滈水，东至龙首山的兴乐宫，南至阿房宫一带，实际上已经构成了一个全新的、无比庞大的大咸阳。

秦始皇在驱使七十万黔首和刑徒营造阿房宫和骊山陵时，显然对兴乐宫已经不很在意了。不过从兴乐宫的相当可观的规模来看，特别是从耸入云天的鸿台的建筑来看，在建筑阿房宫之前，秦始皇大概还是很属意兴乐宫的，至少它所占据的地理位置不容他对其忽视。

兴乐宫位于龙首山的北坡。据《水经注》记载："山长六十余里，头临渭水，尾达樊川，头高二十丈，尾渐下，高五六丈。"若与崇山峻岭相比，它不过是条土岗，今已没平，几乎看不出山的痕迹，只留下龙首原这个名字，地理学家则指出其西北行经杜陵诸原皆其横岗也。不过在汉唐时，关中平原的龙首山始终是修建宫殿的重要地区。秦始皇二十七年（公元前220年）始皇帝在兴乐宫之南即龙首山的高台上修筑亭观楼宇，高达40丈，按秦一尺合今23厘米计算则为92米，在时人的眼里那已是耸入云天的高度了。秦始皇于台上射中飞鸿，因此命名为射鸿台。兴乐宫周回二十余里（秦汉一里约合今0.835里），中有酒池和鱼池，有大夏殿，殿前有十个巨型铜人，等等。兴乐宫既有如此辉煌的建筑，又有居高俯视东方的制高点，其地位自然非常重要了。

当刘邦在其一帮重臣及近幸（特别是新宠刘敬）等人及大批侍卫的簇拥下浩浩荡荡地进入关中之后，在具体选择建立都城的地点上不能不做一番仔细的考察、比较和权衡。而其最后的抉择是以修缮兴乐宫为起点，兴建长安城。如今遗址犹存，可供后人凭吊。

但在兴乐宫还没修缮之前，还必须要确定一个临时的都城和一处差强人意的房舍以供皇帝问政及后妃起居，当然还须有必要的府院台阁衙署兵营等机构以便官员行政，等等。

栎阳——这是刘邦及其重臣与近幸所选定的大汉帝国的临时都城。这可能是以萧何的意见为主导的。

在满目疮痍的关中地区，栎阳是免于兵燹之灾的少数城镇之一。其城池不大，建城时间不太长，但也曾有过历史的辉煌。它是三家分晋这一重要的历史转折的产物。晋地三分，各诸侯国之间的争斗日趋激烈，战国时代由是开篇。以雍为都城的秦人感到地理位置对自己的局限和不利，遂于献公二年（公元前383年）即"徙治栎阳"，以利东伐。栎阳本是秦之旧县，如与有四百多年历史的雍城相比，似有天壤之别。但它直指秦之劲敌魏国的都城安邑（今山西夏县西北），在地理位置上就摆出东进的态势。但其城池毕竟狭小，秦都仍在雍城。史载，秦献公薨，子孝公立，下令国中："有能出奇计强秦者，吾且尊官，与之分土。"公孙鞅闻令入秦。公孙鞅本魏之庶孙，史又称其魏鞅，后因封于商，则称商鞅。他以富国强兵之术赢得孝公的信任，就在栎阳城开始实行变法之策。商鞅变法十年，相秦十年，秦国空前强盛。商鞅筑冀阙宫庭于咸阳，孝公徙都之。商鞅又将兵

伐魏。魏惠王恐，献河西之地，去安邑，徙都大梁（今开封）。因在栎阳推行变法大计而成其大名的商鞅在魏王去安邑徙大梁的同时也走到了人生尽头。史云："商君相秦，用法严酷，尝临渭论囚，渭水尽赤。"公元前338年，秦孝公死，其子惠文王甫继其位即发令追捕商鞅，"车裂以徇，尽灭其家"。

栎阳在长安东北方渭河北岸，即今西安市的阎良区。秦献公徙治栎阳是为进攻三晋。魏徙大梁，其直接原因是兵败而避其锋，而更深层原因是与秦争夺殽、函之地，战略目标已经转移。魏东徙，韩、赵尚远，栎阳的战略地位失去了重要性。自古以来，横贯关中的东西大道的重要地段主要是在今西安、咸阳这一带，因为这里有渭河渡口，经济开发的历史最久，军事地理位置凸显，政治地位也日增。栎阳远离关中东西大道，军事态势一变，其重要性就丧失了。这是其不幸也是其大幸。它在秦末大乱中避免了兵燹的劫难。当项羽"分天下王诸将"（公元前206年二月）时，将秦故地关中三分之，封秦降将章邯为雍王，领有咸阳以西及甘肃东部地区，司马欣为塞王，领有咸阳以东地区，董翳为翟王，领有今陕北地区，以监控汉王刘邦。塞王司马欣原是栎阳县小吏狱掾，封王之后仍以栎阳为王城。这使栎阳小城又受到一次保护。后汉王用韩信计，明修栈道，暗度陈仓，首战即败章邯，后又败章邯于废丘，司马欣、董翳降，栎阳未遭破坏。因此刘邦把栎阳作为定鼎关中的临时都城也就顺理成章了。

二、云梦泽

刘邦纳刘敬、张良之言，进一步审视了关中，更坚信了建都关中的决心。重建兴乐宫，具体安排迁入栎阳一干巨细之事，自有萧何筹划、指挥，刘邦不能在关中久留，即日就要起驾返回洛阳。按例，张良当随驾东行才是。但他呈上了以身体多病为由的告长假的本章："愿弃人间事，欲从赤松子游耳！"

智者张良此时上书请辞，司马光评之曰："夫生之有死，譬犹夜旦之必然；自古及今，固未有超然而独存者也。以子房之明辨达理，足以知神仙之为虚诡矣；然其欲从赤松子游者，其智可知也。夫功名之际，人臣之所难处。高帝所称者，三杰而已；淮阴诛夷，萧何系狱，非以履盛满而不止耶！故子房托于神仙，遗弃人间，等功名于外物，置荣利而不顾，所谓'明哲保身'者，子房有焉。"

刘邦甫回洛阳，燕王臧荼反。刘邦于五月宣布罢兵归家。时隔两月，他又得重新动员，"自将征之"。时在公元前202年秋七月。

九月，项王故将利几反，刘邦又自将击破之。

虎纹铜饰牌（战国，长 11 厘米，1979 年凉城县毛庆沟出土）

　　冬十月，有人上书告楚王韩信反。这使刘邦深感吃惊，却又不觉意外。吃惊的是韩信在这个时候反，对他的威胁太大了；不觉意外是因为韩信在讨封假齐王时就已经生裂土不臣之心了。他自恃功高兵众，具左右天下之力。而刘邦当时怒骂之，因有张良、陈平"蹑汉王足"而使汉王改口勅封。使臣回禀能不传言？听传言其君臣之间能不生嫌隙？垓下之战，韩信布军，十面埋伏，终使项王身首异处。然项王虽败北，而韩信军未解鞍，刘邦至定陶时突然驰入韩信中军大帐，竟夺其军权。韩信能不心寒吗？旋又更立韩信为楚王，而楚地又划出多处分封其他诸王，韩信怎能心甘？韩信会反，早在刘邦意料之中。但韩信单单在这个时候举起反旗，刘邦何以处之？有人要求皇上立即发兵，"阬竖子耳！"刘邦默然。他知道说这种气话的人有那个本事逮住韩信并把他活埋了吗？他问陈平。陈平仔细分析了情况，并给刘邦做了谋划。刘邦伪游云梦泽，韩信迎谒，上令武士缚之。韩信本无反意，他留下名言："狡兔死，走狗烹；高鸟尽，良弓藏；敌国破，谋臣亡。天下已定，我固当烹。"刘邦挟其回长安。因无反证，还算有点情意，赦其死罪，封之为淮阴侯。从此，韩信不朝经常称病，很少露面了。

　　从韩信在云梦泽被缚到降封淮阴侯之事发生以来，对异姓诸王、对已封侯或正期盼封侯的臣僚们，震动极大，许多人都不得不有所收敛了，而这可以说也正是刘邦所预期的。他认为秦之亡在于其毕六国一天下之后，皇帝孤立关中，周边各地竟无一援手，终致一夫作难而七庙尽毁。假如他

有秦始皇那么多的儿子，若都封为王，就不会任胡亥一个人胡闹，也不会像他那样孤立无援。可惜他的儿子小，兄弟又少。所以他欲大封同姓以镇抚天下。韩信已降为侯，他将楚地分为两国，立堂兄将军刘贾为荆王、弟文信君刘交为楚王、兄宜信侯刘喜为代王、微时非婚生子刘肥为齐王。所有朝臣对这些无寸功（如刘肥领有七十三县，凡讲齐言者皆与齐）而封王者不能置一词。

刘邦处置了楚王韩信之后，立即转向了韩王信。韩王信是已故韩襄王庶出的孙子。在秦末大乱时，韩公子横阳君成被立为韩王。刘邦率兵击横阳城时，张良以韩司徒的身份到韩地宣示反秦之事，得到信，见其高大魁梧，任以为将，率兵随张良入武关。后随刘邦入汉中。他曾建议汉王刘邦举锋东向争夺天下。因此深得刘邦喜欢，定三秦之后，对其封官许愿，先拜为韩太尉。韩王成被项王杀，信略定韩地十余城，被刘邦封为韩王。荥阳之战，项王大胜，信曾降楚。后又归汉，刘邦复以为韩王，从刘邦击败项羽。刘邦剖符封韩王信王颍川，时为汉五年春，与更立齐王信为楚王、立彭越为梁王同也。当时韩王信的领地北近巩、洛，南迫宛、叶，东有淮阳，西至新安、宜阳。如稍加诠释的话，韩王信占据的正是中原腹地的中心。宛为今之南阳，其余地名今仍之，只新旧城址略有距离。今即削去楚王藩封之地，并降韩信为淮阴侯，那么刘邦在洛阳的卧榻之旁也容不得韩王信了。因为假如韩王信稍有异动，北进一步即可吞并洛阳，他不能不防。但在众朝臣面前，他却褒扬了韩王信英才武勇，但所封之地离原韩国太远，因此将太原郡二十一县又加上北边的十县皆归韩国。同时又向韩王信表示要借重他的胆识与方略，以晋阳为都，防备匈奴。

削藩举措，兹事体大。如无降封淮阴侯之事，诸异姓王，包括韩王信在内，能顺利地就范吗？不久，韩王信从藩封之地上书进一步表示他的忠诚："国被边，匈奴数入寇；晋阳去塞远，请治马邑。"

马邑，在晋阳之北，今朔县界，始建于秦，是备边要塞。史载，初建城时，随建随崩，难以成城。后有马反复周旋，父老异之，沿蹄印筑之，故名马邑。刘邦对韩王信之请立即许诺，没有深想此请究是何意。

总之，异姓诸王的事情暂时可告一段落，同姓诸王皆赴治所，继续对一些有功将领或封列侯，或赐官爵，而临时都城栎阳也已修缮一新，兴乐宫的修缮工程大，还需时日，所以刘邦携其后妃子女及老父老母在众多臣仆及护军的簇拥下，浩浩荡荡地向关中进发。

三、"知为皇帝之贵"

高帝六年（公元前201年）夏，五月，刘邦在栎阳举行盛大仪式，尊父刘老太公为太上皇。他自己也以太平皇帝之威、之尊、之贵，除处理主要政务之外，就很想以养尊处优为务了。但他毕竟是开国之君，深知创业之艰。虽然他有时又因出身下层，说话粗鲁，办事轻率，不过有知人善任之明，以萧何为首的一帮臣工倾心任事，使刘邦能放手让他们去做。而唯一让他不安的是怎样才能让天下永固？当初斩蛇起义时，他所忧虑的是如何能躲避秦吏的追捕；当他屡败于项羽阵前时，所忧虑的是能否真正得到鸿沟以西的地方；当他在定陶称尊时，一见到洛阳南宫那样的宫殿就觉得蛮不错的；当他以栎阳为临时都城，不时驱策车驾去看一眼兴乐宫的修缮工程时，他的头脑里也会不时地闪现出定陶即位坛或洛阳南宫复道上所见的那些场景。

当初于定陶称帝时，刘邦为简易，尽除秦时的仪法。但群臣争功饮酒至醉，或妄呼，或拔剑击柱，无礼法约束，完全不成体统。在洛阳时，刘邦从复道上望见诸将，有的三五成群不知是争是议，有的附耳喁语不知所传何事。张良善谏之，不以"爱憎行诛赏"，"使上无阿私之失，下无猜惧之谋"。事情是一时理顺了，但能保证长治久安吗？他在位时，事情好说；不在位时，又如何呢？面对兴乐宫的修缮工程日渐起色，他的心潮也如湖海澎湃。他想的当是江山怎样永固，帝位如何持续。当年避祸芒砀山中时空中出现瑞云不过是个兆头，如今兴乐宫修成时，还可以容忍莽汉们醉酒狂呼、拔剑击柱吗？他想到了叔孙通关于仪号、仪法之论。

叔孙通是秦汉之际的唯一一位侍奉十主的五朝元老，绝无第二人能出其右者。之所以这样称呼他，乃因为他在秦时是待诏博士。他这个博士头衔来得惊心动魄。在陈胜、吴广起事时，二世召问诸儒生。有人建议对其反叛应急发兵击之，有人说是盗贼，按律应予严惩。唯有叔孙通说陈、吴不过是鼠窃狗偷之辈，明主在上，安有反者？令地方郡县捕诛之，不足忧也。二世将那些说戍卒有反者皆下狱，为盗者皆罢之，独赐通衣帛，并拜为博士。他拜为博士后立即逃回老家——原鲁国薛县。到薛县时，薛已为项梁攻取。时已闻陈王（指陈涉，自称张楚王）已死，项梁召诸别将会薛计事。叔孙通这时就投到了项梁的麾下。他也是在这里与时为沛公的刘邦相识，不过当时他似乎并不看好沛公刘邦。后项梁数破秦军，益轻秦，有骄色。结果章邯在定陶反击，大破之，项梁死。叔孙通则投靠了怀王。怀王是原楚怀王之孙，楚王后裔在民间为人牧羊，项梁将其立为怀王。但他无权。他被尊为义帝，却被远徙长沙。以叔孙通之精明当然不会跟从一个虚有其名的人，于是就去巴结项羽。汉二年，项羽虽有百战百胜之勇，却已式微，在汉王入彭城时，叔孙通立即降顺汉王。因他身穿儒服，刘邦憎之，他立即换上楚人习惯穿的短衣，以娱刘邦。刘邦仍拜叔孙通为博士。

刘邦在定陶称尊，登即位坛等礼仪就是由叔孙通设计的。但因高帝要求简易，结果，群臣饮酒争功，醉态狂悖，满嘴胡呲，拔剑击柱，不成体统。刘邦失了尊严，颇不高兴。叔孙通乘机向上谏言："夫儒者难与进取，可与守成。臣愿征鲁诸生，与臣弟子共起朝仪。"

叔孙通赴鲁征名儒生三十余人，有两生不肯去，说："公所事者且十主，皆面谀亲贵。今天下初定，死者未葬，伤者未起，又欲起礼乐。礼乐所由起，百年积德而后可兴也。吾不忍为公所为，公所为不合古，吾不行。公往矣，毋污我！"叔孙通当然看不起此辈儒生，笑道："若真鄙儒，不知时变。"

叔孙通带着新老弟子经洛阳赴关中。萧何在主持修缮兴乐宫及营造新殿时，叔孙通则带着百余人在栎阳郊野，立竹茅绵绳，权代尊卑，演习礼仪。经过长时间排练演习，一切礼仪似已完善，遂请皇上亲临参观、彩排。刘邦非常高兴地说："吾能为此！"于是下诏，命群臣皆来习练。

汉高帝七年（公元前200年），十月（汉初袭秦制，以十月为岁首），萧何主持修缮的兴乐宫以及附属建筑已完成，更名长乐宫，并按叔孙通制定的礼仪大法，举行诸侯群臣朝贺大典。

史籍对于叔孙通给刘邦安排的朝贺大典记载得非常详尽，从平明开始，谒者依次引入奉贺群臣到皇上传警上殿接受朝拜，等等。我们今天的读者在银幕上、荧屏上所看到的"皇上"戏已经看过不知有多少次了，我可以斗胆说一句：叔孙通制定的这套礼仪，在秦以前是否如此，于史无证，而汉以后的历朝历代君王，包括只做了八十三天的关门皇帝袁世凯在内都奉为圭臬的。我们的导演们是忠实于"历史"的，自然也将叔孙通制定的朝贺礼仪大法奉为圭臬，虽然有的人压根儿就不知道叔孙通为何许人。所以在这里，我们就不用（既无兴趣又无必要）再引经据典或是直接来描绘这次朝会的情况，而只说结果："竟朝置酒，无敢欢哗失礼者。于是帝曰：'吾乃今日知为皇帝之贵也！'"于是叔孙通得了两大便宜：刘邦封他为九卿之一的奉常卿（汉景帝时改曰太常卿，所以史书皆以太常卿称之），专掌宗庙礼仪，又赐金五百斤，大约得用五个人分开才能扛回家去吧！

俗话说：福无双至，祸不单行；或又谓：乐极生悲。

就在长乐宫里的君臣及后妃们尽情地享受着人间天上的无限欢乐，长乐宫外的长安百姓和南北军的士兵们也在尽情地享受着"大酺三日"的无限欢乐时，边关传来警报：

匈奴入塞，包围马邑，速请救援，十万火急。

正在体验着"知为皇帝之贵"而沉浸在无限欢乐中的刘邦愤怒异常，

眉头一皱之际，舞乐立止，只听他咆哮道："寇攻马邑，作为王，你就不能坚守吗？"在愤怒中他不禁又粗言俚语地骂了几句。他是很喜欢用粗话骂人的，可惜史官没记，立在御榻侧廊下的中书令立即援笔记录，最后以皇帝赐韩王信之御书对其责备曰："专死不勇，专生不任，寇攻马邑，君王力不足以坚守乎？安危存亡之地，此二者朕所以责于君王。"所谓"专死不勇，专生不任"谓"期死非勇也，必生非任也"。刘邦怀疑韩王信有二心，不是没有原因的。韩王信不仅从"天下劲兵处"徙至塞北苦寒之地，还要面对强敌，实心有不甘。今能勇于守边吗？

也许皇帝刘邦责备韩王信的这封玺书还没走出长安呢，第二道边报已经大呼小叫地传进了长乐宫：韩王信已于马邑降胡，并击太原，其麾下战将王喜已逼近铜鞮。

刘邦愕然，漆耳杯里的酒因为手颤而溅了出来，他极力控制住自己，慢慢放下了酒杯。

刘邦还没把长乐宫的御榻坐热呢，却似乎感到一股寒气从脚心蹿到头顶。他会后悔为什么在洛阳时要把大批兵卒皆罢归故里呢？为什么要把一个对自己怀有二心的韩王信派遣出塞北守边关呢？为什么让他还保有兵权呢？这个胡人是什么人？怎么又称匈奴呢？……他的思绪一时间出现混乱，各种影像纷至沓来。忽然间他眼前似乎冒出一个人来：冒顿！但这个人是模模糊糊的。他记不起是谁跟他说过这个人，也弄不清他究竟是怎么个来历，是个什么样子，是年老还是年少。但他忽然似乎想起什么：这个人是胡人，是匈奴的头领，对！是头领。但怎么又有个铜鞮？铜鞮在哪里？……

四、历史的追忆

先秦时期汇编的上古时代留传下来的文献和部分追述古代的著作中关于西部和北部的一些部落、部族和种族的情况及与中原地区各部族的关系都留下一些记录。但那些记录都比较简约。随着年轮的增长，历史的变迁，部落的移徙，种族的消长，民族的混融，疆域和版图的界断与变更，等等，形成一个非常复杂的动态结构。而人们在古文献上发现的记录则变成了一种恒久不变的静态形式。有时，因某种机遇而万幸地得到某种被考古发掘及出土文物所证实了古文献上的记录，它也只是以后一种静态事物证实前一种静态的事物，而无力对整个动态的历史结构做出准确表述。与之同时，更多的情况是文献记录得不到考古或文物的证实，或者考古发掘及出土文物找不到文献记录的认证。

就中国古代西部和北方的部落、部族、种族或民族的问题而言，就出现了上述的历史文献、考古报告和出土文物各说各话的现象。但其共同特点是皆做静态的表述而不提以发生学为基础的动态的演变及结构，特别是对古代世界曾经存在过的民族自由迁徙的历史时代做出应有的探索、研究和表述。

戎作为族称最早著录的是《禹贡》。夏禹是传说中的古代部落联盟领袖，以治水著称，亦称大禹或戎禹。假托为夏禹治水后的政区制度而实为一部珍贵的古代地理著作《禹贡》就有了关于西戎的记载。《禹贡》称："织皮昆仑，析支渠搜，西戎即叙。"注疏曰："昆仑也、析支也、渠也、搜也，四国皆是戎狄也，末以西戎总之"，"四国皆衣皮毛，故以织皮冠之"。又或疏曰："衣皮之民居昆仑、析支、渠搜之野者皆西戎也。"这里直指昆仑、析支、渠搜为三山之名，其地望："昆仑在临羌西，析支在河关西，西戎西域也。"这里未提渠搜地望，径言西戎西域。又或疏昆仑、析支、渠搜、西戎为四国（引文见《十三经注疏·尚书正义》卷六）。今之《辞海·西戎》则据《禹贡》正文谓织皮、昆仑、析支、渠搜为四国，总称西戎。

古人、今人皆未提示西北戎族的来历，也未厘清"织皮昆仑析支渠搜"八个字究竟是山名、地名、族名、国名或一民俗特征。其所构成的概念混乱恐怕很难有一是之见。

大约和《禹贡》一样成书于战国或稍后一些的《周易》，还有出自儒家编定的《诗经》，都记录了殷高宗武丁伐鬼方之事，《易》离下坎上爻辞曰："高宗伐鬼方，三年克之。"坎下离上爻辞曰："震用伐鬼方，三年有赏于大国。"《诗·大雅·荡》："内奰于中国，覃及鬼方。"王国维先生作《鬼方昆夷猃狁考》，证明"鬼方"即中国西北地区之戎狄也。王文据《竹书纪年》证高宗伐鬼方乃武丁三十二年事，举小盂鼎铭文记献俘之数证宗周之初，鬼方仍是北方之大国。《逸周书·王会解》记周公筑洛阳王城建成时举行成国之会，诸侯四夷皆与会，各有贡献。其中禺氏（月氏）献騊駼，大夏献白牛，犬戎献文马等，又云空桐、大夏、禺氏、犬戎皆在近塞。另，《穆天子传》《诗经》等关于戎狄也多有记载。

史迁作《史记》，对上古时代有关戎狄之事做了许多追记。这得益于萧何首进咸阳之日摒弃一切金银财货玩好之物，却搜罗了秦廷所有的档案文书。除此之外的一切书籍均被秦始皇焚毁殆尽了。萧何得到的这些书籍全部收藏在未央宫北的石渠阁中，并且进一步，大收篇籍，广开献书之路。特别是到汉武帝时更广求遗书于天下，"建藏书之策，置写书之官，下及诸子传说，皆充秘府"（见《西汉会要》）。史迁追记当是有所本的。

《五帝本纪》曰黄帝"北逐荤粥";尧"流共工于幽陵,以变北狄","迁三苗于三危,以变西戎";"西戎、析支、渠搜、氐、羌、山戎、发、息慎感戴帝舜之功";夏时如前引《禹贡》;商有鬼方之战。故史迁在《匈奴传》中说:"唐虞以上有山戎、猃狁、荤粥,居于北蛮。"《索隐》云:"匈奴别名也。唐虞以上曰山戎,亦曰熏粥,夏曰淳维,殷曰鬼方,周曰猃狁,汉曰匈奴。"史迁在《匈奴传》中进一步对周及春秋、战国时代与匈奴关系的追述因有石渠阁的国家典藏图书及政策文件等就构筑了早期匈奴的全部历史。

有关戎狄的古史对在公元前 200 年刚刚坐上长乐宫宝座,第一次真正地体验到"知为皇帝之贵"却收到匈奴进犯的消息的刘邦来说知道多少?他对匈奴总体的情况知道多少?

历史对此没有留下明确的记录。

如前所述,在议论建都问题时,刘敬提到"四夷宾服"的问题,张良叙说"胡苑之利"等,其实都是些模糊之语。这是不奇怪的,刘邦及其臣僚和将领们,生于战国末期,长于嬴秦强兵黩武之时。如火如荼的战火使那一代人要么避秦之乱逃匿山林,要么卷进军旅之中驱驰于疆场,更多的则是服徭役的奴隶、刑徒或戍卒。在历史上曾经强大但分散的戎狄在强秦面前也处于弱势而远飏。秦、魏、赵、燕筑长城时代的紧张氛围已成历史,那里也已不是第一防线了。因此,不要说是像刘邦那样的市井小民,就是贵族出身的智者张良、出身不明而以戍卒车夫之貌现身却敢论天下大事的刘敬,在焚尽天下文书的暴秦统治时期,对匈奴也一定是知之有限的。当时的人们不以边塞之事为重,但是合纵连横的战争不仅生成了一批辩士与策士,还造就了一批光芒四射、迄今仍有余辉的兵家。他们的影响不是嬴政的焚书坑儒暴行所能泯灭的。相反,恰是这种暴行激起了不读书但却起兵的刘项们袭用了毕六王一四海的万钧之势,顷刻间便推倒了暴秦。楚汉战争中的胜方是在经历百败之后崛兴的,虽有得志后的骄狂,但也不乏百败伤痛之后的几分清醒,朦朦胧胧中还记得塞外有过强胡。他要削弱和夺取异姓王韩王信所占据的贴近巩洛的要害(劲兵)之地,但却不忘备边,因而使他去了马邑。这对韩王信而言既是惩罚,也是恩宠,因为毕竟还保留了他的王位和部分兵柄。

但是他叛变了,他不愿再当大汉帝国的裂土之王了。

他的叛变并非独立,而是投靠和依附了另一个主子,是巧合还是预谋?如是预谋,他的消息怎么这样灵通?

五、决心与决策

刘邦下了最大的决心，做了最重要的决策：立即御驾亲征。

不过这个决策过程在庙堂上是怎样进行的，历史上却没有留下记录。诸如此项决策是刘邦独断专行还是庙堂众议？对御驾亲征之举有无反对意见或说谏诤意见？御驾亲征时，谁来监国？京畿谁保？哪些将军随行？谁人保障粮草？从哪里集合兵丁？走哪条路线？行兵布阵是谁在帷幄之中运筹？有无决胜千里的把握？等等这类问题，都没有史料可以查证。因此这里也不能虚拟。

如从刘邦到洛阳以南宫为其问政之殿时算起，他于公元前202年夏五月曾下诏，"兵皆罢归家"。史未详言这一诏旨所指之兵是全部抑或是部分。全部，当然不可能，拱卫京师的兵丁不可无，戍边的兵丁不可少，守卫要害关隘的不可缺，诸异姓王手中还都有兵，新封的刘姓诸王也都握有部分兵权，遑论其他。然而这里用的是"全称判断"。因此这五月罢兵归家之诏怎样实施的？实施没实施？均无史可据。

史载："秋，七月，燕王臧荼反；上自将征之。"

"九月……项王故将利几反，上自击破之。"

"冬，十月，人有上书告楚王信反者……上游云梦，械系信以归。"

这些事件无疑都只证明了他的"兵皆罢归家"之诏是难以实施的。在他于云梦械系韩信回到长安并赦其不死之罪后曾有一段著名的君臣从容谈论诸将将兵多少的问题。"上问曰：'如我能将几何？'信曰：'陛下不过能将十万。'上曰：'于君何如？'曰：'臣多多而益善耳。'上笑曰：'多多益善，何为为我禽？'信曰：'陛下不能将兵而善将将，此乃信之所以为陛下禽也。且陛下，所谓天授，非人力也。'"韩信的"天授，非人力"之论是刘邦最为欣赏的，也是最为得意的。项羽能在百万军中取上将首级如探囊取物、韩信将兵多多益善，结果是一个身首异处，一个俯首就擒，这就是"天授"！因此他必须自将去征讨韩王信，使其像臧荼、利几和韩信那样俯首帖耳！他大约还坚信：匈奴的什么冒顿也不能任其逍遥法外，他要去看个究竟，并且也必须令其俯首帖耳！

兵贵神速。高皇帝刘邦一旦决定御驾亲征，便马上行动了。

史书一如对御驾亲征臧荼和利几那样没有记载详细，但这次战争不论是从时机、过程及结果来看都太重要了，影响也太大了。特别是从其动员的规模，史书记载过于含糊不清，其运动形态甚至是有悖于客观条件所能允许的情势。《孙子兵法》开宗明义第一句话就是："兵者国之大事，死生之地，存亡之道，不可不察也。"他似乎根本没有顾及这一点。

如果我们根据这些原则来审视刘邦的这次出征，恐怕就真得为他捏一把汗了。

刘邦初战告捷。史曰："上自将击韩王信，破其军于铜鞮，斩其将王喜。"假如这次征韩王信之战到此就结束了，我们就没有深究的必要了，偏偏不是。但如果说这次战役是韩王信与其将领或韩王信与他的新主子匈奴冒顿单于预设的钓饵，是一个大阴谋的前奏，我们也没有充足的证据。然而这次战役选择的地点以及产生的结果是预期的还是偶然的？若是预期，那么它是谁的预期？刘邦的？韩王信的？冒顿的？恐怕都很难说。如果是偶然，那么后续的战事进展又何以会那样出神入化呢？

这次战役发生的地点——铜鞮在先秦并非是一座显赫的名城要塞，也不是商贾云集的通衢口岸。但它也闪耀着自己的历史光环和表露着它的历史沧桑。铜鞮县因铜鞮山、铜鞮水而得名。但铜鞮山、铜鞮水的原名却被称作尧山和尧水。尧山和尧水都因唐尧而名之。唐尧活动地域广阔，其始封地即今河北的唐山，唐山亦称尧山。山东益都县亦有尧山，因尧曾巡狩至该地。山东临朐县亦有尧水。河南伊阳，山西永济、蒲坂等地亦有尧山，亦曾建祠或庙，就都与唐尧有关联了。中国古文明史从黄帝起，至唐尧、虞舜，其主要活动地域都在北方，主要政治活动都是结成强大的部落联盟，并以部落联盟大酋长的名义号令天下，也都是为着防御从西部和北部（包括东部）涌来的众多的游牧部落的东进与南下而导致的强烈的碰撞与冲突。史称黄帝"北逐荤粥，合符釜山，而邑于涿鹿之野"，直至"崩，葬桥山"；（按：今陕西黄陵县的黄帝陵是按唐代以来的传统记载确定的，而据今人王北辰先生在其《黄帝史迹考》中的考证，《史记·五帝本纪》所载的桥山当是今陕北靖边县之南的白于山。《汉书·地理志》上郡条记："阳周［县］，桥山在南，有黄帝冢。"《水经注·奢延水》条：阳周县故城南桥山……有黄帝冢。）而尧都晋阳，"北教八狄"（语出《墨子》），"流共工于幽陵，以变北狄……迁三苗于三危，以变西戎……"，至舜时，"……西戎、析枝、渠瘦、氐、羌、北戎、发、息慎……四海之内，咸戴帝舜之功"。这表明，从我们的"人文始祖"黄帝时代开始，燕山、太行、吕梁、横山及其北的阴山直至河西走廊的南北广大地域，就是华夏民族与从西方和北方来的各民族交汇、混融的大舞台。从地理位置上说，这个大舞台的中心就是尧山，即铜鞮山，后亦名紫金山。鞮的本意是指用兽皮做的靴子，铜是指红色，依傍于此山的河流则称铜鞮水。但铜鞮之名始于何时无考，其最早见诸载籍者，是《左传·成公·九年》（公元前582年）："郑伯如晋，晋人……执诸铜鞮。"注曰："铜鞮有晋侯别宫。……郑侯被

执当在别宫。"《左传·襄公·三十一年》:"铜鞮之宫数里。"可见晋侯这座离宫别院的规模何等壮观。《左传·昭公·二十八年》(公元前514年):晋侯杀祁盈及羊舌氏,"分羊舌氏之田为三县",三县之一即铜鞮,举乐霄为铜鞮大夫(邑之长称大夫)。秦时,铜鞮属上党郡,汉时仍之,而上党郡,《括地志》谓"本赤翟地",翟通狄。上古,戎本指西来之族,狄则指北来之族。后狄与戎不分,或称戎,或称狄,或称戎狄,亦即前文所述之荤粥、熏粥、猃狁等诸称。

铜鞮不是刘邦决定或选择的将要进行交兵之地,因为这次战争不是他发动的。我们从刘邦所处的特定的历史时代以及他个人出身的历史环境和所受过的文化教养,有理由认定他对于其悍然决定要去征服之地的整体情况不说是完全无知,其所知也必定十分有限,譬如那个地方曾经有过什么样的重大战争,当地居民的民族成分、种族成分、部落结构、政治沿革、民风民俗、语言文化、经济状况,等等,尤其是地形地貌、交通渠道、城池结构、市井乡野、山林植被、河流走向及其宽狭深浅等凡与行军布阵有关的事情,他能知多少?心里有个谱吗?当然有些细微之事,自有他的文臣谋士与将军校尉以及隶属于他们的谍报斥候随时向他报告,但作为皇帝并且亲自挂帅指挥三军若违背了自然的客观的规律,也是必定会遭到惩罚的。

历史没有记载他是怎样调集军队的,更没有记载总共有多少兵力可供他调用,不过历史却记载了高祖"兵皆罢归"后,详述了赦罪、赐爵、食邑等项。但复员的士卒怕还没能完全离开洛阳呢,却有了战事,此后历史上亦再无"兵皆罢归"的记载。看来,古人所谓"马放南山,毁剑铸犁"云云只是说梦而已。汉初兵制,史乘语焉不详。定鼎关中,拱卫京师者有南北军之屯,但关于南军和北军史只关注于高祖驾崩及吕后专制时的诸多活动。按蔡质《汉仪》所云:"汉兴,置卫将军,典京师兵卫,四夷屯警。"《史记·功臣表》谓"高帝五年,王恬启以卫将军击陈豨"。看来,如果刘邦从洛阳入关中,从暂驻栎阳到长乐宫建成,拱卫长安者即使已有南北军的建制并由卫将军统率,其兵力也不会很多。那么刘邦此次"自将"征讨韩王信所调集的兵力出自长安者恐怕数额极为有限。

但是史籍对于刘邦这次"自将"征韩王信及匈奴却给出一个庞大的兵员数字:马步兵丁共计三十二万余。

刘邦于一二旬间从哪里能征调来这么多的兵员,且不说这三十二万余的马步兵等还需要多少后勤保障兵丁及徭役人员(假如以五倍计之,至少需要一百六十万余)。或曰可"以羽檄征天下兵"。《西汉会要》(卷五十七、兵二)引高祖语如是说。仿佛这是汉初一种行之有效的征兵制度。此语出自《汉书·高帝纪·下》：汉十年九月，代相国陈豨反，赵、代地皆豨有。高祖曰："吾以羽檄征天下兵，未有至者。"这不是说刘邦没有那么大的权威，或不想那么做，而是当时的国力所限耳！

试看：秦始皇毕六王、一天下时，秦帝国的"编户民"约计两千万。嬴政不恤民力，乱征徭役，暴敛无度，荼毒天下，终致一夫作难而七庙隳。经秦末三年大乱，楚汉五年战争，到汉初，帝国肇始，田园荒芜，百姓流离，所记编户民仅约七百万（不含逃亡与隐匿者如陶渊明所说的桃花源中之人）。所以汉五年（公元前202年）时刘邦实行"兵皆罢归"的政策，是势所必然，亦是他的德政。但随之而来的分裂势力的挑战又迫使他不得不重披战袍，调集"南山之马"再上征程。不过，其兵员却如春雨之难得，而且这种状况不仅只是在帝国肇始时代存在，此后很多年也是如此，如高帝十一年（公元前196年），为平英布之叛，赦天下死罪，令从军；武帝元鼎五年（公元前112年）、元封二年（公元前109年）、六年（公元前105年）、太初元年（公元前104年）、天汉元年（公元前100年）等多有招募天下"罪人""死罪""京师亡命""郡国恶少年""天下谪民""谪戍"等从军的记载，昭帝、宣帝时亦然。种种迹象表明，汉初拱卫京师的军队有限，能实施野战的军队更为有限，且一旦有警，京师警卫只宜加强，不可削弱，戍守西北各地方的军队亦如是，他们原本就不多，而且分散，也不能征集。但不管怎么说吧，树欲静而风不止，这场仗必定得打，不论从哪里，总得设法拉出队伍来，而且还得冲上去！因此我们有理由推论，刘邦这次出兵所依靠的仍然只能是其旧部人马，这是他的最核心的力量。这就是周勃、樊哙、郦商、夏侯婴、灌婴等人所部，当然还得有谋士陈平和他从戍卒中擢升并赐姓的谋士刘敬。

汉制，将不专兵。战事结束，将军交回兵权。刘邦下令"兵皆罢归"，功臣多封列侯等爵位并有官职。但战事又起，随刘邦于沛县起兵的周勃等人始终是他最得力的支持者。因此可以推定：刘邦于庙堂之上毅然决定御驾亲征，实际上恐怕只能带些护驾的亲将亲卫从长安先行出发，在途中对周、樊等部发出羽檄，约在指定地区会合。当然其兵员必经过一番裁汰、整编和征调，其中周、樊、夏侯、灌等部或原本就带兵在外，绝非是原班了。

这次进军路线亦未见史载。

战国至秦，从关中通向北路有两条干线：一是直道，即从咸阳直通九原；一是从咸阳东出沿渭水至蒲津渡河，以至云中、代郡。战国至秦时，秦晋交通多由此道。从咸阳到九原（今内蒙古五原县）的直道，近年来曾发现一些路段，工程浩大，堪称古代的高速公路，汉时仍存。但它与韩王

信此次作乱无关，刘邦不会走此路。直奔太原，走蒲津（在今山西永济县西，陕西朝邑县东，黄河西岸）最为便捷，因蒲津有秦昭襄王五十年（公元前257年）用连舟方式做的桥梁。这是黄河历史上的第一座桥，初称河桥，唐代始称蒲津桥。此桥一直沿用到北宋时仍时坏时修。从西蒲州一带沿汾河河谷北上有路可通太原。但若奔铜鞮，穿过中条山又得翻太岳山。两山相连，虽不险峻，但山路漫漫呈远水近火之势。中条山逐渐向北过渡到太岳山（亦称霍山），从商周至春秋战国，主要是戎狄牧人游牧的森林草原地区，他们被称作荣戎、奔戎，亦有茅戎。晋侯在沁水以东及浊漳河流域建政，居民以农耕为主，时有相犯，但亦相容甚至联姻。三家分晋之后，与秦之战时有发生。长平之战，也会有各戎部落之人。楚汉战争期间，刘邦在中原逐鹿。战后建政，但其政令却未必深入这绵亘不绝的山中森林草原地带。他若走这条路，怕是一个好向导都难以寻觅。陕县和平陆之间有一渡口，因曾有茅戎据之而称茅津渡。据《左传·文公·三年》："秦伯伐晋，济河焚舟，取王官及郊，晋人不出，遂自茅津渡，封殽尸而还，遂霸西戎。"《秦本纪》云："三十七年，秦用由余谋，伐戎王，益国十二，开地千里，遂霸西戎。"这里的"西戎"当有茅戎。茅津渡虽有兵家在此破釜沉舟建功立业，但那已是历史的辉煌。陕县不是刘邦汇集兵马照旧剧本搬演新戏的地方，因为他的军队离蒲津太远。我推测刘邦从长安起驾途经这里时，大概无暇也无心去多看一眼渡口昔日的风光而必须直奔洛阳。

六、刘邦的入晋路线

20世纪70年代末，我和一位画家朋友游历洛阳，登北邙，顺便踏上孟津黄河大桥。当时桥上车辆不多，行人更少。我们商得护桥卫兵的同意（他是用电话请示了上级的），不仅允许那位画家朋友在桥上写生，还允许我们拍摄了许多照片。

目测这座大桥不计引桥长150～200米之间，宽有四车道和两侧的步行便道，俯视水面有40～50米的距离。时值立冬前后，水面宽度不足桥长的一半，尚未结冰。下游远处停泊几艘木船，未见航标或码头之类的设施。水流平稳，色泽浑黄。四周宁静得仿佛能听到宁静的声音，譬如我们呼吸的声音。

俯视大河上下，我们无法分辨出哪块河段是昔日的渡口。当然若到岸边去访问乡亲，尤其是艄公老大，认真踏访，准能找出一些眉目，但这无关紧要。俗话说，三十年河东，三十年河西，水涨水落，船大船小，季节变化，船多船少，浪随风起，舵由人操，改朝换代，星转斗移，一切均在变化之中，变化之中又隐含着规律。只知道这一带是渡口就行了。古往今来的任何人想要在这里渡河那就随遇而安，因势利导罢了。这里是周武王两次渡河会盟之地，古时称作盟津。他第一次伐纣，不期而会盟者八百诸侯。诸侯皆曰"纣可伐矣"，而武王却曰"未可"，皆因一条白鱼跃进王舟之中而止伐纣之师。居二年又于盟津渡河会盟，作《太誓》，"行天罚"。他一战成功，商七庙尽隳。

兵行诡道。兵贵神速。

之所以认定刘邦不会选择秦晋之间的惯常通道，即从有河桥的蒲津入晋东行，不仅因为有中条山和太岳山两条山系的千山万壑的阻隔，使其千军万马及后勤运输难以畅行，更因为那里的民气不顺。自商周以来，直至春秋战国，中条山、太岳山、铜鞮山多为戎狄游牧民族的游牧之地。晋人与之交融甚深，战国时期韩赵魏势力渐长，在防卫北方匈奴入侵问题上，因利害攸关，尚能相互依存。秦虽一统，但恩泽未施，却已兵联祸结。刘汉肇兴，恩泽未达远郡，叛军已捷足先登。刘邦与其谋士们何等聪明，焉敢逆风远涉？据此推论，刘邦在决定自将亲征时，就会发出羽檄。他可从豫州刺史部、兖州刺史部或冀州刺史部的他的子侄及兄弟们的王国中抽调部分兵力，也可从异姓的几个王国中抽调部分兵力，当然也可从河内郡或河南郡等地方抽调一些兵员。这些兵力都距洛阳不远，都是他的家乡子弟兵，也是他用兵最多的地方。但他不会贸然调动这些兵力，千兵易得，一将难求。同时，不会让多股兵力挤在一个渡口上等着排队或抢船渡河，就如一个精明的主妇不会把所有的鸡蛋都放在一个草篮子里一样。他另有兵员和将领可用。

我在猜想刘邦此次向上党进军不曾在洛阳停留。如果他要在洛阳停留，车驾进入洛阳，久已无人居住的洛阳南宫以及洛阳的地方官员、城中百姓、周边的地方官员及诸侯们必有一番大动员、大整饬、大仪式，劳民伤财、耗时费力不说，也无异于是向敌方通风报信：我刘邦要带举国的兵力来打你们了，小子们撅起屁股来等着挨揍吧！我做这样的猜想不是没根据的。从他后来的行军作战状况可以证明这一点。因此刘邦很可能在抵达函谷关的途中，依靠信使们传来各路兵马运动状况的信息，得知他们先期抵达的地点以及盟津渡口征集渡船的情况，他督促随带的亲军避开通向洛阳的大路，从间道直奔盟津。渡河之后，依据斥候传来的信息，便急向太行山的一个重要关隘——天井关进军了。

天井关亦称太行关，是太行八陉之中的第二陉。这里也是太行山脉的起始之地。在孟津渡口过河便见太行在半天，如黑云然。《水经注》言：

"仲尼临河而叹曰：丘之不济，命也。"晋人曾于太行岭南为之立庙谓之为"回辕处也"。岭上有井，井北有关，故谓之天井关。所谓的"井"是指山岭四面壁立，有如天井了。《水经注》引刘歆《遂初赋》曰："驰太行之险，入天井之高关。"入关的百余里即是泫民（今之高平）。其地有省冤谷，东西南北各60步，即秦将白起坑赵兵四十万之众的地方。《水经注》引《上党记》曰："长平城在郡之南，秦垒在城西，二军共食流水涧，相去五里。秦坑赵众，收头颅，筑台于垒中，因山为台，崔嵬皆起，今仍号曰白起台。城之左右，沿山亘隰，南北五十余里，东西二十余里，悉秦赵故垒，遗壁犹存焉。"

假设刘邦确如所言从天井关入晋，他必然会看到以头颅垒的白起台。他会有何感想？他起于草莽，习于市井，身经百战，而百战不佳。他懂得战争的残酷性，更知道伤残之痛。他盼望能给天下苍生带来和平和休养生息的环境，但更明白必须以战止战的道理。用四十万头颅筑起的壁垒意味着什么？此时此刻，我想他大约是求战心切，止战心决！他真不忍心再看一眼白起台，再听一遍那被用来修砌秦垒的几十万颗头颅所发出的无声的怒吼！

从长平秦垒到铜鞮县按今里程直线距离130公里左右。但这里山路崎岖，水系丰富，四处覆盖有茂密的森林和竹林。过长平即沿绝水北上，直至绝水源头，山路更加险峻。但几经峰回路转，已抵潞安盆地西南长（zhǎng）子县，浊漳水则在其城南流过。按行军作战的常规，大战在即，大营自是戒备森严，何况这是御驾亲征，更不可稍有疏忽。大营中将帅云集，各路斥候、远哨、探马纷至沓来出出进进，营中士卒磨枪拭刃，鬐篥声断，号令频传，战马嘶鸣。上上下下，均处整装待发之势，辕门内外，一片肃杀之气。

长子县属上党郡，为郡治所在地。其西有鹿谷山，是浊漳水的源头。这里虽然地势复杂，但气候温和。以"小竹细笋，被于山渚，蒙笼拔密，奇为翳荟"之词描绘其初冬景色犹不为过。《水经注》谓浊漳水有三源同出一山："左则阳泉水注之，右则散盖水入焉，三源同出一山，但以南北为别耳。"因此这一地区城邑聚落异常密集，历史久远，且多与戎狄相关。《水经注》《括地志辑校》多有记载。上党郡的潞县，史称"本赤翟地"。翟，《史记·匈奴列传》谓翟"号曰赤翟白翟"。屯留本赤翟留吁国。铜鞮亦然。

当此际，刘邦果如上述在长子扎营驻跸，他不能十分张扬，却需十分森然。他最关心的是有关铜鞮的讯息和所调集的几路人马是否都已到达指定地点。

七、刁诡的铜鞮之战

没有资料能够表明韩王信在叛降匈奴冒顿单于之后是出于什么动机、什么计划、什么条件、什么原因使他出兵占据了铜鞮这座县城。如果从一般的意义上说，即从一个背叛旧主或旧的同盟者而投靠新的主子或新的同盟者，首要的动机当然是保存自己和发展自己，即安全，壮大，取得更大利益。当然这要有一个条件：新主子或新盟友的支持与保证，同时自己也要对新主子或新盟友做出支持与保证，因之而决定攻防战守之策。但铜鞮似乎不可能是攻防战守的首选要地。它不具备这种要地的条件，即不具有军事上的战略意义。从经济上说，这里不是富庶的地方，当地没有什么特殊的丰富的战略物资，也无富商巨贾，人口也不很多。若从政治上说，是冒顿对他有某种制约还是与之有某种特殊约定，无从说起。

不管怎么说，这场并非遭遇战的战役毕竟在这里发生了，应该不是毫无原因的。因此有必要把这里稍作一番巡视，看看能否发现一些什么东西。

铜鞮故城在今沁县南，有铜鞮水从故城北径流而来，《水经注》："城在水南山中，晋大夫羊舌赤铜鞮伯华之邑也。"又谓：铜鞮水"东迳故城北，城在山阜之上，下临岫壑，东西北三面，岨峺二里，世谓之断梁城，即故县让虒亭"。"又东南流，迳顷城西，即县之下虒聚。"按《中国历史地图集》清楚标明在铜鞮故城东南的铜鞮水两岸有这么两座小城如我们今天所说的卫星城，它们扼住渡口两端，形成拱卫之势。《左传·成公九年、襄公三十一年、昭公二十八年》载：铜鞮有晋侯的离宫，"今铜鞮之宫数里"，也曾是乐霄大夫的采邑（邑长称大夫）。因此可以说，建筑在山阜之上的铜鞮城，既是一座巨大的城堡，也是国君及地方官员的御苑花园。作为城堡，它凭借险峻的山势，三面环水的护持和卫城（上虒亭和下虒聚）的扼守，可谓"固若金汤"。取名铜鞮不知是否有此含义。（按：鞮字本指兽皮做的靴鞋，铜是中条山的最重要的矿产资源。）而这里本是白翟、赤翟或说戎狄的游牧之地，有条戎、奔戎、茅戎、潞戎等部族长期在此活动，故此才有铜鞮之名。而作为离宫别院或大夫采邑，自然还必须具备如画的风景和宜人的气候之类的一些条件。因此我们对此也应多予一些关注，特别是后者，它是不以人们的意志而转移的。

位于华山和太行山之间的中条山呈北东走向，屹立于晋南地区。其南坡缓顷，下临黄河谷地，北坡陡峭，直面运城盆地。中条山至今都是山西树种最多的林区，分布有暖湿性的植被，以栎类为主的落叶阔叶杂木棣棠

及油松林等，还有一些珍贵的树种如杜仲、黑椋子和漆树等。现在还有保存完好的原始森林。有人还指出，这里也曾经有过大面积的毛竹林，迄今中条山南毛竹仍然生长良好。这是延伸到北方最远的南方树种。中条山的东段称历山、析城山，东接太行山。历山、析城山北接太岳山，今称霍山。山岭多呈北北东走向，有许多褶皱断块和断陷盆地。为太行山、太岳山及中条山所环绕的晋东南高原亚区，山间多小盆地，如黎城、长治、晋城、阳城、垣曲等。它们受沁水、浊漳水等河流的滋润，成为中国远古文化的发达区。西周初，周成王封其弟叔虞于山西，先称唐，后改称晋。春秋时期，晋为黄河流域的强大国家。晋侯在铜鞮山兴建规模庞大的离宫别院自然不足为奇。

如果我们从上述的历史背景和宏观的地理环境来看背叛汉帝刘邦的韩王信，他从马邑进入雁门却不占据有利地形，扼守要塞；攻击太原却不占据太原，做战略布局；他本应沿汾水循通衢大道南下，但却一头扎进了铜鞮的古城堡里。

这是根据什么逻辑采取的措施呢？

首先我们可不可以做这样一种推断：他知道自己的实力，更深知皇帝刘邦的军事实力；他对刘邦心存感激之情，不想也无力与刘邦作殊死的决战，同时也不甘心做外族人的马前卒甚或是走狗、帮凶，但形势迫人。他有所犹豫，因而有预留后步之想。

做此推测的根据：在秦末群雄并起的大起义中，他与首义之雄不搭界，在旧韩国的贵族中只是个无名无分的"孽孙"，在冲锋陷阵的战场上他的战功有限。他之所以能裂土封王，全是刘邦的提拔和恩宠。他有负于刘邦（曾投降项羽）而刘邦未作计较。他唯一愤怨的是刘邦夺其颍川的封国，但毕竟未褫夺其王位，只是夺地而已。他此番在马邑投降匈奴实因兵力不济，并非初衷。他受匈奴单于驱策，却不愿在咽喉要害之地与旧时并肩作战的朋友拼个你死我活，也不想在名城大都占据有利地位以扩充自己的地盘和势力，因为他深知那样做会使自己成为一块砧板上的肥肉而受两大势力的强劲切割。他如果沿着汾河的通衢大道南下，选一处要津，摆开阵势以阻击汉军，那会以逸待劳，稳操胜券。韩王信以常情估量和判断，汉帝国的军队如果反击他和匈奴共谋反汉，大军从长安出发，最便捷、最通畅、补给也最方便的大道就是沿渭水到蒲津渡河，沿汾河河谷而上，经平阳直抵太原。秦晋交好走这条路，秦晋之战走这条路，秦与赵之战也走的是这条路。这是兵家必争之路，但他却让开了这条大路。这从后来他与柴武通欵可以看出一点端倪。当然他也深知自己的背叛行为罪不容诛，只能一死了之，而其子孙最后都归汉，或可为一证。另：铜鞮战后，曼丘臣另立赵利似也表现出信麾下对其不满之心。

他对投降匈奴心有不甘也心存疑虑。他一头扎进铜鞮古堡是避实就虚。他派出的间谍密探、斥候远哨，不论是长安的，还是蒲津的，都还没有大军行动的信息。他躲在铜鞮古堡之中，希望在未来的时日里，能避开与汉军的正面冲突，又能远离匈奴单于的颐使。只要他能稳住这块山坳中的一片沃土，静观匈汉两家的鏖战，说不定还会有个转圜之机，永在这里称王于愿足矣！

但兵行诡道，兵不厌诈，胜负从来不是一厢情愿之事。战场形势瞬息万变，存亡判在呼吸之间，密谋则在不言之中。谁说得准？何况战争胜负还有更多制约因素，其中包括纯属偶然的意外因素在内。对这些莫须有的问题我们不做无谓的虚拟与推测。但有一点几乎可以肯定的情况是这次铜鞮之战爆发的速度和结束的速度之快都是韩王信所始料未及的。

初，韩王信在马邑遭匈奴单于冒顿围困，朝廷因边塞路远，并未发兵救助。韩王信心存怨怼而数次遣使匈奴请求和解。史书谓"汉发兵救之"，但都未说清哪位将军率多少人马从何时何地出发，到达何地，是否与敌交战，等等，却都说明汉朝廷派使者对韩王信向匈奴求和的谴责。

这种含糊的叙述有没有隐情？或者是因史官的疏忽而漏笔？从当时的情形看，如朝廷从长安发兵，有远水难救近火之虞。若能就近派兵则立马可以奏效。史谓"汉发兵救之"，显然是采取了行动，但未奏效。那么派谁救助？具体情况如何？显然非隐情则疏失，二者有一。

汉六年（公元前201年），刘邦在洛阳徙封韩王信于晋阳时，他还封了一位代王。《汉书·高帝纪》："壬子，以云中、雁门、代郡五十三县，立兄宜信侯喜为代王。"如果代王刘喜是员干将，出兵支援韩王信，匈奴便不至于那样骄狂。史无刘喜援信之笔，信无援，情急，而向匈奴求和。若果真如此，罪不全在韩王信。《史记》则谓"仲（即喜）弃国亡——废以为合阳侯"。《汉书》谓"平城战后，刘邦已撤军，匈奴继续攻代，喜弃国"。于此可见，韩王信在马邑被匈奴围困时，代王喜畏葸不前，拒上命，而史隐之。如果这种推论大致符合历史面目的话，刘喜有贻误战机之罪，后去王号赦为合阳侯，当是因此也。

没有资料表明韩王信降匈奴的具体情况，但从他还保留王位，仍然在独立指挥他的军队，相应的也必然还保留一定的地域归其统治，等等，则表明他投降匈奴是有条件的。这些是他还对汉帝心存转圜期望或说幻想的依据。因为他向冒顿求和是迫不得已，双方各有苦衷，一旦风向变化，改旗易帜，杯酒交欢，重叙旧好，是政治家们人人都会做的戏码呀！但当他在晋侯的已经相当残破的离宫别院里喝着闷酒的时候突然得知汉军已经进

驻长子县时，他定会感到十分惊愕，甚至是迷惑不解。当初他请求救兵时，朝廷何其姗姗，如今却又何其猎猎！他们是从长安来的？主将是谁？多少人马？难道刘邦也来了？他的间谍、斥候、哨探不是说朝廷没有动静吗？他命令大将王喜立即弄清这些问题。

兵家横行一世，最怕的就是打糊涂仗！《孙子》有云："明君贤将，所以动而胜人，成功出于众者，先知也。先知者，不可取于鬼神，不可象于事，不可验于度，必取于人知敌之情者也。"韩王信也是按这个原则行事的。但他"动"则有人掣肘于旁，扯腿于侧，遮挡于前，击背于后，使其无所措手足。初，在马邑被敌时，他想攻，结果四面被围；他请救兵，结果路远难达；向敌求和时，敌迫其降；他或想采取拖延策略，以待援军，但只闻楼梯响——信使传报：援军即到，却始终未见踪影；敌军围困益亟，他已有粮绝之迫了，但敌人却突然放宽要求，答应他所提出的条件，继续为王，保留全部领地，独立统军指挥作战；当然也得接受对方的条件：共同反汉。他不明原委，他的情报系统失灵（这当然难怪他，在被包围的情况下，全靠口耳相传的情报就不通了），便只有自踏陷阱了。

这时首先由正面迎敌的王喜将军传来一个令韩王信震撼的消息：御驾亲征。韩王信不是草莽之辈，他的耳报神没有给他探来他所需要的消息，肯定是因为刘邦把消息封锁得太严的缘故，他同时也会意识到刘邦是把他与臧荼等量齐观了。他不明白的是自己怎样也得不到朝廷的消息，而自己的行踪却为朝廷所知悉。他在铜鞮落脚不久，汉帝就从天井关杀过来了，难道他也得落个臧荼的下场吗？他大约会骤然感到心动过速的。他很想知道或者也许大概其地料到，随刘邦亲征的主要将领大概还是周勃、樊哙、夏侯婴、灌婴等人吧！有他们就必然还有陈平！他想要准确地知道他料得准不准。若果真是他们，他怕逃命都来不及了；若不是他们，他还有希望。

也许就在他急切地等待来报有关汉军的真切的具体的详细消息时，他的主要的谋臣与大将曼丘臣、王黄等人迈着匆忙的脚步和相伴而生的惊慌的喘息声齐集他的面前，他们带来了更加令人心慌意乱的消息：在铜鞮的西北已经有汉军包抄过来，铜鞮怕是要被包围了。真是屋漏偏遭连夜雨，船破又遇顶头风。曼丘臣、王黄等人七嘴八舌要求韩王信立即撤走。韩王信犹豫不决。他在等待王喜将军。也许他在私心里还有一点幻想，心存一丝侥幸，生出一线希望，或者还有一点点贪婪。他大约还觉得自己本来并不想背叛刘邦，只是迫不得已罢了。皇上如果能原谅自己，不还有一条生路吗？再说他真的喜欢上这座古老的离宫别院了，虽然残破，终老一生也足矣！

但是突然一个大呼小叫的报子闯了进来：王喜将军被周勃给杀了！汉军从西北边冲上来了！

韩王信的宫殿立即变成了蜂子窝——一片嗡嗡之声。

八、周勃从何处来

周勃是作为一支奇兵突然出现在王喜阵前的，其兵员不多，后续部队与他还有一段不短的距离。但他与皇上刘邦的联系与约定的战期显然得到非常精准的执行，因而得到出奇制胜的效果：一战便打乱了韩王信的全部阵脚，而且另一支主力也在晋阳对匈奴单于冒顿构成了威胁之势。尤其令人讶异的是周勃此次行动是千里奔袭，更应令人讶异的是他竟然来自草原！

《史记·绛侯周勃世家》：周勃"以将军从高帝击反韩王信于代，降下霍人，以前至武泉，击胡骑，破之武泉北，转攻韩王信军铜鞮，破之"。

古文简约，只记结果，不易明了。如以刘邦在长乐宫建成举行朝会庆典的时日算起，即从汉高帝七年十月岁首后数日得到战报，到高帝亲率卫将军（汉武帝时称羽林军，三国时称御林军，后历朝皆沿称御林军）从长安出发，如前文所述，他沿渭河东进，出函谷关，近洛阳时绕道直趋孟津，而后越天井关抵长子，就是按急行军速度在秦始皇时代修筑的直道上前进，这千余里之遥的距离得需多少天？且渡孟津后完全在山路中行走。就算这支队伍都是骑兵，且是正富春秋的青年和壮汉，急行军能坚持几日？就是他们体能再好也不得把他们的皇帝丢在大路上叫狗咬或者是不吃不睡呀！刘邦斩白蛇起义时就已是不惑之年了，此后十年戎马，多次负伤，甚至还有利箭贯胸之伤，怎能适应强行军？他这次行动颇为机密，不能摆出銮驾，只能做将军模样走在队伍之中，但其宿营时的辎重也总得带上一些吧。这都是减速的条件。而且御驾亲征，所带兵马其实并不多，因为他不能带上卫戍长安的全部兵马，为了掩饰这次出征的机密性和机动性，更必须精简。然而精简也有弊，战斗力有限。因此在行军时就特别小心翼翼，要依靠探马的反复前来禀报，在万无一失的情况下才能扬鞭策马。

因为他的部队并非是主力作战部队，但却必须与主力配合，方能有效指挥。当他亲率的人马已经到达长子县而直面韩王信的千军万马时，他的人马在哪里呢？

在征途上，已经接近战场或已经到达并且投入战斗。

如我们前引的史迁的周勃传，另外在别人的传记里还有些散见的文

字，但同样也都像周勃传那样简约。因古今地名的更动和沧桑的变化，就需要一些考证和诠释。

在高帝五年（公元前202年）刘邦刚宣布过"罢兵归家"旨意的两个月后，燕王臧荼就反叛了。臧荼为七异姓王之一。当时刘邦怕是不得不中止罢兵归家的举措。或适当保留一些亲信将领的兵权，并立即亲率部队远征。

这是刘邦称帝后所遇到的第一个反叛者，因而也是他称帝后的第一次"御驾亲征"。"御驾亲征"主要参与的将领是周勃、樊哙、郦商、夏侯婴、灌婴等。他们马到成功，臧荼于易水被周勃、樊哙等擒获，定燕地，余众作鸟兽散，卢绾继封为燕王。

形势逼人。与臧荼反叛差不多同时，利几反。利几原为项羽麾下，羽败，利降。继之，楚王信（汉初三杰之一的韩信）又有不臣之言。刘邦用陈平之谋，伪游云梦泽将其执之。这一系列事件相继发生，刘邦还怎能再侈谈"罢兵归家"的举措呢！而且从后来事情发展的情况上看，在刘邦的最后几年，周、樊、滕、灌等人，从征讨臧荼以来，就没有解过鞍。

在臧荼这棵大树倒下之后，表面上的多数人做了猢狲散，但一些将领却带领或是挟持其麾下或从败将手下收罗来的散兵游勇，或是啸聚山林，或是改换门庭，或是投到匈奴单于帐下。这就迫使周、樊、滕、灌几位随驾征讨臧荼之后，继续在幽州、冀州、并州几个刺史部布防或征讨。但当时国家肇建，朝廷初立，纲目未厘，百废待举，黎民嗷嗷，势者沸沸。一方稍有动乱，便会谣言四起，人心浮动，物价高涨。周、樊辈怎能稍有懈息。不说夜夜枕戈待旦，无日解甲卸鞍，一年四季中怕也得有一半时间在马背上度过，而他们的兵员却不能很多。因为当时国家人口稀少，在长期战争之后，平民百姓需要休息。同时也因为军费有限，无力养太多的兵。因此周、樊等人只能保有精兵，不得有一冗员。且军饷、辎重、兵器的补给，恐怕也只能一半靠国家，一半需自筹。他们也不敢把战线拉得太长，不能不采用"龟蛇战略"，凡事若有一招可济，他们绝不轻易出手，甚至压根儿就不露面，这样既不招摇，不惹是生非，又可以自保。即采用缩头政策。这样统兵，好管好带，训练有素，且节约经费，免滋事端；一旦有事，谋而后定，或互为掎角，或分进合击，或千里奔袭，或奇兵设伏。所谓不谋不动，动必有果。其兵在龟缩之时，主将自可回长安参与国政，而蛇动之际，主将自可鬼没神出。

自从刘邦得到韩王信叛降匈奴的边报以来，他根据周、樊等长期与臧荼在北边作战时所熟知的情况，准确地判断韩王信的作为，立即令他们返回他们在燕国境内的驻地，采取分进合击的战略，约定进攻的日期和方式，对其实施打击。刘邦在行军中不乘黄屋王车，不张伞盖左纛，不带卤簿仪仗，当然更无参乘奉引，宛如一员副将随行军中，疾徐行止自有年轻的军官即时发布。所以从长安出发的这支队伍似疾而徐，似紧却松，或反之，似徐而疾，似松却紧。这一切恐怕都是做给可能隐匿各处的敌方谍报人员看的。所以他们在过天井关那样的关隘没有遇到任何麻烦，大约就因为其不显眼的缘故吧！韩王信没有太在意他们。

周勃、樊哙、郦商、夏侯婴、灌婴诸将在刘邦亲将的部队启行前，他们便从长安城中像突然蒸发一样消失了。

史迁曾谓匈奴楼烦部、白羊部距离长安，近者约七百里，轻骑一日一夜可至。这是指大部队的推进速度。在有多骑备乘和驿站接应，轻骑长行，起早贪黑，包括部分山路在内，日均七百里当属中速。当刘邦御驾亲率兵将坦途疾行，山路缓行，穿城过镇快走，在先行官员提前备好的行辕仍可安稳休息的时候，周、樊等将领各自带着自己的轻骑，时聚时分，奔向各自的大营。据史迁在周勃、樊哙、郦商、夏侯婴、灌婴诸传所披露的对韩王信及冒顿的反击战的情况，我们可以推断，他们是以涿县（涿郡治所）和沮阳（上谷郡治所）作为其前出的基地。因为他们在平定燕王臧荼叛乱之战中，易水是主战场，臧荼也正是在那里被俘的。在沮阳是否有过交锋，史未明载。但燕王臧荼的将领据有重峦叠嶂、奇险天开的太行山第八陉——军都陉，即今之居庸关。那里本来是防范匈奴的雄关要隘，但却变作了他们交通匈奴的秘密孔道。臧荼易水被俘之后，臧荼的将领与权臣们多从那里出塞了。因此周勃等不得不在那里设卡，在沮阳—上谷郡治所——设下营盘。这两处地方都扼守着通向塞外和晋北的咽喉要道，进可攻，退可守。而对于新封的燕王卢绾而言是对他的保护也是防范，随着时间的推移，其作用自会显现出来，有如围棋的高手，每落一子都能瞻前顾后，在不同的时段显示不同的作用。

根据副将们和直接出没于敌方地盘的谍报、远哨、斥候们报告的最新情况，总的态势与原先的估计有所差异，但相去不远。于是对与匈奴勾结的韩王信开始实施打击。当然，周勃不会忘记把作战计划以日行千里之速报告给已经起驾的皇帝刘邦。

根据周勃等人的列传所披露的情况，他们率各自所部均以轻骑为主，兵分两路先后向代郡靠拢，形成分进合围、实行突击的态势。以夏侯婴、灌婴所部为先锋，从沮阳出发，沿治水（今之桑干河）西进，至祁夷水（今之壶流河）交汇之处，形成沿水两岸南下态势向代城靠拢，目的在于廓清代城北部之敌；而郦商、周勃、樊哙则从涿县出发，沿涞水谷地进五阮关（今之紫荆关——太行八陉中的第七陉蒲阴陉），而攻伐的主力郦

商——在攻臧荼之后任右丞相，受赵国相印，号曰涿侯——在周、樊掩护下北扑代城。其间，周、樊还分出部分兵力继续西进，向灵丘、卤城、葰褵人方向缓慢运动，以监视或阻击可能从雁门方向出来驰援代城的敌军。

从史乘的简约记载来看，他们对韩王信在代城所部署的具有东进意图的兵力的打击显然是完全成功的。在周、樊、滕、灌分别切割、包围和有效阻击的配合下，郦商一举攻下代城，俘虏丞相程纵、守相郭同及将军等各级官吏十九人，士卒无算。

人们习惯对于首战特别看重其军事的、士气的、精神的即政治的意义，但其真正的意义却是在于捕捉了"舌头"。它为进一步展开战事行动具有关键的意义。郦商之所以作为攻代的主要将领是因为要他留驻代城，以便全面控扼太行山的守备力量，使敌人不能东越一步，同时又能使周、樊等在三晋作战时得到必需的后勤补给。在平定燕王臧荼之后迁为右丞相，赐爵列侯，食邑却封在涿郡，官邸设在上谷，后又以右丞相领受赵国相印者，实际上就是以他作为屏藩以防止韩王信可能发生的东进行动。事情果然发生了，然而屏障却早已树立在那里了。经过一度剧烈的强行军及发动一次火爆的攻城战斗之后，他们似乎可以在代城暂时喘一口气，做一番休整。然而周、樊、滕、灌等人似乎并没有在代城停留，而把代城方面的一切事情都丢给了郦商，仍是兵分两路，周、樊马上向灵丘运动，滕、灌立即向马邑进发。他们是否从"舌头"那里或者说从先头派遣的小股部队及谍报、远哨或斥候那里得到了什么消息，如发现韩王信的一支人马或匈奴的一支部队有什么动静，史未记载。但看他们从代城出发的两个运动去向做这种推测应是合理的。

周、樊向灵丘方向的运动目标是葰人。葰人，《史记》作霍人，杜预注，"霍人"当作"葰"[人]。其故城在今繁峙县东，汉之繁峙县则在今应县东。按常理，经过连续的长途急行军和猛烈的战斗行动，接下来又是马不停蹄的奔波，战士和坐骑都需要休息，这是不言而喻的。但有时常理会被特殊情况打乱。周、樊可能会命令他们的队伍在灵丘稍作休整，以利再战。不过却有可能因为某种情况迫使他们不得不下达命令：立即将解下的马鞍重新备上，已经脱下的甲胄马上披戴整齐。

从"列传"上所透露出来的蛛丝马迹，周勃、樊哙等人很可能并没有遇到严重的抵抗，敌人便投降了，夏侯婴与灌婴在马邑的情况差不多相似，只是没有人向他们投降，因为那里除少量的百姓之外，等于是一座空城。一些迹象表明敌人向云中方向逃窜了，包括一部"胡骑"在内。《史记》所说的"胡骑"指的就是匈奴骑兵。因此，他们通过信使，约定分头向云中和武泉进发，并在那里会师。

　　位于易县的紫荆关（五阮关）、今官厅水库东南岸的沮阳（上谷郡治，约已没入水中）、汉繁峙与今繁峙之间的应县、马邑（今朔县）、左云、右玉、云中和武泉，笔者从踏看古战场的角度都曾经去凭吊过。云中这个地方在历史上具有极高的知名度，其历史地位非常重要。但它在今天托克托县一个很小的村庄里，几乎没有任何标志，也没有得到任何保护。还可以辨认的有着夯窝痕迹的城墙，常为民居和猪圈所任意分割和拆解，使我觉得十分无奈，只能扼腕叹息而已。武泉今称武川，我走过几次。本是翻过阴山通向大漠的交通要道上的一个点，不会留下任何过客的遗迹，却也从未断过马蹄刨出的坑窝和车轮辗出的辙痕。当然现在则是柏油路面的通衢大道了。

　　《史记·绛侯周勃世家》：周勃"降下霍人，以前至武泉，击胡骑，破之武泉北"，透露了周、樊、滕、灌此次云中、武泉之行的全部信息。他们把雁门、马邑、葰人等地的治权迅速交给郦商及其麾下，便再上征途。

　　周勃捷足，发现敌踪，紧追不舍。樊哙西进，直捣云中，布防西线。夏侯婴、灌婴所部相继赶到，按多年协同作战的经验和惯例，有一种几乎可以不用言语表达的默契，那就是设法以最有效的方式给主力创造必胜的条件，即首先是支援主力，其次廓清外围，防止对主力的偷袭或其他的威胁，而不问谁是主力。

　　很快消息传回：周勃在武泉北击溃胡骑。

　　当四将终于在云中会齐时，检讨这次奔袭的结果，以及从俘虏口中得到的情报，他们恐怕很难会开心地庆祝胜利。樊哙可能是从西部回到云中最慢的，根据他可能快要接近秦九原时所看到的情况，他大概无法认定这次定云中、翻阴山、过武泉究竟是胜利还是失败，是喜还是忧。

　　樊哙虽出身于屠狗之业，有"厄酒彘肩"的莽夫形象，却也有过人的精细之举，如拦住刘邦的马头，谏阻他万不可进入秦宫贪图享受之举。他认为这些天的连续奔袭作战并无太多斩获，有可能是中了敌之奸计，如今又这样深入敌后，会不会影响与皇上会师的计划呢？

　　他们似乎意识到什么，或说恍然明确地意识到了什么。他们共同做出了一个重大的决定：立即撤军，迅速与皇上会师！

　　这些将领从跟随刘邦起义那天开始，多年来共同作战、出生入死所结下的战斗友谊，在利害完全一致的条件下，是可以立即取得或达成共识的。而且从胡骑那里得到的点滴情报，以及与皇上的不间断的斥候联络，也促成了他们的决断。

　　他们的行动一向以果敢著称。

　　一次我从大同驱车去呼和浩特，走到郊区就发生故障。好在还算在大

同市的范围之内，马上就找到了一家修车单位。经过五个多小时（包括修理人员进城里寻购配件）的修理，到下午五点多才又重新上路。车况好了，路况还可以，越跑越快。路上没有行人和农用车，只偶尔会遇上迎面而来的闪着大灯的车辆。在行经右玉县——山口长城时，驾车的同伴告诉我：这是杀虎口。此刻虽然深切地感受到塞外秋夜的寒冷，却觉得别有一番韵味儿。也许是月朗星稀的缘故，或者更恰切地说因为在这个时候，这个地方所看到的杀虎口的长城和残破的烽火台及其下边的农家小院的景色，既使我兴奋又使我惊诧。我有些感谢这辆发生故障的车子了。在平时，为看一段长城，一处遗址，一个古战场，谁会在子夜时充当这个夜游神呢？白天所看到的东西是清晰的、准确的，既有远景的和中景的，也有近景的和特写的，当然那时也是更加理性的。但此刻，身上没有御寒的衣服，那种透心的寒冷使得上下牙齿无法控制地捉对儿碰撞。司机朋友转身便钻进车里，关门声引来了远处的犬吠声，而我却突发奇想：这时若能听到一群狼的嚎声该是什么样的情景？当年那些守城的和守烽火台的士卒该是怎样面对或倾听狼的嚎声。我走近那座农家小院，从墙豁口向里张望，还能清楚地看见都已干枯的叶子却还顽强地悬在藤蔓上和玉米秆上随风颤抖着。我想这个农家院落从前很可能就是守护烽火台或哨所的营房。士卒在这样月朗星稀的寒夜里值班站岗时是什么心情？如果就在这里发生了战斗是什么样的情景？我不禁想起了屈原的《国殇》和李华的《吊古战场文》……

在不安且颠簸的陌夜长行中，我想到了周、樊等人在向云中进军时和在奔袭武泉后，突然急如风火地退回晋中去与从天井关入晋的皇上刘邦会合，是不是也走了杀虎口这条古道？是不是也曾在这样月朗星稀的寒夜倾听清水河的潺潺水声？

我不知道在寒秋深夜的月光下所能见到的那座残破的城堡和烽火台式的建筑——杀虎口，是明嘉靖时所建的旧堡，还是万历年间又筑的新堡。据《水经注》，杀虎口即古之参合陉，北俗谓之仓鹤陉，道出其中，亦谓之"参合口"。《地名大辞典》又谓："就杀虎口土人之音审之，与参合口酷肖。"由此看来，参合陉—仓鹤陉、参合口—杀虎口皆一声之转。但仓鹤陉、参合陉或参合口之名称似始于魏，而汉之参合县——汉十一年（公元前196年）柴武将军杀韩王信之地并不在今之杀虎口，而在阳高县之东北，相距二三百里。显然参合陉在参合县之西北，其作为古道则是由来已久。

周、樊、滕、灌是经参合陉杀入云中的，当然也就会顺理成章地从参合陉返回。郦商在雁门接应，一路不见敌踪，正是一天的行程。即使偶有掉队人员或马匹不济，自有殿后部队收容，古今行军，一向如此，不在话下。

雁门山，《山海经·北山经·海内西经》《尔雅·释地》《淮南子·坠形训》《水经注·漯水》（亦作治水，湿水，即今之桑干河）等典籍均有记载，亦称陉岭，筑关以后亦曰陉关，雁门以南谓之陉南，以北谓之陉北。其东路和西路山岩峭拔，中路盘旋崎岖。两山夹峙，形势雄胜，为句（gōu）注故道，自古即为戍守重地。战国时赵置郡，秦仍之。汉初，郡县皆沿袭之。但因帝国肇建，封韩王信于此。但韩王信政治未施，却叛降匈奴并引之"入室"，直逼关中。今周、樊、滕、灌诸将一入陉南便分兵而行，有张旗缓步于大道者，有偃旗疾行于小路者，更有潜行于崎岖山谷者。

史乘没有记载有关铜鞮之战的任何细节，也未对战役前后的诸多情况予以严判和分析，只一语锁定结果，同时把作战双方夸大其词的宣传文字不加甄别、考校和核实，悉数照录而传后世。

刘邦与周勃胜利地会师了。这一仗打得漂亮！

我们不知道刘邦会不会进入铜鞮城和参观晋侯的离宫别院或伯华的采邑。他若果真莅临了铜鞮城，大概他首先会看到的是韩王信在慌忙逃跑时的狼狈景象：滚在地上的头盔和铠甲，未来得及备上马背的鞍鞯，散落地面的衣物，没吃完的菜肴……他也许希望能有谁来向他报告，在打扫战场时发现了韩王信的尸首以及其他的斩获，而不是只有一颗王喜的头颅。他是有理由这样希望的。因为他的护军中尉、身边第一谋士陈平如此精确协调各路兵马分头作战和精确遥控周勃轻骑在叛军背后，这预示着这次征战已经稳操胜券。为保持江山永固，就必须这样迅速、干净、彻底消火这些顽敌！他的心里充满了速胜的信心。

九、雄鹰金冠

本书是以"冒顿单于传"命名的，但却迟迟没有让他出场。之所以如此，是因为考虑到冒顿作为大汉帝国的挑战者出现在一个历史时代的前沿，我们应把这个挑战者的挑战对象，以及挑战者所凭恃的载体做一翔实的描绘和交代。

人类的历史是由每一个活生生的人参与和创造的。老子有云"天下万物生于有，有生于无"是也，但任何创造都必然是在一定的条件下进行的。这所谓的"一定的条件"有两种内涵：普遍的共生的；独一的个性的，即仅适用于某一类或某一方面，因而是有条件的。

在秦末生成的天下汹涌的大潮中，出现了一批弄潮儿，也出现了一大批赶浪的勇者和投机者。他们一方面在推波助澜，另一方面又被波澜打得晕头转向，不辨东西，不知南北，而更多的人原本就是大潮的分子，但作为个体的分子，有时会作为浪花而被大潮击得粉碎，有时会作为泡沫或泥沙而被大潮推向岸边或抛向大海的深处。有的被大潮吓破了胆，只恨爹娘没给自己多生两条腿迅速脱离大潮。就如同陶渊明先生在《桃花源记》中所写的"避秦时乱，不知有汉，无论魏晋"的那群人。所有这些人，从弄潮儿到避潮者，都同是大潮的分子，这是共性；如何应对大潮，这是个性；在大潮中不论是处在浪尖上的弄潮儿，还是被浪潮推向岸边的落魄者，有时都是被动的，即不以自己意志为转移的，这也是一种共性；同在浪尖上如何弄潮，同是落魄者如何另辟蹊径，这取决于个性。一群弄潮儿，纷纷折戟，折戟方式不同，而沉沙则相同。留在浪尖上的两个弄潮儿都是弄潮的高手，这是共性；两个高手的决斗，一个是百战百胜而最终一败涂地，一个是百战百败而最后一胜定鼎，个性在起决定作用。赶潮的、推波助澜的和被波推澜卷的人其理也同。

但在这场波涛汹涌的大潮之外还有一种观潮的人。观潮的人很多，观，这是共性；其中的一个不只是用眼睛去观看，还更用心去观看，所以看得很准、很远，最后竟然也投身大潮之中，进而重又掀起一股大潮，这则是个性。具有这种个性，并且在他掀起的这个大潮中，做一个真正的弄潮儿，推动了世界历史的进程，怎能不叫人们对之刮目相看呢！

这个先是在远处听潮，在高处观潮，进而是试潮，最后下海弄潮的人就是本书的主人公——冒顿！

凡是在钱塘江畔驻足过的人都会有这样的经历，在潮波初起之时，一般人未必会有什么感觉，而耳聪之人在微风中就会有所察觉，登上高处就可能见到一条时断时续的白练，它意味着涌潮即将来临了。观潮者就需要立即给自己选择一个最佳的位置，准备弄潮的人自然就抄起家伙了。

秦始皇在沙丘驾崩时，赵高用一筐鲍鱼悬在辒辌车下以掩饰嬴政尸体的臭味，其秘不发丧的主意和措施也算足够的精明。但公子扶苏自裁，蒙恬械系，李斯舍人护军，位于河套以北、阴山以南夹山带河地区的北假大营的秦军能保得齐半点消息都不外泄吗？就算它半点消息都未外泄，但三军无理易帅，士气何以振之？士气不振，号角声断，刁斗错时，军旗不卷，早为偷伺者察看得一清二楚。作为情报消息传到冒顿耳中时，他会作出一个明确的判断：长城那边必有隐情！他在"听潮"！果然发丧的消息传来；给匈奴人造成最大威胁的秦始皇有如大厦一柱轰然倒塌，他相信一股连天大潮会如万马奔腾般地迅速袭来，他要寻找一个最佳的位置观这次大潮。如果这个位置被人抢先占据，那么不论他是谁，都应当被夺取下来。观潮！必须要有最佳的位置，有了最佳的位置才能选择适当的时机去试潮，或更进一步之弄潮！

这样说，有什么证据吗？

没有！

没有证据不是历史。

太多的巧合未必是真实的历史，至少，它必然有许多缺环。寻找那些缺环，推论有可能接近历史。

金冠饰（战国，冠顶高 7.3 厘米，冠带周长 60 厘米，1972 年杭锦旗阿鲁柴登出土）

仅用一筐鲍鱼是不能永远遮掩一具腐尸所散发出来的臭味的。当秦始皇的尸臭传到阴山以北的草原上的时候，冒顿仿佛已经听到潮波初起的涌动之声，那么随之而来的必将是如滚雷般的汹涌的大潮。他要目睹这个大潮，抵近观察和接触这个大潮，因此，最首要的事情是必须占有观察大潮的最佳位置。

他要立即采取行动。

而上天也给了他一个行动的机会。

冒顿戴上了匈奴单于的金冠。

有一顶传世的雄鹰金冠展览在内蒙古博物馆的展柜中。雄鹰展翅傲立，头、颈是用两块绿松石雕成，头、颈之间是一雕有花纹的金片作为间隔，看起来却像一个金项圈。两眼是用金片做成的，特有神采。鼻孔上有一道金丝穿过中空的颈项和鹰腹与金冠的主体相连，故头、颈可以摆动。

鹰身全用金片做成，雕出精细的羽毛纹饰。鹰尾亦如头、颈连接的方法，亦能左右摆动。双翅伸展，纹饰线条流畅，羽毛纹极精细，而双足则牢固地抓住冠体。冠体是半球形，金片很厚重，浮雕动物咬斗的图案。上有四只狼和四只羊，两两对卧，对称分布于半球体的两侧。狼的四肢屈曲前伸，四只盘羊，羊角后蜷，蜷处镂空，前肢前伸，后肢反转，被狼死死咬住。冠带由三条半圆形的金条组成。前部是两条冠带，上下用榫卯插合，后部一条冠带与前部冠带下边的一条也是用榫卯插合连接。每条冠带的两端都是浮雕动物纹饰，前部上条冠带雕虎，下条雕羊，后条雕马。主体部分则是绳索纹。整个冠饰金光璀璨，冠顶雄鹰兀立，摇头摆尾，盯视脚下，展翅欲飞，神态生动，有傲视群峰、独步天下的气概。冠体和冠带的动物浮雕，不仅生动，更令人赞叹的是其传神，它把草原的生态、草原的韵律、草原的灵魂、草原的气质凝缩在一个王者的头上。

这件雄鹰金冠在 1972 年出土于内蒙古伊克昭盟杭锦旗阿鲁柴登的一个沙窝子里，同时出土的还有另外一些金器、项饰及各种动物形饰牌。同期在杭锦旗桃红巴拉、准格尔旗玉隆太等地前前后后发现了许多匈奴墓葬及各种文物。据考古专家的意见，这批墓葬及其出土文物属于战国晚期，雄鹰金冠等以各种动物纹饰为特征的金银装饰品是匈奴艺术中最具代表性的珍品。这个地区、这个时期的青铜器被称作鄂尔多斯青铜器。这一顶雄鹰金冠"很可能是匈奴某一部落首领（或王）的冠饰"。而我现在把它拿来献给冒顿，大约免不掉有"张冠李戴"之嫌吧。

但这是匈奴人留下的传世文物中到现在为止人们所见到的唯一的一顶王冠。冒顿在龙廷大帐即位升坐时，人们总得给他头上戴点什么，绝不会让他蓬头垢面地接受群臣及各方酋长与贺客们的礼拜吧！然而戴什么呢？当然是王冠。那王冠是什么样的、什么质地的、怎么个戴法……我没有这个想象力，所以就只好借来这顶雄鹰金冠以张扬其威吧！如果将来的某一天或某一种机缘，人们发现并发掘了冒顿单于的大墓，看到了他的更加完美的金冠，那么我的上述云云自然就不攻自破了。我希望这一天早日到来。

冒顿在取得了"观潮"的权力之后，当然也就有了"观潮"的位置。"有了权力便有了一切"，但这"一切"需要加上一个注脚："一切"仅只限于其势力范围之内。不在其范围之内而又为其所觊觎的，就得多费一些斟酌，一番策划，一种手段，一定实力，最终就只有诉诸武力了。在其"继承"下来的势力范围之内的位置无所谓选择。超出这个范围的首先要有一个目标。宏观的是整个的阴山，他必须跨过长城；而微观的，即具体实施的首选位置是头曼城，是北假……

冒顿是个审慎的人，在没有足够的观察、不知翔实的情况、未做周密的准备，他绝对不肯轻易出手。

韩王信在马邑叛降使他产生"抵近观潮"的念头。他没有机会抵近去看一眼那位一跺脚天下为之颤抖的西楚霸王项羽是怎样的一位英雄，那么看一眼战胜项羽的刘邦也许更有意义吧。那应该是更大的英雄！而他的名字——冒顿与中原人所谓的英雄本为同义，只是他从未如此自视。

不过我想也可以把这个揣测推到燕王臧荼叛降的时候。那时他已经确定了对叛降者的政策——保持原王位，原军政建制，原统治地盘等，让他们既保住原有利益又有了新靠山，当然其实质是使之既可祸乱汉国边地，又为匈奴备边。不过燕王臧荼是个扶不上墙的角色，很快就完了。因此他寄希望于韩王信，并亲率其训练有素的"控弦之士"来到前沿。一则对汉帝汉军"抵近观潮"，二则给韩王信打气儿。

韩王信这个人大概颇有点魅力。论出身——韩襄王的孽孙、凭才气——一生行状未见显才，他本不具获得高位的资格，而魅力却使他平步青云。史载韩王信身长 8.5 尺。汉尺出土见著录者 60 余支，长度一般在 23~23.7 厘米之间。西汉尺以满城汉墓出土的铁尺最精，长为 23.2 厘米。若以该尺为准，韩王信身高为 197.2 厘米，是个大个子。不知他是韩襄王（公元前 311—前 294 年在位）的第几个小妃子生的第几个儿子的第几个小妾留下的孽种，所以他自称起自"闾巷"。刘邦擢升他为战将，为韩王，大约与其雄壮有力的长相有关。他既已"南面称孤"，也就自视甚高了，因而形成一个权势利益集团，其臣仆与将领亦皆顺势高升，一荣俱荣，一损俱损。其受冒顿的青睐大约也不外此理。

没想到韩王信也竟然失败得这么快和这么惨！韩王信占据铜鞮作为自己的老巢是他同意的。其主将王喜极力鼓吹并主动给韩王信修缮破旧的晋侯旧宫做长治久安的打算。韩王信一见便有"恨晚"之慨。冒顿"嘿"然，只把他当作一颗钉子，面西可监视蒲坂，那是通向长安的重要渡口；面南以监视通向洛阳的关隘。它还是晋阳的一道屏障。所以当他得知汉军已抵天井关时，冒顿也已抵近晋阳了。王喜大约是韩王信最初派遣至冒顿帐前通款的特使，因此也得到冒顿的"器重"。王喜和韩王信得知冒顿已在背后助威，本来信心满满，然而竟是那样不堪一击！

冒顿从其谍报人员那里很快得知王喜败阵的详情，尤其关于周勃竟是从武泉——冒顿的根据地迂回过来的，使他暗自吃惊。他既未用情报不灵、用人不当、措置失利、作战不勇等类言辞指责韩王信，也没对自己麾下说上一句措辞严厉的话语。他是闻所闻，见所见，从近处观察到了刘邦用兵的法度和谋略，尤其是周勃等将领作战的风采。他觉得周勃作战仿佛

用的不是手中的宝剑和战士的威勇，而是计时的漏刻：在王喜正志得意满阵前扬威的那一刻，周勃突然出现在他的背后，趁他因惊吓而恍惚的那一瞬间，剑锋已刺入其心脏！这里没有巧合，没有运气，一切都在精准的调动和计划之中。他知道自己的"抵近观潮"已经由不得他了。他们已经到了武泉了。他必须得下水"试潮"了。

冒顿知道刘邦有两位谋士——张良和陈平，张良因病没有随驾远征，因此断定现在军中谋主是陈平。陈平的职衔是护军中尉。中尉亦称都尉，原是西楚霸王封赠的官衔，投奔汉军后，刘邦也赠以同职，但加了护军称谓，以协调各军将领的关系，有监督统领之意。换言之，其职权更大了。他掌握各种情报，从而有效地指挥各路兵将作战。

从史乘所载"白登之围"或称"平城之战"的情况，有理由推断在铜鞮战后的冒顿的心态及其采取的谋略。他没有惊惶失措，也没有指责韩王信或其他任何人。他是为抵近观察刘邦而深入前线的。他命人通知从铜鞮惊慌逃跑的韩王信来与他会合。但传信人回来报告：韩王信似乎已率亲卫径向参合（在今晋北阳高附近）逃窜，没有踪影了。冒顿嘿然一笑："由他去吧！"谍员还报告说：信将曼丘臣、王黄等人不满韩王信弃军远遁，正在收罗散兵游勇，谋划另立旧赵后裔赵利为王，与大单于共拒汉兵。冒顿又嘿然一笑："好！"但入夜，他便亲率铁骑分散为小股，以昼伏夜行方式不露形迹地从晋阳消失了。

十、白登之围（一）

在叙事之前，先就"白登之围"（史亦称"平城之战"）的史料做如下征引。引文有些繁复，但兹事体大，两千多年，未尝辨析，行文至此，不得不然。

《史记·高祖本纪》：七年，匈奴攻韩王信马邑，信因与谋反太原。白土曼丘臣、王黄立故赵将赵利为王以反，高祖自往击之。会天寒，士卒堕指者什二三，遂至平城。匈奴围我平城，七日而后罢去。

《汉书·高帝传》：上自将击韩王信于铜鞮，斩其将。信亡走匈奴，（与）其将曼丘臣、王黄共立赵后赵利为王，收信散兵，与匈奴共拒汉。上从晋阳连战，乘胜逐北，至楼烦，会大寒，士卒堕指者什二三，遂至平城，为匈奴所围，七日，用陈平秘计得出。

《史记·匈奴列传》：汉初定中国，徙韩王信于代，都马邑。

匈奴大攻马邑，韩王信降匈奴。匈奴得信，因引兵南踰句注，攻
太原，至晋阳下。高帝自将兵往击之。会冬大寒而雪，卒之堕指
者十二三，于是冒顿详（通佯）败走，诱汉兵。汉兵逐击冒顿，
冒顿匿其精兵，见其羸弱，于是汉悉兵，多步兵，三十二万，北
逐之。高帝先至平城，步兵未尽到，冒顿纵精兵四十万骑围高帝
于白登。七日，汉兵中外不得相救饷。匈奴骑，其西方尽白马，
东方尽青駹马，北方尽乌骊马，南方尽骍马。高帝乃使使间厚遗
阏氏。阏氏乃谓冒顿曰："两主不相困，今得汉地，而单于终非
能居之也。且汉王亦有神，单于察之。"冒顿与韩王信之将王黄、
赵利期，而黄、利兵又不来，疑其与汉有谋，亦取阏氏之言，乃
解围之一角。

　　《汉书·匈奴传上》：冒顿纵精兵三十余万骑。（余同《史
记·匈奴列传》）

　　《汉书·韩王信传》：匈奴使左右贤王将万余骑与王黄等屯广
武以南，至晋阳，与汉兵战，汉兵大破之，追至于离石，复破
之，匈奴复聚兵楼烦西北。

《史记》《汉书》中韩王信、刘敬、陈平、周勃、樊哙、夏侯婴、灌
婴、靳歙等传都有与"白登之围"相关的记载。《汉书》显然源之《史
记》。

《史记》谓匈奴出兵四十万，汉兵三十二万。《汉书》又谓匈奴兵三十
余万，或亦称四十万。但未提及铜鞮之战的兵员数额。

韩王信移徙太原前，即在洛阳时，刘邦已发布"罢兵归家"令。各异
姓王似获准仍拥有军队，但其数量肯定少于战时。韩王信移徙太原，虽有
备边之责却无扩编之权。降匈奴后不久即有铜鞮之战，一战而溃，可见其
兵力并不雄厚。刘邦从长安出发，所带兵员有限，主要依靠原已在外的几
路人马。他们都是刘邦最为亲信的将领，即在丰沛起事时就追随在他身边
的周勃、樊哙、夏侯婴、灌婴、靳歙等人。他们是"方其鼓刀仆御贩缯之
时"的"附骥之尾"者，或随入关中以为护卫，或屯要冲以为掎角。还有
部分兵力，如卢绾居燕，韩王徙晋，皆为备边者。汉帝国初肇，百事待
举。韩王信叛离，事发突然，刘邦已疑异姓王，又不能调用边将，只好自
将亲信。试观周勃、樊哙、灌婴等在武泉、云中赶赴铜鞮、晋阳等地的奔
袭情况，就知道他哪里弄得来三十二万步马兵丁？即使各郡国有这许多兵
力，一时之间也集合不到一起。冒顿的草原帝国也是初肇，除冒顿亲率的
左右谷蠡王和左右拱卫的两贤王各自麾下的左右大将，只是在"理论"上
拥有所谓的"万骑"，其余各大当户的兵员与其各部人口多寡相关，且并

不脱产。所以其兵员总数若能达到史乘所谓的"四十万控弦之士"的五分之一就已是了不得的力量了。此次出兵，左右两贤王合兵万骑，已是最大数。冒顿亲率的兵力和左右谷蠡王的兵力加在一起能有三万骑就是他的全部人马。此外，还有其他许多不利于冬季作战的条件也使作战双方都不可能在一次战役行动中动员那么多的兵力和加倍数额的战马。因此上述的"四十万""三十余万""三十二万"云云，如果不是双方有意的夸大之词，就是以讹传讹，竟成千古定谳。拙文《"白登之围"兵员数目考》予以专论，此间不予重述。

且说刘邦与各将在铜鞮获胜之后，信心倍增，想要一鼓作气把韩王信消灭。大约这是一种常情吧：对于任何一位统治者或领袖人物，痛恨或仇视其内部的变节者总是大于其主要的对手。刘邦有这种心态，众将更当如是。上有好者，下必甚焉。于是刘邦君臣率兵北上，经祁县直奔太原。

但是他们在那里失去了目标。

这对于"知为皇帝之贵"却又御驾亲征的刘邦而言可能滋生一种轻敌思想。他认为敌人已作鸟兽散。因为周勃、夏侯婴、灌婴、靳歙等连攻下太原、晋阳等六城（按：太原、晋阳今为一地，但秦时置郡，辖太原、汾州二府，汉封国，治所在今太原县），势如破竹，但其实几无斩获。何以如此，这就需要问问护军中尉陈平了。

陈平作为刘邦近臣，作为谋士，协调诸将的军事行动，即运筹于帷幄之中，决胜于千里之外，关键就在于掌握情资。铜鞮之战，是他把敌我双方态势把握得十分精准，拿捏得分毫不差，一锤定音。起初还有消息，韩王信远遁，曼丘臣、王黄等另立赵利为王，匈奴单于冒顿已入晋阳。依陈平之见，似乎韩王信与其麾下已有龃龉；曼丘臣、王黄、赵利与冒顿当有新的磨合时间，而周、樊诸将等几路分进，千里奔袭，圣上也是鞍马劳顿，他不得不把三军运动节奏放缓一些，留下喘口气的时间。难道因此而贻误了军机？他不敢怠慢，立即派出了十余骑斥候、谍员分赴前沿侦察。

但皇上刘邦求胜心切，多半也有胜而骄的心理。他们没有警惕，已经触犯了兵家大忌。而出现了这样的问题，如果问责的话，必首推陈平，这并非为尊者讳，因为陈平是"护军中尉"，是谋主，扮演着军师或用现代的说法是参谋总长的角色。刘邦虽求胜心切，但毕竟身经百战。只要陈平有充足的理由，有准确的情报，有坚实的证据，有明确的规划和建议，刘邦焉能不听。他是开国之君，不善将兵，却善将将，其人少智，却善用他人之智，对张良是言听计从，对他陈平亦如是耳。铜鞮大捷后，陈平给刘邦提出了什么样明智的谋略，掌握了哪些关于匈奴的、韩王信的以及所属各部的资讯和情报，对未来战局的发展做了什么样的预测和评估，关于作战地区的地形地貌、山川河流、雨雪阴晴、道路宽狭、村庄部落、民族分布、语言同异、风俗习性、贫富差距、集市贸易，等等，是否有过探询，对某些可能发生的问题是否做了应对的预案，对后勤补给都做了些什么准备，粮秣武器野营帐幕御寒衣物等，这些问题如果对刘邦有所建议的话，他是必然有所反应的。

这一切显然都没有，有的只是按常规，即各支部队主将通常都会派出斥候所做的侦察。侦察结果，"徒见其老弱及羸畜，使者十辈来，皆言匈奴易击"。这十多起的侦察兵至少有部分当属陈平麾下。其所得情报竟是这样，刘邦自己都不敢想了。韩王信和冒顿统治之地，而且是在大军压境、大战在即的时候竟会是如此模样，叫人怎能置信？但陈平没有反应。于是刘邦特派新任的郎中并赐姓为刘的刘敬亲去侦察。刘敬还报："两国相击，此宜夸矜见所长。今臣往，徒见羸瘠老弱，此必欲见短，伏奇兵以争利。愚以为匈奴不可击也。"

刘敬说的是一个浅显的但却非常实际的道理。其对错曲直也是容易判断的。至少要比在洛阳建议定鼎长安容易判断吧！当时朝廷众将异口同声反对这个不知从何处冒出来的衣着破烂的老戍卒的"长安天府"之论，刘邦拿不定主意，张良独表支持，刘邦立即纳谏。此番刘敬之言铿锵有力，而陈平不睬，于是求胜心切的刘邦怒骂刘敬并将其关进广武大牢。

刘邦在白登败绩，陈平是脱不掉关系的。

假如退一步说，刘邦因帝国新肇，百废待举，千头万绪，心急如焚，故而求胜心切，那么陈平作为首席谋主，虽然不能阻止大军北上，但在充分了解对手非等闲之后，至少可阻御驾亲冒矢石。显然这时他也未尽全责。在过雁门关后，于楼烦发现敌踪。于是大军追击过去，在那里打了一场恶战。但谁知这仗是不是冒顿的预谋呢？

雁门关位于雁门山腰。雁门山即前面曾提到的句注山。雁门关即筑在句注故道上，自古即为戍守重地。因有东西两山对峙，山岩峭拔，山路崎岖，盘旋而上，险处置关，又名西陉关。其西南有宁武关，西北有偏关，都是晋中地区通往内蒙高原必经之地，合称三关，互为掎角，雁门关今存关门三座，内有战国时赵将李牧祠。明《武安君庙碑记》载李牧率兵屡胜匈奴事。雁门关为历代用兵之地。古人有"三关冲要无双地，九塞尊崇第一关"之说。雁门关下之西有广武城，依山建筑，为雁门关重要防卫基地。

刘敬坐在广武城的大牢里，不知他是怨恨刘邦呢，还是应该暗自庆幸呢？想来，他大约不会是怨恨，更不会"庆幸"。"庆幸"是指刘邦率众出雁门关后不久所遇到的那场大风雪。

大风雪，是指前引文所述"上……至楼烦，会大寒，士卒堕指者什二三"之言。

楼烦史谓其为北狄之一部，常与北狄另部林胡相邻。《史记·赵世家》"西有林胡楼烦秦韩之边"，《通典》"赵武灵王北破林胡楼烦"。春秋战国时占有今宁武、岢岚等地，以游牧为生。楚汉战争时期，汉军中曾有楼烦骑兵参战。刘邦率众过雁门就发现有韩王信的残部，当即追踪而去，在累头山之西、赵长城脚下的楼烦与敌军遭遇。也就是在这时，天气骤变，出现大风雪。而汉军固以轻骑为主，缺少辎重，不仅缺粮短草，没有帐幕，更无御寒的衣帽，以致士卒被冻掉手指脚趾者逾二三成之多。

天降大雪，坐在牢中的刘敬不仅看得见并且感受到寒，但毕竟还有屋顶可以遮住大雪。而皇上和诸将与士卒们的装备与粮草，他是一清二楚。他预料这场大风雪会给皇上和前线将士造成灾难。他痛心疾首，焦虑万分，更担心敌人会乘机从隐蔽之处冲杀出来，那会使皇上吃大亏。因为他压根儿就不相信敌人会是羸弱之辈。

但他在牢里有什么办法？他哭天抢地，大喊大叫，不过是徒遭牢头的训斥甚或鞭挞罢了。他希望皇上能知难而返，不要怕丢面子，损失些人，只要众将保住皇上，丢盔卸甲没关系，退回雁门关内才好。他认为撤退是上策，他甚至坚信皇上必定会撤回来。

他等啊，盼啊，相信两三天必能见分晓。只要皇上平安回来，哪怕自己死了也无所谓。

然而五天过去了，没有消息！

七天过去了，仍然没有消息！

牢房成了冰窖，刘敬成了冰棍儿，还是没有消息！

空气也结了冰，不会再流动了……

十一、白登之围（二）

从太原到大同（平城）我走了一条曲线，即经忻州、五台山、恒山、应县等地，几天后，在红日衔山的时候，终于到达驻地。

此行加之以前走过的一些地方，使我对山西高原大体上有了一些具体的切身感受。教科书告诉我们，中国黄土高原古地形的基本轮廓是在白垩纪燕山运动以后形成的。吕梁山以东至太行山西麓有许多褶皱断块山岭和断陷盆地。吕梁山、芦牙山、中条山、霍山、系舟山、云中山、五台山、恒山及太行山，均呈北北东走向，主峰海拔都超过2000米，山地下部多为黄土覆盖，构成山西高原。主要的河谷盆地从南到北有运城盆地、临汾盆地、榆社盆地、太原盆地、寿阳盆地、忻县盆地等。这些地方在秦汉以前都覆盖有茂密的森林和竹林。据《诗经》《山海经》等记载，霍山、中条山森林遍布，太行山区淇水流域的竹林在西周时已很著名。但在句注山（衡山山系西端）以北则广布草原和森林，当地居民游牧和畜牧混杂，秦汉之际始有农民垦殖。其中，桑干河流域农业似开发得更早一些。

但我始终没有弄明白：刘邦率众出了雁门关就发现敌踪，并且追踪至楼烦，双方交手，战况似乎还相当激烈。然后是天气骤变，遭遇暴风雪，大寒，士卒冻坏手足指者什二三。这种情况是在出关后三五天之内发生的事情。显然这与十余起的斥候探报的情况不同，而与刘敬的估计相似。那么当时刘邦对此持何态度？作为护军中尉的陈平是什么看法？他向刘邦提出了什么样的建议？军中几位大将持何主张？而在遇到暴风雪，大批士卒受冻伤，出现严重减员情况，却又没有任何补救的办法，怎么会有继续进军甚至强行进军的决定？或者是刘邦君臣发现了敌人的什么重大情资而一致决定追敌并将其置于死地？既然他们的圣君、至高无上的皇帝在军中，我想他们中的众位将军以及他们的智囊，无论是谁也不会、不能、不敢拿刘邦老儿的性命做拼死一搏的赌资吧，那么究竟是什么原因使他们甩掉军中的主力、后续部队、辎重，竟不顾一切主客观的不利条件去冒险呢？

刘邦善赌。在秦末群雄并起及楚汉之间的重大博弈中他虽然经常处于劣势、败势，甚至颓势之中，犹能再起，就在于他不肯拿自己的性命当赌注。今番是怎么了？

从楼烦到平城（楼烦指宁武北的旧楼烦县，平城指今之大同）直线距离约150公里，合340余汉里（据《中国历代尺度考》，汉一里约为440米），如是宝马良驹，武士强壮，天朗气清，轻骑尤阻，一天可达。但天寒地冻，暴雪塞路，人无足粮，饥肠辘辘，马无夜草，举步艰难，朔风逆吹，鬼泣狼嚎，一日行程，三天难达。这又得出现多少冻掉手脚的伤员？是什么东西迫使他们或是吸引他们采取这样近乎丧失理性的不合逻辑的行动呢？

《六韬》有言："将必上知天道，下知地理，中知人事。"试问此际的刘邦、陈平与身经百战的众将：对此时此地的天、地、人，你们所知有几？

尤其不可解之事：刘邦率其因冻馁而严重减员且无辎重的骑兵部队为什么途经平城而不入？

平城始建于前411年，《水经注》：赵献侯十三年，城平邑。汉置县，为北部都尉驻所。后北魏拓跋始以为都城。未几，于公元398年（天兴元年）在其西七八里处建新平城，即今大同。故城即今古城村。我曾专程去

访此村，所见遗址有一段土城墙，其是否属于战国时或秦汉时的遗迹不得而知。历史上所记载的围绕古城的御河尚有河道之状，偶有污水流淌，多见垃圾遍地。访问几位老者，询问旧事，已不甚了了，虽世居于此，沧桑之变，奈之何。但据记载，因其曾为北魏都城，从其残墙遗迹所见，青砖高垒，宽四米多，若能历经两千年的风雨剥蚀尚有可观之处，遥想当年必非等闲了。我曾在太原的深街小巷转悠过，当时我曾注意那些深街小巷多为丁字路，而很少有井字形街道。询问友人方知，这竟是一种军事设施。即防止入城的骑兵顺通衢奔驰，因战马见眼前有高墙便会自动刹住脚步，逃难的市民便可躲得快些。我借此例并非想说当年平城的街道会是如此模样，而是认为自古以来，凡是与游牧民族接壤的边城，防御措施都会比较坚固。

因此，我们可以设想，刘邦率其疲惫之师在快接近某一城池之时，自会派其斥候哨虚探实，远侦近察。当他得知平城无敌，为什么不能进去停下来，让人马都喘口气儿，对伤者嘘嘘寒、问问暖，让自己也能坐下来想一想这些天都做了些什么？怎么做的？做的对还是错？能不能重新审视一下自己的战术有没有问题，敌人的情况摸得准不准？还可以退一步说：士卒啊，伤兵啊，战马啊，冷啊，热啊，吃啊，穿啊，一切都可以不问，那么问一问你自己那贯胸的箭伤在如此奔波的情况下有没有一点异常的感觉？

可怜的刘邦老儿，他真的是中了邪，鬼迷心窍了！他绕过了平城，蒙着头往火坑里跳！往冰窟窿里钻！

刘邦的事情说不清，陈平的事情也说不清，还有他的那些将军，他们都是历史上的出将入相的名角呀！

那么我们只好换一种思维方式，或者说换个思路：冒顿用了什么魔法，念了什么咒语，使刘邦及其谋臣武将都中了邪？

如果没有魔法，没有咒语，那他用的是什么谋略，抛出了什么样的诱饵，把刘邦及其谋臣武将们一步一步引向了白登山？

冒顿从打刘邦出现在天井关，就用他的谍报系统监视着刘邦的一举一动。在他发现刘邦所率队伍人马有限，而进军步伐却从未放缓，就深感奇怪。铜鞮一战，他的谍员慢了一步，使他惊诧万分。稍后得知，周、樊、滕、灌等人所率轻骑野战之军完全是在其身后活动，因其从不在一地停留，使其谍报员无力跟踪，无法预测。冒顿觉得自己犯了一个大错：只顾向前，忽略了背后，使之领略了汉军的威风。他趁汉军铜鞮的短暂的休整期间，认真检讨了铜鞮之战的得失。他明白了韩王信不是刘邦的对手，但韩王信或其残军对他仍然有用，可借韩王信的败军遮掩汉军的耳目，自己从容部署和调遣军队，尤其是调遣刘邦的军队！当然他要吸取铜鞮的教训，要眼观六路耳听八方了。

冒顿所带兵马不多，全部分散为小股，夜行昼伏，从晋阳蒸发了。悄然穿过雁门关之后立即避开大路，其中一部分在楼烦待命，让曼丘臣、王黄等韩王信余部引诱汉军。汉军本来就在寻找他们以及匈奴人，于是在楼烦就铺开了战场。吉人自有天相。楼烦战场刚一铺开，老天就飘来雪花。随后北风劲吹，大雪变成暴雪，这对于汉军而言是从未见过的天灾，而对于匈奴人来说是习以为常的瑞雪，意味着来年草场的丰收。当然冒顿还顾不得明年牧草的长势，他只是乐见眼前的雪势。这雪势使汉军的将士（也包括刘邦在内）睁不开眼睛，辨不出方向，找不着道路，不能坐下来喘口气儿埋锅造饭，更不敢躺下来打个盹儿；进不得，退不得，走不得，停不得；打不着敌人，追不上敌人，想看见敌人是个什么样却看不见，想甩开敌人走自己的路，敌人却就在你眼前晃，专门叫你"追穷寇"。

这雪势是冒顿求之不得却来之非常及时的良机与利器。他的人马习惯了风与雪，备用马匹带足了给养：将士有肉干奶酪可以充饥，战马有菽粟代作草料，伸出舌头就能舔到雪花。他命令士卒在汉军前头神出鬼没，不弃不离，引着他们走。这还显示他的仁德之心：他告诉其麾下：不能让汉兵停下脚步，那会冻死他们的。所以每当汉兵因为失去匈奴人的踪影在原地打磨时，就会出现匈奴士卒的影子或者是稀奇古怪的叫声。这也许就是冒顿对刘邦所施的魔法或是念的咒语吧！

总之，在楼烦双方刚一交手，刘邦就已经陷入了被动的局面。在刘邦还没看清对方的真面目时，暴风雪就开始了。它来得那样及时，就像是按冒顿的意志被呼唤来的。它使冒顿省去许多周折，不必隐藏，不必迂回，不必等待，也不必刺激。这也许就是刘邦过平城而不入的原因吧！因为在朦胧的风雪中，所有搜集到的用来判断敌情的资讯都被风雪包裹着，使他无法做出明智的决策。他只是估摸着，敌人的兵力不会比他多，他知道自己在雪中挣扎极端困难，但对方显然也是在苦苦挣扎。他知道各将麾下减员情况严重，但也明白万不可在暴风雪中止步不前，否则就是冻馁而死。既然双方都在做最后的挣扎，最后可比的就是毅力，就是一口气，谁呼吸到最后，谁就是笑在最后。因此，只要能看见敌踪，能咬住他的尾巴，就不能松口，就不能停步！

雪停了，风止了，但是夜却降临了。这真是个漆黑的暗夜，没有星星，没有月亮，乌云把一切散光的东西全都包裹起来了，但更重要、更可怕的是敌人的影子也被包裹起来了。他们不知道自己在什么地方，有的人稍不小心，一转身或一迈步便掉进雪窝里，掉到坡坎下，有的人大哭小叫

了。后来传下话来：大家都不要动，要挤成团儿，不许坐下，不许打瞌睡，不许说话，牵住马缰绳，叫马匹给大家挡住风寒……

命令下得轻巧，谁不许谁打瞌睡？眼未闭，人已死，你还不叫他"打瞌睡"吗？不叫人打瞌睡，可是那马儿也会打瞌睡呀！却说那发出不准打瞌睡的人自己会不会打瞌睡呢？

当乌云消散，晨曦微露，霞光初染，而寒气更加逼人的时候，不知是因为饿马躁动，还是有人突然倒下，或是其他什么响动，终于使一些人先醒过来。在醒过来的人中偶然间注意到不远处的异常的情景时，起先或以为自己是睡眼惺忪，揉了揉，定睛细看，不禁惊叫了起来。惊醒的人们顺着他手指的方向看去，虽然不敢声张，但众人倒吸冷气之声却几如风吼，且连续不断。

显然，除了不再醒来的人们之外，包括刘邦在内的所有人员都为眼前的景象吓呆了，吓傻了！

在那距他们不足一箭之地，即白登台的西面和南面的半坡上布满了匈奴的军队。他们无法知道这些骑兵是什么时候集结的而且怎么会到了他们鼻子底下他们都没听到声响？人们在惊愕中却都把手中的武器握得紧紧的。大概过度的精神紧张都汇聚在手指上，这时恐怕都已忘记手指已经冻僵了。被围在核心的刘邦和陈平以及几位大将借着已经升起的霞光，看见山下的军队竟是那样的整齐与剽悍吃惊不已，可是再稍一定睛，发现那些马匹一排排一对对竟是分色竖立，无一杂乱。而自家的人马除了惊恐之外就只剩下狼狈了。他们无法估量山下能有多少骑兵，它让人眼晕得就像面对一片汪洋，但他们所见仅是西南两面。西面离他们最近，强弓可以射到，稍一挺进，硬弩也能穿透衣裳。这时有人注意到东面和北面，并急向刘邦等人示意。他们扭头看去，竟然未见兵马，甚至也不见有军旗。只见一片起伏如波如浪覆盖着白雪的丘陵。陈平立即示意并随一侍卫挤出人群去看个究竟。

原来这是一片丘陵地，东起参合，南近平城，西即白登山，北至张皋，中间有长城穿过。这里没有一座高山，没有一块平原，没有一条河流，也没有一块谷地，一个小山包站不得一匹马，说它像乱葬死人的坟丘吧，那里怕从来都没有人光顾。春季里野花在蓬乱的黄草中挣扎着探出头来；到了夏季荆棘丛生，横七竖八，争天夺地，蛇鼠出没，豺狐怯步；秋天一到，枝残叶败，枯黄零落；入冬雪飘掩盖住那丑陋的模样，却更流露出一派恐怖的肃杀之气。如果有谁误闯进去，每一步都是陷阱。我不知道是在什么条件下生成这样一块荒野。它南缘有几座死火山，难道洪荒时代的火山喷发，是造成这块荒野的原因吗？

　　我假想陈平在悄悄溜回刘邦身边时，他自然会如实地告诉他：那里没有给他们留下一线生路！

　　日上三竿，天已大白。

　　冒顿没有发出进攻的命令，每队骑兵均用一色战马，气势恢宏威武的队形纹丝不动。

　　太阳节节蹿升，寒风阵阵，军旗猎猎。

　　冒顿仍然没有发出任何一种行动的命令，每队马色不同的骑兵也仍然纹丝不动。显然这展示出另类的训练有素的队伍。

　　刘邦、陈平、周勃、樊哙、夏侯婴、灌婴等及其麾下所有将士应该说他们都已明白了自己的处境。这个处境很独特。首先是他们占据的这个白登台，总计没有现在的一个足球场那么大。我想不出他们当初是怎么就登上了这个白登台，因为它只在西南端有一条可容一人一骑上来的小路。小路很长很长，怕有两里左右，多半段是山脊，其余则是傍山而行，忽在山左忽在山右。这块平台，充其量能容得下多少人和马？那就是刘邦在白登山被围的全部。他们怎么就鬼使神差地登上了这块台地？如今这块台地作为古战场遗址，竖起了一座高约 4 米，宽约 1.5 米，厚约半米的纪念碑供人凭吊。有兴趣的读者不妨去瞻仰一番。

　　现在他们已经明白了这样一个现实：东北两面，他们无路可走！走，就是自杀！南面一条山脊小路，冲，鲜血能把小路冲断却冲不开敌人的骑兵！西面开阔的坡地，两军对比，是一比十，还是一比百？一边是饥寒交迫、冻馁受伤的人马，能交手吗？

　　刘邦问计于陈平。

　　陈平又教他使美人计！

　　这样的"小说家言"能够进入史书吗？

　　战、守、死、降、走，这是在场的所有人都能明确意识到的几种措施，而且每一种结果几乎都是无条件的。

　　战，完全不对称。守，亦然！

　　死，田横死得壮烈，他的五百壮士死得也壮烈。这会上史书的，但……

　　降，也会上史书的。但留得青山在，史或可改写，譬如换成"和"字……

　　一般情况下，不降不和不战不守，选择走（退、逃、散、溃）也算一条生路，但在白登台上，这些条件都不具备，尽管北东两面冒顿根本未予布防，因不能也无须。

　　但是冒顿何意？他一不发兵进攻，二不施威逼降。难道要活活困死被

围之人？

陈平观阵良久，他向刘邦建言：他愿下山与敌和谈，至少也可以探出冒顿的意图。

陈平踩着表面已经冻硬的厚雪步行下山，腰上未悬宝剑，身后没有随从，身体虽虚，步履维艰，但其步伐很稳，腰背挺得很直。陈平本是一位美男子。如今孤零零地走在雪地里，有时不免深一脚浅一脚，偶现趔趄之态，但在山上山下万目睽视之中，他尽最大的努力把自己显示得威武些，再威武些……

骑着白马，身披曳地的雪白的白披风，戴着白狐皮帽子的冒顿侧耳听着身边人报告来者的身份。他的嘴角露出了一丝微笑。

这大概是因为和他的估计相同。

……

我不能为这次会晤做任何细节性的表述或描绘，因为那样就纯属虚构了。

但我要强调的是白登台作为一次战役性会聚的地方，双方所能动员的兵力和在这个具体的地方所能容纳的兵力是有限的，而一个偶然的因素——暴风雪是绝对不容忽视的。北方草原游牧民族由于气候的原因通常是不在冬季发动大规模的军事行动的。因为他们行军作战不靠后勤补给，战士们只备些牛肉干放在羊皮口袋里以备不时之需，战马则靠草原上的牧草。大规模军事行动包括迁徙在内，其家属及财产——牛羊犬马随军而行，但保持偌大的距离。然而在冬季，这样的行动几乎是不可能的。万不得已的军事行动只能依靠轻骑。史书上所记载的"四十万"或"三十余万"的"控弦之士"不可能是这次战役所动员的兵员的数额。匈奴在冒顿时代接近鼎盛时期，人口总数在二百万左右，其中包括他所征服或归服的许多民族或部族。以五口之家出一名壮丁计算，"四十万控弦之士"也只是理论上的数字而已。拿理论上的兵员数额作为一次战役的参战人数是错误的。

刘邦在"平城之战"中从起因到战事的发展与变化都表明他准备不足，资讯有误，情报不明，判断失准，因而不仅在最初的决策上出现错误，在事态发展过程中则出现了更大错误。而天公不作美，出现暴风雪这样偶然性的异常条件，终于将其逼进了绝地。

然而冒顿是清醒的、明智的。他不让自己为小胜而冲昏头脑，没有因偶然的机遇而改变其长远的战略思考。因此使他在关键性的时刻做出了关键性的决定！

他对刘邦君臣将佐在秦末动乱和楚汉战争中的表现，其认识如果说是理性的而且是依据传资而判断的，那么铜鞮之战，特别是周勃等将军的千里奔袭，使他具体地认识了这位帝王与其将佐的品格，他相信也希望若能与一个强大而稳定的汉帝国保持一种相对稳定和发展互市的关系，对匈奴的稳定与发展是非常有利的。因为来自北方草原的压力使他不敢小觑，他不能使自己腹背受敌。

眼前的刘邦处境艰难，但这只是天助他冒顿小计得施。如果乘其危，灭其军，擒其人或许不难，但后果是什么？而观其在此极度困厄之时，面对他这样的军容，全军上下竟无一丝恐惧与惊慌，这是一种什么样的气度？他气冲斗牛，蔑视死亡，直面强者，不卑不亢的心态是令人尊敬的，所以他不能下令进攻，不能逼其投降，如果愿意谈判，他愿以礼待之。

白登之围解了。

一场箭在弦上的冲突化为了布帛。

刘邦在路过广武的时候，亲去牢房接出了刘敬，深以当初骂他"以舌得官，妄沮我军"的"齐虏"为欠，后派他为与匈奴进行和平谈判的使者。

山高人为峰。冒顿像一座无形的丰碑矗立在阴山上，在漠北的草原上。

冒顿的童年

有学者谓"匈奴出现于中国历史舞台的最初活动中心，是在漠南阴山及河套一带，见于记载的匈奴的第一个单于，驻头曼城"。匈奴初时置城多为一木栅，内竖若干穹庐，迁移之后便了无痕迹。头曼城始建于何时，确建于何地，难断。头曼长子冒顿生于何时何地亦无考。可是头曼城对于冒顿太重要，对于我们这本传记也太重要。因为冒顿生于斯，长于斯，别于斯，归于斯；有童心，有欢乐，有悲痛，有悼念，有诅咒，有抱负，有隐忍，有张扬，有遗憾，有作为……

一、丧母之痛

头曼城。

冒顿是出生在这里的吗？很有可能。如果他不是出生在这里，那么差不多可以肯定地说，他在襁褓中的时候，母亲骑着一匹温驯的骏马，把他揣在怀里，让他紧贴双乳，不知饥不知寒的，就把他带到这儿来了。他们的鞍前马后有许多侍卫，许多仆从，许多侍女，但那种亲子之情是任什么都不能取代的。

那时候，他的父亲还仅是一个部落的酋长。父亲选择这块地方，是因为它的南面有一道山梁，山梁的前面是几重台地，每一层台地都像秦人的一道城墙，下边的人往上攀爬非常吃力，而上边的人却可以任意纵马驰骋。山梁里边是一块稍有些倾斜的盆地，在西北有一个斜着伸出的岬角，走到近处才能发现岬角的背面是通向山里的一条河谷。雨水多时，一条小溪就流进盆地了。顺着这条河谷越往里走，越显宽广，几道折转，就进入了冬窝子。冬窝子有大有小。最小的也能挤进三五座穹庐和他们的畜群，最大的可以是一个聚落了，到了转场时节，翻过山岭就是阴山北麓的大草原了。父亲最初在这里扎下营房是为了打造兵器，制作弓箭，烧制陶器。因为这附近有铜矿可提供原料。这座古铜矿在 20 世纪 80 年代已被发现，它位于今乌拉特后旗霍各乞（蒙语意为绿色的山头）下面。采矿点在东，冶铸点在西。矿井为竖式，年代大约与新疆伊犁的特克斯古矿井相近，约有 2500 年历史，据认为它大约与鄂尔多斯青铜器的生产相关。开始时是自己制作，虽然能锻造出很好的径路刀，一些青铜短剑以及弩矢箭镞，但数量不多。数量一多，质量就不行了。父亲后来找到一些中原人，他们的手艺好，后来父亲就在这里扎下了很大的穹庐和无数军帐，用大木头竖起辕门，没有自然屏障的地方就竖起木栅。有了更多的工匠，冒顿听说，有的工匠是被抓来的。他还见过他们来时，双手是被捆绑着的。不过那些工匠都不住在穹隆式的毡包里，而是他们自己用木头支起架子，用泥巴块砌成墙，用树皮、树枝和草搭上顶棚。

青铜短剑（春秋战国，左：长 27.8 厘米；中：长 26.7 厘米；左、中：1979 年凉城县毛庆沟出土；右：1979 年乌拉特中后联合旗呼鲁斯太出土）

冒顿的童年是在这里度过的。从他能记事儿的时候起，人们就称他的父亲为头曼，即万人长。父亲前前后后换了好几座新的穹庐，一座比一座大，一座比一座华丽。人们在他父亲面前都将右臂屈向左胸躬身施礼，或者单膝跪地，尊称他为"撑犁孤涂单于"。有的人甚至还膝行到父亲面前亲吻父亲的靴尖。他觉得特别好玩。他的母亲被人们尊敬地称为阏氏，身边也围着更多的女人。

最初他并不明白"头曼""撑犁孤涂单于"都是什么意思。后来才知道"头曼"一词本意是万人长或万骑长，是官称，而非其父的本名。撑犁孤涂本是天与子的合称。撑犁即腾格里、天格尔，一声之转。以之名山，则有腾格里峰、天格尔峰。名沙漠则有腾格里沙漠。据信，祁连山亦为天山，即祁连山亦为撑犁的音转。而单于，《汉书》释为广大之貌，这个词组便合为最广大的天子。后世阿尔泰语系中的汗显系单（chán）的音转。

而其姓氏，《史记》称"有名不讳，而无姓字"，《汉书》谓"单于姓挛鞮氏"，不知何所本，或为冒顿建政后，重要官员因地名、部落名或某臣之名逐渐演化，推而广之而成姓氏。

冒顿慢慢长大了，他的身边也总有一些侍卫呀、仆从呀、侍女呀什么的，看着他玩儿，跟着他玩儿，陪着他玩儿。他们都听陪伴他并给他讲故事的老爷爷的话，他也听老爷爷的话。就连冒顿的母亲——单于阏氏也很听他的话，就是父亲——头曼单于对他也很尊重。冒顿不只是愿意听老爷爷的话，还特别依恋着他。

原来这位老爷爷呼衍尼特克是大阏氏的叔叔，按中原人的辈分称呼，冒顿当称老爷爷为姥爷。他不是给侄女儿——大阏氏看孩子的。这个孩子已被定为头曼单于的太子。匈奴早期太子府官职的名称无考。如依秦例，执掌太子官属之长是太子詹事。头曼单于忙于国家大事，大阏氏母仪天下，也是诸事繁忙。所以太子冒顿穹庐内外的属官、仆妇、侍女、侍卫、随从及一应杂役人员的选择、任用、升迁、惩罚等事，全由呼衍尼特克老人调配。太子年幼、无权但位重，因此还有一位卫士长。老爷爷对他总是直呼其名：呼兰斯逐若。这位侍卫长是尽职尽责的，可是冒顿不喜欢，他需要一个玩伴。无奈，老人呼衍尼特克把孙子呼衍乔鞮带了来。他比冒顿大两三岁。没承想这两个孩子投缘，一见如故，竟玩得形影不离了。他们都跟随卫士长习练武艺。小男孩喜欢舞刀弄棒，比着学，比着练，花拳绣腿，还有点模样。

他们的穹庐都扎在冒顿的大穹庐的附近。他曾经随着父亲去参加祭天仪式的大会，随父亲去的人特别多，他的那些侍卫、仆从和侍女就都随在他和老爷爷的左右和身后。在举行祭天仪式的大草原上已经有很多很大的穹庐，每座大穹庐的周围都有小些的穹庐和无数的军帐。当然还有更多的无法数得过来的马匹。

在举行仪式的那天，人人都向父亲礼拜，贡献各种各样的东西。他听明白了，父亲是部落联盟的大酋长、大单于，母亲则是大阏氏。许多他见过的人见到他时也向他屈臂扶胸施礼，甚至也送给他一些礼物。他不知应当怎样回敬他们。这时每天都跟随他，甚至在他睡觉时都守在他身边的老爷爷告诉他：在人们向他这个小孩行礼时，他也应当把右手屈向左胸以示答礼。

后来，他懂了，也意识到自己的地位了："撑犁孤涂单于"的太子。而且这时他也已经有了一把佩剑，虽然很小，也不锋利，但非常精美，还有一张弓和十支箭。老爷爷看着他在侍卫长的教导下开始有点用心习武了。其实老爷爷看得明白：因为乔鞮认真，冒顿才认真起来。一匹半岁多一点儿的紫色的马驹子是他的好朋友。当然在他的马厩里还有许多匹大马和小马，不过最喜欢的却是这匹，因为它是他的一个梦——骑马走遍天下。

呼衍乔鞮也有自己喜欢的小马。

但是童年不会永驻，欢乐不能久长。

随着年龄的增长，童年离他而去。因为母亲的病逝，欢乐也与他道别。虽然他身边的人凭他驱策，唯命是从，专以讨他欢心为务，但是没有了母亲，任凭怎样他都乐不起来，尽管母亲在世时并不总在他的身旁，母亲去世后并没有改变他眼前的生活状态。但母子亲情是任什么人、事、物都不能取代的。

唯有时间可以抚平这一切！

历史没有记载冒顿的生年，甚至也无法找到与其生年相关的比对材料。从立传的角度而言，这恐怕是不可逾越的障碍。但作为单于，他在位的年代——公元前 209—前 174 年——却是精确无误的。那么根据史载其行状，和铸造一位历史伟人所需要的时代的土壤，推断其生年当在公元前 236 年（秦王政十四年）左右，大约不会完全是子虚乌有。

在母亲死后的头几个月里，冒顿的性情似乎发生了很大的变化。他想母亲，但不是哭哭啼啼，不是失魂落魄，也不是任性胡闹，不听管束，只是比较沉默。人们都会认为他是因为思念母亲，或因失去母爱所致。这是常情，冒顿的变化显然也是由此而来，但不同的是他认真地习武了，也认真地听老爷爷给他讲故事了。习武时，他的侍卫长呼兰斯逐若怎么教，他就怎么学，不多说话。学完了，自己就练，也不多说话。大约是因为他的小伙伴呼衍乔鞮不爱多说话，却只爱练武，所以也影响了他吧。老爷爷讲故事，他认真听，用心听，不论是讲草原上的他的先辈们的故事或传说，他仔细听；就是讲中原人的故事，月氏人的故事，乌孙人的故事，等等，他也仔细听，偶尔听不懂或没弄明白的，他要求再重讲一遍，但也不多说话。这对于一个六七岁的孩童而言，似乎有些反常，但没有母亲的孩子缺少欢乐，也会因之而早熟一点儿吧。

那一年，他的父亲头曼单于又娶了一个女人作为阏氏。大婚的那几天，大草原似乎欢乐起来了，阴山好像也在跳跃。他却对老爷爷说，想去河水（指黄河）岸边走走。老爷爷没说可与否。可是过了小半天，老爷爷从外边回来，说他已经安排好了，可以去河水岸边。冒顿挂上他的短剑，斜跨上宝弓，系上皮箙。当然这都是给他量身定做的。弓要小些，箭也短些，皮箙自然也得与其身量相当。一出他的穹庐就看见他的侍卫长及众侍卫包括乔鞮都是全副武装，齐刷刷地立在各自坐骑的旁边，只等到一声令下，便上马出发。

显然老爷爷去请示了头曼单于。

冒顿被扶上了他常骑的黄骠马。那是一匹年岁偏大的马，但还不算老。它特别温驯，善解人意，且善走，非常平稳。他喜欢的那匹小紫骝马就跟在黄骠马身后，只戴上辔头，没备鞍鞯。

河水岸上风很大，天已转凉了，草也开始枯黄了。他带着这支卫队走马射箭，玩儿得还算开心。一般贵胄子弟王子王孙在这种唯我独尊的场合里，颐指气使，耀武扬威，大喊大叫，得意忘形乃是常见的景象，不这样

就不能算是开心。而冒顿却仍如晨起习武时那样，认真在练，仔细在学。满意时嘴角一翘露出了一丝笑意，这已是几个月来少有的开心了。这时一行大雁凌空飞过黄河，他举起自己的弓，搭上了箭，但只比试了一下，并未拉开弓弦便放下了。不知他是因为意识到自己的力量不足以射到大雁，还是因为望见大雁南飞而联想到什么了。他凝望多时，直到雁行已远，才信马由缰蹒跚东向。忽然间，他身后的一群侍卫匆匆超越他的马头一字排开拦住迎面过来的一群人，他们衣衫褴褛，扶老携幼，柱杖扛篮，行动迟缓。一见军旅，慌忙止步，聚成一团，不知所措。

呼衍尼特克懂得中原人的话，他从逃难的人群那里得知：赵国发生了大饥荒，他们的庄稼颗粒无收。逃难的人还告诉他：韩国被秦国灭了，韩王安被俘，说不定已经死了。当冒顿听完这些叙述之后，他惊愕得说不出话来。在他幼小的心灵里，似乎感觉到一种不安，甚至是一种躁动。那些穿着破衣褴衫、面色灰绿的人是因为饥饿才是那样可怜的，而韩国被秦消灭又是什么意思呢？那一定更可怕！……

赢政十七年，即公元前230年，赵国大饥也是这一年，而冒顿约为七岁。早熟的孩童懂得要回避他的父亲再婚的礼仪场合，不会有明确的憎恶其父再婚的意念。

七八岁的儿童，在一般平民百姓人家还只能算是一个贪玩儿的孩子。家境好些的视为珍宝，家境差的要随父母干活儿。贵胄或官宦人家娇生惯养的子弟养尊处优，呼奴使婢，声色犬马，颐指气使，有享不尽的荣华富贵，却也容易沾染顽皮的恶习直到成为不学无术的纨绔子弟。而冒顿由于过早地失去了母亲，使他的心灵受到极大的无法弥补的创痛。通常失去母爱的儿童也会失去父爱，这往往是从父亲再婚开始的，在有了异母的弟妹时，失爱的状况则会益发加剧。一般家庭如此，豪门大户人家更甚，贵胄帝室往往因此而出现政争，甚至流血。冒顿经历了这一切，但情况却又超出一般想象的复杂和更具特殊性。

从赵国来的逃荒的饥民和从饥民口中传来的韩国被秦国灭亡的消息，可能是极大地激发了这个少年王子的早熟，或者因幼遭母丧使他比同龄的玩伴就早熟一些，在老爷爷的调教下对政事早就有了一些概念，而在这许多消息的刺激下，一下子就有可能产生许多联想。

饥荒意味着饥饿，饥饿意味着死亡。这是怎么产生的？因为天旱还是风雪（他常听到关于大草原不时遭到干旱和风雪之灾，他以自己的经历揣摩他未曾见过的事情）？百姓因为干旱或风雪都死亡了，谁去给国家打仗呢？赵国会因此而亡吗？韩国也是因为饥荒而亡吗？不！韩国是被秦国灭亡的，那么秦国为什么要去灭亡韩国？秦国会不会也来打我们？……

当这一连串的合逻辑或不合逻辑的疑问在这个少年王子的头脑里盘旋时，他的智商也许就要在他的头脑里升华了。但这种升华（假如可以这么说的话）不会稳定。如果没有人能给他提供合理的并且使他能理解的系统的合于逻辑的回答，只要有一点有兴趣的、好玩儿的事情将他从这种思考中引开，那什么智商、什么升华都可能变成莫须有的鬼话，一闪即逝。幸运的是他身边有这样一位对他关爱至深的博古通今的老人能给他解惑释疑。少年冒顿已经把那些天下事、国事、家事，一桩桩、一件件都装进他那颗长着毛毛头的小脑袋瓜里了。

此后，王翦攻赵，李牧被毁，司马尚被废；赵王被虏；燕太子丹使人刺秦王不成，逃往辽东；等等，都成了呼衍尼特克教导这位少年王子与其玩伴呼衍乔鞮的内容，他使他们不得任意疯玩，而是关心周边各国的事情。少年冒顿，个子长高了，武艺长进了，知识增多了，命运也要发生变化了——父亲头曼单于已经决定将他送到月氏去做质子！

二、质于月氏

在人类跨进文明门槛的前夕，在世界范围内曾经有过一个漫长的自由的大迁徙的时期。这种自由的大迁徙也许是人类跨进文明门槛的一个重要条件。跨进这道门槛之后，新石器时代开始了，大迁徙的步伐也加速了，人类文明进步的速度更有长足的发展。旧石器时代历经几十上百万年，而新石器时代则只有几千年便步入了现代文明阶段。这种民族自由大迁徙的历史步伐，促进中原各族与河西、西域各族人民的交往，早在史前时期就已出现，考古报告提供了允足的证据，大山、贺兰山、阴山的岩画留卜了影子和痕迹，而在中国最古老的文字典籍中则有更为明确的记录。《尚书·禹贡》："织皮昆仑析支渠搜西戎即叙。"《逸周书·王会解》："正北空同、大夏、莎车……月氏。"《穆天子传》："至于焉居、禺知之平。"《山海经·海内东经》："国在流沙外者，大夏、竖沙、居繇、月支之国。"史迁在《史记·夏本纪》谓："原隰底绩，至于都野。三危即度，三苗大序。"又谓："道九川，弱水至于合黎，余波入于流沙。"《史记·封禅书》：齐桓公"西伐大夏，涉流沙"。

这些载记都表明月氏作为一个部落、一个民族或一个国家出现在中国的古典文献中由来已久。而河西走廊是他们活动的一个极为重要的地区。

《禹贡》所说的织皮指以皮毛为服饰的游牧民族，昆仑、析支、渠、搜或指四地，从地名名其族，总称西戎；或以昆仑、析支、渠搜、西戎为四族名。上古之人，对"荒服"之前诸事尚无明确认识。后世之人或把析

支作屈支，屈支或名月氏、乌孙（《一切经音义》）。禺知、禺支、愚氏、月氏等亦皆为月氏。据岑仲勉先生在《汉书西域传地理校释》中说，月氏在中国史乘上通称大月氏（另有小月氏，居于湟水流域者），当比定为Massagetae人。Massagetae人即为构成塞种（Saka）的一部分。塞种即希塞罗多德在《历史》中所说的Scythia人或称Sacae人，其拼写的单词多种，译称也多种，通常译作西徐亚人或斯基泰人。其从里海草原向东的迁徙运动，拙文《先秦时期塞种人之族源及其东渐问题》已作论述。当西徐亚人，被称作塞种人在天山南北的草原和崇山峻岭之中游牧的时候，Massagetae人则以咸海的南部广大地区为其驻牧之地。而其中的一部或几部亦乘又一波民族自由大迁徙之波向东移殖。当其驻牧于河西走廊并见诸中国史乘之时，被称作西戎或称允姓之戎。其中两个较大的部落各自建政，并称为月氏和乌孙。

上所征引还表明，从禹至秦统一六国之间，中原各族人民与河西各族人民交往的情况，在历史上都留下了记录。有的可能来源于传说，有的则可能是当事人的亲历。譬如《穆天子传》一书，过去多以为是传说，今则无人再以传说视之了。再如上引的《夏本纪》所述的"都野"就是我们上文中所说的猪野泽，《汉书·地理志》《水经注》等皆有记载。

猪野泽是一片湿地和湖泊，是由谷水（今称石羊河）下泻积聚而成。谷水源于祁连山。祁连山雨水丰富，积雪充足。雨水和消冰水从北坡的山谷间下泻，小溪汇成河，四季不断，在较为详细的地形图上标出的水道有十多条，标有名称的有白塔河、南沙河、北沙河等。这些河在流过今武威后逐渐汇成一条大河，即谷水或称石羊河。但石羊河未流出百里又分流成大东河和西河，大东河向北又继续分流成三五条，最后分别汇入东海，即猪野泽，亦称百亭海和休屠泽，即西海，亦称青土湖。不论称作东海和西海、百亭海和青土湖，也不论是称作猪野泽和休屠泽，这些在不同的历史时代留下的不同的名称，都表明这样一个事实，这里的水系极为丰富。有时大河分出许多支流，支流又生出许多湖泊或是涌泉。湖泊和涌泉多时甚至上百。上游来水再增，这些海子或湖泊有时则汇成一个或几个海子。上述的一些名称有时是指一个海子或湖泊而言，有时则单指，于是百亭海、青土湖、柳林湖、东海、西海等皆见载籍。而在碧波粼粼、野鸭成群的湖泊或海子的周围就都是绿草如茵、山花烂漫的美丽草原。

谷水或称石羊河之所以在这里汇聚成海，是因为北面的腾格里沙漠和巴丹吉林沙漠，或也被称作阿拉善坦（滩），阿拉卜滩挡住了去路。沙漠和绿洲形成鲜明的对比。没有前者，显不出绿洲的妩媚和娇美；没有后者，显不出沙漠的壮阔与豪放。因此，从遥远的上古时代起，直至先秦、两汉、隋唐等每个历史时代，直至当代的以民勤县（1928 年置）为中心的这块绿洲始终有多个民族、众多的部族和部落在这里聚居和游牧，并把它作为一个装饰华丽的舞台，演绎着一幕又一幕的历史悲喜剧。但从 20 世纪后半叶以来，它一直被干旱和沙化所困扰，以致人们已经忘记那里有所谓的猪野泽和休屠泽这些名称了。

我曾几次访问河西走廊，但都未与民勤结缘。后来曾专门做一次访问民勤的计划和具体安排，但在行前又生变故，使我再一次与民勤失之交臂。幸好我早年的一位同窗帮我弥缝了这个缺憾，在其大作《生存与毁灭》一书中专有一个章节叙述了而今的民勤地区的状况。她的调查是深入的，数字是精确的，论据是充分的，结论是震撼人心的：

> 石羊河流域 20 世纪 50 年代平均径流量为 17.8 亿立方米，90 年代下降到 12 亿立方米；进入下游民勤县水量 50 年代每年近 6 亿立方米，现却仅仅亿 1 立方米左右。
>
> 民勤每亩地每年用水量约 700 立方米，全县全年的用水量约 8 亿立方米，而上游的来水仅仅能满足 1/8。
>
> 用"饮鸩止渴"的方式，大量提取地下水。……在这块干渴的土地上一共打了 1.1 万多口井，年采地下水近 6 亿平方米，每年超采达 3 亿立方米以上。……地下水位急剧下降，每年下降 0.3～0.8 米，最多的地方下降了 8 米。
>
> 民勤绿洲正迅速萎缩。近 20 多年来，防护林减少了 300 万亩，沙漠每年以 15～20 米的速度向绿洲中心推进。全县 286 万亩天然和人工植被正面临死亡，在 408 公里的风沙线上，有 60 万亩流沙、69 个风沙口正昼夜不停地进犯，威胁着民勤人民的生存环境。
>
> 民勤年均风沙日已达 139 天，其中 8 级以上的大风达 29 天，沙暴日达 37 天……特大沙尘暴震惊全国。
>
> 民勤目前各类荒漠化土地面积已达 2280 万亩，占全县土地面积的 94.5%。
>
> 民勤的地下水位已经严重下降，当地下水终于抽不出来时，民勤会出现什么样的景况？①

这些惊心动魄的数字和疑问令人揪心。民勤人民在与荒漠化进行艰苦

---

① 编者注：此文为历史数据，经过多年治理，当地环境已大为改善。

卓绝的抗争。温家宝总理发出"动员令"："绝不能让民勤成为第二个罗布泊。"

这和我心目中即从历史地理资料中所见到的猪野泽及休屠泽的反差太巨大了。在我的思绪中似乎怎样都接受不了这个现实。因为甘肃是我们伟大祖国的重要的文化发源地之一。且不说十万年前的庆阳等地的人类活动情况，新石器时代的文化遗址，在甘肃境内也是非常丰富的。如渭河流域、西汉水流域，洮河、大夏河流域及兰州附近黄河沿岸的甘肃仰韶文化、火烧沟文化、辛店文化、寺洼文化和沙井文化等。它们是中原仰韶文化的继续和发展。其中沙井文化因发现于民勤县的沙井村而得名。

沙井文化发现于民勤置县前的 1924 年，最主要的代表性器物有铜刀、三棱式铜镞、铜扣、铜铃、鹰头饰、鹰形饰、犬形饰、铲形饰、涡轮形饰与连珠形铜牌等饰物，另外还有牛、马、羊等动物残骸及夹砂红褐陶器。年代为公元前 800—前 600 年。

这些青铜饰牌所透露的信息是游牧民族的文化已经在这里深深地扎下了根。

不论是中原的仰韶文化向西部的传播与发展，还是游牧民族的铜饰牌在这里的出现，都表明这个地区在古代有着最优渥的生存条件，人类才在这里开发和驻足。

成书于北魏的《水经注》关于谷水水系的水源、流向，从西汉至北魏，记载翔实，但应与秦时无异，只是地名略有不同而已。文云："都野泽在武威县东北。县在姑臧城北三百里，东北即休屠泽也，古文以为猪野也。其水上承姑臧武始泽，泽水二源，东北流为一水，姑臧县故城西，东北流。水侧有灵渊池。……泽水又东北流，迳马城东，城，即休屠县之故城也，本匈奴休屠王都，谓之马城。河又东北与横水合，水出姑臧城下武威郡……其水侧城北流，注马城河。河水又东北，清涧水入焉，俗亦谓之为五涧水也。水出姑臧城东，而西北流，注马城河。河水又与长泉水合，水出姑臧东揟次县……西北历黄沙阜，而东北流注马城河，又东北迳宣威县故城南，又东北迳平泽、晏然二亭东，又东北迳武威县故城东。……《地理志》曰：谷水出姑臧南山，北至武威入海，屈此水流两分，一水北入休屠泽，俗谓之西海，一水又东迳一百五十里，入猪野，世谓之东海，通谓之都野矣。"

《水经注》清楚表明由谷水水系形成的冲积平原是河西第一个极为殷富的地区。古代的休屠、猪野二泽湖面广阔，蓄水量大，水中生物自然也丰富多样，是南北迁徙的候鸟定期的栖息地。而四周的岸上，不仅有优良的牧草形成的大草原，还有茂密的种类繁多的灌木阻挡风沙，把巴丹吉林沙漠和腾格里沙漠割裂开来，使之遥遥相望而不可及。由于湖水不断得到补充并向四周渗透，既使沙土固定，又使植被覆盖地表。而湖泊和湿地蒸发的水分会进一步起到调节温度和气候的作用。月氏人和后来的匈奴人驻牧于猪野泽的草原和汉代在河西走廊东部设置郡县不是在《水经注》所提到的姑臧，而是选择在今民勤县的北边，即非常靠近大泽的地方，显然是与当时的自然条件和丰富的物产直接有关。

同样发源于祁连山的弱水水系所形成的张掖酒泉平原。因受龙首山与合黎山所阻，不能直接流入近处的沙漠低地，而一直向西北流下去。它不仅滋润了张掖和酒泉地区，竟然深入大漠直至居延（前引古籍中的居緜、朐衍）入海。其平原面积巨大，自然条件更加优越。

《汉书·地理志》："删丹、桑钦以为道弱水至此，西至酒泉合黎。""觻得，羌谷水出羌中，北至居延入海，过郡二，行二千一百里。""居延、居延泽在东北，古文以为流沙。""酒泉郡……禄福，呼蚕水出南羌中，东北至会水入羌谷水。"

羌谷水（又称合黎水、张掖河）、弱水、呼蚕水先后汇合，至居延，入居延海。如前文已经提到，张掖有涿野人驻牧，酒泉因酋涂人而得名，居延即居緜人。涿野即猪野，一声之转。酋涂人或系月氏人之一部，或后融入小月氏人中，他们都是西戎人的不同部落。这些部落、部族或民族不仅有这三条大河的滋润，更得益于山丹山的优良牧草哺育出的良种骏马。这些骏马成为月氏人的坐骑，月氏骑兵是月氏王的"长鞭"，他用这支"长鞭"维护着他在河西地区的霸主地位，迫使周边所有的部落、部族或民族的小王国都把自己的王子作为质子送到他的无比硕大的穹庐中站班听命。

丹（今称山丹）山位于弱水东界，县因山而得名，因盛产大黄，又称大黄山。汉时，匈奴人占据这里之后称其为焉支山或写为胭脂山。《西河旧事》云："焉支山，东西百余里，南北二十里，亦有松柏五木。其水草茂美，宜畜牧，与祁连山同。匈奴失祁连、焉支二山，歌曰：'亡我祁连山，使我六畜不繁息；失我焉支山，使我妇女无颜色。'"

这里所记叙的当然是在匈奴驱逐月氏人，占据河西并与汉朝发生大战之后的事情。而在月氏人作为这块土地的主人的时候，是否给这块土地以及这块土地上的山峦和河流命过什么名在史料上只能查到一点蛛丝马迹，那就是历史上留下的部落或部族的名称，而这些名称在后世的汉人笔下加以汉化或赋予汉语的意义，如猪野、涅野、涿邪及后世唐代的处月应该都是张掖的原音。酒泉是酋涂的音转，后来又编出御酒洒泉慰劳将士的佳话。早年酒泉一公园中的水池旁就立有这类佳话的碑石。还有敦煌，当是

敦薨、吐火罗的音转。居延当是胸衍戎的活动地区。《禹贡》《山海经》、《淮南子》等古文献泛称其地为流沙。

总之，在秦以前漫长的历史时期，在河西这块地方有众多的种族、民族、部族、部落驻足、生息和繁衍。从语系上分类，大约有阿尔泰语系的匈奴，突厥语族所属的各族，有汉藏语系羌藏语族所属的各族和印欧语系东伊语支所属各族。这块宝地南依祁连山，并赖其提供的三大水系所造成的冲积平原——谷水流域的武威平原，弱水流域的张掖、酒泉平原和疏勒河流域的敦煌绿洲，北靠龙首山和合黎山这块台地屏住大漠流沙，而保持着无限生机，使之成为东西南北各民族迁徙交汇的大舞台，演出各种各样的悲欢离合、矛盾冲突、贸易交流、分裂融合的历史戏剧。

既然是舞台，当然不能只演一出戏。戏码要变，主角也要变。当月氏王在舞台上背插令旗耀武扬威时，一个作为质子的小王子当然就是跑龙套的小角色。但当主角唱得喉咙嘶哑慢慢露出破绽时，说不定原先的一个小角色便要崭露头角了。

当冒顿作为质子被送到月氏王的大帐中的时候，作为一个十来岁的少年王子，当时是什么心情？护送王子来的头曼的使臣面对他们完全陌生的一个异族的国王又是一种什么样的心情？质子，即以人为抵押品的人质，春秋、战国时盛行。最早著录见《左传·隐公三年》："周、郑交质，王子狐为质于郑，郑公子忽为质于周。"后如庄襄王为秦质子于赵，燕太子丹为燕质子于秦，皆其例也。质子之制始于何时、何地不详，但中外皆有之。作为质子的条件，大约并无定制。一般的恐必须有尊贵的身份，如太子、王储、王子，等等；年龄若小于十岁，对驻在国而言倒是个负担、累赘，不好管束，且易出危险；而年龄太大则难以驾驭；时限更难定准。通常两国交换质子，完全采取对等态度，这可能是同盟关系、友好关系，即使不然，那也是对等关系。但若为单方送质关系，即非对等关系，那么送质一方就是受挟持一方。其使臣不具备谈判的权力，只是听命而已。而接受质子一方处在上风，手中握有人质，当然随心所欲、颐指气使了。

据我的推测，将近十岁的冒顿王子所处的时代，大约是秦王嬴政二十一年（公元前226年）。这时的秦王嬴政所进行的统一战争正处在锐不可当之时。当冒顿还在头曼城玩耍时，有一天斥候风风火火地向头曼报告咸阳宫中发生了行刺秦王的事件。事未成，刺客荆轲横遭体解。秦王发大兵攻赵并伐燕、代。到冒顿被送到月氏王帐之时，这个战争仍在继续，传说燕太子丹已死，秦王仍不解气，进而派大兵伐楚。这意味着战国时代除秦国之外的十五国，至少已有十一个国家被灭亡了。而剩下的数国似乎都已预感到朝不保夕了。中原地区的这一严峻的战争形势对于在西北部地区的游牧诸部是喜是忧，是好是坏，无不在心里加以盘算。月氏王对此也是在心里七上八下。他面对着这个小王子以及护送他来的匈奴使臣，似乎已没有更多的心思去管顾这些了。过去所提的条件只要他们照办就是了，他帐前的这类质子不止是一个匈奴人，还有其他各游牧部族或王国送来的质子。质子的多少表明他在草原诸国中所处的地位、影响及权势，当然也代表着利益，但现在形势不同了。当中原的秦王朝在统一中原之后，他的战车的辋辐会停下来不转了吗？他的思绪是不能宁静下来的。

这些质子，不论其年纪大小，不论其人才智愚，不论其长相俊丑，不论其财力多寡，不论其品操优劣，不论其举止谈吐教养行为高下，都各有一帮子官吏、随从和仆人，他们在月氏国王龙廷周围扎下许多毡房，从而形成一个特殊的社会群体。这种社会群体当然不会像早年秦王嬴政名义上的父亲子楚在赵国都城邯郸做人质时的生活形态，因为这里毕竟是草原，没有农耕社会中所形成的那种大都会所能具有的生活方式、娱乐场所、市集贸易、饭馆酒肆、豪门大户、妓院衙署，等等，不可以进行各种交际活动或花天酒地的娱乐活动。但既是龙廷所在之地，就会有商贾云集，就会有官署衙门，就会有军营士兵，就会有如花美眷。如果我们可以以今例古的话，我走过沙漠中因发现油田而骤然建立起来的帐篷城市芒崖，我走过中古时代的草原城市如正蓝旗的元上都、海拉尔的黑城子、元顺帝败北时的应天府，它们都是草原上的以帐幕、毡房为主体的城市。那么在司马迁笔下所说的游牧民族建立的"行国"，他们的"龙廷"所在自然也就是一个毡房或帐幕城市，而一个城市的功能自然也都是应有尽有。

匈奴无文字，月氏亦无文字，其他一些质子也都不能用文字交流或文书记录。至少是没有能够表达最复杂的重大事件及各种各样抽象的意识形态方面的成熟的文字，这是现在已知的公认的事实。但这却不等于说没有人给冒顿讲过，也不等于说冒顿没听过、见过和思考过。在冒顿当人质——官方的正式称呼并以礼遇之为"质子"——的时候，当质子的不是他一个人，在月氏王的周围还有其他各部落国、部族国的王子们，在外交没有恶化或者说外交关系尚好时接受质子的国王们还得以优礼待之。因此，冒顿在初为质子而与其同侪，与东道国的储君，与诸王子以及与月氏国王与其臣仆们有很多的交往。在交往中，声色犬马是谈资，各国民风、民俗、特产、政治、军事等等无一不是谈资。谈者或有心或无心，听者或无心或有心，其智商与情商亦有高下智愚良莠好坏之别。对于一个命运多舛、际遇复杂、智力思维异常敏捷的冒顿而言无疑是进了一所高等学府。一个人的成长取决于环境，接受多少取决于勤奋和智商。

当我在赛里木湖南端的松树头，察布察尔的纳达齐牛录，特别是在特

克斯县的阔克铁热克以及昭苏县夏特乡与哈萨克、锡伯、乌兹别克、维吾尔等农牧民朋友亲切交谈时，他们很少或压根儿就不会谈及书本上的历史知识，但说起祖先的往事与英雄传说时却眉飞色舞，如数家珍，酒酣耳热之际便歌之咏之，舞之蹈之。赛里木湖畔的一位哈萨克老人叙述他的先世，能数到十一二代，一般青年以上的人或能数到七代者。还有一位乌兹别克人，他在文化馆工作，对其祖先坚昆的历史就多半来自历史典籍了。假如我们可以以今例古的话，那么可不可以认为冒顿身边的呼衍尼特克老爷爷就是他的启蒙老师？我的蒙古族朋友以本民族曾经作为"世界的征服者"而自豪，所以对民族历史以及自己的家世都很热衷地叙述。但达斡尔、埃文克、鄂伦春等族，因为人口稀少，迁徙的时间久，长期以狩猎为生，所能叙说的自己的祖先仅三五代而已。由此，我甚至想：那些以游牧和渔猎为生的民族，由于本民族的文字记录不发达，甚或还未创造出来，那么关于一个家族、一个部落、一个部族、一个民族的历史恐怕就只能靠口头传述自己祖先的故事为主要表达方式了。

冒顿做了质子，使他对于周边各国（包括草原上的各个独立的游牧部落）也会有些了解。这对他无疑也是一种知识和文化的积累，当然这是隐性的。

因此我们设想作为质子的匈奴王子，少年冒顿，生活在这样一个"行国"的"龙廷"之中，他见到了什么？他学到了什么？他最感兴趣的是什么？他怎样认识他所在的这个草原帝国？

三、猪野泽的春天

当冒顿站在猪野泽南端一片高地上望着汹涌澎湃的谷水流入泽中时，觉得特别兴奋。因为这大概是他见到的最大的海子了。过去他随着父亲打猎曾几次到北河向东南方向转弯时潴而成湖的海子（这里指的是今乌加河潴留而成的乌梁素海，在头曼和冒顿父子驻牧于那里的时代，乌梁素海还没有完全形成，《水经注》中称乌加河为北河），他已经觉得非常好玩了，而现在所见到的大海，使他兴奋得快要发狂了。看惯了宁静的草原的孩子初次看波涛涌动的海子会产生神秘感，或者是恐惧感。因为他不知道水里的世界是什么样的，而汹涌的波涛也许会吞没他。但在观察一阵子之后，恐惧感会消失，代之而起的是好奇、是探索。

有一次他竟突发奇想，和呼衍乔鞮偷偷商量着到海子里去捕鱼。他们不能骑马，而是悄悄走去。因为一用马就保不住密了。结果他们还是被发现了，呼衍乔鞮还挨了爷爷的鞭子。在以后的日子里，不论是高兴、是沉思、是幻想还是想家，在他有时间、有机会的时候，他总愿意扬鞭策马飞驰到这里来。当然不敢再下海了。而且为了惩罚他们，呼衍乔鞮被派到马厩里做杂役三个月，在此期间，不得与冒顿见面。老爷爷的命令，他们不敢不执行。

在晴空万里、风和日丽的日子里，辽阔无边的海子会使他的心胸也同样的开阔；在风起云涌、波涛翻滚的时候，他会摘掉尖尖的帽子，让那齐肩的长发全部披散开来，随风飘舞，在那阴霾蔽日、沙尘骤起时，他要逆风绕海飞奔，甩掉跟在他身后的所有侍从和护卫，只有他的侍卫长呼兰斯逐若的坐骑勉强衔上他的马尾；在细雨霏霏、微风拂面时，他有一次竟然直面海子，在沙滩上箕踞而坐达两个时辰，呼衍尼特克老爷爷几次试图接近他，他不是挥手制止，便是挪动一下身子。他只要一个人静静地待在那里，不要任何人打扰他。他在思念什么？想母亲了吗？可能。一个少年，过早地失去母爱，无论如何都是最为不幸的事情。但那毕竟过去很久了，时间正在抚平那创痛的伤口。想父亲了吗？是的。在母亲去世之后，父亲是他唯一的亲人。但是父亲是单于，每天被一群臣仆包围着。而在续娶了阏氏——他的继母——之后，他就很少有机会能单独见到父亲了。因为在名义上他应由继母照管，但名义上的事情能做得真吗？而在继母生了小孩，即在名义上他有了一个小弟弟，从那时起，继母对他连名义上的照看也不存在了。他从本能上想要看一眼小弟弟，逗他玩一会儿，不是被继母呵斥，就是由仆妇女奴们迅速将小弟弟一溜烟地抱到离他远远的地方。这些事情父亲能知道吗？答案当然是否定的。他幸而也有一群臣仆包围着，当然这是父亲对他的恩典。但臣仆能代替父亲吗？答案当然也是否定的，然而这都是现实生活。他离不开他的臣仆，但有时又非常讨厌他们，因为他们对他都毕恭毕敬，包括老爷爷和侍卫长在内。当然呼衍尼特克老爷爷很慈祥，总给他讲很多故事，能用心去呵护他。呼兰斯逐若侍卫长也有非常亲切的时候，特别是教他练武的时候。但有多人在场时，他则侍立一旁，不言一语。现在来到月氏国，每天要去给月氏王行礼，许多部落和国家的王子都是质子。礼过之后，就都散去。与他同龄的一些小王子，他们有时也能在一起玩耍、骑射不过总觉得有一些眼睛在盯着他们。他们不敢放肆，不敢多说，每个人也都被自己的仆从包围着。他看到他们，也想到了自己，他们没有自己的童年。有些年岁比较大些的王子，他们好像是另外一个圈子里的人。是年龄的差异决定的吗，还是因为别的什么？他一时还说不清楚，但是随着时间的推移，年岁的增长，阅历的增多，老爷爷的教诲，使他明白了许多事情。而真正的教育或教诲是形势。俗话说，形势比人强。人的主观努力是一回事，客观形势则是另外一回事。

譬如，叫他做质子这件事，他一直弄不明白。最初的不明白是父亲为什么要把他送到月氏国来做质子？父亲一点也不爱他了吗？或者就因为继母生了小弟弟，就把他送到千里之外的猪野泽来了？他在猪野泽月氏王廷看到还有好几位各国的王子或部落酋长之子。难道他们也因为其父母不喜欢才被送到这里来的吗？当然这类属于尿裤子娃娃的问题在他只是一闪而过，因为他很快就意识到国有大小、强弱、贫富等差异，有时在战争中还有胜负的问题呀！不管怎么说，他毕竟是王子！

他逐渐弄明白了，月氏王统治的地方非常辽阔。现在月氏王所在的猪野泽只是月氏王春季的驻牧地。不过听说，近几年来，月氏王差不多常年驻牧于此。也正是因为这样，父亲才特别不安，不得已才把他送来作为质子。因为这里离匈奴国并不算远，中间只隔了一片大沙漠。他就是沿着沙漠的边缘来到猪野泽的。他后来越发清楚地知道，月氏王移驻于此，因为其东边不远有座大山（后来被称为乌鞘岭，是陇中高原与河西走廊的天然的分界），月氏王派重兵把守，总有人不时地来到猪野泽向月氏王报告关于秦国的事情。每次那边来人，呼兰斯逐若侍卫长和呼衍尼特克老爷爷都要悄悄告诉冒顿。他们在留心着，观察着，甚至偷偷打听着，不时地用一些珠宝和在秦地能购买东西的秦国的货币给那些透露消息的月氏驾前臣僚和仆役。他也知道甚至还遇见过月氏王的士卒们或某些特别的人向猪野泽东北方面草原尽头的沙漠中走去，或者从那里回来。这无须侍从们告诉，他就知道他们在干什么。穿过沙漠就是他的家国。当然沙漠是穿不过去的，但沙漠中还有几个小片绿洲，牧驼人却能穿过。在猪野泽的西北是觻得，这本是当地一个部落的名字。据说那里的南山草场特别好，月氏王把那里全部圈作养马场。每到夏季，月氏王就在那里扎下他的无比豪华的穹庐，他的臣仆和妻子儿女们也都随在左右。当然亲卫部队在周围驻牧。后来汉在这里置觻得县，旋又改为张掖。《汉书·地理志》曰："张国臂掖，故曰张掖也。"但据今人考证，"'张掖'一词也是音译，原为'涿邪'部的名称"。再往西北，是酋涂王的领地。酋涂王是月氏王属下的一个部落。《史记·索隐》："酋，音才由反，涂音徒。"今人证曰："酋、酒古音相近。涂又与除同音。除，直鱼切，与南音渠、强鱼切，音极近。渠又与泉音近。所以酋涂为酒泉的音译，酋涂即酒泉。"后来他们迁入湟水流域，被称为小月氏。酋涂王的北边是胸衍王的领地，胸衍即今之居延，在今额济纳旗。随着时间的推移，在他的新朋友中，与他年岁相仿的有个敦薨的王子。在与他的交往中才知道在敦薨那个地方也有个王国。那个王国的地域非常辽阔，但绝大部分都是沙漠。在后来冒顿又逐渐得知，那个敦薨向西直到后来人们说的吐鲁番。更西的地方则一直到了今天人们都熟悉的乌鲁木齐。在汉人到达那里之后，那里被命名为庭州。而敦薨人即后来所说的敦煌人。

这表明冒顿王子在与其年龄相近的诸质子做总角之交的过程中，已经意识到月氏王有着极为广袤的国土，有许多小王的儿子都在他的龙廷做质子。这种国土的广袤辽阔究竟达到什么程度，他不会有明确的概念。他多次向呼衍老爷爷讨教，不论老爷爷怎样解释，他恐怕仍然是弄不清。按老爷爷的话说，大约在今兰州一带，即黄河西岸一直到了今天的敦煌这一带，他还可以勾勒出一个可以表述明确的大体范围来。而再往西一直到了人们今天所说的葱岭一带地方，他自己也没有很明确的概念，又怎能给冒顿王子一个清楚的准确的回答呢？

提出问题却又得不到回答终归是不那么惬意的事情。有的人对这种事不关己的问题，得不到回答便立即置诸脑后了，但少年冒顿则不然，他比较主动地与一些同为质子的王子交朋友，闲聊天，一同游玩。他先有意识地在听别人讲话，如果可能，他还尽量向别人打听，好像是在听故事。他也尽量表明：他就喜欢听故事。为了追求一个故事的完整性，他总是对讲故事的人毕恭毕敬，因而也总能得到对他刨根问底的问题予以细致回答的人，如果那人知道的话。

由于爱刨根问底，使这个少年王子对许多过去从来未想到过的问题都提了出来，并且在某种意义上说，他对许多问题有了新的认知，新的理解。譬如对月氏王廷和王廷与属国的关系及其以往的来龙去脉，即我们所说的历史似乎都有了超乎常态的想法。而他不是一个很爱张扬的人，他懂得在月氏王的龙廷中作为质子的这种特殊身份，他更加寡言少语了。即对任何事情可以提问却不轻易表态。他通过和一个乌孙王子的交往，似乎感觉到月氏和乌孙之间有某种很特殊的关系。看那位乌孙王子与月氏王的亲属，家臣、亲卫和在月氏王驾前的一些众要官员似乎都很熟悉，甚至还很热络，就连月氏王对他也都很关照。后来他终于弄明白：原来月氏国和乌孙国在来到这里之前，曾经是一个部落，后来各自的祖先因为人口的增殖而分处在不同的山谷里，不过仍然保持同一部落的关系。有时因面对共同的敌人，他们便合兵一处，但有时因草场而发生争执。而其他一些小国、一些部落或许本来就生活在南山，他们叫鹰庇山，国称鹰庇国，不知是国以山名，还是山以国名。这就是后来《汉书》中所记载的"鹰庇"，又写作"瘫庇"，"瘫"即"鹰"，再后来，"瘫"又作"雁"，而山名也变成了"焉支山"，或竟写成"胭脂山"。大约这个小王国也得送来一个小王子作为质子。

这一系列的人和事，对于少年冒顿而言，是闻所未闻，见所未见，既

新鲜又好玩，也更使他觉得奇怪。久而久之，他似乎从中悟出一些什么来。他有时一道跟他们去放牧，一道跟他们随在月氏王的军队的后边去巡逻。起初他觉得很委屈，但又不得不随之。他沉默寡言，但仔细观察，宁神思考，后来他可能想明白了一些事情，对这类事情甚至是"乐此不疲"，不管巡逻多远，滞留多久，他都不在乎，而且特别对月氏王的战马感到好玩儿。有机会到牧马场时，他甚至还要选借一匹好马遛几圈。或者认真在观察着他们是怎样套马，怎样驯马。他觉得月氏王的马场上有些好马是他在父亲的马群中从未见过的。他们尖耳，细腰，细腿，鬃长，胸宽，跑起来后蹄能跨过前蹄的印子有一两拃长。他听侍卫长说，那叫跨灶，跑得最快时，长鬃大尾全部扯平成一条直线，后灶总是跨过前灶，而灶痕不深，这种马不说日行千里，长行五百里不在话下，就是走在沙漠里，因其身轻而仍然能保持快速。他喜欢得不得了，但他无权索马，因为那是月氏王的宝马良驹呀！

少年冒顿学会了克制。在丧失母亲之后的很长一段时间里，他逐渐明白了没有任何人可以重新给他母爱，而且他还感到父爱也正在逐渐松弛。但那时他还能随心所欲地索要他想要的任何东西，他可以对他的仆从、奴婢照样耍小孩子脾气，或颐指气使地大喊大叫。但自从到了猪野泽之后，这些东西都没有了。就是在他的穹庐里单独与他的侍从相处时，他虽然仍是他们的王子，他们的主子，一国的储君，但他已经不愿再高声说话了。他已经意识到只要一走出他的穹庐和他的随从们的帐圈，他就得矮人一头。因此，他虽然喜欢上月氏王的宝马良驹，他也绝不做非分之想。

他逐渐地在心目中对月氏国的总体情况做一个粗线条的勾勒。它统治的地域十分辽阔：东起河水即秦所筑的长城为界，迤西直抵今乌鲁木齐以西的城郭诸国，北抵大漠，南接祁连以南诸羌。在这片广袤的大地上有许多曾经是独立的小国和众多的游牧部落。这些小国和部落都臣服于月氏国王。其部落酋长和裨王平时要定期向月氏王朝觐，战时军队皆由月氏王调遣或分派到各位将领麾下。

但冒顿还特别交结到像他这样的具有王子身份的质子。有几位是最西端的城郭诸国的王子，还有远在乌侯秦水（今称老哈河）流域的东胡诸部和诸国的王子们也都有质子在月氏王的帐前听命。所有这些王子的国家并不是月氏王的属国，就像匈奴并非是月氏国的属国一样。细心的冒顿还注意到同是质子，不仅是在月氏王的眼里，也不限在月氏国的官员们的眼里，包括诸质子在内的所有人们的眼里，质子们的地位和身价是不同的。乌孙国的质子几乎等同于月氏国的王子；西部城郭诸国的质子常为上宾；酋涂、鑈得、雍庭、敦薨等部的质子是来去自由的；对他——冒顿这样的质子一切按礼如仪，诸多限制尽在不言中。他越是看得明白，越是记在心里。他更加谨言慎行，却也更加留心眼前的一切事物。他特别注意到最近一段时间里，上自月氏王，下至臣僚、侍从、仆役等，都对东胡诸部的质子格外优礼有加，殷勤备至。这从那些质子突然身穿新衣、嘴角常笑的表情上就可以窥见一二，他们国家的使臣和月氏王一定有了新的交欢。

他在思索中成长。

他在成长中思索。

四、风云骤起

日月如梭，流光如箭。

呼衍尼特克老爷爷对冒顿说起要派人回国索要王子及所有随从人员的钱粮给养，换季衣物，特别是质子的衣服都已瘦小需要更新，等等。冒顿听了很高兴，不假思索地说那就让他亲自回去好了，因为他太想父亲了。他还说他积攒了一肚子的话要说给父亲听。呼衍老人问他要给大单于说什么呢？冒顿语塞了，沉吟了一下，说，月氏国王为什么要人家送来那么多的质子呢？又说，那些质子在月氏国王面前，有的讨他喜欢，有的很怕他。他又想到月氏王的军队，说他们常年都在驻地里或是训练，或是到远地驻防，还说到训练什么的。呼衍老人听了觉得特别高兴，知道小王子的本意是想说月氏王的军队是常备的，小王子他竟会注意到这一点，让他欣慰。但他小王子哪里知道质子离开受质国是要经过两国外交谈判达成协议才能允许的呀！

盘角羊铜辕饰（战国，通长 19.5 厘米，1974 年准格尔旗玉隆太出土）

　　当然对这些情况冒顿并没有什么明晰的概念和判断，而只是有一些朦胧的感觉。譬如对质子们的非对等的交换和对质子的礼遇上的差异，等等，从一个少年人的直观会感到不公平，从一个王子的角度看会感到愤怒，但从他作为质子进入猪野泽以来，说话做事还是很有分寸的。特别是当他说起从东胡那边来的质子们所受到的礼遇和受到礼遇后的那种趾高气扬的样子，最初让他愤愤不平，后来却仿佛嗅出一点什么味道来。究竟是什么味道，他一时之间理不出头绪来，因而也就难以说清。呼衍尼特克老人家完全理解了他所要表达的心意，对他讲起秦国范雎向昭王献"远交近攻"之策的故事，使他忽有所悟：月氏王会不会与东胡人勾结，从东西两端夹击匈奴？那样的话父亲头曼单于不就危险了吗？他和老爷爷悄悄地讨论起了这件事。老爷爷欣喜地看到冒顿王子长大了，会思考问题了，他的忧虑是有道理的。但头曼单于会这样想吗？会同意少年王子的看法吗？而且他早已嗅出头曼单于过分宠爱阏氏母子，怕不利于冒顿王子呀。但他从来不敢对王子和其他任何人说出他的心里话。嗅出的味道能作数吗？说给谁听谁也不会相信。但若传扬出去为头曼单于知道，那就不是他一颗脑袋搬家的问题。他不能给冒顿王子闯这个祸啊！他肯定了少年王子的想法，嘱咐他更加仔细地观察月氏王廷的活动，同时要检点自己的言行，千万不可露出马脚来。但告诉他这样的差事只能派个百夫长带几个人回去，当然他会安排可靠的人。他告诉小王子要记住"质子"的含义。第二天呼衍老人家按例向月氏王廷报告并为百夫长一行人索要到了出境关防。

　　不久呼衍尼特克派出的人马从头曼城返了回来，一切按礼如仪。不单给王子，也给他所有的随员都带来了应供的给养，尤其还给月氏王带来了厚礼。衣服类的东西都放在侍卫长呼兰斯逐若的毡房里，大家在试穿新衣。冒顿更非常高兴，一边试衣，一边打听父亲和继母的健康。他想念他们。不过伊伐奴宣也传达了头曼单于对王子的近乎训斥的话语：好好做一个质子，不要管别人的事情。但他话语温和，冒顿并未领会，而且新衣着实暖和，几件衣服他都抖开来，想逐一试穿。毕竟深秋已过，正需新衣呀。这当口，他根本没注意老爷爷悄悄跟着百夫长伊伐奴宣走出了毡房，百夫长向老人禀报了多方探听到的阏氏多次强烈要求头曼单于立其幼子为储君的消息。这事在头曼城多有传言，老人吃惊得说不出话来。

　　冒顿在喊老爷爷，这使他醒了过来。他把食指压住双唇，示意伊伐奴宣封口不言，他们又走进了毡房。

　　冒顿王子试穿着新衣，很高兴。老人咧了咧嘴表示笑。在王子问他新衣好看不好看时，他竟然没听懂问什么。他知道枕头风的厉害，有时甚至能吹倒一棵参天大树，一棵小树就不在话下了，但他能说出口吗？

随后几天，呼衍尼特克老人神色不好，行动迟缓，对谁都不爱说话。冒顿还以为他病了，但他没病。忽然他似乎忙起来了，到每个毡房里去看看，检查这个，检查那个。而呼衍乔鞮在冒顿身边，几乎是寸步不离。

有一天傍晚，西边彤云初起，寒风阵阵，有可能出现一场初雪。老爷爷叫两个侍从帮他把王子冒顿的穹庐的拉绳加固一下，把木桩子钉得更结实一些，还预备一些烧柴。就在这时，冒顿王子与呼衍乔鞮突然从远处跑了回来。他一见老爷爷便紧抓着他的袍袖拉他进了毡帐，喘息地说，他听到消息，月氏王正在召集他的大臣们在龙廷举行会议，要他们立即集合人马，准备迎战匈奴单于，即他的父亲头曼单于。他不知道这事情的真假，更不知父亲头曼单于真的会率兵来攻打月氏国吗？他也不知道自己该怎么办？

老爷爷立即叫人火速找来侍卫长等人。他不容他们分说，命人把牛粪打湿扔到火塘里，告诉他们不要去打听消息，不要辩问真假，立即将侍卫、仆从分成两拨，向东的一拨由伊伐奴宣率领连夜逃跑，沿着他们最近这次所走过的路直奔头曼城，立即出发。另一拨由他和侍卫长保护冒顿王子，原地不动。这时夜幕完全落下，北风劲吹，扬起沙尘，使得毡幕在暴风中不停地抖动，呼衍尼特克老人趴到地上，耳朵紧贴地面。好半天，他站了起来，嘱告众人，不准说一句话，不准发出任何响声，马与马必须保持一尾的距离，不能掉队，不能出列，随侍卫长呼兰斯逐若出发。

当人们鱼贯而行时，冒顿不禁问老爷爷，怎样与前队人马会合？老爷爷把一根指头挡在嘴前，轻声告诉他，忘了他们吧，也许永远不会再见到他们了。冒顿惊愕地看着他，稍一停顿，似乎突然意识到自己说了不该说的话，当他跨上马背，马在移动脚步时，他感觉到马蹄子可能已经被毡片之类的东西裹得很严，或者是因为风太大，他听不到除风之外的任何响声。

这些天他的心灵受到极大的震撼。有些事情他百思不得其解，有时头脑里似乎只是一片空白。但他相信老爷爷的判断，一切都只能听从老爷爷和侍卫长的安排。他看看老爷爷和侍卫长及百夫长那种痛苦但却十分坚决的眼神，就只有默然不语了。

这一行人马走得不是很快，因为顶着风，想快也快不起来。但也许是因为侍卫长走在最前头，他有意控制着速度，或者说是小心翼翼地利用星光摸索着前进，直到只有启明星在闪烁着黎明前的最后的光亮时，或者在曙光初现的时候，侍卫长回头向老爷爷和冒顿王子示一下意，队伍停了下来。这时殿后的呼衍乔鞮策马来到他们前面，告诉侍卫长，他们几次断后躲在暗处，没有发现任何追兵。同时还告诉侍卫长蹄印全被风沙抹去。

　　他们在附近的山湾中发现一片树林，于是决定立即到树林中隐蔽休息。

　　这次黉夜逃亡，对于冒顿这一行人来说，事情具有突发性，使他们深感意外，但却又在呼衍尼特克的意料之中，虽然并没料到事情会来得这样快。在这具有生死攸关的意外发生时，老人家临危不乱，应对有方，行动果断，次序井然，时间、方向、人员分派等仿佛皆有所备，是因为已经预料到可能发生的事情，预作了谋断。

　　呼衍老爷爷派人回头曼城索要并押运给养的人就是这名百夫长伊伐奴宣，十名随员中就有呼衍乔鞮。小伙子伊伐奴宣很精干、机警，呼衍老人给他交代的事情他能领悟。这个小伙子的弓马功夫也都了得。呼衍乔鞮自从随祖父和冒顿到猪野泽以来，老爷爷就把他放在一个不显眼的位子上：冒顿的随从中的最后一名，连跟班都轮不上他，也没人知道他会是呼衍老爷爷的亲孙子。其实他身边却有几名武艺最精湛的小伙子，受侍卫长指挥，暗中保护冒顿。他们奉命回头曼城，伊伐奴宣向头曼单于报告了有关月氏、有关冒顿的所有情况，而乔鞮却以呼衍老爷爷的孙子的身份拜问老爷爷的旧好等多位老前辈，东家吃，西家喝，玩了个"不亦乐乎"或"乐而忘返"的样子。他们回到猪野泽之后，将听到的看到的想到的各种情况，和冒顿及侍卫长不知密议了几多回。储君之位必将生变已是不争的共识。但怎样变，何时变，谁也拿不准。因此怎样应变似乎谁也拿不出主意，但有几个细节却都做了安排：一是眼线，二是分组，三是行囊，四是马匹，五是封口。这后一条即现代人说的保密。因为谁也不知道会发生怎样的事情，且一旦发生事情怕连传达命令的时间都没有，不预先交代好，届时怎么得了。因此当他听到头曼单于已经率众接近大河渡口的消息，他们无法核实也无法判断其真伪的时候，就只能细审月氏王的一举手一投足来决定自己的行动。果然月氏王的行动露出痕迹了。因为质子的作用尽人皆知就是人质。送质子之国异动，首先就以质子是问，怎么个问法，他们问谁去？老爷爷和侍卫长交换了眼色，向掩护小组发出了命令，他们才来向冒顿王子说明简单情况便静悄悄地等待和选择逃亡的时机了。

　　他们不知道伊伐奴宣率领的掩护小组行动后的情况，他们在哪里被发现的，月氏王派多少人、以谁为主、将怎样追杀他们，是全部被俘并被杀光了，还是分散被剿灭，或者有个别的跑得最快的竟然与头曼单于派来的人马相遇，侥幸得救，而最终恐仍遭灭口之祸，冒顿这一行人却全然不知，即当时不得而知，后来怕也是不得而知，或者偶有风闻，也无从验问了。不过有一点是明确的，即因为有前一支人马做疯狂逃跑状而吸引了月氏王的眼光，在深夜中无法看得清楚，也就忽略他们的"声东击西"之计，因此使他们得以平平安安地走了一夜之路，天老爷又从旁协助他们，刮了一夜风，把一队人马的蹄印全部都抹去了，竟然没留下一丝痕迹。

五、奇材木与宝马

当冒顿作为质子初到猪野泽月氏王的穹庐帐时，他不过是个黄嘴丫未褪的小角色。但曾几何时，他的胎毛蜕了，个子高了，不经意间，他被推上前场，成为舞台冲突的核心——月氏王要追杀他了。仓促之间，呼衍尼特克老爷爷和侍卫长及冒顿等人使出了一条声东击西、金蝉脱壳之计。不论这是老爷爷的早有准备，还是侍卫长的情急智生，或者是少年冒顿的聪慧顿悟和上天佑护，他们向反方向逃跑，不敢走大道，不敢靠近有人烟的聚落，也不敢纵马飞奔，只能沿着地势较高的台地边缘摸着黑逆风行进。逆风使他们行走艰难，但却拂去了用毡片包裹的马蹄的印痕。在拂晓时，他们发现右侧竟然是一片茂密的山林，便悄然钻了进去，并找到一块可以藏下这几十号人马的林中空地隐蔽下来。

在后来的好些年，即冒顿击败月氏完全占领这个地区之后才知道这里是河西地区的一块特别重要的宝地。这是除谷水流域、弱水流域和疏勒水流域造成的武威平原、张掖及酒泉平原和敦煌绿洲三个自然区之外的第四个自然区。它位于谷水以西，弱水下游至居延海以东，龙首山和合黎山的北麓。谷水和弱水虽然不能在地面上流到这里，却给这里注入了极为丰富的地下水，再加上雨水、雪水，使这块台地土质肥沃，各种树木和牧草非常茂盛，是一片最优良的天然牧场。龙首山的最高峰现代标高是 3440 米，合黎山最高峰是 2054 米。除这两座山峰外，虽然有许多山头，但均非崇山峻岭，而只是一些山包。有黄土地表，有沙石地表，也有盐碱地。不论哪种地表，都能生长植物，其原因就在地下水充裕。其最东端就是山丹，与休屠泽和猪野泽相连，最西端则通过弱水与居延泽相连。汉代称这里为"斗"地，也是哑铃形的河西走廊的最狭窄之处。但是现在这里不仅没有大森林，也没有成片林木，甚至连灌木都没有，偶尔遇见零零星星的散生在井边的一两棵树都成了罕见的宝贝了。沧海桑田之变，苍黄反复之化，天乎？人乎？孰之过也？

且说少年冒顿一行稍事休息之后须重新计议下一步的安排和打算。在呼衍尼特克老爷爷和呼兰斯逐若侍卫长心里，明确地感受到一种巨大的压力，因而痛心到极点。压力来自两方面：月氏王的、头曼单于的。一夜之间，他们不敢骑马飞奔，总共能走出多远？按汉里计算，估计不会超过二百里。仍然完全处在月氏王的控制范围之内，只要追上或抓住一个头一拨

向东逃跑的人，知道质子冒顿根本不在那一拨人群之中，会立即下令各部落众人全面搜索他们，他们还能逃离月氏国吗？其他，如隐藏某地，如投奔某个小国或部落，如怎样寻找饮食，等等，都很难说。然而更令他们感到压力且万分痛心的是头曼单于怎会如此狠毒，竟然会对授质国发动战争，这不就等于要将亲子置于死地吗？要废储就废吧，要立谁就立谁吧，为什么还要往死里逼，要借刀杀人？他们之所以策动了这次声东击西的逃跑行动，不仅仅是为了迷惑月氏王及其臣仆们，实在是因为他们的王子已经没有回到匈奴的可能了。他们认定王子回到头曼城也是死路一条，因此他们想向西边去，实在不行，就要设法进入祁连山，投奔羌人去。这种想法侍卫长和老爷爷两个人有过议论，也有过设想和准备，但没细说。因为当时只是一种朦胧的感觉。伊伐奴宣和呼衍乔鞮在头曼城领给养时，从不同方面听到同样的传言，老爷爷真的不愿相信，起先是认为他们太年轻，可是深思之，又不能不相信。他有危机感，他不能不有准备。头曼单于给养如数发给了，好话也都说过了，把他们又打发回来了。即使担心储位有变，谁也没想到会这么快就发生了，没想到要借刀杀人。因此听说事件发生时，慌乱得只剩下一点理性：人分两拨，东去者为疑兵，西行者先逃出去之后再说。少年冒顿以其聪慧，对他们的忧虑、担心和他们所提出的看法与打算，觉得是完全理解的，因此也并未提出异议，并且也都按照他们的安排，很默契地配合下来，一夜行军，至少在他那里没出一点差错。但他的年龄，他的阅历，他的认知能力，终究会限制他的思维方式。譬如对于死亡的威胁，即死亡临到自己头上的那种感觉，他不会有感性的体验，因而也就没有理性的认知。死，对他而言，只是一个概念，如不再呼吸，不再行动，最后被人抬走了。他的母亲死了，就是这样一种体验。他非常想念，但有人陪着他玩，有人给他奶喝，给他衣穿，等等，一玩起来就忘了情了。有时又想母亲了，当然还是有人陪着玩，照样吃喝拉撒睡。渐渐懂事了，长大了，伤痛也医好了，过去了。如今废储问题真的摆到他面前了，想要杀他之人已经伸出了剑。他害怕，又不害怕。害怕，是因为大家都怕，所以他也怕。怕的概念对他而言也不十分明确。除了怕父亲，对于王子而言还有谁让他怕？作为质子，月氏王使他害怕过。后来作为国王扈从，随他校阅军队，随他出行，随他去军马场，随他围猎，慢慢又不觉得可怕了。昨晚黄夜逃亡，起初很可怕，不知是月氏王来杀他，还是父亲头曼要来杀他，或者是月氏军队围上来要杀他。但跑了一夜，枕着马鞍睡了一觉醒来，又不觉得害怕了。人啊，就是这样，鞭子不抽到身上是不知道痛的，不过人还有一种理性，随着年龄和阅历的增长，理性超越了感性，对事情有调查，有认知，有判断，有预见，有谋略，有行动，有应对，要掌握，要求胜。所以当老爷爷和侍卫长再一次提出何去何从之类的问题时，他冒出了一个他们大为吃惊的想法：去哪里，怎么去，能否让他想想再说。他说他要在这隐蔽的山里多待上几天，如果可能的话，再去寻找一个更大一些和更好一点儿的隐蔽地。

老爷爷急得差点儿要掉眼泪，认为他在这样生死攸关的坎儿还做贪玩的小儿状，实在让他伤心。侍卫长则告诫他：眼下的处境多么严峻，多么危险。他们的行踪一旦被月氏人发现，就没有活路了。他强烈要求他立即收心，今夜继续开拔，向西进发。

他没再提异议，夜里上路，白天便设法藏匿山中。

第二天，他们这一行十余人隐蔽于龙首山最高峰东北麓的森林中。这里根本没有人迹。呼衍老爷爷和侍卫长在商议，计划从这里改为白天行走，行前可以派两个人作为前哨，目的地是合黎山。到那里再看情况，或可以从那里直奔敦薨，月氏人怕就难以找到他们的踪迹了。

但是少年冒顿对他们的忧虑与建议根本没有回应，甚至还笑了一笑。他告诉老爷爷和侍卫长：他方才在无意中发现了这山里的一种宝物，这使他联想到还有一种宝物也应该找到，不过那第二种宝物可能在山外。他说这话时，乔鞮在偷着笑。

一个饱经风霜的老年人，一个看过政坛嬗变的成年人，一个少不更事却身陷政坛旋涡的年轻王子，处在一个突发的几近绝境的事变中，心态不一合于常情，只要不是各怀鬼胎还是可以沟通的，但必有难度。

老爷子和侍卫长都在争着说话，而且还都含有教训的意味。少年王子在听着，不恼，不怒，不愠，不火，点头，摇头，摇头，点头，叫这两位既是他的臣仆又是他的老师的人，摸不着他的头脑，猜不透他的心思。他领着这二位老者和长者走到一片灌木丛前，抽出腰间宝刀，顺手砍下一株红柳的柳条，柳条粗细均匀，但略有些弯曲。他向他们请教，这是什么？他又去找了另外一种柳条，枝干也是粗细均匀，不过也有些弯度。他又找出一种植物，有着一蓬蓬的靡子叶，丛中长出一棵棵苔秆，多年生长，高三尺多，比手指头细，比竹竿子坚硬，笔直无节。据甘肃的学者考证，今龙首山、合黎山台地所产红柳即通称怪柳，另一种是灌木柳，坚硬如竹，端直无节，比指略细的那一种，可能是一种草本植物，叫作沙竹靡子，现在已经很难见到，历史上称作"奇材木"。居延汉简95·5条"伐林木取竹箭"，大概即指此。

他手中攒着十多枝粗细大致差不多，有弯有直的木杆，他指那种最直最硬的木杆说，这恐怕是一种宝物吧。他说他注意过月氏王所用的箭就是这一种东西做的。侍卫长紧锁眉头凝视着冒顿王子，也许他想说，难道我

们要在这里砍箭杆做弩矢吗？我们还有这样的工夫吗？冒顿举着那一把箭杆说，还有比这更贵重的宝物吗？

老爷爷的眼睛突然亮了，侍卫长的眉头也舒展了。

你指的是马？

月氏王的马！冒顿斩钉截铁地说，话音中已经没有奶声奶气的味道了。

月氏王狩猎，曾让那些质子随行。质子们的侍从人员当然也就"躬逢盛会"了，即都在月氏王的山丹马场看到了月氏人所培育的宝马良驹，也尝到了烤全羊和马奶子酒。那时，他们就非常艳羡那些好马。但那是月氏王的宝马呀，当然也包括现在握在冒顿手中的沙竹箭杆。因为最好的最有力的良弓，如没有端直坚硬的箭杆能有什么用处呢？

他们三人会心地笑了。这时老爷爷注意到乔鞬眯缝着眼，用手指弹着一支嵌着箭镞、带着尾羽的箭，那箭杆正是用奇材木做的。老人家一把夺了过来，仔细审视，弯了几弯，撒手便恢复原样。老爷爷似乎笑得更开心，因为这些小子成人了，会用心思考问题了。侍卫长脸上的阴翳散开了，他们开始重新设计这次逃亡的路线了。但他们首先要做的是先在山林里寻找隐蔽的藏身处，重新派人分成三个小组缜密地寻找和侦察行动路线。即首先派出一两个人沿着他们来时经过的地方找个隐蔽之处观察有无追兵接近山林，另一个小组去侦察沿弱水行进的路线有几道关卡，关卡上有多少人马。第三个小组就是冒顿王子和侍卫长亲去侦察牧马场的动静。老爷爷则居中调度和做长行的准备。这时的老爷爷和侍卫长已完全接受了少年冒顿王子的意见：他们不去投奔任何人，也不再做任何人的质子。他们要回头曼城，哪怕是死也死在明处！

俗话说，人算不如天算。这是失败者的理据。

俗话又说，谋事在人，成事在天。这是宿命论的观点。

俗话还有，不冒大险，不能得大利。这是赌徒的心态。

置之死地而后生——兵家之言。

少年冒顿是兵家。他以不惧死的信念，做了失败的准备；他在父亲的王廷和月氏王的王廷中省悟了谋的蕴涵，但不得不信命；他必须搏，不搏必死，搏则未必死，死也值得。他未必懂得中原人的"兵家"一词的含义，但他的行事原则却符合了兵家的要旨。

他们沿着弱水东岸，以极快的速度向胸衍（居延泽）方向前进。但他们不是冒进，而是派出几个梯次的斥候小组，不停地传递着前方的消息，诸如路况、里程、设防地点、牧民聚落、绕行路线、路标暗号、饮水之处、人畜进食和夜宿营地，等等，几乎都做到了有序化，而不虚掷时光。

他们在行进中疾徐有度，劳逸有节，虽然绕了一个大弯子，却走得顺顺畅畅，没落下一个人。即使在宿营地杀了几匹老马作为口粮，但皮毛骨骼及下水等物均用沙土掩埋，就连烧烤马肉的石头和柴灰也都清理得一干二净，就好像他们从人间蒸发一样，不落下一点儿痕迹。

他们胜利地回到了头曼城，泰然地走进了头曼单于的穹庐大帐。

舐犊之情

　　历史没有给头曼、冒顿这对父子在穹庐大帐中相会的细节留下翔实的记录，但从史籍的字里行间所记录下来的事态发展的前因、后果，却清晰地透露出来事态发展的轨迹。历史文献可以做跳跃式的只做结果的记录，但传记文学却必须以丰富的历史细节作为人物构成的要素。因为他们是历史上曾经存在过的和当代人一样的有血有肉、有七情六欲、有喜怒哀乐、有悲欢离合、有建功立业、有错误甚至罪过、有成功也有失败……的活生生的人，而不是一个被加上灵光圈的虚拟的神。据此，我们对一个历史人物生活的细节做某些推论，就像一个考古学者在揭露出土的墓葬的葬式、文物做全面分析之后而把墓主人生前的生活形态作出全面描绘一样，也应该是可行的，而且也应该说是科学的。

一、龙廷献马

　　冒顿的突然归来，对头曼单于而言，是意外，是惊诧，也应是喜悦。在这种情况下若能说他对其子还生杀心是没有理据的。他亲自带兵去攻打月氏王，心存的唯一目的就是要激怒月氏王，借其刀杀害冒顿以将其储位传给后续阏氏生下的小儿子，以此作为发动战争的理由也是说不过去的。商周以降，诸戎从西向东运动，诸狄从北向南发展。戎的势力强大，灭亡了西周，其中的一部分深入中原，但最后却融入了中原。狄的势力也不小，深入黄土高原，跨越了燕山，也与中原文化混融。这时河西崛起的是月氏王，阴山称雄的是头曼单于。中原有争霸战争，戎狄也要以战争霸。中原出现七雄并列，逐渐一统，戎狄部落众多，而两强并立怕亦不会久长。头曼对月氏王发动进攻显然是这种大格局之下必然会出现的一种局部冲突，月氏王驾前集中了一批质子表明了他当时所具有的霸主的地位，头曼挑战月氏王就具有争霸的意义。月氏王要杀质子既是捍卫其霸主地位，也是对挑战者的泄愤。但头曼是否真的出兵去挑战月氏王，历史记载得很模糊，只是"想要"或"迫其"如何如何，并没有作战的记录。同时也没有关于进军的路线，对垒的冲突，而只有冒顿的逃走一说。因此我们有理由可以推测：头曼可能派出一支部队，沿着黄河的西岸，顺着腾格里沙漠的边缘前进了一段距离，但立即遭到月氏王的激烈反应，一方面追杀冒顿王子，另一方面重兵封锁仅有的通道。冒顿王子的疑兵可能被他们追杀殆尽，即或有几个与头曼的先锋部队相遇，月氏王有备的消息和王子下落不明的消息也会使头曼考虑这次战争有多大必胜的把握。如果打不赢，后果是什么，他不能不考虑。草草收兵，加强边防，是他唯一的明智的选择。当然代价还是要付的：儿子的下落不明，结论是凶多吉少。

如今，他的儿子进入大帐，便匍匐跪地，膝行向前，失声痛哭，甚至忘却了一切礼仪。当父亲伸手欲拉起他时，他竟抱住父亲的腿脚哭得更加忘形。这是他的真情流露呢，还是已有腹稿，或者是两者都有？游子归家，一见朝思暮想的唯一的亲人，那眼泪是无法止住的，原本存有的芥蒂之心至少会暂时地丢于九霄云外。而这时的头曼单于作为父亲，明知儿子本无忤逆之举，本能的舐犊之情突然迸发，抱起儿子的头，也不禁老泪纵横，语不成声，哽咽不止。就连站在单于身边的尚在总角之年的新立太子——冒顿的异母幼弟，见到父兄相拥而泣，虽然对兄长印象不深，但尚不懂何为仇恨，也随之啜泣难抑。左右排班侍立诸王及各部酋长及其他臣仆军将，见此情景也无不感泣呜咽。随冒顿进帐的呼衍尼特克和呼兰斯逐若本为头曼心腹才委以辅佐太子的重任。现在虽已新立太子，但他们随侍前太子平安归来也是有功之臣，因此在众人眼中也算是英雄人物，故而也受到后排臣僚的包围慰问。

这时头曼单于的近侍将领从帐外进来上前禀报，说冒顿王子从月氏王的军营中盗的近百匹宝马良驹，他均已查看过，实在是好得不能再好了，这可是真正宝贝呀！头曼单于听了这些话，忽又破涕为笑，问他的儿子是怎么盗回来的。冒顿却没有直接回答，只是回过头来向他的侍卫长要那些沙竹箭杆。当他把一捆有百十来根沙竹箭杆捧到他父亲的面前并请其过目时，这对任何一个以盘马弯弓为命根子的人而言，皮箙中若能有取之不尽、用之不竭且得心应手的羽矢，就是虎生双翼了，或者简单地说，有宝马良驹作为坐骑，就等于胯下骑着猛虎，宝剑、弓矢就是双翼。

头曼单于立即站了起来，左手由冒顿搀扶，右手拉着幼子——新立太子，率众位臣工步出穹庐大帐，前去瞧看那些盗来的宝马良驹。

这近百匹的一群马，对于一个大草原上的牧马人来说是区区小数，但它是从月氏王的马场盗出来的闻名天下的宝马良驹，百匹则是大数。他走上前，叫冒顿牵出两匹给他细看牙口，摸摸长鬃，捏捏胸肌，拍拍后臀，比比肩高，真是笑得合不上嘴。冒顿这时叫侍卫长去牵来一匹枣红色的小骒马，大约仅过周岁，毛色红得流油，鲜亮极了。眼睛光亮得像浸在水中

的两颗宝石，两块墨玉，却又透着稚气，见着头曼还似乎有点害怕或是含害，向后退着，向旁闪着，但又很温驯。他从侍者手中接过缰绳，牵着它走近弟弟，说这是献给太子的礼物，把缰绳交到他的手上。新太子高兴地接过了缰绳，在其侍从的簇拥下牵马而去时，冒顿命令他的侍卫长，率领牵马的侍卫悉数把马送到父亲的大马厩去，一匹不留。

在陪伴父亲返回穹庐大帐的途中报告了盗马的经过。他说他们在龙首山和合黎山中藏匿了十来天的工夫，昼伏夜出，先侦察好马场的情况，选定了一个准备盗取的马群，把藏匿马群的山林、能抹去蹄印的河道以及走出合黎山的道路全部侦察并确定下来之后，这才采取行动。他甚至还向父亲报告了一个细节：一个斥候隐藏在树上，看见寻马的骑兵们在溪水中翻检石头是否被踏翻以便寻觅马群留下的痕迹，结果在南岸上发现马群蹄印，大喊着盗马贼一准是羌人便向西南追寻下去。就在那一个晚上，他们才快马疾驰地向居延泽方向迂回而去。在进入了穹庐大帐时，父子俩还在娓娓而谈。他告诉父亲，龙首山和合黎山中有奇材之木，嵌上箭镞，插上羽毛就能成矢，离弦之后不会偏离目标。月氏王的宝弓就是以沙竹奇木为矢的。他说他已经把龙首山和合黎山的全部地形都画在他的心中了。

父子俩在倾心交谈这些故事的时候，尾随单于身后的众王、酋长和臣僚们仿佛在听奇闻逸事。进入帐中之后，人们没有像从前那样按礼如仪地排班就位。直到头曼单于要正式对众臣工宣布一个决定时，才意识到大家怎会如此忘情，如此不顾龙廷礼仪，于是急匆匆呼啦啦地各就各位。

单于宣布，他要为儿子冒顿从月氏国胜利归来，全城欢宴三日。

他还宣布，封冒顿为万骑长。他说他的儿子是英雄，作为质子质于月氏，不辱挛鞮氏的英名，破其营得其马全师而归，是一员英勇的战将。即日成军，训练铁骑，为单于立功。

冒顿化干戈为玉帛，失去了储位，但掌握了重兵。他诚惶诚恐地向父亲头曼单于谢恩，表示要尽全力保卫父亲头曼单于和太子弟弟，使草原永固，国家强盛。他在伏地磕头谢恩时，心想，自己定会做一个好的"头曼"——万骑长，万骑长亦即万户长。

这时他觉得自己已经跨进了青年时代的门槛了。

当他在龙首山毅然做出返回父单于膝下的决定时，他的胆识和决心具有超常性，而非少年的任性。他决定冒险去盗马或认出并采集一批奇材木，是他直面冷酷现实的一种策略性的手段。当然这还包括他对传言的判断，对各种势力的估计，对父亲的期盼，对自己几种前途的猜想和比较，等等。当然这一切都是不确定的因素。他已决定冒险，外力不能更改，就是死也不能寄人篱下，死也要死得明白。这种理性的思考和断然的决定，是他对多方面的情况都有了了解和分析，以及对自己行为的审慎的约束。他对月氏王的良种马是早就看在眼里记在心里，但过去没有机会弄到一匹，现在对他却有多重意义；逃亡路线的选择和隐蔽行军的措施尽可由呼衍老人家和呼兰侍卫长去安排，他却对自己进龙廷之后的言谈举止做了通盘的周密的考量。他在月氏王廷做了多年的质子，从一个见了陌生人便害怕的稚童，到唇上已经长出了黑髭，毕竟见过一些风浪，增长了不少阅历。特殊的政治地位和特殊的生存环境使他早熟。他身边的一群人——老年的、中年的、青年的、少年的，也应是一些佼佼者。说他们是风云际会，相得益彰，还是说命运作弄，巧然相遇，总之他们是一条线上拴的蚂蚱，只能走到一起了！

假设冒顿此时的年龄是十六岁左右，即大些，不能超过十七，小些不会低于十五。由此推断其父头曼单于的年龄与冒顿年龄之差在二十五岁左右应该是合于逻辑的。

若以这个估算作为依据，大体上可以这样排比：冒顿在五岁左右丧母，七八岁时有了一位异母兄弟，十岁前后赴月氏为质子，十六岁时，烽烟骤起，以勇略返回父亲的龙廷。

他的归来对谁都是意外。

其父头曼单于在龙廷上的决定对谁也都是意外。

但两方的意外都具有逻辑的合理性。

如史乘有据，头曼为后妻，爱幼子，悍然发兵攻击月氏，借刀杀人，那就表明他的废长立幼之谋无法端到台面上来。现在长子归来，但幼子已立。怎么办？储位是不能随意更动的。而长子本无罪，现还有功，然而又不能复其储位，他命其为万骑长，合于情，合于理，合于法。

情，父子情，舐犊情，出自真心。

理，冒顿有勇略，将来可当一面；其年纪尚幼，羽翼未丰，不难控制。

法，王子主持军事，自古皆然。

不惑之年的头曼正处在人生的巅峰状态，对过去充满了自豪，对未来充满了自信。但此时此刻，头曼的自豪和自信，在某种意义上说只是一种本能的表现，而放眼外部世界时，其内心深处恐怕又充满了不安和忧虑。一向对匈奴虎视眈眈的月氏，在黄河岸边严阵以待，旌旗招展，鼓声震天，长杆上挑着几颗人头，大呼小叫地喊着已经杀了人质，还要杀过河来，活捉头曼，除掉匈奴。两军隔河叫骂，各张声势。头曼原本想要渡河西进。因为让他真正感到压力的是强秦。强秦已经统一了六国，其势力强大到他不能想象的程度。未来的强秦如何对付匈奴，形势会如何发展，他

未筹应对之策。他派人过河与月氏王谈判，正是以此而约定双方撤军的。但除罢兵之外双方什么也没谈成，什么也没真谈。

这是虚晃一枪。

现在儿子意外地回来了。数年未见，竟是一表人才，舐犊之情油然而生。质子不辱国格，且有勇略，值得珍视。现在给他一个机会，从多方面和长时间观察，如果是块好材料，尤其是他若能真心实意辅佐其弟，将来不会亏待他。他毕竟是自己的亲生骨肉啊！

在强秦面前，他希望冒顿成为一员好将！

二、匈奴故地

我第一次访问鄂尔多斯，就是想实地看一看匈奴人曾经在那里长期生活过的地方。鄂尔多斯草原的美丽使我流连忘返。第二次重游鄂尔多斯不只是重温美丽草原的旧梦，还从那里北上去寻找高阙，寻找阴山岩画，寻找一些在历史上曾经上演过重头戏的地方，其中包括头曼城。也就是说整个鄂尔多斯及其以北的河套地区在先秦及西汉前期和后期是匈奴活动最频繁的地区，这里也被称作"匈奴故地"。《汉书·匈奴传》谓："自淳维以至头曼千有余岁，时大时小，别散分离，尚矣，其世传不可得而次。"班固对"时大时小，别散分离"已久的匈奴，其世系传承已经无法排出次序了，只能从头曼说起了。但历史没给头曼留下几笔记录，那又从何说起呢？

我们现在准确无误所知道的只有一点：头曼死于前209年。假定那一年冒顿已经25岁，至多不超过27岁，其父头曼按一代人估算当在50岁左右，那么头曼的生年当在前259年或前261年之间。那个年代，在中原，作为天下共主的周赧王姬延在洛阳已无立锥之地，不得不借居他处，于前256年被秦昭王所灭。这时已是战国的后期了。而在鄂尔多斯及河套地区即匈奴人的活动地区里，可不可以说也在进行着一场与中原人所进行的性质完全相同的战争——统一大漠草原的战争。不过草原上的这场战争大戏没留下有完整场面和全部台词的剧本，以至今天完全无法弄清这部大戏的细节，只能简叙一个粗糙的梗概，作为头曼和冒顿这对父子亲情和冤家上演一出历史大戏的舞台活动的背景。

中国史籍所谓的戎，是商周以降华夏族对西北多个民族的泛称。远古的荤粥（或作獯鬻、薰育、荤粥），殷商西北的方国（与商有关系的部落国家）如鬼方、呂方、土方，西周的猃狁，春秋时的允姓之戎，姜姓之戎，犬戎，等等，除一名多写之外，大约还有某种承袭或延续的关系。姜氏之戎或即商周汉晋之羌。犬戎即商周之畎夷，或被认为即猃狁之音转，《山海经》中之名曰犬封国者。犬夷曾乘夏桀乱时入居邠岐之间。周穆王西征，迁犬戎于太原。周夷王命虢公率六师伐太原之戎，获马千匹。诗人歌曰"薄伐猃狁，至于太原"。周厉王时，戎入犬丘。周宣王时，允姓之戎（猃狁）的分布范围涵盖了甘肃、宁夏、陕西及内蒙古等广袤地区，已逼近周疆。《诗·采薇·六月》："靡室靡家，猃狁之故。不遑启居，猃狁之故。""猃狁匪茹，整居焦获，侵镐及方，至于泾阳。"这是最直白的反映。周文王时西有昆夷之患，北有猃狁之难，百姓不得安居；周宣王率重兵出征，将其逐北。然遣兵伐太原戎，不克。后五年，伐条戎、奔戎，王师败绩。后又败于姜氏之戎。周幽王失政，戎大盛，终至申侯与缯、犬戎攻幽王，将其杀于骊山之下。平王东迁，关中之地尽为戎有。及至春秋，戎狄内侵，允姓戎迁陕西泾渭，东及河南偃师，甚至南逾汉水。迨秦（或为戎族）崛起，世与戎战。秦襄公救周有功，列为侯国，尽夺犬戎之地，晋亦西攻骊戎，遂使关中诸戎分散。虽有扬拒、泉皋、伊洛、陆浑之戎进犯洛阳、伊川等地，但已是强弩之末，终融之于华夏各部之中。战国时期，秦与齐楚燕韩赵魏有连横合纵之争，无暇西顾，自陇以西，绵诸、绲戎、翟獂之戎，义渠、大荔、乌氏、朐衍之戎，纷然杂陈，各占地域，钩心斗角，消长互见。而此际崛兴于河西者为月氏、乌氏（乌孙）等国，肇建于阴山者为匈奴，盘踞晋、陕、陇、宁者有楼烦、林胡、白羊诸戎。与之同时，燕、赵北部有代戎，燕东北有山戎、东胡，各据一方，都有争霸之欲。但其地域辽阔，文化滞后，经济单一，部落分散，都具力有未逮之虞，或有抱残守缺之心；或因信息不畅，不明大局；或夜郎自大，小觑他人，一时之间，竟成一种暂时的均势平衡之态。

这时似乎只有头曼有所动作。他整合了阴山中的诸部酋长，形成了部落联盟，并获头曼之称，意为万骑之长或万户之长。他对楼烦胡、林胡和白羊胡生觊觎之心，或对月氏王做进攻之态，因此一时之间声名大噪。其王廷头曼城也就成为后世史家关注的焦点，但头曼城似乎隐藏得太深了，人们很难找到它的踪迹。

但一直有人试图在找，认为史载有漠南王廷，就应该设法找到。一位考古学者在其大作《原匈奴·匈奴》中提出了几种说法：

"这个幕南王廷的位置应在西汉中期以后漠北单于廷的东西方向，而且'近塞'（邻近长城），它在头曼单于时期称为'头曼城'，但可能并非不变，而是在'近塞'的阴山一线迁徙。"

"有望在阴山南北找到……头曼城和冒顿单于的廷帐。"

"匈奴早期统治中心头曼城，即在今后套平原西部的包头市固阳县

境内。"

"头曼单于时期一度占据鄂尔多斯……蒙恬北逐匈奴，头曼单于北徙……汉初，鄂尔多斯再度成为匈奴属地。"

言之凿凿的头曼城，大约只是"莫须有"，但这并不表明历史上压根儿就没出现头曼城。笔者还是承认马利清先生关于头曼城曾经存在过的合理性。

考古学者在内蒙古境内发现了大量战国、秦汉时期的古城，尤其是汉代古城。在古上郡、西河、朔方、五原、云中、定襄、雁门、代郡、上谷、右北平和辽西等郡，前后调查，发掘了70余座遗址，很多遗迹和遗物。在这些古城遗址（多系汉代）中虽然没有一座可以被证明是头曼城，但仍然不可断然否定头曼城存在过的可能。因为古人筑城并不像后来那样复杂，规模也都比较小。按现代平方米来计算，若能有3万～4万平方米的城池就算得大城了，能有万八千平方米就不错了。城池小，主体城墙土石夯筑，期月可就，一旦毁弃，选址再建亦有之。名城大都，建构复杂，存在期长，留下的遗迹轮廓分明，可以辨识当年的大致景观。但古代的草原诸帝国，其臣民逐水草游牧，竖起庐幕，聚落而居，拔出帐竿，扬长而去。其王廷，穹庐巨大，木栅成城，供养人众，警跸林立，商贾云集，众庶景从，一座城市，立马筑就。一旦迁徙，季节交替，便了无痕迹。期年再来，或选新址，或用故地，俨然又是一座新城。循环往复，古往今来，代代如是，不足为奇。头曼城大体亦应作如是观。但从现存一些重要或著名的草原遗迹观察，在其王城或龙廷附近，都可能具有刀剑弓矢等武器作坊。头曼时期及其后世，常从边地进犯农耕地区掳掠民众，或以边贸形式从农耕地区招募工匠为其制作刀枪剑戟弓箭弩矢，青铜礼器及陶土制品，以保障军需及日用。头曼单于招募的工匠住在头曼城大约是用定居的土屋，对这些工匠及掳掠的民众需用围墙和寨栅强行管束。但这类建筑也不过是土木主体，棚户加之，一旦弃置，亦难久存。有学者指头曼城在今包头市固阳县境内，也不过是大体方位而已。这是正常的。即龙廷可按季节迁徙，而矿山和冶炼、铸造场所却无法搬迁。据史载：固（原作稒）阳有三，如前引文所指，乃今内蒙古包头市北之固阳县也。此县1926年置，50年代初筑包白铁路经其境内。本为古要塞，战国魏惠王十九年（公元前352年）筑。又有汉置之固阳县，在今包头市东，乃秦之九原郡也，原为战国时魏之固阳邑。还有在秦之九原郡之西，《水经注》又谓副阳为固阳，汉时为东部都尉治所。三固阳在历史上都有过重要战争发生，可见其在地理上所具之重要地位。反观之，头曼亦会因其地理位置的重要性而在这三地或其附近筑起头曼城。因为阴山在这里的地势渐趋平缓，在五原（秦称九原）、石兰计、鸟不浪等地形成几道缺口，是交通南北的重要通道。如着眼于隐蔽性，当近今之固阳县，因其前有山隐蔽，后有山依靠，曲径东出，立即开阔；山后有路，直通大漠。南进可攻，北退可守。千百工匠，制作弓矢兵器；万千士卒，山林狩猎，校场练兵；单于大帐，运筹帷幄，调兵遣将；后帐之中，虽无秦宫中的舞榭歌台及其琴瑟箫管，或楼观轩亭的曲水流筋，但也是大小阏氏，花团锦簇，妆台凝脂，庖厨飘香，羌笛横吹，舞衫歌扇，胡琴悠扬，轻盈袅娜。若意在于进取，则九原郡东之地可取。东进，则一马平川，经云中，渡黑河，虽千里扬鞭可达燕山；南下，黄河渡口近在咫尺，千艘皮筏一齐下河，人马共渡，如过江之鲫。若为部众休养生息，当以九原为最佳。那里水网纵横，交通便利，土地肥沃，气候温和，草木葱茏，牛羊遍野，宜牧宜耕，物产丰富，自古以来，所谓黄河百害，唯富一套，即指这里而言。

现在没有发现头曼城遗址的确切证据，那么所谓"匈奴早期统治中心头曼城，即在今后套平原西部的包头市固阳县境内"，只能说是一个逻辑的推论。

头曼欣然接受或说心安理得地接受了他儿子所贡献的近百匹宝马良驹，并对他授职，对冒顿来说，真是心存感激。当然这也就意味着他不能居于头曼城中，而要按照草原帝国的规矩。平时，即非战争时期，士卒就是普通的牧民，携家带口，在分地之内逐水草而居。只有战时，单于发布动员令，各万户长才能统兵集合，候命而动。所以万骑长即万户长。其下属则有千骑长（千户长）、百骑长（百户长）等。不过，平时也总有少量的士卒聚集在万户长身边听用，或作为骨干接受训练。一旦集合，他们便可立即带兵出征。冒顿对其父亲谢过恩，毕恭毕敬地退出单于大帐，有龙廷官员引领他们一行到专门接待客人的穹庐驿馆安歇。他们实在已经疲惫至极了。

吃饱了，喝足了，并且洗去了一身泥土的呼衍尼特克老爷爷满心喜悦地随在小主人的身边，佩服小主人具有深谋远虑的决断，不只是化解了一场危机，还意外地成为万骑（户）长，而侍卫长呼兰斯逐若却有些愤愤然。他心疼那些宝马，那是小主人冒着怎样的风险和旅途上的劳累才得到并安全驱策回头曼城的呀！单于另立太子也罢，命冒顿远离头曼城也罢，却怎么连一匹宝马都不给小主人留下呀，这太不公平了吧！他虎着脸，一肚子的怨气没地方发去，竟把空酒坛子给碎了。老爷爷明白他的心事，竟亲自去收拢碎片，并压低了声音说，你要管住你的嘴巴！

驿馆的仆人进来点上了大酥油灯。

这时呼衍乔鞮急匆匆进来报告，大单于驾到！

头曼单于对冒顿发自内心的"舐犊之情"，是纯情的流露。他的突然出现使儿子有些惊慌失措，匆忙跪地时把曳襟都压在了膝下。在父亲扶他起来时，他踩了衣襟几乎跌倒。父亲把他拉在怀中，不禁老泪纵横。他看着儿子，儿子长高了，洗浴后换了衣服，英俊了，但瘦削的脸颊棱角分明，见不到儿时丁点儿的红润。他曾经认为儿子已经不在人世了，那时他不能在臣子等众人面前表现哀伤，而只能宣布幼子为储副。今日，儿子的意外归来，先是感到震惊，后是喜悦，但同时又有些尴尬。龙廷大帐的接见，在众目睽睽之下，一切便只好按礼如仪了。但在一人独处时，他感到一种无法表述的愧恶之情，似乎不知怎么做才好。他曾想派人把冒顿召来，沉吟良久，深觉不便。几度犹疑，方于上灯之后自行来到驿馆，伴随他的只是一名侍卫而已。

父子相拥而泣，又破涕为笑。父子情深，不拘礼仪。但因侍卫在外，呼衍尼特克、呼兰斯逐若，还有作为冒顿贴身侍卫的呼衍乔鞮却有些进退失据了。在呼衍尼特克请头曼旨意允许他们告退时却被单于留下了。按姻亲的辈分而论，尼特克是长辈，斯逐若曾是其爱将，乔鞮亦属小辈亲戚，尽可像亲友之聚了。头曼对他们都表达了他的谢意，甚至还特别垂问乔鞮的年龄、武艺、军职，嘱咐冒顿对乔鞮应该像兄弟一样，毕竟都是共过患难的人啊！

这是一次重要的会见或者说是一次非常难得的甚至是仅有的会见，因为父子之间在冒顿质于月氏之前与其后，都没有过这样的相聚。在话题不知不觉地转到月氏王的情况时，冒顿等人都能准确无误地回答所知道的一切情况，诸如有多少聚落，几多部族，如何分布，几条通道，内部关系，部族关系，来自何处，生活习性，等等，常常是人们闻所未闻、见所未见的资讯。父亲头曼听了非常高兴，觉得儿子当了几年的质子，显然长了许多见识，添了许多阅历。尤其是在他得知儿子冒顿把所得来的宝马竟然一匹都没有私藏，而是悉数献出时，更是欣喜莫名，第二天，头曼竟慨然地发出命令：赏给冒顿十匹宝马。

在稍后的几天里，冒顿几次奉召去龙廷大穹庐觐见父亲，每次觐见后他又去觐见继母阏氏。还有两三次继母阏氏摆设家庭宴会，刻意营造一种家庭欢乐和谐的氛围，而且每次宴会都有歌舞献演。冒顿的身边也总有一群如花似玉的美少女环侍左右，燕语娇声，笑靥滴翠，使家宴出现一个又一个高潮，欢歌笑语，声震十里。宴会后还以新衣作为礼物赏赐给冒顿。

不过头曼每次召见冒顿，总是要和冒顿以及呼衍尼特克、呼兰斯逐若谈月氏王在乌鞘岭的驻军，在黄河北岸的巡逻。呼衍和呼兰也都注意到这个情况。他们认为秦王嬴政在遭遇燕刺客行刺事件后，全力进行灭魏、楚、韩、赵、燕、齐的战争，无暇西顾。现在六国皆灭，中原统一，秦国西顾，只是时间早晚的问题。所以这些年来，月氏依托黄河天堑，只取守势。他们看到匈奴大单于在河南地的发展，只想作壁上观。谁占上风，他都乐见。

头曼似乎也认同此点。只是河南地多年来都是匈奴故地，如果秦王嬴政当真要来夺取，确是他的心腹之患。原来秦与匈奴并无固定界线，秦人耕田，胡人放牧，各得其所，小有摩擦，纠纷而已，关市贸易，互利双赢。如今要防守，说是容易，做起来难。自古以来，游牧部落，逐水草迁徙，何尝划线防守。看来唯一的办法就是训练丁壮，一旦有事，便上马出征。他希望呼衍尼特克老人和呼兰斯逐若尽力帮助冒顿在部落中征集青壮，多加训练，遇战则能做到缓急管用。

冒顿对父单于的重托立即表示决心：愿肝脑涂地保卫匈奴，为父分忧。他要及早奔赴狼山以北的封地，尽快征召青壮子弟，遵照父亲的教诲做盘马弯弓的训练。他要在匈奴故地为父单于树起一道坚不可摧的流动的防线；如果有机会，他也要对月氏还以颜色！

三、草原春试马

冒顿一行人是经高阙进入塞北的。

这条路，冒顿曾经走过。但那时年纪太小，没有印象，没有记忆。但听人说起它则到了耳熟能详的地步。这次途经这里，他要仔细看看。但遗憾的是从头曼城赶到这里时，日已偏西。而一进入峡谷，便觉阴气袭人，谷中溪水在狭长的通道上左右摇摆，坐骑走在这里也小心翼翼，忽儿走在溪水左侧，几步之后又到了右侧，溪水冰冷，行人打怵，马儿也有些却步。冒顿骑在马上，就只是低头看着马蹄数着卵石，几乎忘了抬头看山。第二天，趁呼衍老爷爷招呼众人好好安营扎寨时，冒顿本打算只与乔鞮两人重走高阙峡谷。不过他的举止瞒不过呼衍老爷爷，更躲不过侍卫长呼兰斯逐若。呼衍老人叫他再带上两名侍卫。

这一行五人又在峡谷里走了一个往返。

昔赵武灵王变袭胡人服饰，其所指胡人是与匈奴相邻的楼烦和林胡。他们当是同一种族，却并非一部。从那时起，赵国自代到阴山直达高阙下筑长城，时隔百年，长城犹在，无人戍守，多有残破。驻马城下，放眼远望，状若游龙，连山刺天，巍峨云举，绵延不断。呼兰斯逐若告诉冒顿，他幼时曾见过戍守长城的赵卒，隔断山南山北匈奴人的往来，后不知其去向。他曾随头曼单于多次穿行其间，即使夜行亦了若指掌。

此番来回探看，不似行路时的匆忙。冒顿多是弃马步行，时而攀岩登高，四处张望；时而深入林中，窥探究竟。这条山谷，结构奇特。两山呈断裂状，从而构成一条通道。山谷全长按当时通行秦里长度计之，约十六里。谷内勉强可通车辆，稍宽之处或可容两车错毂。

山谷北口外横亘着一座小山，山势不高，但很陡峭，俨然如山的门户。

冒顿在山谷中有如着了迷一样查看着这条山谷的每块石头，测试湾渚的大小，溪水的深浅。有几次他攀上石崖，离地丈把高处就跳下来。而与他形影不离的呼衍乔鞮似乎比他更加"淘气"，甚至从更高处跳下，以至激怒了呼兰斯逐若，大概他不好意思斥责冒顿，所以就拿他撒气：你看不见这里尽是卵石吗？你要作死吗？乔鞮不回嘴，也不在意，只是抿嘴一笑。冒顿则出来打圆场：是我练练腿脚，别生气。呼兰只好作罢。转过身，冒顿就问他：这条峡谷中还有没有抄小路可通之处？有没有可以藏人的地方？回答是否定的，但藏人的地方或可寻找。在回答之后，呼兰似乎有所悟，反问冒顿：难道在这条峡谷中还想用兵吗？

冒顿当然知道这里并非用兵之地，但在只有一条通道的时候，弱者怎寻生路呢？他们在逃离月氏的时候，不就是得益于寻找到第二条路才有了活命吗？

在回营的路上，冒顿一行五人也都跑乏了，跑饿了，所以走得很缓慢，但其思绪却还在这条峡谷里。呼兰斯逐若在头曼单于的麾下听命十多年，因其忠心耿介，在冒顿被立为太子时即成为侍卫长以迄于今。他说他曾奉头曼单于之命去过北地，驻有一年多，名义是经商，在周边各地跑，实则是探听消息。呼兰所说的北地是指今甘肃东部庆阳县，那里曾是义渠戎国的首府。义渠戎王当时是西戎八国中的最强者。当地人都传说义渠王与秦昭王之母宣太后（芈）八子的故事。说义渠常到秦国去，宣太后与他生了两个儿子。秦昭王不到二十岁继承王位，但宣太后握有大权，他无可奈何。后来秦昭王任用范雎为相，宣太后之势方衰，被迫于甘泉宫诱杀了义渠王，不久宣太后也死了。秦昭王灭义渠戎国，置北地郡及陇西郡、上郡。义渠原为西北诸戎——陇以西有绵诸、绲戎、翟、獂之戎，岐、梁山、泾、漆之北有大荔、乌氏、朐衍之戎——之首。秦昭王筑长城，诸戎分散。部众留居长城内者怕已完全定居，在长城外者或远徙流沙，或分散远牧，与他部混融。秦王嬴政时，因与中原六国战事不断，守城兵力空虚，通常并不出来，牧民随畜而来日渐增多，为防抢劫，匈奴各部亦各派控弦士卒驻牧于近处。但现在秦王已灭六国，势力大增，头曼单于对此惴惴不安，恐一旦秦人大举北进，一如攻赵或如灭燕那样，我匈奴何以当之？

　　这个话题的严肃程度，使冒顿的心上仿佛压上一块推不掉、挪不动的巨石。

　　回到驻地，呼衍尼特克老爷爷已经扎下了几座穹庐。一座大穹庐是作为万骑长的议事场所，在其后的稍远处是冒顿起居的穹庐，其周围则是呼兰侍卫长的、呼衍老爷爷与乔鞮的，再就是其他侍卫们的毡房。老爷爷还想围一个栅栏，但没木料，得慢慢来。自从沿着高阙峡谷反复走过之后，冒顿一直在深思父单于给他的整饬部落、训练青壮、组成控弦骑士的使命。他觉得自己完全理解父亲的心意，对统一六国的强秦必须加强防备。他和呼衍老爷爷及呼兰侍卫长还有他的贴身近侍乔鞮几次长谈，把自己的思路和他们的建议逐步理清，形成一套计划和付诸实施的几个步骤。他先是走访了两个部落，请来了两位千户长和几位百户长。他知道自己作为万骑长的封地总计三千多户。所谓的千户长最多者不足七百户，几位百户长或稍多于百户，仅此而已。他还摸摸底，能够完全脱产的青壮不过三四百人，顶多难达五百。因为青壮是各户的主要劳力，兄弟多者很有限。他在走访中看到牧民生活很苦。游牧之民所拥有的财产就是马牛羊，风灾、雪灾、旱灾、蝗灾和疫病，都会给人畜带来危害。部落之间又常为争夺草场，特别是冬季牧场而发生冲突。这一切都使得这个青年万户长感到十分错愕。

　　他知道他这个万户长的家底了。

　　但他没有泄气。

　　他在想：其他的万户长或谓万骑长是否会比他要好些？仔细思忖，有的可能好些，甚至好得多！但与之相类的，甚或不如他的一定不会少。他不仅没有抱怨父亲给他的空头万骑长的虚衔，相反更加珍惜父亲的封赏，而且决心要为父亲分忧。他向呼衍老爷爷讨教解决这个问题的办法，带着乔鞮，在侍卫长的陪伴下去探望部落长老，和青壮牧民聊天。他在一个山谷深处碰见一位中年牧马人，名叫屈特哈兰。他在为走圈放牧做准备。攀谈中，牧马人告诉冒顿，他刚从卑移山（今贺兰山）回来。他说卑移山里有一种马，毛色驳杂，长相不太好看，但善走山路。他说，我们的马在大草原上跑得不错，但不是最快，走山路就更不行。他想若能有几匹卑移山的毛色驳杂的好马与草原的好马配种能不能育出既能攀山又能快跑的好马来，那该有多好！他还说，卑移山还有一种五花马，毛色特别驳杂，可也最好。今年没法找到了，因为该走圈了，明年再想办法！

　　这一席话可把冒顿乐坏了。但他沉吟一阵子，并且问呼兰侍卫长，如果把父单于赏赐给他的那十匹好马牵几匹来，这个牧马人能否培育出一群

好马来？呼兰侍卫长很赞赏这个想法，最少最少，他也愿意把赏赐给他的那匹坐骑交给这个牧马人。

牧马人欣然接受了这个提议，而且不要他们派人把马送来。他要随他们一道下山去看那几匹月氏马，然后再决定培育的具体办法。

在下山的途中，当牧马人得知他要亲自去看的月氏马是冒顿王子从月氏王那里盗回的宝马良驹，他兴奋到了极点，竟向冒顿坦然承认自己方才撒了一个谎。原来他已经得到了一匹五花马。在翻过一个山梁后，山下一片茂密的丛林深处正升起一缕炊烟。他弯起食指伸进嘴里猛然一长声的啸叫，稍过一会儿，从升起炊烟的那个方向传来一阵轻微的窸窸窣窣的践踏树枝枝叶的声音，接着一匹五花大马猛然窜了出来，倒把人吓了一跳。

牧马人把鞍鞯换到了五花马的背上，随冒顿出了山。

冒顿精挑细选了三百青壮，组成了他这位万骑长的队伍。

屈特哈兰成了冒顿军马场的头领。冒顿要仿照月氏王的军马场繁殖良种马，保障士卒的战马，从而改变征召士卒自备马匹的惯例。这也是他建立常备军的基本设想。这位精明的设想改良马种的牧马人还引领冒顿等人走进一座山谷。这座山谷入口很窄，而且非常曲折、幽深，每个曲折之处都仿佛是一道石门，悬崖壁立，而岩缝之间往往还伸出枝繁叶茂的灌木及杂草，叫人难以望见壁顶。而脚下的通道则是溪水乱流，卵石滚动，巨岩横陈，叫人难以举步。或骑马或步行，艰难处，马儿怯步，靠人牵拉推搡，行约一里之后，山路稍显开阔、平坦，然又经两三曲折，忽豁然开朗，一个宽阔的谷地呈现在众人的眼前。初看，两山南北相距不下十里，而东西之长恐倍之。整个山谷呈原始状态，有森林，有灌木，也有草地。高低不平，涧水乱流，蛇鼠出没，野兽成群。屈特哈兰告诉冒顿，他来这里几次，都不敢远行。他一个人的力量太小了。

冒顿沉默着。

呼衍尼特克沉默着。

呼兰斯逐若沉默着。

呼衍乔鞮下了马，他和两个侍卫手持短剑拨开灌木丛向深处走去。忽然他示意身后人轻声，他握紧短剑，左手轻拨树丛，突然见一头狼转身逃离树丛，瞬间便不知去向。

屈特哈兰对呼衍乔鞮竖起了大拇指，笑道：好样的！乔鞮！他告诉冒顿，这头狼，是狼群里的"斥候"，它们不会出现了。

这座深山峡谷后来成了冒顿屯兵、练兵、养马、驯马、制作兵器、陶器、各种杂物的一个基地，居住了许多人。最初都是毡房，但由于招募的工匠多，他们多是中原人，加之各种作坊，都取土木建筑格式，破旧毡房有的也改为固定建筑，俨然是一个很大的聚落了。不过因有规划，屯兵、养马、百工各有区域，各自整饬，从未混杂，互不干扰，表面看来仍然安静。另外，这座峡谷进出的门户做了些工程，既要保证畅通，又要保持秘密，在屈特哈兰的倡议下另开了几条通道。

冒顿打算营造这座峡谷时，起初的想法很单纯。在他仅仅征召并挑选出不足三百士卒时，一般情况下，这些人都作为万骑长的卫队还不够数。就是这区区三百人，如与月氏王的兵马相比，人家有统一配发的各种兵器、服装和马匹，而他却什么都没有。在屈特哈兰的启示下，老爷爷尼特克完全支持冒顿，对峡谷做了全面的规划。但实施这个规划谈何容易！屈特哈兰是他的好帮手。养马、驯马、育马由他去张罗，很快就上了规模，这得益于他善联络人，给他权，他就网罗不少能干的人。呼衍尼特克近六十岁的人，老了，因此招募百工的许多事也不得不找屈特哈兰来帮忙。总之，营造峡谷基地的方针已定，具体操作则由呼衍老人在屈特的协助下不动声色地干了起来。

老人家的心里明镜似的。由他拉扯大的亲侄女儿被选入龙廷，成为头曼的阏氏，他也算借光成了贵戚。但没几年的工夫，阏氏病故，他虽名义上主持太子府的事情，没多久就随太子质于月氏。如今保了太子的命回来了，可是太子的位没有了。未来是个什么结果不能预料，但这类事情，本族的、外族的传说故事多了，听天由命吧！所以他不愿到龙廷去。好歹有了这个峡谷，他就决心把自己放到这里。而且他在很长时间里一直把他的孙子呼衍乔鞮搁在一个不显眼的位置上，甚至也轻易不让他露出头角。老人家的心思不能不说藏得很深。久经沧海难为水，世故老人大都如此。孙儿似乎很懂得祖父的心意。他善观察、极机警，但如其祖父所嘱从不外露。冒顿大约也理解其祖孙的心意，在血缘和亲戚方面能与他贴心的毕竟只有他们。通常他们是用眼神交流着感情和协调行动。因此，在营造基地的过程中，他主要时间是在高阙北口外的驻地里，一方面处理万户部落的事情，另一方面还得训练那三百多的"控弦之士"。这方面，侍卫长呼兰斯逐若就是他的帮手了，而呼衍乔鞮仍仅仅是他的侍卫。

月氏宝马的第二代的第一头小马驹诞生了。这是屈特哈兰用他的五花马和月氏马交配的结晶。马驹子有月氏马的长相，两耳特别尖，眼睛大，显得机灵。但鼻孔大，腿粗则像五花马，是个能登山的家伙。落地半个时辰，不仅站了起来，还凭本能去寻找母乳，而后便活蹦乱跳了。它的毛色从鬃到尾，从肩到背都是枣红的月氏马，但臀部和四肢却是斑驳的五花马的毛色了。它太撩人了，以至把山谷的人都给惊动了，后来冒顿也闻信赶来看它了。

一个多月后，那马驹更撩人了：它要吃奶，先在母马——月氏骒马前仿佛跳舞似的摇摆和扭动着身躯，忽而扬前蹄，忽而趵后蹄，把一条小尾巴甩得像小飞轮。在母马不经意时它已经窜到母腹下吃起奶来了。这把冒顿和当时也在他身旁的呼衍尼特克都逗乐了。冒顿对老人说，什么时候父单于高兴了，请过来看看这马驹子该有多好！如果父单于愿意，把那些月氏马都设法进行杂交，几年工夫能育出多少匹好马呀！老人连连摆手，忙说："使不得！使不得！"

在他俩漫步离开山谷军马场与前后侍从人员拉开距离时，呼衍老人告诉冒顿，暂时不要把山谷的情况禀告给大单于吧！再说这里也不成个样子。至于马配种的事情最好别提。我听有人传来些话：太子府的人抱怨说，太子长大了连一匹好马都没有。有人乘机就煽风，单于一次就赐给冒顿万骑长十匹月氏马，那不明摆着偏向前太子吗？

"这是真的吗？"冒顿不敢相信。

老爷爷告诉他，下人的话不必当真，但大巫师如果说点什么或者私下里给太子府的人暗示了什么，谁知道会生出点什么事呢？

呼衍尼特克所说的大巫师是头曼单于最信任最尊敬的人。头曼单于每次迁徙，建牙之地都是大巫师选定并设坛祭祀。单于病或家人有病都得请大巫师诊治。他来自狼居胥山，是阕氏的族人。

冒顿默然。但他真的太喜欢那匹小马驹子了，竟把它连同它的母亲都带到他的驻地。

一天，冒顿见小马驹在圈里淘气，前蹄一竖，竟然高过母马的后臀。冒顿高兴得大笑大叫。这时正赶上呼兰斯逐若带队出营进行训练，这本是每天的例行功课。军营历来的规矩是每时每刻都得让士卒有事情干，否则便会"无事生非"嘛。何况冒顿有意要把他这三百多人打造成一支训练有素的能打硬仗的军队。军队慢慢扩大，他们都是"种子"。抗强秦没有强军行吗？所以一见斯逐若侍卫长出训，他立即上马，同时带上月氏骒马及小马驹随行，心想，今天可以在草原上试试马了。

但就在冒顿在草原上列队试马开始的时候，高阙峡谷北口的哨兵飞马前来报告：大单于一行人马已出高阙北口，请万骑长速去迎接。

冒顿不敢怠慢，责问哨兵不早报告，方知是大单于制止，便急忙上马前去迎接。但没跑出一箭之地，已见前队人马。冒顿立即滚鞍下马，单膝跪地恭候。

头曼单于不是第一次出高阙北口察看冒顿所训练征召的士卒。前几次或是冒顿亲去迎请，或是事前就派人告知，此番前来倒是阕氏提议，且太子亦要随行。不预先告知也有突击查验之意。但临行时，头曼单于才发现阏氏身后不仅是其侍女及几位小阏氏，还有他不常见或不曾见过的几位如花似玉的美少女，她们打扮得特别艳丽。光是这群女眷就已是浩浩荡荡的一队人马了，再加上太子的人马，更不用说单于的侍卫和仪仗，总计岂止百人。当然，这仅仅是一次即兴的出行。

在冒顿陪在父单于身边检阅和观看那三百多名（原先是不足三百名）士卒骑马行进和操练时，偶然注意到太子与那匹小马驹玩得高兴极了。他的眉头下意识地紧锁了一下。但他同时也看到紧跟在父单于身后的母阏氏及其随侍们。

他恭请父单于和母阏氏回到他的驻地休息和进餐。他早已吩咐人去准备了。

上马后，父单于询问他征召士卒的情况。他翔实地向父单于禀告他去过多少户牧民的毡帐，各个部落的道里远近以及牧民生活状况和他们牲畜的数量。他禀告父亲，每个壮劳力都是家庭从事生产的主力。现在征召来的三百多人都有兄弟，且都是自愿前来。头曼单于肯定了儿子的做法，认为无战事自应从事生产，但有战事则说不得了。冒顿禀告父亲，他现在要严格训练这些士卒，一旦有事，他们哪一个人都应当有能力指挥和带动一群人。

这时冒顿注意到太子兄弟仍在逗弄着马驹子玩耍。他即向父亲表示要去招呼他，并示意呼兰斯逐若上前陪侍大单于。

冒顿到了兄弟跟前跳下马，他一边招呼兄弟，一边叫来呼衍乔鞮，拢住马驹子，命人把小马的毡披、特制的辔头都拿来，并对太子说把马驹奉献给他。但因马驹子还未断奶，所以得把月氏骒马一并送上。

太子高兴得叫了起来，一下子就扑到冒顿的怀里，冒顿　躬身就把太子弟弟抱了起来。而在几十步之外的头曼单于，特别是阏氏都在驻马远观，颔首微笑。

这是兄弟之间的第一次拥抱，也许还是他们之间生平唯一的一次拥抱。

四、过犹不及

我曾专程去访高阙。从临河县出发，驱车北行百余公里，过乌加河。寻找到石兰计乡政府，才最终找到了高阙。那里不通公路，但循车辙终抵山口。"峨然云举，望若阙焉"，确为翔实的描写。这里是狼山隘口，我们仍循车辙前行。但车辙中常有山石横卧，辙印已浅，恐怕已是经年不曾通车了。车行如醉汉，如狂舞，只好下车步行，为车前导，遇石拦路，则即

移之。两小时，大约只走了峡谷之半，直到一块巨石横亘路中，人力已无法将其移开，只好请司机师傅倒车，退到稍宽处掉头等候。我和同伴步行前进。那时我年将七秩很难会有再次登临这里的机会了。

据史书记载，狼山曾经是山林茂密的地方，那里有取用不尽的各种木材及薪材，有一种细木是做穹顶檩条的最主要的材料，当然还有制作弩矢弓箭的特种木材。但现在我们在这里却见不到一棵树，也见不到一丛灌木，甚至也没有一棵草。这里是典型的所谓兔子不拉屎的地方！这是条切断山脉的峡谷，因此自古以来它就是贯穿阴山南北的一条通道。从军事方面看，它极具有纵深防御功能。北方的势力一旦占据，前出则必能驰骋鄂尔多斯草原，退可据守而不失大漠。反之，南方的势力拥有此谷便直接威胁大漠的生存。或有几处隐蔽的哨卡，或躲避风沙雨雪的山洞，在经过几多沧海桑田的变化之后，也早就了无痕迹了。当年冒顿是这条通道经常出现的行色匆匆的过客。他可以在山南山北设置合法的照章行事的关卡，对头曼的官员来说，执行迎送礼仪和实施周到的服务。而那些哨卡或山洞却不会被头曼官员看到，或虽看到而根本无法认出的只为冒顿服务的特勤人员，大概应是这条通道上的真正的主宰者。

当年毅然决然返回父亲面前时，他是横下一条心，冒着两个死的危险的。首先是月氏王要杀他，月氏王杀他是有依据的：交质之国一旦进犯受质之国，必惩质子。其次是父亲要杀他，因为立了新太子。现在他明白了：父亲当初既不想攻月氏之城，也未想略月氏之地，而突然兴兵向月氏示威者，意在逼月氏王杀其质子，即"借刀杀人"。当初老爷爷和侍卫长都对他谈过这个问题。他也相信他们的话。但拒绝逃亡异国他乡，是其心存幻想。他要向父亲表白：他不想争当太子，去做个牧马人或牧羊人都可以。他以他的真情和夺得宝马的智勇果然唤回了父子亲情，父亲的舐犊之心使他的心觉得特别温暖。在接近父亲的时候，他的童心又复活了，而且非常率直和天真地谈了他对抗衡月氏国的一些虽然不成熟但却是可以认真计议的谋略，因为他在受质国中多长了不少心眼儿。父亲显然是同意的。后来他意识到自己的想法只是幻想，特别是在他得知前些时父亲与阏氏、太子及众臣突然穿峡出塞看其练军是有两个原因。一是太子对父单于赏他十匹宝马发脾气，闹着要父亲收回成命。可太子是小孩子，要十匹宝马对他毫无意义，显然是有人唆使。头曼宠爱幼子也不至如此不通。倒是有人进言，冒顿若有重兵在握，将来会对太子不利。阏氏见单于犹豫不定，过些时候忽又提议她也想去草原走走，顺便去看看冒顿怎样练兵，又说，小阏氏们、侍女们，还有几家子亲戚的女孩们都想去草原上玩玩。她还暗示单于，如果有哪个女孩看上冒顿或是冒顿看上哪家女孩，我这个做娘的也兴许给他主个婚什么的，你说不好吗？

大约阏氏的这个提议是上次出塞的主因，而太子在得到月氏马驹之后，早就把其他月氏马的事儿丢在脑后了。

冒顿在省悟和审视过往的一切时，他似乎又在朦胧的往事中发现一点什么东西，他一时似乎还找不到准确的表达方式，或参不透其中的规律，但却感到它的存在和它所起到的攸关生死胜负进退真假虚实强弱大小等一切纵横捭阖的谋略尽在其中。他在心里琢磨：假如当初不是老爷爷回来讨要给养时所探听到的有关废立问题，他在月氏国会做出什么鲁莽的事情？假如他不知道太子兄弟、不知道继母阏氏、不知道诸王大臣对他向父亲建言关于月氏国的攻伐战略的反应，他又会说出什么不得体的话来？因此他不由得不想到一个简单的结论：当他离头曼城越来越远时，他就需要关于头曼城的更多的消息。对，就是"消息"这个词，或说预先知道情况，用现代语言说，就是"情报"这样的意思。他想起老爷爷对他说过的许多事儿，侍卫长也告诉过他很多事儿。那天把马驹子和月氏骡马奉献给太子兄弟时，是心血来潮，也另有原因：呼衍老爷爷听到传言太子府有人抱怨太子无好马，说单于赐前太子十匹马是偏向前太子，使他很生气：马是他盗来的呀！但他不能说。这次见到太子喜欢小马驹，他就知道那匹马留不住了。因此一咬牙，等着被夺走，莫如送个人情。他不知道这一个心血来潮使他赚了个"大便宜"，太子有了骡马与马驹母子，不要那九匹月氏马了。他心想，若不是老爷爷先听到传言，使他心里有准备，他不会有那么快的反应吧：被夺走不如先送走，免得动肝火。所以他想凡事有预知，则会有预备。他由此又做了一些推论：一个人能探听到的事情是有限的，应有许多人去探听；一条渠道不行，需要多条渠道；只有一个地方的消息不行，需要多个地方的消息；需要远处地方的消息；需要多种多样的消息；需要其他部族或国家的不同的消息；需要某些重要人物的消息；需要……

他继续在推论：自己必须事先知道许多消息。他甚至想到许多著名的立过大功的人物，智和勇并非是第一条件。其第一条件必定是因为事先得知许多消息才是最重要的。这时他似乎又悟出一点：呼衍老爷爷叫他不要把在峡谷里设军马场和准备招募工匠等事说出去，似乎有着更深层的含意。

此时的冒顿还不知道自己的所思所想已经在接近中国史籍中的兵家的一条重要真理："明君贤将，所以动而胜人，成功出于众者，先知也。先知者，不可取于鬼神，不可象于事，不可验于度，必取于人知敌之情者也。"

于是他想应该开始付诸行动了。他想在付诸行动的过程中，他大约还

会悟出更多的道理。他的想法得到呼衍老爷爷和呼兰侍卫长的认同。

他在挑选更年轻的十夫长、百夫长。而对老的百夫长或千夫长待之更加优渥了。

他在成长，他在成熟。他变得更有心计了，对父亲头曼单于，对兄弟太子殿下，对继母阏氏，对诸王大臣、各部落酋长，他是彬礼有加。他属下贡献给他的一切，他首先想到的是向头曼单于进贡、向太子殿下进贡、向阏氏进贡、向诸王大臣送礼和返还给部落的贫苦牧民们。但同时他把自己隐藏得更深了，当然这不是指他的身体或活动，而是指他的思想。

他不再透露自己的真实思想。

他更不张扬。只是急于想多选一些耳目，想使他们不再限于头曼城，也不限于月氏国及当年同为质子的诸国或诸部，当然更不限于阴山的、燕山的、横山的或吕梁诸山的各部族与部落了。他更想把耳目派到秦国、楚国、鲁国，燕、赵、韩更不在话下。而西部或北部的诸部族，由于较少的语言隔阂，他想派出的耳目似乎更多也更远。

他对自己的想法感到兴奋，他认为如果他的想法得以实现，对父单于的决策定能有极大的帮助。凡事有预知就能有预备，主动而不被动，必有成功把握。恰恰就在这时，最初被派到秦都咸阳的一个谍员已经急惊风似的返回来报告了。谍员不避开众人，大声报告：秦将王贲突袭临淄，田齐王建被俘，此时或已被杀……

当时正在草原上督看士卒骑射的冒顿大吃一惊，一掉转马头，那匹枣红色的宝马便昂首扬鬃飞跑起来。它好像完全懂得主人的心意，仅凭主人鞭根的轻微点了一下便向高阙峡谷北口奔去。侍卫长呼兰斯逐若——这时已是万骑长麾下的主力战将了——凭着本能和习惯知道小主人必定遇到大事，便立即紧随其后，急追不舍。按军中惯例，主将一动，由呼兰斯逐若率领的侍卫们自会立即随之而动，但他们用的坐骑却不争气，无论怎样也追不上。不过在进入峡谷之后，冒顿的坐骑也慢了下来。因为他想起那条戒律：不得父亲召见，不去头曼城。不过他想秦灭齐这样的大事能不立即向父亲单于报告吗？迟疑之间，侍卫长已经追了上来。

在并辔缓行时，冒顿转告了田齐王建被俘之事。两人商量是否向单于报告或如何向单于报告。侍卫长考虑到单于那里恐怕也会有人得到消息，而且如果反问王子怎么得到田齐被俘的消息时应如何作答呢？

冒顿沉吟不语。因废立之事，父亲对他的猜忌，或者准确地说，前些天，自从父单于、阏氏、太子视察其练兵之事，其实是由于阏氏及太子对他的妒忌已使得他不敢在父亲面前多说话了。

侍卫长说出自己的看法：田齐王建被俘的详情不明，秦朝下一步将有何动作不明。单于若是追问，则无法回答。莫如再等等消息，并且也可以和老爷爷商量才好啊！

他们掉转了马头，并且直接去见呼衍老人。

呼衍尼特克立刻叫人把那名谍员找了来，仔细盘问他在什么地点探听的，怎样探听的，提供消息的是什么人，等等。原来他根本未到咸阳，在上郡浪荡了几天，人人都在议论，是真正的道听途说。消息虽然得到证实，但此人只是个混混而已，算得什么谍员？险些误事！老人派人暗中把他监管起来，以免他对人吹牛，胡说八道，容后处理。

呼衍尼特克老人处理了谍员之后，以长者和监护者的身份教训了冒顿。他说冒顿险些闯下大祸——杀身大祸。他说，凡事预则立，而预必须事先多了解情况。这是事理。但派遣谍员的行动却不能由你做主。这是大单于的事情，是机密的事情。老人指责冒顿行事太鲁莽了，太不知深浅了，太不懂规矩了。他说，呼兰斯逐若这次救了你的命，你要善待他。

冒顿为自己的鲁莽和不明事理而感到愧疚，感到后怕。面对老人的指责他一时之间甚至觉得有些茫然。他真的怕走错一步啊！

老人似乎明白他的心意，又安慰他：凡事要三思，熟虑再决断，就像在龙首山和合黎山时那样。有些事还不能急，该慢的还得慢！譬如打猎……

五、深山猎人

田齐王建的消息，咸阳秦廷的消息，陆续传来。头曼单于也召见了冒顿，根据老爷爷的意见，冒顿只当是从父亲那里第一次得知田齐消息。果然这样做效果很好，没有引起人们对冒顿有什么意外的注意。不过冒顿担心的是秦国统一六国之后，会不会对匈奴有什么举措。他向父亲说出了他的忧心。不过他没有深说，也不可能深说，因为当时他并没有这方面的消息和证据。他的父亲与诸酋长及王大臣们也根本不听他说什么。他们在嘲笑田齐王建和临淄的"蠢人"们。他们说秦将王贲灭燕王喜，兵在辽东，齐王但凡有点作为，只要派兵截住王贲，就可唾手得燕，何至于叫秦人掠去，饿死在松柏之间？

冒顿听着这些议论或嘲讽，觉得很不是滋味。事情远比这些人说的要复杂得多。田齐王建在位四十余年，一直不敢与秦抗衡。其后期，齐相后胜多受秦国贿赂，其宾客入秦，秦多与其金。齐王身边不知被安排了几多反间之人，劝其朝秦，不修战备，更不助三晋、燕、楚等国攻秦。秦以是故终灭五国。有人多次劝谏齐王建近君子，远小人。但齐王建已老眊昏

聩，良言一句不能入耳。秦将王贲攻入临淄，竟无一人敢与之战。秦使人诱齐王，答应封赏他五百里之地。齐王遂降。将数千里齐地，数万带甲之士，悉数拱手让之。秦迁齐王建于共城县，终致饿死。怎么没有人指出这其中最深刻的教训？为什么不问一问诸侯国的联合（合纵）被谁瓦解的？为什么不查一查身边的奸人？冒顿看着那些乱发议论的究竟谁是忠，谁是奸！父亲啊，你怎么不想一想秦王嬴政统一六国之后，会不会移师草原？冒顿在暗想着这一点的时候，他又有些冲动，想把他的忧虑告诉父亲。但一时之间，他大约还找不到说这样话的机会。

他和父亲之间好像找不到一个合适的说话的机会，能让他把话说透。然而他又怎能把话说透呢？首先是他是否能把事情看透，他总计才吃了几年的盐巴？能把一件事情的始末原委说得条分缕析，鞭辟入里，立即使人信服吗？何况有些事情他还得藏掖一些，譬如他派出一些谍员就是在私下里做的，敢声张出去吗？他的父亲因此便有理由认为他说的是孩子话，因为他确实还是一个孩子，尚未成年嘛。

头曼单于事实上也是满腹心事。

立式马形铜饰件（战国，高6.6厘米，1974年准格尔旗玉隆太出土）

在大漠南北上百部落酋长中，他是个佼佼者。草原上或山谷中，自古以来就是部落众多，分散各地，不相统属，各自为政。有时一个山谷会有几个部落。他们或成一部族，或又时分时合；有时几条山谷形成一个大的部族，但另外几条山谷也会形成一个联盟。其间也常为草山、河流、畜群等问题大动干戈。头曼经营了二十来年，他跨过黄河，终于使义渠戎的部众纳降为他的子民。他占有了现在称为鄂尔多斯的这块美丽的茂盛的大草场。他本来就有西进河西的设想，但月氏王成为他不可逾越的障碍。在秦与山东六国进行合纵连横的无休止的战争时，他看准了这是一个千载难逢的机会，应向东发展，与白羊王、林胡、楼烦等几个大部落结盟。为实现这一目标，他甚至把儿子作为质子送到河西以求得一段时间的安定。他在头曼城里大量铸造兵器，是为了积聚力量！他看到秦王灭齐的胜利，也深感秦国的胜利给他带来的压力。他虽然已经拥有了鄂尔多斯这样的草原了，但却不敢在那里做"长治久安"的打算。他内心深处还有一个隐忧：太子年岁小，他现在不敢把新太子及其母亲孤零零地留在头曼城中。他倒并非是担心冒顿，因为冒顿毕竟还是孩子，且也远在阴山北麓，但那些王大臣和部落酋长可并非都是他的心腹呀！他不能不留有这个心眼。他一无分身之术，二无远征之力，三是他原来的一身锐气似乎已经消耗殆尽，他只希望保持现状。

冒顿不敢深说，更不敢辩论或强言直谏，甚至连这种想法都不敢有，他只能是唯唯诺诺而已。

走出头曼城以后，冒顿在马背上无精打采，信马由缰踟蹰而行。随行的一名侍卫年龄比他还略小点儿，是呼衍老爷爷新近给他送来的。老爷爷说这小子是个机灵鬼。你喜欢就留在身边当个侍从，不喜欢就打发他回来。冒顿把他放在身边，这几天就发现他特机灵、聪明，很调皮，但武艺还真不错，人小还真有点功夫。这个小伙子名叫伊间车若鞮，大概天生就是这样的一块料。他见冒顿王子神情恍惚，忧忧郁郁，就估摸着王子在单于大帐里一定有些不愉快的事情。他当然不敢探问，但也不愿看王子这样低着头走路，万一撞到什么东西，从马背上跌下来怎么办。他凑上前去与冒顿王子并辔而行，搭讪着跟他说话。他说他最近用一只小小木哨来训练他的马，不管他离他的马有多远，只要是能听到他的哨声，就会立即飞奔过来。他说他这几天还想训练这匹马在听到他的哨声后，领着周围的一群马都跟着它跑过来。冒顿起先似乎并未细听他说什么，但最后听明白了。他不相信。伊间车若鞮说试给他看看。于是他与身后一侍卫调换了马，便飞奔而去。霎时间，伊间车若鞮的身影就缩小到如一个拳头那样大小。这时伊间车若鞮原来骑的马突然躁动起来，咴咴嘶鸣，挣扎着就飞奔起来。其余的马匹，包括冒顿的马匹在内也躁动不安，但因骑手拉紧缰绳则没有起跑。不多会儿的工夫，伊间车若鞮已换乘自己的马又跑回来了，他说他的马听到了他的哨声便不顾背上的骑手追他而去。冒顿说自己没听到他的哨声。伊间车若鞮说他的宝贝马听到了！

牧民的儿子，草原上的小伙子，有谁不会弄马？有谁不在马背上生活？但伊间车若鞮弄马弄出花花肠子了。冒顿没想到他会有这个本事，可以选一些马交他驯化，但话到嘴边又吞了回去。他现在说话做事谨慎多

了，派谍员的问题险些使他闯了祸，呼衍老人与他长谈了好几次，现在关于驯马问题，心想得和老人家及屈特哈兰商议后再定。不过他确实开始瞩目于这个小机灵了！

冒顿笑了，一扫脸上的阴翳，他们加速向高阙峡谷跑去。

这条峡谷，冒顿记不得走了多少次。雨水多时，一条溪水在峡谷中摇摆穿行，或靠左山根，或靠右山根。溪水靠哪边的山根，哪边的山石多如壁立。在宽阔处，溪水潴留，宛如一汪清潭。路则狭窄得多，雨水少时，路则宽畅一些。山上草木葱茏，各种动物栖息繁衍，有狼来称霸称王。每次他走过这里，他都有一种说不清理还乱的思绪。如果仅仅作为一条峡谷通道，就真有点"爱也不是，恨也不是"的味道。如果没有这条天成的峡谷，山南山北绕道而行，则远出不止几个百里。但走这条山路，却又急不得慢不得。急不得，是因为山路崎岖，乱石丛生，溪水阻路，气候多变，无论如何，也快不了；慢不得，这条路一般不能夜行，不要说单身客，就是十个八个，手执防身利器之人，也不能轻易走这条黑路。要走这条路必须得在光天化日才行。但遇急事呢？那就只好前灯笼后火把手执刀剑成群结队才可行走。这样能走得快吗？可是又不能慢，因为这里的狼群在夜里是称霸的。你若是一二十人的一路纵队，那狼群的"女王"真敢跟你叫板，"她"能号召倍于你的狼数，突然发动两面夹攻的策略与人决一死战。

冒顿今天在伊间车若鞮的陪伴之下，有一队人马随行，既是轻车熟路，又是光天化日，当然无所畏惧。过了山口的稍开阔些的地方后，大家无须统一号令，就自然地或成双或匹马鱼贯而行了。伊间车若鞮与冒顿并辔，虽有主仆的尊卑、上下之别，但毕竟年龄相近，心态就有相同之处。他在手里把玩木哨，告诉冒顿，说他这只小木哨可神奇了。它能唤鹰，能唤狗，能唤羊，也能唤鹿，所以才试验唤马，谁知道好马也愿意听他的哨音。冒顿伸手接过他的小木哨仔细端详。他看了老半天，不禁脱口问伊间车若鞮：这哨音能传多远？伊间车若鞮怔了一下，说他不知道。不过，在停顿一忽儿之后，却突然又补充一句：不会比狼嗥的声音传得远，但大概也不会近多少；两个少年较起劲了，一个说能传得远，一个则咬定不可能。怎么能验证呢？在此时此刻似乎又不可能。冒顿试着吹了一下，但却没吹响。伊间车若鞮拿过来一吹，前后的马匹就都竖起了耳朵。

冒顿试了几回，他终于将小木哨吹响了，而且越吹越响，直到吹得嘴唇有点发木。他问伊间车若鞮这个哨是谁做的？回答是他爷爷。他问你爷爷叫什么名字？回说是伊伐伊屠斯。不过又补充说，他自己也会做，并且保证，明天就给做一个更好的。

冒顿自从被救封为万骑长或称万户长后，不能说已经访遍了麾下的每一座毡房，但却可以说没有一个聚落是他没去过的。他刻意挑选了一批与他年龄相仿的人，但他从没有张扬。因为没到用兵的时候，父亲没有明令，他不能把他们聚合成军。父亲封他为万骑长，但从未命有司给他调拨任何成军的军资。当然按惯例，他麾下的牧民中所有的适龄男子都是他的战士。战马人人有，刀剑随身带，弓箭弩矢，野炊灶具，露营帐幕，比肩皮甲，已经是所有青壮牧民生产生活必备之物。夏季走圈放牧，离开这些物事则不能生产，亦不能生存。但没传令聚合，则不算成军。若成军则按成军的组织、供给、指挥、参谋、驻防、训练、行军、作战的诸多运作系统。没有成军，作为万户长，关心万户，管理万户是他的职责。作为王子，并非诸事都要躬亲躬行。他见过父亲是怎样做万户长的，不过那时他太小，根本不理会，但他见过月氏王是怎样躬亲躬行的。冒顿与伊闾车若鞮约定抽空去看看伊伐伊屠斯老爷爷。

冒顿在丧失储君地位之后，对于自己现在的万骑长或万户长的地位意识非常明确，就如他不奉诏不去头曼城那样，对自己的一言一行都要做到"循规蹈矩"。

在他征集了三百名士卒后，他知道自己年幼，还不会统军、练军，因此就想叫呼兰斯逐若为副万骑长，同时叫呼衍乔鞮为侍卫长，但呼衍老爷爷赞成前者，反对后者。无奈，在争拗不过的情况下，乔鞮成了不具名衔的侍卫长。当然他不敢自专，把任命呼兰斯逐若之事禀报头曼单于，直到上次视察练军后才算同意了。大约有人不喜欢冒顿在实际上有一套万骑长的班底。

看望伊闾车若鞮的祖父，对于还没完全脱去稚气的未及弱冠之年的冒顿而言，既非大事，小非公事，本极平常。但因社会地位的关系，事前还是知会了他的那位集管家、师傅、监护及奴仆于一身的老爷爷和副将，即冒顿的原侍卫长呼兰斯逐若。

伊闾车若鞮的祖父伊伐伊屠斯是部落里的著名猎手。在他年富力壮的时候，部众特别尊重他，在某种意义上说，他是部落的活守护神。一般牧民都会打猎，部落酋长也经常组织部众进行大规模狩猎活动，上古时代，狩猎是经济生活的主要方式，牧业发展之后，狩猎退居次要地位甚至只是一种练军方式和娱乐行为。而这时，职业猎户就有特殊的作用了。他的主要职责是监视和防御大型掠食动物对部众人畜的侵害，如虎、熊、野猪、犴和狼等动物出现在主要的牧场上的时候，那就不是他个人得到猎获物的机会问题，而是他必须首先有所察觉并警告部众应当怎样防御或组织围猎的问题了。河套以北的阴山之所以被称作狼山，就是因为狼多。而狼多意味着这个地区野生动物非常丰富，从而形成一个巨大的食物链的"场"。

但掠食动物不仅只猎食野生动物,它也掠食放养动物,甚至危及人类自身。所以这时的职业猎手就特别受人尊重了。

但他还不仅仅是一位猎人。年轻时,凭他的快马,凭他的勇力,去探寻过狼窝,因而熟知狼的活动规律。他为追寻各种动物的踪迹,而走遍阴山东西,黄河上下。从前人们打猎是为了果腹,而他在漫长的寻猎的路上,接触了各种人物,甚至还学会了不少种语言。他熟知各地的民族特征,风俗习性,还学会了熟皮制革等多种手艺,更重要的是他还学会了做生意。

当冒顿在伊闾车若鞮陪伴下悄然钻进老猎人的穹庐时,老人颇吃了一惊,因为孙子给他传来要回家的口信,并没说与王子同来。但见孙子和王子是坦坦荡荡地来到他的面前,行晚辈之礼,他笑了。在喝着马奶子酒的时候,伊闾车若鞮说起王子时,称为"我的万骑长",说他很想知道怎样用木哨来诱唤动物并进行围猎的故事。这可把老猎人逗得个前仰后合,乐翻了天。难道这点子小事也值得王子大老远地跑到山里来看他这个老猎人吗?到底还是个孩子!但他特别高兴,毕竟是贵宾登门呀!

老猎手聊起了打猎的故事。

他首先告诉王子,在阴山这座东西长达千里的高山密林中有各种各样的动物。他说这些动物都非常可爱,它们都有自己的生存之道,让这座大山处处都有生机,充满欢乐。它给我吃的东西,也给我穿戴和各种应用的东西。老猎手给小王子打开了一张虎皮,并且给他铺展开来,让他坐在上面。告诉他,如果不是这只老虎连续伤了两个人,叼走了好几只羊,他无论如何都不想打死它,因为它太好看了。它真的是一山之王。它在哪一条山沟里活动,哪一条山沟里就显得分外的安静。各种动物似乎都懂得守规矩。狼群悄悄转移到别的地方,鹿的胆子好像就大了些,放心地在林中草地上慢悠悠地活动。老猎手还说,老虎并不贪婪,吃饱之后便不再捕食,只要不去侵犯它,它也不主动攻击;若去侵犯它,它吼一声以示警告。不听警告,它才攻击。老人还讲了一些关于狼的故事。他说狼是羊群的天敌,给牧羊人造成的祸害最大。其实它的个头不大,力气也有限,一条好猎犬能抵住几条狼,但它的厉害在于它的头领的指挥。它们在对付凶悍有力的大动物时,靠的是有组织的群体力量,前堵后追左右齐攻,不获全胜不肯罢手的态势,不但把攻击对象彻底打垮,还把周围的一切都予以破坏。它不是在一条山谷里或一片草原上称霸,而是要在整个地区称霸。直到这块地方再没有可以猎获的动物,才转移到别的地方去掠食,去破坏。他说的故事使两个少年听得有些毛骨悚然。他告诉两个少年,他作为猎人,始终在监视狼群的活动:那就是设置诱饵,集中强弓硬弩打击狼的首领，然后再收拾狼群。他告诉两个少年，别说狼不好，有了狼，森林和草原上的鹿才善于奔跑，山羊才善于攀岩，野猪才善于冲撞，狐狸才学得聪明，猎犬才变得听话，牧人才一生勇敢。

老人家说得高兴，酒也喝得高兴。他一生中经历的事情多，见过的人也多，但一个高贵的王子来到他的毡房还是头一次，而且这头一次还是和他的孙子一样那么尊重他，验证了一个朋友对他说过的话，让他好开心啊！因此他越说越兴奋。说起鹿来，老人高兴啊，因为猎鹿是他这个猎人的主要衣食来源。如果没有了鹿，这森林、这草原还能那么有趣吗？他的这个孙子从小就是和鹿一起长大的。他说鹿是最机灵和灵敏的动物，它的眼睛好，耳朵好，鼻子也好。它在吃草的时候，从来不是傻乎乎地一味低头贪吃，而是随时抬起头来四处张望，仔细谛听，努力嗅闻，一旦发现一点动静，听到些微音响，嗅到什么味道，立即就逃之夭夭，而且在逃的时候，它也是眼观六路，耳听八方，分辨气味，同时还照顾同伴。因为它们喜欢群居，这也是保护自身的一个条件。他知道它们的特点，它们的习性，作为猎人却不可以对它们残忍地猎杀，尽可以捕捉它们或豢养它们。他之所以不用费力就能捕捉到它们，是因为他有鹿哨。他顺手从他的尖顶毡帽的帽檐边上就摸出一个扁扁的东西给冒顿看。冒顿接到手中，同时也从腰带上摸出一个鹿哨来，这是伊间车若鞮给他做的。伊间车若鞮这时也拿出个鹿哨来。

老少三个人都开心地笑了起来。

老人告诉王子，他怎么能用一个小小的鹿哨就能逮到机敏的鹿呢？说来是既简单又好玩的：用木哨模仿鹿鸣的"呦！呦！"声，引诱母鹿来相会，那么逮住它就变得很容易了。

这些细节都无证于史，但历史的发展是不能跳跃的，跳跃的只是记录历史的文献。在我们研究一个历史事件，研究这个事件的当事人在这个历史事件中的行为，是应以多方面的论证为依据，才能比较全面地认识和评价一个历史事件的进程，以及当事人的行为准则和所导致的结果。如果这种认识和评价与前人的依据跳跃的记录历史的文献所得出的结论有别的话，我希望最好就是让它有别吧。

我在呼伦贝尔草原采访时，曾在鄂温克旗南屯巴彦托海镇和额尔古纳右旗根河的住在木刻楞式木屋的朋友家中见过被称作鹿哨的这种古老的小玩意儿。他们的祖上都是来自贝加尔湖周围和黑龙江中游以北的地区，自称为鄂温克或埃文克，其本意就是"住在大山林中的人们"。他们所说的大山林，包括了西伯利亚大部分地区，当然也包括外兴安岭、勒拿河、珂玛扎尔河等地区。他们是狩猎民族，他们的捕猎对象以驯鹿和鹿为最多。

而在鄂伦春旗博物馆所见到的那只木哨还是附在箭杆上的"鸣镝"，这使我不能不产生许多联想。其中还包括在满洲里扎赉诺尔鲜卑墓地所见到的青铜曲刃短剑（已断）、铜鍑和三鹿金饰牌等文物，竟然与鄂尔多斯青铜器（或说鄂尔多斯匈奴青铜器）同属一类，而只是时代略有差异。因此像鹿哨（或称木哨）这类小玩意儿由猎人传给冒顿王子应该是再平凡不过的一桩小事儿。但这只木哨由冒顿演绎成为具有重大意义的军事动作而不再只是一种小的器物，就得另有别论了。

冒顿把玩手中的小木哨。如果只把它当作引诱母鹿的小玩意儿当然就毫无意义，而那样的冒顿也就不值得给他立传，他也不会闪耀着历史的光辉。

冒顿把玩手中的木哨，回忆老猎人讲过的打猎的趣事，仿佛看到了老人在率领着一支军队与来自不同方向的手持各种利器的多支部队在斗智斗勇。他所讲的打猎的故事都有着攻防战守的谋略。如今他是万骑长，但他并没有万骑。这当然是因为父亲并没有下令命他的万骑成军，没有命令当然不能贸然行事。但敌人在行动呀！他心目中的敌人是刚刚完成毕六王一四海的秦王。他认为秦帝国的强大已经使得南部的部众纷纷向北部转移了。他曾向父亲头曼陈述过他的忧虑。他认为如果秦人向河南地进攻，如果秦人再与月氏人联合，我们该怎么办呢？父亲头曼单于对冒顿有这样的思考是认同的，但他面临着实际的困难。作为部落联盟的大单于在事实上还不能完全有效地调用各部落的由牧民组成的军队，如楼烦、林胡、白羊王各部名义上是联盟的成员，但事实上还相对的独立。而东部的山戎、东胡，河西的月氏、乌孙与诸羌完全是对立的。其他一些部落或地处偏远，或人口稀少，恐怕皆无补于事。父亲寄希望于儿子，但儿子毕竟年少，还得假以时日才能长大。但如今已能有些远见卓识，已经使他感到欣慰。因此授权给他，在其部落中挑选青壮，成军受训。缓以备急，终可于用。但头曼也深知，成军容易，练军难；练军容易，率军难；千军易得，一将难求。因此，他告诉儿子，兵员不可多，从练兵中学会驾驭兵将。父子情深，这种教诲对冒顿而言，无疑是非常深刻的，他不仅领悟，而且要身体力行。头曼和冒顿这一对父子虽未读过中国的圣贤之书，但却深合"圣人以身体之""力行近乎仁"的古训。

冒顿回到他在狼山以北的驻地，把他的一班幕僚、近侍、臣仆集合起来，宣布父亲头曼单于授权给他成军练兵的旨意，商议挑选兵员的数额和遴选的原则，以及集中、驻地、训练的方法，等等，当然这其中最重要的是执行这个任务的人选，其中还包括要请几位老人在其身边以备咨询。这当中就有老猎人——伊间车若鞮的祖父，而最具权威的自然是始终在其身边的呼衍尼特克老爷爷，然而伊伐伊屠斯老人根本没露面。

原来伊伐伊屠斯老人如同蒸发了一样从山里消失了。在座的人知道他的名字，但见过他的人却并不很多，对他的行踪则更是有如隔山隔水。他是被呼衍尼特克老人特意邀请回来的，包括他的孙子伊闾车若鞮，他们是同一部落的人，亦是猎友，呼衍老人比伊伐伊屠斯年长，约有十岁之差，却有手足之情。老人在从月氏返回头曼城时就与他有约，许多消息也是他透露的。这次特意邀他从咸阳返回故里，两位老人有过深谈，并且使伊伐伊屠斯与冒顿见了面。他对冒顿有很好的观感，愿予以助益，此后他便走了。咸阳那里有他的商号，许多通衢城镇都有他的分站。他会重新编织一个网络。

六、榆中行

允许冒顿成军的消息似乎颇引起太子身边的人们的注意和不满。阏氏发了很大脾气，头曼单于也很生气。有消息说，单于过了河，其实头曼单于只是到榆中一带地方去了。单于所带随行人员及卫队人马并不很多，阏氏很着急，头曼城很乱。

对于父亲去榆中，冒顿王子起初也很着急。但和身边众人一商量，估计头曼单于即使过了河，很可能是会林胡和楼烦的头领去了。这里所说的榆中在今准格尔旗、东胜及伊金霍洛一带，早在赵武灵王变服骑射之后，林胡、楼烦胡相继西迁。赵国败于秦国之后，赵国政权崩溃了，秦的统治势力对此还疏于管理，各游牧部落又都活跃起来。如果头曼单于为此而行，只需留心关注就是了。于是冒顿与其身边众臣仆仍需商量的是阏氏和太子及他们身边的臣子们反对他们成军之事。

议论的最后结果是：成军之事暂缓，一切听候单于的旨意。已经征集来的青壮再加遴选，分成小股以牧马为名进入山中。

头曼单于榆中行顺利返回，心情很好，他与楼烦王、白羊王、林胡王及一些部落酋长聚会，商谈联合防秦的问题，显然有了一致的意见。秦人似乎还不构成现实的威胁。

成军的风波逐渐平息了。单于的成命也没有收回，因为已经无须收回了。冒顿以无作为的方式管理他的部落。似乎只有这样，太子和阏氏及其臣仆才能放心。

冒顿要使自己成为一个牧马人，因此常到山里去。屈特哈兰成了他的好帮手，一到山里，他的心情似乎开朗多了。他有时随他们走圈放牧，有时仅与呼衍乔鞮带两三个随从分别到那些训练小组中去，有时则把他们都

集中起来一起训练。反正兵员不多，有牧马的营生，离头曼城越来越远，漏不出消息去。

当秦王嬴政称尊，号曰"皇帝"作为第一消息传过来时，冒顿并没有太在意。因为消息太简单，具体情况不明。再说秦王有披甲百万的"虎狼之师"，在取得全胜之后，上什么样的尊号还不由他一句话就定了。随后传来的消息，以及从他父亲头曼单于那里听来的消息综合来看，知道秦皇帝（后来又明确地称为始皇帝）定会有一番大作为。有些是他不能理解的，但他仔细地听，努力地记，认真地想。诸如关于称王称帝之争，天皇、地皇、秦皇之论，他只是笑而不语；关于周德、秦德或火德、水德之议，衣服冠带，旄旌节旗的颜色、尺寸，他则嘿然。但对废诸侯、置郡县、一法度、车同轨、书同文等事，他听得很仔细，想得也不少，但不懂或不理解的也不少。生活的经历、文化的传承，他无法逾越。

但后来有些消息——不论从其自己的渠道得来还是由父亲那里得知——却使他沉默了，然而太子和阏氏却非常高兴，父亲似乎也把悬着的心放了下来。这些消息包括：秦始皇巡行天下，四处游玩，命郡县各地大修直道；秦始皇登泰山封禅；登芝罘，临琅琊；入海求仙寻长生不死之药；大兴土木；修宫筑墓；等等。

太子弟弟和继母阏氏（有时也包括父亲在内）用这些消息讽喻冒顿：不要闹着练兵打仗，秦始皇治国安邦，草原也随着安定了。冒顿唯唯诺诺，但在心中暗暗叫苦。他曾怀疑过自己的判断，可是随着从秘密渠道不断传过来的消息使他寝不安席，食不甘味。因为从密报中得知，秦皇所设郡县在西北者，已把匈奴的大部分土地涵盖进去了，如上党、太原、云中、九原、雁门、上郡、陇西、北地等。这些地方虽说是秦军在与韩、赵、魏的战争中赢得了所有权，但并未真正实行统治。特别是赵国在长平之战失败后，头曼单于联合胡人各部落，实现了部落大联盟，各自就近开辟牧场。而今秦人无视这一事实，既然已划为郡县，必将派兵前来，而父亲竟然毫无准备，将如何是好？他几次想要向父亲报告这个情况，及早整军备战，几次都欲言又止。因为一旦父亲追问消息来源，将无以作答，再看兄弟对他的猜忌之态，他就只剩下装聋作哑一条路了。每次从头曼城返回他的部落，在经过高阙峡谷时他都不禁要问自己：我就这样装聋作哑走这条路吗？那么这里就将是我的葬身之路了。他真想大声地吼叫几声，一吐心中的块垒。但看着身边的随员，他又不便作声了。他已到了弱冠之年，形势迫使他不得不把自己的"城府"之门关得严严的。他跳下马背，牵缰徜徉，近随也只好下马随之。他蹚着没过脚面的溪水，仰望着横过峡谷的飞鸟，神色黯然。他觉得自己连林子里的一只小鸟都不如，那只小鸟虽然也在峡谷里，但它可以穿行，更可以横越。这时从他头顶上飞过的鸟儿是否特意来看他的苦相而嘲笑他？

他无端地对这只小鸟也生起气来。

又一只小鸟也从他的头上掠过，乘风向上飞升，一下子拔得老高，然后潇洒地轻轻落在一块凸出的悬崖上，昂然回顾。

冒顿不禁停住脚步，仰面观看，而那只鸟却似乎正在俯视着他。他的心头突然觉得一亮，心想，自己走在两山壁立的峡谷之中觉得憋闷，那么赶快走出去啊！站在父亲的穹庐大帐之中觉得憋闷，一到大草原上不就畅快了吗？鸟儿振翅冲天就不会觉得峡谷憋闷，甚至还可以用嘲笑的眼光看着这峡谷怎样把我憋闷住。如果我也能飞上悬崖，那么也会看着那被困在峡谷里的人的笑话。对！就应该是这样！他在心里也许会产生这样的想法，因此一扫心上的阴霾，耸身上马，挥鞭急驰，而且径直向走圈放牧的深山牧场飞奔。

他在心中酝酿了两个计划，如果能得到属下众人的同意和支持，可以立即同时着手实施起来。

计划之一：在峡谷两壁的要害之处，选择几个可以做纵深隐蔽的点，最好能开辟出几条林中小路，不走峡谷就能抵达。他想一旦有事既能保障峡谷畅通，又能阻击敌人穿过峡谷。他想为父亲保留一条退路。草原是他们的根基呀！

计划之二：悄悄成军。由现有的在牧马场练兵的勇士们分头去找。假如一个人再能找来一个人，现在的三百多人就能加倍，找来两个三个，则能上千。大山里容得下他们，哪怕仅靠打猎也养得活他们，何况他们可以从自家的毡房里带来吃的东西。及早准备，训练有素，一旦有事，急切可用，定能助父一臂之力。就算天下无事，多饲养些马匹就是财富。牧人有了马就是生了翅膀。

他的计划基本得到了实施，虽然进展不快，但隔三岔五能有进展，日积月累就见效。只是峡谷的纵深隐蔽点因山势险峻，很难找到理想的地方。隐蔽点在夏天可用，冬天还得另想办法。退而求其次，慢慢来，办法是人想出来的。

始皇三十二年，岁在丙戌（公元前215年），秦帝嬴政东临碣石，寻仙祈寿，冀求长生，勒石竖碑，颂德表功。此乃国之大事，立即诏告天下，一时之间，普世传扬。坐在穹庐帐中的头曼单于也得到了禀报。从不同的消息来源中竟然还有一卷抄录碣石勒碑的木简。头曼单于马上命人传唤作为翻译的为其效力的秦人给他解说。那四言一句，三句一韵，计一百零八字的碑文："遂兴师旅，诛戮无道，为逆灭息。……群臣诵烈，请刻

此石，垂著仪矩"，着实把那从秦国来的儒生难为坏了。他逐字逐句地结结巴巴地说，却翻译不像翻译，解释不像解释，越着急越说不清楚。而处于下位的冒顿从那满面通红汗流浃背的儒生口中吐出的语不连贯词不达意的昏话中却似乎嗅出了一些味道揣摩出个大概来。其意无非是说他秦始大皇帝兴师除逆，一统天下，毁坏诸侯的城郭、关防和各种险阻，使得天下的老百姓都高高兴兴地安居乐业了。于是群臣要他刻石记功，永垂后世。他认为这是一篇毫无意义的文字游戏，既不是记录历史的文件，也不是安邦治国的政策，只是为了虚其功，文其过，饰其非，隐其虎狼之心而已。但名义上参与龙廷议事的冒顿早已被这个特定的人文环境和人际关系训练成另类的政治动物，他把一切都看在眼里，听在耳里，记在心里，然后把这些东西烩在一锅里，观察、揣摩、掂量、斟酌不同的人的眼色、脸色、偏好、格调、好恶、心思、脾气、情绪等，再决定拿出自己的态度，是搪塞，是掩饰，是虚与委蛇，是撒谎欺骗，是装聋，是作哑，是装疯，是卖傻……总之是要把自己藏得深深的，缩得小小的，越不被别人注意，越少招人妒忌。然而他本心并不想这样，所以越是这样，他内心里就越觉得悲哀。

他看着父亲被那词不达意的翻译弄得非常恼火，他也装作是被那秦人弄得一头雾水；看着父亲挥手让那秦人退出帐外，神色已经平静下来时，他知道父亲显然已经悟出那几条木简无关什么宏旨，他也随之泰然了。在父亲继续进行正常议事的时候，他用心在听、在记、在想。当父亲指令冒顿设法派人去打探月氏王在陇西的黄河西岸集结军队的情况，要他特别留心月氏王的举措，并随时向他禀报。在下这个指令的同时，还指出他没有上心去组织军队和训练军队。冒顿听到这里悄然跪下，诚惶诚恐地看着父亲，一时之间似乎还没摸准父亲的真意，尤其是在父亲又说他多繁殖和驯养马匹是应当的，应再设法增加时，他的鼻子尖似乎都沁出了汗。他心里想的是大约有人在监视着他在部落中的活动了。不过他毕恭毕敬地表示"谨遵父命"之后，父亲便开始谈论别的议题，诸如计划秋季蹛林大会，接待楼烦、林胡等各部酋长之事，等等。冒顿吊着的一颗心放下来了。他生怕父亲——更准确说是早已取代他为太子的弟弟和阏氏以及围绕着他们的那些诸王大臣——知道他暗中在组织成军的事情。他要保护自己，当然更要保护父亲。但他知道包括父亲在内，谁承认、相信、需要他来保护他们的头曼单于？头曼单于会有什么危险？不是八竿子打不着的事嘛！但他真的是那么想，因为他始终担心的是拥有车千乘、骑万匹、带甲百万的虎狼之师的秦国，一旦以扫六合的威势杀进草原时，匈奴该怎么办？好了，父亲今天再一次当众下达旨意：表彰他养马，命他多练军，侦察月氏王，有这三条旨意，他可以为父亲做一点事情了！

经过两天周密准备和安排，在红日衔山的时候，冒顿又见到了父亲，禀报了他要亲自去陇西等地侦察。他把他的准备情况以及具体侦察的打算，这包括河东河西，做了扼要的说明。头曼单于沉吟良久，觉得儿子的计划还算周密，他会月氏语，熟悉道里远近，知道大小渡口和关卡，并且都已换了装束，他不能不同意，唯一的嘱咐，就是小心从事，速去速回。

为了避开人们的耳目，冒顿一行十余人，披着月光，悄悄出发了。

期月之后，在一个多云的夜晚，冒顿率领着属下人又悄悄进入头曼的龙廷大帐。因为他已遣呼衍乔鞮密报了他的回程时间和要求。龙廷大帐中除了头曼单于、阏氏和太子之外，还有单于的几位重臣。冒顿在行礼过后，立即向父亲及众大臣报告行程经过。原来他们是沿河水右岸径直南下，一路人烟稀少，偶遇者已有月氏部落牧民，很快即抵南河与河水汇合之处（今祖厉河——汉应劭曰祖音置，原本为禚，后世省文写作祖，在今甘肃靖源县汇入黄河），但渡口上已多有月氏兵盘查过所（过关津时所用的凭证）。因冒顿知月氏语，在途中时与牧民交谈中即已得知月氏人为防秦人西进，故多有戒备。据说秦兵已云集陇西，大批服徭役之民在秦兵督监之下，开始加固或增筑长城。因此冒顿判断月氏王在河西的动作当是防秦而非北上。他心中最忧虑的也是这一点：秦兵集陇西，意不在月氏，而在匈奴。因此他决定立即设法渡河，不在河西纠缠。他们在陇西郡治所在的狄道停留了较长的时间。秦昭王伐义渠诸戎，设陇西、北地、上郡等三郡。陇西郡包括旧兰州、巩昌、秦州三地，郡治在狄道，今称临洮。狄道原为羌人所居，后为獂戎占据，游牧于洮河上游。秦昭王为防羌、狄（包括月比、匈奴等），筑长城起于岷县，在狄道起城，设郡治，长城在渭源之境北行，入今皋兰县（今兰州市内，尚存秦长城遗址数处）境。其西北为今兰州，东南为今定西，相距皆不远，其地物产丰富，因接近月氏和诸羌，逐渐成为边贸集市，到汉时始置县，在设金城（兰州）前乃为西接河西的重镇。冒顿把他们在河西购置的一些羊皮、和田玉之类的土特产正儿八经地做了几天的买卖，赚了秦半两足有一笸箩，尽够他们在路上的嚼费了。他们在这里见到了许多新开拔来的秦军，这支秦军的主帅就是蒙恬。

冒顿还得到了一个无法证实的消息：秦皇有可能去巡视北边。他判断这绝非传言，依其性格这是可能的。因此他想率众趱行赶回。但又不能动身，因为他得候一个人。

其实冒顿在这里所能看到的事情非常有限，所能听到的消息就更为有限。因为他的行动必须百倍小心谨慎。但他必须在这里停留，是因为要等待伊伐伊屠斯老人可能传来的消息。在冒顿奉命赴陇西时，呼衍乔鞮就秘

密通知伊闾车若鞮径赴咸阳，将冒顿行踪与任务禀告其祖父，如果可能，约会于狄道；如果不可能或有其他消息，设法传至狄道。

冒顿对秦军的集结，对蒙恬的意图十分敏感，因此也很焦急。他很想多看看，多听听。但秦军戒备森严，盘查甚紧。乔鞮等人对冒顿的限制也更多了。

等待是最恼人的事情。一日如三秋！

但毕竟不是三秋。

第七天伊闾车若鞮像幽灵一样突然出现在冒顿面前，消息是后天中午到东门去看一个入城式，要混在人最多的地方，看见稀奇事别惊，别叫，看别人乐呵你就乐呵，别人鼓掌，你就鼓掌，总之，随大溜。然后悄悄回下处，候我消息。

倏忽间，这小鬼头已消失，弄得冒顿一头雾水，连一句话都没问上。

所谓的"入城式"果真出现了"奇事"：一队队铁骑过后，竟然是三军主帅蒙恬。原来铁骑只是蒙恬的卫队而已。但那景色壮观，旌旗虽多黑色，但边牙色彩斑斓，队伍整齐，威风凛凛，马匹雄壮，训练有素。但冒顿识马，他注意其中好马不多，只限在军官坐骑中。

哇！新鲜事出现了，对冒顿来说，他简直惊诧得不敢相信自己的眼睛了。用眼角余光睨视，发现观众并不特别在意，就记起伊闾车若鞮的嘱告：别惊，随大溜。他释然了。原来使他惊诧的是在蒙恬身后的随员中竟然有伊伐伊屠斯的身影。他是唯一不着军装的胡商。在他身后较远的队伍中出现了一面小黄旗，他认出那面小黄旗与他如今下榻的商号的小黄旗一模一样。

他明白了。他悄悄溜出人群，暗示乔鞮继续观察。

冒顿终于等到了与伊伐伊屠斯秘密会晤的时间。会晤之后，冒顿遵嘱，不久便设法与他的化了装的随行人员从狄道上蒸发了。

这些细节他都不能向其父单于做任何披露，甚至就连他自己都难以想象伊伐伊屠斯怎能像魔法师一样竟然成为秦军最高统帅的座上宾，他会以西域胡商的身份给秦军供应军马、供应牛皮等大宗军需物品，当然少不了大量的珠宝玉器充作敲门砖。以他这样的身份、地位和能量所得来的情报其价何止万金？他只能把最重要的消息做无来源的情报禀告父亲，听凭父亲的审度和决定了。

头曼单于对儿子冒顿此行有勇有谋在心里是非常欣慰的，对他的结论是赞同的。冒顿认为蒙恬亲率大军西向戒备，监督徭役从狄道（今临洮）起长城，非为进攻，乃防诸羌与月氏也。沿河起塞，逐步北上，既为防，更为进。防月氏，使之不能逾河东进，他则可以不屑西顾，各路军马齐集，麾军北上必矣。秦始皇是不能容忍匈奴诸部占据河南地，因为那里距咸阳不过咫尺之遥。这也是他这几年所最担心的事情，现在果然来了。冒顿当时当然无法知道后世史书上所讲的秦始皇"以鬼神事，因秦录图书，曰'亡秦者胡也'，乃使将军蒙恬发兵三十万人北击胡，略取河南地"之说。但这是伊伐伊屠斯报告给他的最核心的机密。对秦（后来则是汉）而言，这乃是死生必争之地，对匈奴而言，当然也是死生必争之地。秦时所谓的河南地，是指河套以南即黄河"几"字形大湾之内所有地区，含今宁夏大部、内蒙古鄂尔多斯全部、陕西北部等地区。其在商周时期，戎人东进，狄人南下，这里就成为华夏与戎狄的争夺之所与共生之地。春秋之中，戎狄以势优；战国之际，消长互见，而以秦占先机。但在秦与六国战酣之时，秦之后方见虚，头曼乘机与戎狄诸部渐成联盟之势，今鄂尔多斯地区皆为所据，而月氏则在河西做大，与诸羌及西域诸戎互相交通。因此冒顿认为秦始皇在一扫六合，进军岭南以后，必然要逞兵威于西北。但西北非一势，河西月氏虽强，诸羌虽众，因有天堑大河阻隔，长城要塞控扼，对秦尚难构成威胁，秦皇使蒙恬巡视西河，而自己却要巡视北边，这绝非是匈奴的幸事。

头曼单于认为儿子冒顿千里长行，深入敌方所见不虚，所述有据，所论有理，事关重大，他用左拳托着下巴颏儿，沉吟不语，而眉头紧锁，目光散乱。好半天，他挺了挺身子，拳头放了下来，语气很游移地反问冒顿：你真的相信秦皇能到北边来吗？

冒顿一怔。眉宇间显现他很快地在审度自己是否语气有误，或者还意识到自己可能把话说得太多了，于是便嗫嚅地说，传言还无法证实其真假。不过，直道若一旦筑就，来也容易……

这时站在太子身边的一位王大臣语气不无讥讽地说：王子是奉命察看月氏人在河西集结兵力的情况，怎么说的都是关于秦人的事情。莫非那身在碣石的秦皇果真成了神，一夜之间便真能飞到了北边？那骑上宝马龙驹怕也跑不过神仙吧……

太子等人都笑了起来。

冒顿木然。

头曼把目光盯在说话人的身上，那眉头似乎锁得更紧了，显然有些不高兴。

那些人的笑声消失了，笑肌却僵死在脸上了。

这时阏氏轻咳了声。她不轻易在众臣面前说话，今天却破了个例。她说冒顿王子亲赴前沿，鞍马劳顿，实在是大单于的一员良将。她说她与大单于早商量过了，她作为王子的继母，应该为冒顿王子选一个美貌的女

子，早日完婚。她请单于把时间定夺一下吧！

冒顿非常惊诧，更加木然了，但他身后的老爷爷悄悄捅了他一下。他猛然醒悟过来，赶紧上前两步，单膝跪地表示感谢。

龙廷大帐顿时欢声笑语，氛围立变，在阏氏的示意下，迎接王子冒顿远行归来的夜宴开始了。

七、冒顿的婚事

关于冒顿的婚姻在汉代史家的典籍中记载了数笔，非常简约，叫人很难看出眉目来，但有案可据者，其前后至少可以数上五位阏氏。除了第一个，其余都是在他自立为单于之后的事情。而这第一个阏氏——竟做了他的"众矢之的"——这在他一生的行状中具有特殊的意义，因而也就占据了重要的地位。为此，描写她也许可以不算作是对古人的亵渎或是唐突吧。

继母阏氏中意并说服头曼单于首肯的是个非常漂亮聪明伶俐的女孩。她天生丽质善解人意，本来被挑选为阏氏身边侍女，但因其容貌姣好，年纪幼小，深得阏氏喜欢，就叫她习歌练舞。上一次阏氏带着她们随头曼单于观看冒顿引领那几百新军演练骑射，最初的本意不过是到大草原上走走，开开心。但在观看骑射的过程中，她萌生了两个意念。一是看头曼单于对其长子仍钟爱，她做事就得好好把握分寸；二是想法把冒顿拢在自己的手上，既能使头曼单于高兴，又能使冒顿为自己所用。因此就想到那几个如花似玉风姿招展的女孩子了。后来她试探了几个，只有这个聪明女孩似乎可人，她既有初开情愫的少女心怀，又有对阏氏的感恩戴德。她想好好调教，美女能把任何一个男子的心拴在其裙带上。头曼怎知这些琐细之事，更难揣摩女人的心，听之任之，也就乐观之。当继母阏氏在头曼单于及几位重臣听取冒顿陇西之行的报告之后正式提出要给冒顿完婚，冒顿连问一句这个女孩是谁、多大年龄、什么模样、家族状况之类的话都不敢说，就只能有一个动作，磕头；一个词：谢母阏氏。

事情就这样定下来了。

倒是头曼单于多说了一句话：那女孩叫什么名，你说过，我给忘了。

阏氏一笑，就是颛都隆云！冒顿曾经见过的！她提起那次草原上冒顿把马驹儿送给太子的事情。

冒顿唯唯。其实他还是不清楚是哪个。

众人嗬嗬。他们都知道她是谁。

冒顿回到峡谷中见到呼衍老爷爷详谈这件事时，老人的心里明镜似的。他嘱咐冒顿，对哪一方面都不能失礼；人心都是肉长的，好好待看那个女孩。

冒顿当然不敢怀疑父亲给他娶亲的圣心，但是他不能不多留个心眼，何况呼衍老爷爷已经给他点到了关键。而他更加担心的是秦军统帅蒙恬的战略意图：在西南设防，以便专心致力于北方。因此他把伊伐伊屠斯的情况以及父单于对此事的态度告诉老人，并问计于他。老人沉吟良久，方说：你急也无奈，你父单于急也无奈。他不是不知情，是知情而无力。他告诉冒顿，历来匈奴都是做进攻性的活动，谁妨碍了我们的自由放牧，我们的小伙子们就把那片土地上的人们赶走。我们没有防御的习惯，也没有防御的可能。秦、魏、赵、燕都修筑过长城，不让我们跨越长城，他们能防御。我们能修长城吗？我们有多少人？我们修长城，谁去守它？我们在长城脚下住几天？春草吃没了就转进了夏季牧场，然后是秋季牧场，再是冬窝子。所以防御性的战略，大单于是不取的，因为没有可能，也没有必要。

冒顿在体味着老人的话：面对秦国的强力进攻和长城防御，父单于无可奈何！但除了退却就不能有一点别的作为吗？他在沉思着。

老人告诉他：先准备迎娶新娘吧，也许在这个过程中还会有别的什么事情发生？

就在继母阏氏为冒顿的婚事紧锣密鼓地筹办的时候，冒顿得到密报，秦皇已命将军蒙恬统兵三十万击胡。蒙恬已分兵两路北进，一路从高奴（今陕西延安东北延河北岸）起兵，楼烦、林胡所部未作抵抗，或向两厢退避，或径直向北退却，秦兵亦未追击，而是逢山开路，遇河架桥，修筑了一条笔直的大道。

这条直道经过中国考古学家在 20 世纪 70 年代中期和 80 年代后期的两次实地考察，对部分地段的研究结果不尽相同，而作为整体的研究结论却是一致的或相近的。为阻遏北方匈奴等族南侵，秦皇在甘泉山建有甘泉宫，出宫便踏上了直道。经陕北与陇东之间的子午岭径直北上，过高奴，抵上郡（今榆林市东南之渔河堡附近）并从这里进入与鄂尔多斯相连接的草原地带，经东胜西侧直线北上，渡河，止于今包头市西。考古工作者在东胜西南的城梁、南子湾、二顷半、红庆河一带发现的秦直道遗址和在子午岭发现的秦直道遗迹宽度均在 50 米左右。因此人们为秦始皇修筑的这条直道称作是 2200 年前的秦国的"国防公路"或戏称"高速公路"是不错的。

而另一路则自狄道开始，沿河水东岸北上。这一带主要为白羊部落，他们不要说对秦军有对抗之举，而是压根儿就没和秦军照过面。秦军对此

大约也早有估计，故大军反以加固城塞为主，步步为营，进军速度反比建直道的大军快得多。

从理论上说，秦始皇嬴政二十六年（公元前221年）灭齐，统一全国时起，就已经完全拥有了上述地区，并且设置了九原郡、云中郡、北地郡、上郡等共三十六郡，郡下置县，仅上述四郡就约有四十四县。但在始皇三十二年（公元前215年）以前，秦皇多在中原逐鹿，上郡、北地郡、云中郡等地并未建政，即没有实施真正的统治，各游牧部落则仍以逐水草而居。如今大军未到，风已传来，他们则避之唯恐不及了。

冒顿得到这些消息，心中十分不安。他这些天得经常来到头曼城，有时还得留住，因为继母阏氏给他筹办婚事，不时要与他说些话。他当然不敢怠慢，而是百般奉承，凡事唯诺，在父亲面前更是如此，已成习惯了。但对于他得到的关于秦国的消息，有心立即向父亲报告，却又不敢。唯恐泄密他派人在外刺探敌情的活动。但兹事体大，不能不报，想以"道听途说"作为托词。恰在这时，父亲正派人来传唤，他便迅即去了龙廷大帐。帐中已有几位王大臣先抵，所议之事也正是关于秦军压境的问题。他的心踏实了。但会议结果却令他沮丧：避秦兵锋，撤出头曼城！

一个少年人的成长与变化，有时是非常难以预期或预料的。他言谈举止都变得沉稳了。他打心里就不赞成父亲避锋和撤退的决定。但他没说一句反对的话，同时却进一步表示他愿意尽职尽责地把头曼城里的打造兵器的工匠和一切可以带走的器材都搬迁到阴山北麓的父亲选好的地方去。他将率领目前仅有的这些"控弦之士"在高阙峡谷布防，坚守到最后。

他没有一句豪言壮语的沉稳态度和勤于任事的决心得到父亲的首肯，也得到继母阏氏及其他王大臣的赞同。继母阏氏甚至很高兴地对他表示，原定的婚期不变，回到阴山之后，她要继续督办婚礼的筹措事项。

对于游牧民族而言，每年搬几次家是轻而易举之事。就是单于的"龙廷"中的穹庐大帐搬迁也非难事。

最难的还是冒顿：实际事务的繁难和内心深处的繁难是在他深入地接触到父亲的头曼城的家底之后，逐渐感受到的。头曼城的东北角是兵器的作坊区域，过去他虽然去看过，并且还得到一把径路刀，一直到今天还在用着。他曾问过冶铁、炼铜的原料是从那里弄来的？有的说是买来的，有的说是从山里挖出来的，他没深问，当时他也不懂。如今细一看那些冶铁、炼铜的作坊实在是过于简陋了。至于那些做弓箭的作坊，制造匈奴人用的车辆辕辐车及其他各种木器的木工作坊，靠近阴山的陶器作坊，制作皮革、毡、铠甲、造船的一些作坊，等等，他从前从来没有意识到他日常生活起居出行所用的一切东西，其中有的还非常精美，竟然是在这样破破烂烂的草棚子里生产出来的。至于不能生产或压根儿就不知道是怎样生产的，譬如丝绸锦缎、珠宝翠钻等物，则是靠交换或在战争中得到的。他仔细地看，并且用心地想，似乎发现一个什么东西，或说悟出一点什么道理，但他一时又理不清楚。不经意间踩着个东西，把脚硌得很疼。他俯身拾了起来，原是一个箭镞。他顺手就把它扔了，可是又弯腰重拾了起来细看，发现那竟是一支在铸造时就是个废品的箭镞，随便将其扔掉。这使他联想到这几天看到的那些工棚子，再看手中的残镞，他忽然想到用这样的武器能打仗吗？他又低头逡巡地面，又发现两个断残箭镞。他弯腰去拾，发现与他手中的残镞是同样的。他忽然意识到父亲在听到秦军压境时之所以下令"避锋撤退"实在是有迫不得已的苦衷，他错怪父亲了。

在战争中，武器耗损极大，尤其是弩矢箭镞等，其消耗是无边的。没有这些工匠怎么办？当然打了胜仗会有缴获，但那是不牢靠的。

尽人皆知，秦军百万虎狼之师，从不见在战场上有戴盔之人，但武器却十分精良，就是说秦皇把本应给士卒做头盔的铜铁全都拿去制作武器了。假定一顶头盔可做百个箭镞，就可使每个士卒的箭箙里有百支弩矢。一个百夫长的麾下就有万支弩矢，以此类推，那是什么状态！但是我们的控弦之士使用的各种武器、箭镞等从哪儿来？就凭这个小作坊？由此他又联想到这几天所接触的那些工匠。那些工匠大部分是招募来的，是为避秦难自己流动过来的，因为父亲这些年并没有打大仗，无从掠夺人口和工匠。不过有些老工匠可能是从赵国掳掠来的，他们年岁都老了。他意识到父亲的这个家底太小了，不要说与有百万虎狼之师的秦国抗衡，就是与月氏也不能相提并论。因为月氏至少也有一二十万的长期服役的士卒，他们在河水西岸，在南山的要隘山口，在猪野泽土廷附近大阜原上，在敦煌西部大漠中都有士卒在驻守。但父亲除了在他驻牧地即在他身边担任警卫任务的士卒之外还有多少长期服役的士卒？当然父亲有权从各部落中征发士兵服役和战场作战，一旦征召，他们自备马匹，自带武器，自做衣服（就是百姓日常穿用的），而每日饮食则由部落组织供应，就这样浩浩荡荡或三五十人地集结起来，这样的队伍在打胜仗的时候，欢呼雀跃，兴高采烈，烧杀抢掠，奋勇争先。在战争结束时，一个人骑着一匹马，牵着几匹马，马背上驮着的东西能把马压得趴下，回到各自的穹庐大吃大喝去了。若是打了败仗，除了死尸不跑，其余全作鸟兽散。父亲曾经命他为万骑长，同时也是万户长。但他不能征召万骑，不能成军。因为没有驻地，没有军营，没有武器，没有装备，没有服装，当然也没有训练。因为没有战争，说好听了，是谓之寓兵于民；究其实呢，则是乌合之众……

冒顿越想到这些，便越觉得气闷，几乎要憋得出不来气了。他看着那

些被拆得七零八落的作坊所丢下的乱污，恨不得一脚把它们踢平，一把火把这一切烧个精光。他想让自己的头脑清醒一下，平静一下，把这一切都忘掉，但是不可能。他下意识地又回到这个思绪上来。他觉得父亲作为单于，不要说和秦皇相比，就是和月氏王相比，他的王权有多大，王权的力量来自什么，谁能给出个准确的答案，秦皇治下的民众依靠种田收获粮食，因此他们就固定在一个地方生活，秦皇当然就在固定的城市和宫殿中生活，军队也有固定的营房，守卫着固定的疆域。但牧民在游牧中生活，父亲也随着牧民的游动而游动，不这样行吗？不行！和父亲联盟的那些部落也是同样，于是这个大联盟也只能存在于马背上。可是马背上的联盟者只要一举手一挥鞭，就各奔东西。父亲作为联盟酋长对于各部落酋长究竟有多大号召力和影响力呢？遇到机会，处于优势，登高一呼，八方应诺，这个联盟便无敌于天下。反之，则是如今这副惨相，避锋撤退以求自保！他真的气馁到极点了，觉得匈奴的前途是一片迷茫。一个偌大的曾经是雄踞天下的部落联盟，怎么会像一座草棚子一样，只要刮来一股强风就能将其吹得东倒西歪。

他的父亲经营多年的一个部落大联盟，严格说来还不能算是一个政权。若按照摩尔根的说法，这个部落大联盟只是在于共同从事军事行动（出战或自卫）的一个管理机构。其军事首长，即联盟酋长，匈奴人称作单于，古希腊人称作"巴赛勒斯"（意为王）。古罗马人、日耳曼人、西徐亚人等都经历过这样的阶段，马克思称之为"军事民主制"。头曼是以"万骑长"（"头曼"一词的本来含义）身份成为单于，即部落联盟酋长，当然头曼这个部落酋长不会去照抄希腊荷马时代的部落联盟结构，诸如议事会、人民大会和军事首长——巴赛勒斯。但头曼单于必须得有几个大姓——大的氏族部落，也具有万骑长或万户长的实力，构成领导的核心集团。而如今围绕着头曼单于身边的几位王、大臣们虽然皆拥有万骑长或万户长的实力，因为没有常备机制，在直面强秦这样的巨大军事实力、经济实力和政治实力的威胁时，束手无策，自是情理之中的事情。

冒顿面对这样一个严峻的客观现实拿不出一个有效的或是破解的方法，立竿见影地帮助父亲打败强敌，心急如焚，有如一只热锅上的蚂蚁，不论是东奔西突，还是左盘右旋，似乎都找不到出路。就在他茫然四顾的时候，他的几员老少心腹也正在找他，他立即随着尼特克老人一起去见那些工匠。

那些老工匠的纷乱状况使冒顿和呼衍尼特克老爷爷心有不忍。原先从赵国来的工匠都已老迈，有的思念故土想回晋阳，有的因儿女与匈奴人通婚对自己的去留举棋不定，有的想走却缺少盘缠，有的想留又怕塞外的酷寒，还有的不说话，其实盼着秦军来。了解了这些情况，冒顿不能怪罪他们，只是想商量个主意好处理。

伊间车若鞮碰巧撞上搬迁这些破东烂西，很不耐烦，要一把火烧光完事。

他遭到副万骑长呼兰斯逐若的斥责："秦兵还未杀来，你倒先放起火来了！"

老爷爷谈到的工匠问题有如一瓢冷水泼到冒顿的头上，一下子把他激得清醒过来了。他知道这是眼前的最现实的问题。现实的问题需要一个一个来解决，而所要解决的每一个问题都应顾及并且有利于长远的打算才是。看来，这些工匠的存在对父亲的"避锋撤退"之举无足轻重。但能永远地避锋吗？能永远不停地往后撤吗？他要把这些人留下来，并且还要予以扩充。他告诉老爷爷要把所有的工匠，不论什么行业，尽量都留下来。实在要走的，多给盘缠，多送礼物，好好送行，必要的话冒顿亲自去话别。他嘱咐老爷爷，尽量多组织一些车辆运送工匠们的行李、家小。到新营地后让工匠们好好修筑过冬的房屋，安顿好了之后再统一安排修筑作坊之事。他还特别嘱咐老爷爷：原来掳掠为奴的工匠们一律解除赀虏的身份，和招聘来的、自愿来的工匠一律对待，有家属者也与其他工匠家属相同。工匠们都感谢这样的安排。在交谈中冒顿还得知在头曼城西北的深山里还有座铜矿和一个铸造厂。他决定请那个工匠立即带路去看个究竟。

在这个时代最具标志性的先进的生产技术莫过于青铜器的铸造了，传世的精美的鄂尔多斯青铜器是其代表。但长期以来令人困惑的是鄂尔多斯青铜器或说匈奴青铜器其材料来源于何处的问题。20 世纪 80 年代在内蒙古巴彦淖尔盟乌拉特后旗霍各乞发现了古铜矿及其冶炼和铸造遗址，它揭开了鄂尔多斯青铜器或说匈奴青铜器原料来源的谜底。霍各乞铜矿的断代与新疆伊犁尼勒克铜矿属于同一时代，即都在 2500 年以上。（遗憾的是霍各乞古铜矿在尚未得到充分研究的情况下却在 90 年代的新工业建设中被淹没了，尼勒克古铜矿遗址也完全处于无保护状态。没有证据说冒顿去过这座矿山，但却史有明文：冒顿是以阴山为依托建立起他的草原帝国。这且不去管它。）且说，冒顿看过被遗弃的矿山及冶炼与铸造场所后，没有抱怨，没有指责，没有愤怒，相反，甚至还有些兴奋的样子，他高昂着头，眉向上挑，眼睛里闪着一种光芒，仿佛眼前的那座矿山的竖井正在向上提升矿石，而冶炼厂的炉群正喷着火焰……

当头曼城最后搬迁完毕城中已空无一人时，冒顿带呼衍尼特克老人及呼兰斯逐若及侍卫长呼衍乔鞮等随从们向旧赵长城走去。在沿着马道登上长城时，他下马扶着女墙向下张望。以他父亲的穹庐大帐为中心，成组、成群排

列的毡房一顶都不见了，而在远处的作坊区，大量的草棚子显得特别零乱，一片狼藉。他对呼兰斯逐若说，我们都不以长城为意，认为那是赵国人和秦国人的最蠢笨的玩意儿，所以就没有人去修缮它。现在又要丢给秦人了，他们会修缮它，把我们挡在墙外边，靠战马是冲不破这道高墙的。

呼兰斯逐若却回答他：老虎也有打瞌睡的时候，走着瞧吧！

冒顿转过头对伊间车若鞮说，立即出发吧，见到伊屠斯老爷爷，替我多多拜上。这里的情况向他细说，他有什么想法迅速传回。

有斥候报告：敌先头已迫近头曼城。

在回到驻牧地的十天之后，父亲头曼单于和继母阙氏给冒顿王子完了婚。这是对他断后撤离头曼城的最大褒奖。新媳妇儿颛都隆云是个漂亮的女孩，非常俊美，看样子也非常聪明伶俐。在连续多天的婚宴之后，父亲给冒顿一块新的驻牧地。这对小夫妻便向父亲头曼单于和继母阙氏千恩万谢地道了别。

八、竖起耳朵　睁开眼睛

冒顿的新驻牧地与他原驻牧地相去不远。原驻牧地因位于阴山北麓，森林草原植被条件特别好，气候条件也比较好，他设置的城栅及相应的多种配套设施都留给了父亲以便安置龙廷大帐。他的新驻牧地位于西部紧缘沙漠，可为父亲的屏障。因此头曼单于就把这块地方作为永久的封地赏赐给他。假如一旦有事，顷刻便可抵达父亲的膝前听命。

新驻牧地位于今天的西兰木伦河流域。西兰木伦河的源头是由一个涌泉形成的湖泊，湖面不大，泉水溢出向西流淌。水量充沛时，河流长达百余里，在接近牛墩时便为沙漠所吸纳，河流就消失了。水量匮乏时，河流很短，甚至只剩下一个水泡子，今地图多已不载，不知是否已经完全干涸。湖泊周围地势较高，海拔在 500～1000 米之间。其西是浩瀚无垠的巴丹吉林沙漠，有千里之遥的居延海，在先秦时是胸衍戎的驻牧地。居延亦即胸衍，可能是原义渠的联盟成员之一。秦昭王灭义渠时，胸衍远遁或回归于胸延海，即居延海。其南是今乌兰布和沙漠接腾格里沙漠，即进入了月氏国的疆域。其猪野泽是冒顿少年时代作为质子曾经生活过的地方，其北则是大漠高原。那里曾是匈奴人的早期的驻牧地，甚至也可以说是匈奴多少代人的故乡。

只是这新驻牧地与他驯养军马的峡谷距离远了，而且还被父单于的龙廷所阻隔，不过他并未很在意。他在那里驯养军马本无私心，只因父亲并未明确命他成军，眼下只有些设想而已，一切均未成形；另外从高阙峡谷那已有小路可通，自有呼衍老人在那里安排。老人早已向单于告准，以休养为主了。

冒顿和他的新婚妻子就在这个今人称作西兰木伦河源头附近的一片绿草如茵的地方竖起了他们的穹庐毡帐。当然，在竖起他们的穹庐的同时，他的亲随、副将、侍从和万户长属下的官员们及其他们的属下的下属也各依等级扎下他们的庐幕。几日之间，这里俨然又是一座小小的穹庐城，大小不一，远近有序，错落有致的白色毡帐，使这块沉寂的绿洲顿时改变了颜色，与人的欢声笑语相伴的还有马嘶、羊叫、犬吠之声，使这里充满了生机。

金耳坠（战国，长8.2厘米，1972年杭锦旗阿鲁柴登出土）

而使这小块绿洲改变颜色、充满生机的核心人物，或说最大亮点，不是王子冒顿，而是他新妇颛都隆云。在王子刚成婚的时候，这里的大部分人是无缘得见新妇芳容的。偶有见者，大约也离得老远。如今共饮一个泉里的水，共听同一个百灵鸟的鸣声，共闻同一种鲜花的香味儿，所以就更想一睹他们喜欢的王子的新妇了。

根据各地匈奴墓葬中出土的妇女们的由金子、水晶、镶金边的蚌饰、金属珠、金耳环、金玉组合耳坠、金串饰组成的冠带头饰、胸前佩饰，用丝绸、羊毛、皮草等材料制作的帽子、衣服、鞋袜等服饰，出土文物中的陶女俑，金属饰牌上的人物浮雕，凤凰山墓中壁画所描绘的妇女发式全貌，以及其他出土文物如发辫等实物以及岩画中的妇女形态，我们可以对冒顿王子的新妇粗疏地描绘一下她的模样。但因关于匈奴的人种问题　究竟属于高加索人种还是属于蒙古人种——迄今无定论，所以这里也不便贸然猜测。

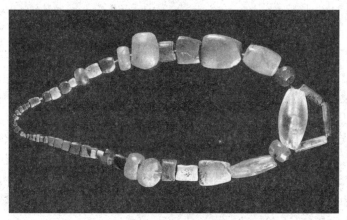

项饰（春秋，长约35厘米）

当冒顿陪着妻子走出穹庐时，她那一身鲜红锦缎的长袍似乎使她身后的白色毡帐也泛起了红光，蓝天、白云、绿茵、黄花仿佛也都跟着改变了颜色。一条缀着三鹿回头和天鹅戏水金饰牌的腰带，使她的身材显得特别纤细，苗条而婀娜多姿。她的额头与发际之间戴着束发的头箍。头箍也是红色的锦缎，但却缝缀着许多镶着金边的小蚌壳和小粒的珍珠。头箍的上端镶嵌着四颗绿松石，中间是一颗大的红宝石。头箍的下沿则有许多条流苏，流苏有水晶珠、珍珠、金属珠，还有玉石珠，由中间向两边对称排列。盘在头上的发辫上插着许多支簪环，每支簪环上都镶嵌着宝石和金花之类的饰品。胸前还挂着一组三条镶金嵌玉及各种宝石的项链。但这种项链不是套在颈上，而是从头箍的两侧垂挂下来，因此在耳垂下有两片镂空浮雕并镶着宝石的金牌就像两块特别大的耳坠。用这些精工细作的衣饰装扮着天生丽质的俊美娇艳的新娘，在明媚的阳光下，自是熠熠生辉，光芒四溢。她使在场的人们热烈地鼓起掌来，尤其是那些年轻的已经出嫁或正在待嫁的姑娘都看得呆了，有的人眼里激出了泪花，有的雀跃欢呼。新娘子也不负众望，颔首微笑，频频向众人施蹲礼答谢和致敬。因为她是部落的女主人。她要和部落的民众共饮一泓清泉，共戴一块蓝天，共享一片草原。冒顿看着自己娇媚的妻子如此受到众人的爱戴，心里自然也感到十分惬意。他右手扶胸也微微鞠躬，向众人道谢。但在他抬起头来突然看到人群中的一位老人也是笑容可掬地注视着他们的时候，他的眼睛一亮，便撇下妻子快步地朝人群走去。众人有些惊诧，纷纷给他让开一条路，到了老人面前再一次右手扶胸，深深向老人鞠了一躬。"老人家！我等你好些天了！"他说着，伸手拉住了要给他施礼的老人的臂膀。

原来他就是那位随着蒙恬进入狄道的伊伐伊屠斯。他在咸阳开设的商号，南北来往，东西交流，把生意做得很红火，也把消息不断地秘密地传递给冒顿。但在秦军渡河之后，秘密交通则困难多了，他不得不放慢了脚步。

脚步慢了，消息传得也少了。如果消息积累多了，容易把事情看得透些。但这可不是传话人所能表达的信息。

冒顿罔顾众人，也忘了妻子，竟搀着老人的臂膀，直向他的穹庐大帐走去。

冒顿与老人的这次谈话，其实只是一个开场白。但这已经使他非常高兴了。直到他的妻子在一群女侍、仆妇的陪伴进了大帐，他都没有察觉。倒是老人家善解风情，赶紧向这对燕尔新婚的夫妻致歉、道别，并把一条由珍珠和一颗红宝石串成的项链作为礼物献给新娘。他说，草原深处的牧马人祝福新娘快乐，便告退了。

在以后的几天里，冒顿先是派乔鞮去山中把尼特克老爷爷接了来，以贺喜为名与几名心腹一直和伊伐伊屠斯老人在议事的帐幕中，或湖边草原上交谈个不停。从老人提供的消息及对秦皇自毕六王—四海以来的各种举措，使冒顿逐渐理清了秦国的皇帝和朝廷的总体的战略构想和实际操作的具体步骤，想着，并且梳理着，使他觉得在心里已经给强秦帝国勾勒出一个大致的军事、政治、经济、行政、地理、建制等方方面面的轮廓图来，其中最使他感兴趣的是秦朝的几项大工程的细节和未来可能出现的结果。

金耳坠（战国，长7厘米，1979年准格尔旗西沟畔出土）

他的精神处于亢奋状态。老人家给他讲的那许多事情多是他闻所未闻、见所未见的，但却是他急于想知道的事情。从最初认识老人家，到请老人家潜入秦国，只是想得到有关秦军的消息，怕秦军一旦袭来，毫无戒备，岂不要吃大亏。但现在从老人家那里得到的已经不是单纯的军事方面的消息了，而是从谈论秦国的大政方针联想到匈奴的治国方略。有些问题是他想过的，但非常朦胧。譬如建政的问题，他感到目前的这种松散的部落联盟状况是多么的无力，但如何才能改变、怎样改变？父亲不认同，他又能如何？对于蒙恬的进攻，最初他担心过，后来也完全赞同父亲"避锋撤退"的决定。这期间对于蒙恬的进军态势有过很多疑虑。最初怕的是他率军疾进，父亲根本无法征集军队应战；后来知道蒙恬步步为营，处处建营扎寨，或筑城墙，或修烽燧，显示准备大举进攻，不灭匈奴誓不罢休的态势。这种积极进犯的态势以及秦国的巨大的力量，叫父亲怎样抵御得了。要知道人家光是穿铠甲的人就比他全部男女老少加到一起还要多呀！但是伊伐伊屠斯在叙述这一切时，却丝毫都没有怯意，相反地，却认为秦皇的百万虎狼之师，一是吃得太肥，怕要跑不动了；二是饿得精瘦，怕已无力再战了。因为修骊山陵和筑阿房宫，仅此两项，就能使秦皇自己挺不起腰，他想占有的太多了；而老百姓则直不起腰，因为脊梁快要被压断了。老人家对秦皇嬴政起筑长城的决策也有妙论。他认为蒙恬若整军向北进攻，则是积极扩张的战略，其势难挡。但用筑城战略则是消极防御，无所惧也。消极防御不是积极进攻，这有本质区别。但是你不要闯到他跟前去，那肥的仍是虎，饿的还是狼！……

冒顿兴奋得睡不着觉，他在想着应该怎样建议父亲整军经武，积聚力

量，建立权力的架构。

冒顿几天来兴奋得竟然忽视了他的新婚的妻子，她已经在抱怨受到冷落了！而他似乎没有明确意识到这一点，有时他与臣仆们一聊便聊个彻夜，因为他像一块海绵，他要吸纳很多的水分。他不仅要知道拥有百万虎狼之师的强秦的尽可能多的情况，还想要知道阴山之中、大漠之上的各个部落的情况。譬如狼山，这是他生于斯长于斯的地方，从前，他少不更事，又在异国居留甚久，直到近些年，才算有所了解，他对于属于同一山脉且相邻近的德令山、查石太山、蛮汗山、大青山却知之甚少，至于灰腾梁山、桦山和深入今河北张家口地区的大马群山等山系，他只是在这几天与伊伐伊屠斯等人"侃大山"的过程中才第一次有了较为明晰的概念。据他们所言，这些山系的差不多每一条山谷都有戎或狄的部落。因此，他仔细地打听，用心去记忆。天下之大，他无法全知，但他尽可能去捕捉能够传给他的一点一滴的消息。这些消息的真伪他无从辨别，地域方位他不能探知，风土人情、语言文化、人口多寡、生活习惯更不知情。但既然有了一点消息，将来就或许有机会予以验证。他从这里还悟出了一个道理：秦皇派大将蒙恬占领了河南地是其勇略。但其大军能有多少？十万、二十万、三十万！果真这么多，能把狼山包围。但他能把德令山、查石太山、蛮汗山……都包围起来吗？修筑长长的城墙，好主意！再好的战马也没有翅膀，没有翅膀就飞越不了长长的城墙。但我不飞，我用一群人只打你一个垛口，就能把那长长的城墙捅开一个洞。

他在琢磨着怎么用一群人在一瞬间就能把长城撕开一个大口子……作为当年主持修筑这道长城的蒙恬和直面长城威胁的冒顿当然都不会想到在他们辞世两千多年之后的人们是怎样看待这道长城的遗迹和它是怎样被人们所珍视的情况。如自今乌拉特中旗邬北乡南境进入小佘太乡北部沿查石太山向东延伸至今固阳县西的长城，有一段迄今都被保存得相当完好的模样，这一段长城约3公里，墙体用石块垒砌，顶宽2.5～3米，基宽6米，无破坏或倒塌迹象，是秦长城的原貌。其历史价值也许应当更高于其他段落吧！当中国的长城被选为世界新的七大奇迹的时候，人们还会想到它在初建时的艰辛吗？会祭奠那埋在基石底下的或成化石，或作泥土的累累白骨吗？人们还会想到它在初建时那种剑拔弩张的军事对峙的双方各有什么样的心态吗？

冒顿首先想到的是一个战术问题：怎样把它撕开一个大口子。

他在琢磨着怎样把山山谷谷里所有戎人都联合起来按照一个命令和秦兵较量……

这是战略问题。

蒙恬率军北进，步步为营，稳扎稳打，迫使匈奴人"避锋撤退"，这是秦皇的战略性的进攻，匈奴人在河南无立锥之地，对大秦帝国再也构不成威胁了。

这是秦始皇的积极防御政策。

蒙恬修长城，筑障寨，就意味着停止进攻了，他把城寨作为一劳永逸的防御之策。

但这却是最消极的防御政策。

父亲头曼单于"避锋撤退"是防御，但不能说是消极的，因为未损兵、未折将，可以待时而动，但如果一味退缩，退到何时何地算是止境？若永无止境则不是防御问题，而是灭亡的问题了。

他想，他的父亲绝不会是这样的。

让蒙恬在长城上守着吧，守到什么时候都可以，只要你不越过长城，我都不想碰你，直到我们匈奴人把阴山山脉各山系的东胡人、山戎人也都联合起来，看你的那条长长的墙还能防御多久？如果在你打盹的时候，我们撕开几道口子，任什么样的消极防御怕都逃不脱土崩瓦解的命运吧！

他急于想要对父亲述说他的所思所想，他要为父亲建功立业，让匈奴从此强大起来。

恰在这时，父亲召见他的命令传来了。处在亢奋状态的冒顿相信机会来了，他不假思索地扬鞭策马，以至他的随行人员慌慌忙忙地紧追不迭，但却怎样也追不上他当年从月氏王的马群中盗来的宝马龙驹。

九、头曼单于北撤

头曼不仅是生年和出生地没在历史上留下记录，他所属的部族及所属的部落也都语焉不详，甚至连他的名字也弄不清楚。史云头曼只是他的"官衔"——万骑长，《史记》《汉书》谓"匈奴单于曰头曼"，这无异于说"匈奴皇帝万骑长"。之所以如此是不明头曼的本意所致。又云"单于姓挛鞮氏"。但《史记》《汉书》都指的是冒顿的姓氏。当然啦，冒顿是头曼之子，儿子姓什么，逆推之，就是父之姓氏。其实未必尽然。冒顿自立为单于，逐渐立国，各项制度虽未成文，却应已有口头上的约定，在与汉帝国的交往互动中，文化传播，制定律令，与汉有外交文书往还皆用汉文，冒顿作为匈奴天子，自然亦应冠以名号以及姓氏，"挛鞮氏"由是得以确立，因而也上溯至其父而冠以姓名。或亦可作另一推论：古代一个民族的崛兴，通常都要以某一部族为核心，而某一部族又必以某一个或几个大姓为核心，不是以神明为号召，便是以武力为手段以成其伟业，故曰

"头曼单于",或曰"挛鞮氏头曼单于"皆非头曼本名,权且者也!当然我们也必须如此权且称之,这是毫无疑义的。

虎咬牛纹铜饰牌(战国,长12.6厘米,1972年杭锦旗阿鲁柴登出土)

前已述及在头曼单于以前的时代,中国古籍中的戎、翟(或狄)、猃狁、荤粥、胡、匈奴等都是中国西北民族的泛称。西周亡于戎,平王东迁。戎,翟亦进至雒,"或居于陆浑,东至于卫"。秦、晋称霸之时,翟有赤翟、白翟,戎有西戎、绵(古书亦写作緜)诸、畎戎、狄、义渠、大荔、乌氏(乌孙)、朐衍(居延)、林胡、楼烦、白羊、东胡、山戎等,"各分散溪谷,自有君长,往往而聚者百有余戎,然莫能相一"。战国以降,"冠带战国七,而三国边于匈奴","东胡强而月氏盛"。

这充分表明在头曼时代,他作为一个万骑长,虽然是雄踞草原最大部落的头人,但毕竟也只是一个部落联盟的大酋长,然"分散溪谷,自有君长"的各部落至少在内部事务上仍是各自为政的。在秦帝国为"一四海"而战时无暇兼顾北方,头曼得以雄踞鄂尔多斯之地,其他各部落当然亦会随之南渡河水,以求分得一杯羹。秦完成了"毕六王"的统一大业,实现了集权封建制度的飞跃,而头曼却连整合"分散溪谷"的意识都没有出现,他又怎能直面蒙恬的"虎狼之师"?

因此当头曼单于在听到儿子冒顿慷慨陈词,纵论天下大势之时,他惊诧了,甚至在其内心深处可以说是折服了。我们不妨想象,他大约会突然觉得儿子完全长大成人了,或者也不妨说他觉得自己是第一次认识自己的儿子。这个儿子是个好样的。他在狼山背后,却把千里万里之外的秦帝国的事情看得一清二楚,不单知道"毕六王、一四海"的过程,也知道秦皇在岭南用兵的情况；不单了解始皇巡游天下的行踪路线，还了解他入海求仙请寿的来龙去脉；同时他还对于秦皇兴宫筑墓、广聚天下财富等倒行逆施，指点抨击，头曼不禁感到有些愕然，但又觉得所说在理。当冒顿陈述蒙恬筑城起寨，看似极具长远的战略眼光，实则已改变了战略——从积极进攻转而消极防御，"给我强胡留下一个不只是喘息的时间，还是一个可以大发展的机会：整合草原各部落以利进取"。加引号的话只是作者的虚拟，因为匈奴人没有留下文字记录，更谈不上如后世皇帝有"起居注"之类的著录。不过后来冒顿自立之后确是如此行事的。当然那是后话。

但一个打拼半生，身处权力中心的人是不能轻易为一篇宏观大论或几句豪言壮语所打动的。因为身边各种利害关系的制约，各种势力集团的掣肘，对自身力量的把握，对可能出现的结果的评估，不在其位者不知其中的艰辛与甘苦。萨满的巫师常说的一句话是：魔鬼藏在暗处，或说魔鬼在细节之中。谁知它藏在什么地方，会在何时出现呢？月氏扼控西部，有如卡住他的右臂，使他动不了拳脚；山戎、东胡雄踞东方，对他虎视眈眈，使他难越雷池；强秦大军压境，壁垒森严，直面逼来，叫他不敢仰视；联盟各部，分散溪谷，风声鹤唳，草木皆兵，缩头藏尾，不知所之。这是既不能号召之，使其麾下效力，又不能征服之，使其听命于我。头曼说他是天冷了找不到牛粪，天热了找不到涌泉，肚子饿了没有肉吃，身子乏了没有歇脚的毡帐。现在敌人来了，他有多少兵马可以去打仗呢？

所有在头曼单于龙廷大帐中参与议事的人，其中包括已经长大了的太子以及继母阏氏，最后也包括冒顿在内，都无疑义地同意并遵从头曼单于的最终决定：

单于龙廷做继续北撤的准备，择日起程。

冒顿忠勇可嘉，留作断后，整军经武，阻敌北进。

当然头曼出于爱子之心，又找补说明几句：能阻击十日，不可阻击一日；能阻击一月，不可阻击十日；能阻击一年，不可阻击一月。他的意思是叫冒顿不要与敌硬拼，打不过就退，但能多阻挡一天是一天，多挡一月是一月，龙廷大帐的人马可以退到秦人不敢去的地方——漠北极寒之地，以图再起。

冒顿不能不同意父亲最后的决定，因为这是当前现实力量对比态势使然。使他庆幸的是，他终于说出了他的心里话，抒发了沉积于胸中的块垒，而且父亲竟然也能听进去。对于冒顿来说，这就够了。何况父亲最终授以军权，使他能为父亲效力了。

但在他向其单于父亲和继母阏氏辞行时，阏氏突然问他：你的新娘子怎么样啊？他急忙向继母右手按胸躬身施礼，深情地回答说，他非常感激

继母阏氏给他主持的婚事。他说他的妻子非常美丽、温柔、贤惠。他觉得他非常幸福，他要为单于父亲和阏氏母亲守住国门，为太子弟弟守护好草原。

继母阏氏对他的回答很高兴，要她的太子儿子向兄长学习，向兄长致谢。但在太子还没说出向兄长学习或致谢的话时，却紧接着说道："可我怎么听说你经常不理睬你的媳妇呀，怎么竟是经常与那些下人整天地聚在一起说个没完没了的呀？"

冒顿一怔，感到非常诧异。但他不假思索地立即回答说，他派出他们尽量抵近打探秦军的消息。他们带回来不少消息，在他看来那些消息对其布防是很有意义的。

单于父亲这时也插进一句话：打探消息自然是应该的。但对他们的话不能全信，更不能让他们牵着鼻子！……

父亲欲言又止，并挥手命他去吧。

在返回驻牧地的路上，冒顿没有挥鞭策马疾行，身后随行人员也只好提缰缓步。

冒顿心里有些犹疑，他不知继母阏氏问话有什么含意。他不认为自己对妻子有什么冷落之意。他觉得妻子很美，也很温柔，他打心眼里挺喜欢的。可是她为什么要说他冷落了她呢？她为什么不喜欢我亲信的那几个人呢？父亲为什么也要我不可多信任他们？这些话是什么意思？他甚至又联想到他今天在父亲单于和众人面前是否话说得太多了？他回想自己说过的话，没觉得有什么话说得不当。他想，伊伐伊屠斯是他派出作为谍报之人所提供的消息多么重要啊！不知敌之情怎么能同敌人作战？

他的宝马可能是前蹄在石头上滑了一下，使他感到颠了颠。他下意识里忽然闪出一个念头：难道他的妻子是继母特意挑选出来悄悄监视他的言行的人吗？他不禁又联想到父亲不叫他去信任他的侍从们，难道父亲也听到她的闲言碎语了吗？

他的心头很沉重，一块石头压在他心上了，他解不开这个疙瘩。

这时呼衍乔鞮与他并辔，问他：是否即日就到部落中去征集人马？

他没听清，或说没听明白。迟疑了一下，突然醒悟过来。他要为父单于守卫疆土，当然得去征集人马。他不能无端地胡乱猜疑，更不能在人们面前流露这种心态。再说，他的媳妇年轻，舍不得离他身边半步，何必对她有怀疑呢？

他是拿得起来放得下去的人。

他和随行众人讨论怎样立即派出人员到各个放牧点下达通知，迅速征集人马，进入防区，同时展开训练活动。他说，多一分训练，多一分胜利。不管怎么说，守护好草原就是他的天职。但他转念一想，立即说"不！"他轻声对呼衍乔鞮说，这些事情应该放缓，尤其不可张扬！眼下，他们应该做的就是如何使父单于北撤能顺顺当当地进行。他要乔鞮设法找来几位做车的匠人给大单于和阏氏及太子做几辆辒辌车，要选用最好的木料，最好的牛皮，最好的毡子，以减少父单于、母阏氏和太子的鞍马劳顿。他说他要随时去检查。

乔鞮侧着脸听他说。他们的眼神聚在一起了，乔鞮看着冒顿那深邃的目光，坚定地回答一个"是！"

当这队人马走上一个小坡时，也就看见了他们那围有木栅的几座穹庐毡帐。冒顿眼尖，立即瞧出木栅后的妻子的身影。他的马加快了步伐。

冒顿的妻子呆呆地伫立在穹庐帐前，神情似乎有些忧伤或是焦急。不知她这样呆呆地伫立多长时间了。穹庐是崭新的、雪白的，木门是鲜红的。在十几步之外还应立有一根高高的笔直的顶端有方斗的杉木杆子，固定杉篙的四条粗毛绳上还缀有许多杂色的小彩旗。这是宣示穹庐主人高贵身份的一个标志，同时也是萨满教供奉天神的一种礼器。她深深地爱恋着丈夫。她不管这穹庐大帐有多么漂亮，神杆显示着多么高贵，只要丈夫没在她的眼前，她就觉得空落落的，哪怕是一忽儿也不行。可是现在丈夫出去一整天了，到现在还不见踪影，她觉得自己真的快要想死他了。

其实，她与冒顿从见面到谈婚论嫁，时间很短，且又非常意外和偶然。可是在嫁过来之后，她忽然觉得自己认识他很久了，也许是在梦中认识他很久了。也许是十年前吧，她还是光着脚丫子在草地上瞎跑的小丫头片儿。她看见冒顿在一些人的陪伴下走进她家的草场，她听大人说，那是王子，月氏国王要杀他，他却抢了月氏王的马群跑回来了。但那时的她根本不懂大人说的话。什么王子，什么月氏国王，什么什么，她全不在意。十年后，她随母亲进龙廷拜见阏氏。不知怎么着，阏氏就盯住她看个没完。后来，阏氏命人教她习练歌舞，后来阏氏又召母亲去龙廷，回来后就说起了关于她的婚嫁问题。起初她还懵懵懂懂，似糊涂又明白，似明白又糊涂。她多次被叫到阏氏龙廷帐中，也见过王子几次。虽然与他没说过几句话，但她已经暗暗在盼望婚期了。然而好事多磨，给她准备的新穹庐刚运到头曼城，从高轮木车上卸下来安装，就在已经安装就绪的时候却来了搬迁的命令。她的心里真是沮丧极了，甚至怀疑自己出嫁的喜事是一场梦，不知偷偷哭了几次。她怕失去那本应已经属于她的一切。直到最后她终于在涌泉湖畔扑进了她心爱的英俊的男人的怀抱之中。在极度亢奋与欢乐的幸福中，她就觉得自己是在做梦，她怕那个梦境消失，就是醒了也不愿或不敢睁开眼睛。就像小时候在草地上逮住一只百灵鸟，她喜欢得不得

了，可是不经意间一撒手，百灵鸟便腾空飞走。她急得哭啊，追呀，跌了不知几跤，还是无影无踪。她后悔了好些天，伤心了好些天。如今她在梦中，那就紧紧闭住眼睛，别让梦醒了；她拥有了最心爱的丈夫，那就紧紧抓住他，别让他飞了。

一天夜里，丈夫已经睡熟，而她却还在兴奋之中毫无睡意。她支起半个身子，借着酥油灯的光亮，凝视着丈夫的英俊的脸庞，忽然愣住了。她想起十多年前小时候的一件事，就好像那是一幕小女孩爱玩的情景游戏，那时她的嘴角上可能还沾着牛粪，却丝毫不会产生自惭形秽的感觉，冲着直面从她眼前走过的王子而欢笑，而蹦跳，无忧无虑，无悔无欲。那时做梦也没想到会有今天。这不正是腾格里的恩赐吗?！这使她兴奋得不能自持，不管不顾地亲吻着冒顿的额头，亲吻着眼睛、鼻子、嘴唇、脖颈、胸脯，直到把他弄醒。她吱吱嘎嘎地笑着，说着关于十多年前的那幕情景戏，她追问着他记不记得那时候的事情。他也乐了，真的记不起来那时的一个光着脚丫的毛头小女孩，但却记起在一个部落里受到千户长的迎接和招待的情景。她乐得一下子坐了起来，竟然忘记了自己竟是一丝不挂，扑在他的身上更疯狂地吻起他来。因为那个千户长正是她的父亲，当然现在也正是他的岳父。

她以无比虔诚的心感谢腾格里——上天赐给她这样神奇这样美满的一份姻缘，也以同样的心感谢母阏氏——这不是一般意义上的或官方意义的称呼，如儿媳对阏氏婆婆或王室血缘姻亲辈分按礼如仪地称母阏氏，而是以远胜于女儿对生母的感恩心态作这样称呼，因为是她一手玉成了这份美满的婚姻。因此她也牢牢地记住她吩咐的话：好孩子！你是我的乖女儿，不能让你受一点儿委屈，不论发生什么事，你每天都要派人来向我报告，我好给你做主。不过这只能告诉我一个人，不能告诉别人，特别是你女婿。当然你也要好好侍奉他，拴住他。夫妻要恩爱嘛！要记住，送信的人就是你身边的女仆。

有这样一位比生母还亲的母阏氏的呵护，有这样一位天下最英俊的丈夫的拥抱，因此，她所拥有的幸福就是天下第一的。可是有一样事情不好，那就是他不时地要跑出去；还有，他身边的一群人总是包围着他；尤其使她不能容忍的是那两个老头子。今天早上，她的夫婿奉召去见父单于。这事她不单不敢拦阻，而且还得比他早起一忽儿，吩咐给他预备早点，然后她亲自帮他梳洗，穿衣……直到最后送他走出穹庐，跨上马背，看不见背影，才返身进了庐幕。

也许夜里因太兴奋，没睡好，早上又起得太早，她竟睡个大大的回笼觉，直到贴身照管她起居的那位仆妇用了好大的劲儿才把她叫醒。她醒来的第一句话是：回来了吗？女仆当然最懂得女主人的那句没头没脑的话语，摇了摇头。她那挂在脸上的像牡丹花一样的笑容慢慢地僵住了，渐渐地变成失望的沮丧的神态。中饭她压根儿就没心吃，没有丈夫在身边呀！女仆叫人来把吃食都撤下去，哄着她说，王子该是快回来了吧，她该去上上妆，换换衣服了。

她立即兴奋起来，上妆，更衣。

她站在穹庐门前伫立了很久，却连一点儿动静都没有。实在站乏了，快快地回到室内。但不多忽儿便又出来了。她扶着祭神的杉木杆子，跷着脚眺望远处，结果又失望地转了回去。她出出进进，心神不宁，有如热锅上的蚂蚁，一次次引颈张望，一次次沮丧地低下头来，她都急得快要哭了。她忘了那是父单于的召见，忘了强秦重兵压境，忘了从涌泉到龙廷和从龙廷返回涌泉的距离。纯情的小女人啊，她的心眼儿小得只能容下一个虚幻的心爱的人的影子！

直到如血残阳开始跌落到西山背后的时候，她才看见远处有些人马的身影，她一下子就跳了起来，不管不顾向前跑去迎接。

她的判断没错。在她终于等到丈夫的时候，天色已完全黑了下来，新生的月牙儿已转到西边去了。她被冒顿一把就提到马背上来，她几乎是半卧在他的臂弯里。借落日余晖和一丝月光，他看见妻子的洋溢着笑容的脸上却流着两行热泪。

在此后的日子里，他尽可能多给妻子一些爱抚，多一些陪伴的时间，而且再没有召来下属人员进入穹庐大帐议事的事情发生。这座穹庐是他们两人的世界，不会再有人在这里喧宾夺主了。

其实冒顿不敢有丝毫的懈怠。父亲头曼单于准备继续北迁，已派人去狼居胥山及郅居水上游选择和筹建新的龙廷。狼居胥山，今称肯特山，在今蒙古人民共和国克鲁伦河与土拉河上源之间，即两河的分水岭。郅居水，今之色楞格河。冒顿必须迅速集中部落兵员，防范蒙恬对头曼单于撤退时发动突袭行动。父亲头曼嘱咐他，兵员集中后，加强对秦兵的监视与防卫，态势若紧张时，要将牧民也都迁过大漠，那时你率兵就有回旋余地了。

冒顿谨遵父亲旨意，一方面尽力加强防御的布置和多层次的巡逻安排；另一方面又格外关心给单于、阏氏及太子制造车辆的事情，而且每次都是带着颛都隆云到造车的地方去查看，直到车子造好。在请母阏氏验看时，冒顿还特意说明车内的装饰都是颛都隆云的主意。这时颛都隆云也特别自豪，几次请问婆母满意不满意。

阏氏对他们为这次远行漠北特意制造的辒辌车真的是非常满意，还特

别夸奖了颛都隆云亲手缝制的几件小玩意儿，说那些小东西会解除途中的寂寞和疲倦。她说会想念他们的。

这种所谓的辊辐车一种说法谓"就是匈奴车"，持此说者认为："匈奴人懂得造车，并已广泛应用车辆作为军事运输和日常交通工具。《盐铁论·散不足》篇：'胡车（匈奴车）相随而鸣。'《汉书·扬雄传》载：'硰辊辐，破穹庐。'辊音奔。"另一说法："车有四轮，排大木为之，上蒙以生牛皮，下可容十人（用以攻城），木石不能伤。《孙子·谋攻》：'修橹辊辐'，即指此车。辐读作坟。"（据图示，谓四轮者，前轮无转向功能，不知怎样行驶。前一说，未及轮数，但见于岩画或后世中国北方各族所用者皆为两轮。不知孰是。）

冒顿为议事方便，还特意设置了军营议事大帐，有重要军职的人员也都扎下毡帐，这样就使爱妻不再因为他的军务而在自己的穹庐中没有坐卧之处。

起初她倒也高兴这样做，没有人再来打扰她的洞府，她的凤凰巢，她的"两人世界"。但后来她发现不对头，有时一整天，后来则三天两天，再后来甚至一连好些天她都见不着丈夫的面。她又急得要命了。有一天，她的丈夫、她的王子、她的冒顿突然跑了回来，她立即扑上去抱住他，嘴里还喃喃地说着她今天再也不让他走出房门一步，边说边发疯似的亲吻他。但他用力地挣脱她，叫她赶快换上衣服，立即跟他走。她问他，他没工夫作答，因为他也要换身衣服。

祭神的杉木杆子下面有一队人马，有四五十骑。待冒顿与妻子走出庐帐，跨上各自的坐骑时，领队的伊闾车若鞮就催动战马起跑了。他身后的人包括冒顿与其妻子在内皆随之而动。

在中途休息，打尖、饮马时，她才弄明白原来他们这样风风火火地赶路，竟是去给父单于和母阏氏送行。

头曼单于撤向大漠以北之事，本来筹划已久，准备也非常充分，他估计秦国大将蒙恬也会透过谍报知情。但没有见到秦军做大规模进军的准备活动，因此头曼单于的行动也就延宕下来。最近斥候报告说，已经修缮好的城墙上遍插旌旗，军队在营中操练，营外各处多布哨卡，便衣斥候侦察行动格外艰难，因此头曼单于开始行动。

头曼单于此番决定将龙廷设在狼居胥山。狼居胥山是弓卢水和余吾水的发源地，也是两水的分水岭。弓卢水今名克鲁伦河，到满洲里之后则名为额尔古纳河，抵漠河后则称作黑龙江。余吾水今称土拉河，北与鄂尔浑河——古称安侯河相汇，然后又与色楞格河——古称郅居水相汇，直北流进贝加尔湖——古称北海。据考古证明，龙廷就在今乌兰巴托南部。考古还证明，在色楞格河即郅居水的水源哈努依河，源头就在燕然山（今称杭爱山）中，有古城遗址和古墓。据此推测，头曼单于很可能将夏季龙廷设在狼居胥山，冬季龙廷设在燕然山中。

对于马背民族而言，迁徙一两千里的距离不是太难的旅程。但对于龙廷的迁徙毕竟不同于一般的牧人，因为有单于，特别还因为有阏氏及随行众臣的女眷，还因为他们的孩童多、财产多，故而麻烦就会多了。因此事前的准备必须充分，如选定水源地，每天的休息场所的道里远近，饮食的制作，遇雨、河水暴涨等应急准备等，都需铺排好以免临时措手不及。另外，除龙廷人马，后续的各部落的大众也沿着这条路线前进，他们每晚宿营都得宰杀大量羊只，先遣人员还得为他们备下足够的柴草。所以这次大迁徙准备的时间长，行进的动作慢。当然这是在没有敌情干扰的条件下才能这样从容不迫。

冒顿小夫妻及随行人员赶到单于驻地时，日已西斜。单于与阏氏接受了小夫妻的礼拜，并举行晚宴。母阏氏对儿媳有说不完的悄悄话，单于对儿子也有许多嘱咐的话。譬如，要冒顿不要与秦军打硬仗，但必须牵制住他们。他认为秦军在大漠上行军作战都有不利之处，如战马少，找不着水源，粮食辎重的补给必定困难多多，要他好好留意。

冒顿当然唯唯。他觉得父亲的嘱咐也都是对的，以他现在征集来尚未受到严格训练的区区两三千控弦之兵当然无法与秦军作战。他向父亲保证：他不会掉以轻心，也不会莽撞行事。但他一定不能让敌兵越过他所布下的防线。而且他特别关照太子弟弟：请他代表为兄的多多设法孝敬父母。

告别的宴会总是有情有义的，女人们自然还要多掉卜儿滴眼泪。

头曼单于留下的几座穹庐大帐成了冒顿驻扎的行营。他以这里距敌营太近为由，拒绝了妻子把她的庐幕搬迁过来的要求。但爱撒娇和痴情的妻子用眼泪和母阏氏的留言，最后终于逼得丈夫妥协，在他的行营大帐的后边给她扎下一座较小的穹庐。不过，当他要去前沿，或者深入溪谷部落的时候，她必须听话回到涌泉湖的驻地。

备战强秦

秦王在与齐楚等六国进行连横合纵的战争时，他无暇顾及北方草原各部，同时他也迫使赵魏自顾尚且不暇，又何以北顾草原，这就给头曼留下一个百年难遇的机会，以一个部落酋长的身份竟然成为一个部落联盟的酋长，所辖竟有二十四部之多。即在百有余蛮之中，有近四分之一的部落纳入他的麾下。

但是头曼作为二十四部的联盟大酋长，严格说来，还不能算是一个国家，他没有完成建政的任务，换言之，头曼并没有建立起一个完整的国家政权机构和一套完整的政权管理制度。联盟内的二十四部仍然是各自为政，且有亲有疏。利害趋同时则一，反之则各自东西，难以约束。所以当蒙恬率三十万大军沿旧秦、赵、燕长城全线布防，重加整修、扩建、连接成一线，头曼的北撤便是其唯一的选择了。

蒙恬在修葺或连缀高阙这一段长城时大约是在头曼单于北徙肯特山之后。头曼单于为自身的安全，情急之下，不得不把部分军权授予冒顿，命他保卫要津，以遏阻秦军北进草原。蒙恬的这个举措，对头曼及冒顿这对父子所具有的意义恐怕是当时当事之人都无法预料的。

冒顿直面这一现实，两次为父单于北撤担任断后这一充满了风险的任务，他所凭恃的不只是勇气、毅力或忠诚，恐怕更多的还是依赖他对主客各方的了解。纵观他一生行事多谨慎而少鲁莽的作风，不是因为性格的懦弱或优柔寡断，但也不能说他多谋善断，关键是源于他善于了解情况，进而善于判断情况，从而作出有效的对策并付诸行动。他之所以具有这种素质，一定是与他少年时代在月氏作为质子的经历相关。当时，他无权、无勇、无财、无势、无助、无靠、无亲、无友、无期、无望。他要生存，就得百倍小心，耳听八方，眼观六路，行不逾矩，思而后动。他像一块海绵一样，要吸收能接触到的一切水分，还要得知哪里有可以吸收的水分才不至于使自己干渴而死。即最初他是被动地消极地接收一切可以听到和看到的信息，后来则是主动地积极地选择一定的目标去寻求各种他所需要的信息。他从逃离月氏王对他的捕杀和选择逃亡路线并盗得善马，就是他这种思路及行事原则从消极被动升华为弄清情况谨慎行事的一个例证。而这种思维模式和行事准则的逻辑发展趋势必然是总揽全局，深谋远虑，大处着眼，小处落墨。胸有成竹，章法谨严。

一、阴山筑梦

《史记·秦始皇本纪》：始皇帝三十三年（公元前214年）"西北斥逐匈奴，自榆中并河以东属之阴山，以为三十四县，城河上为塞。又使蒙恬渡河取高阙、陶山、北假中，筑亭障以逐戎人，徙谪，实之初县"。《史记·蒙恬列传》："蒙恬将三十万众，延袤万余里。于是渡河据阴山，逶迤而北，暴师于外十余年。"《史记·匈奴列传》又谓："蒙恬将十万之众北击胡，悉收河南地，因河为塞，筑四十四县……据阴山，北假中。"

刺猬形金饰件（战国，长4.5厘米，1972年杭锦旗阿鲁柴登出土）

上三段征引，蒙恬统兵人数不一，设置县数不一，阴山、陶山地名不一，是筑长城于阴山、北假还是筑城后才据阴山、北假？这四个不同点的第四点关系着长城在这段地区的准确位置究竟在何处。

当蒙恬从临洮向榆中方向想修秦昭王时所筑旧长城后，即在黄河左岸"城河上为塞"。塞非长城，乃是城堡形的防御工事，做点状布局。这比较简单，省工省时，蒙恬可以腾出手来率军北击匈奴。历史没有蒙恬在河南地与匈奴鏖兵的记载。因此有理由推测，当时匈奴及其属部面对强敌只有一个动作：撤！蒙恬顺利地占据了河南地。据《水经注》，在今河套地区有南北两条河道。北河是干流，即今之乌加河。因此可以认为蒙恬大军所占据的河南地即今乌加河以南地带。它包括今巴彦淖尔盟乌加河以南和伊克昭盟及乌海市的广大地区。乌加河以北的大山即阴山山脉的狼山。史笔误为陶山。北假临近九原（汉改称为五原，今同），包括今查石太山以南、乌加河以北的大青山北麓地带。当时这里已无牧民踪影，秦朝廷强行移民，将这片土地假借给移民耕作，故有"北假"之称。而蒙恬的号称三十万或说十万大军则登上荒疏已久的旧赵长城，虎视眈眈地注视着草原，同时也正用皮鞭来监督士卒、民夫和刑徒整修长城，重建营盘，

再造烽燧。

今确考的蒙恬时代所整修的长城遗址以乌拉特前旗小佘太乡板申图沟的一段 3 公里长的墙体最为完整。其高 5~6 米,顶宽 2.5~3 米,基宽 6 米,顶部平整如初,从这里向东延伸到固阳县境。

当年冒顿谨遵父命,不能把他区区的八百人马拉出来直面秦军,而只能隐蔽于山中严密地监视其作为,那种大军压境的恐惧感和危险感几乎能使人窒息。但冒顿肩负断后之责,首先是设法阻碍其前进。因此他明确制定了一套作战方针:敌不动,我不动;敌动,我伺机;有机会,立即动。目的是阻碍其前进。

态势严重,危机重重。敌人尚未下山,冒顿则乘机从部落中继续征集人马。随后有情报传来,秦皇从关中以至洛阳、巴蜀等地征调更多的徭役和刑徒,开始兴建从云阳到九原的直道。秦始皇修筑的直道,按现代语言表述,就是高速公路,但却只能是御用和军用。

史迁说:"三十五年,除道,道九原,抵云阳,堑山堙谷,直通之。"嬴政三十五年,即公元前 212 年;除,修治也;九原,今内蒙古五原县;云阳,今陕西淳化县北。又说:"三十六年……始皇卜之,卦得游徙吉。迁北河榆中三万家。"北河,今东胜;榆中,今榆林。《汉书·食货志下》引应劭注:"秦始皇遣蒙恬攘却匈奴,得其河南造阳之北千里地甚好,于是筑城郭,徙民充之,名为新秦。"这条直道,在 20 世纪的 80 年代,经陕西省地方志编委会组织省、市、县三级史志工作者实地考察,发现数处遗迹,清晰可辨。由云阳至九原的秦直道,大约历时两年完工。

这条直道对于建毕六王一四海之功、立中国历史上第一个伟大的中央集权的封建帝国之业的始皇帝嬴政意味着什么?对于已经被废掉储位仅为一员势单力薄的边将的冒顿又意味着什么?

在直观上,这种态势,不言而喻,三岁幼儿亦能做出准确的判断。

但当冒顿得到从各方传递过来的谍报和信息时,按照时间、地点、工程规模、发展线路,以及对手的朝廷大政、经济状况、统治手段、建宫挖墓、四处寻游、求仙问道、焚书坑儒、钳制舆情等倒行逆施的举措进行对比和判断,嬴政对他显然据有泰山压顶的优势。但如果泰山压根儿不动,人们自可任意攀爬、登临。

峰在人足下。

当年冒顿就是处在这种态势之下,默默承受着任何人都认为是无法承受的压力。他没有抱怨,没有恐惧,同时也没有鲁莽,没有硬拼。他用眼睛——包括深入敌境的谍报人员的眼睛——异常仔细地观察着,用头脑思索着,用身体力行着。

他从未派遣士卒全副武装、大摇大摆地出现在城头上或烽火台上的敌人的视野里，但他却紧盯着敌人的一举一动。假如秦军出来，他要看敌人先头出来多少，后续出来多少，人均几匹马，携带多少辎重，要去哪儿和干什么，等等。总之，命令麾下：小心隐蔽，不得有丝毫暴露。谁知敌军纪律严明，没有高级军官之命，竟没有一个士卒下得城来。后来情报表明，秦军筑城的士卒和出徭役的民夫与服劳役的刑徒一直在山脊上向东延伸，但其中一部分抽调至九原，从那里向南修筑通往云阳的直道。后来更准确的情报表明：从云阳起筑的直道进展很快，恐怕已越高奴（今延安）向榆林推进。谍报还表明：直道就是为秦始皇对胡用兵做准备的。

秦军在没有做好准备之前是不会走下城楼的。冒顿得出了这个结论。他走出毡幕，对着高悬在西天的下弦月，单膝跪地，右手搭在左胸上喃喃地发了一个宏愿：求月亮女神护佑，在我收复河南、统一草原之后，我一定要修筑一个月坛向月亮女神献祭！

许多天来，他一直在琢磨一件事情，或准确地说是在琢磨战术。在与敌军交手时，弱势一方怎样在第一个回合里就能以压倒优势挫败敌人的进攻？至少也要刹住敌人前锋的势头以为缓冲。

在冷兵器时代，不论是十人长还是百夫长，不论是千夫长还是万骑长，恐怕大多会给自己提出类似的问题。

冒顿给自己设想一个情景，假如两军对垒，两军遭遇，狭路相逢，而敌众我寡，敌强我弱，敌进我退等情况，用什么手段可以力挽颓势，立显强劲，迫敌退避，使敌不明双方众寡之势，强弱之别呢？他想过一马之速，一将之勇，殊死搏斗，夺路而逃，设法回避，等等。但其结果，一言以蔽之：败！他想过兵器的改良，但强势在彼方，我改之，谈何容易！他想到弓箭与弩矢。但这在双方是一样的，谁的弓弩更强些，箭矢更利些，射击更准些，出手更快些，除此还有何法？这是一个重要手段。他在训练士卒时，这是最重要的课目之一。他的士卒在单兵训练时，弓弩的技法都还可以。他的士卒称作"控弦之士"也缘于此，这是强项。但他觉得这还实现不了他设想的目标！

前两天的傍晚，在收兵归营时，一群黑压压的老鸹从头顶上掠过。但不知什么原因，这群老鸹突然又掉头再从头上掠过，甚至叫人感觉到它们扇动的风，有士卒的头上大约还被淋上了鸟屎，不禁口吐脏言。

冒顿那一晚上没睡好觉。他看爱妻的一头秀发一忽儿摆向左肩一忽儿罩住右臂，他又下意识地想到那群乌鸦，是什么东西引导着群鸦飘忽忽地流转？有什么东西对它们发出了命令吗？他忽然想打猎时用的鹿哨。不管多远，正在吃草的母鹿只要听见鹿哨之声便会循声而来。假如把鹿哨绑缚

在一支箭上，风力能否把鹿哨吹响？鹿哨若在空中鸣响，弓弩手能否听见？若能听见、看见，并立即发射，那么几十、上百、上千支箭齐射一个目标的效果是什么？

由于一群乌鸦的启迪而导致一个灵感的出现，使他一下子兴奋起来。乌鸦这个群体一向是被称作"乌合之众"，若能用一支鹿哨而使之聚焦一个目标，再强悍的敌人，再众多的骑士，也会因这一击而在瞬间黯然失色，假如再有一个波次、两个波次的连续攻势，那会是什么效果？就算敌众我寡或突然遭遇，这一波又一波的攻击也当会阻遏敌人而使自己能组织一个或退或进的有效行动。

在亢奋中，他觉得应该找一个鹿哨绑在一支箭上试一下，于是立即抽身坐了起来。不知是他起身的动作大了些还是因为什么，爱妻呢喃地说了一句：你还不睡呀！便转过身去又睡着了。他心想，是呀，深更半夜哪里去找鹿哨，又怎能出去射箭？若惊动了值夜的士卒不明情况喊叫起来，不是找麻烦吗？

他又悄悄躺下，但却更加难以入睡了。他对眼下的形势食不甘味，寝不安席。秦兵压境，虎视眈眈，修葺长城，似为防守，但兴筑直道，意在大举进攻。父亲单于，退据大漠，何时是个了结？但以现在情势，不退据大漠，何以为之？父亲临行嘱告：不可硬拼，遏阻其前进即可。父亲对他是爱护的，以静制动，本来就是一种大的方略。但是退守毕竟是一种消极防御。他日思夜想的还是应该找到一种积极防御的可能。

他的思绪又回到那只小小的鹿哨上去。

假如有这么一支带响的箭，他可以给它起个名字，譬如叫作"鸣镝"——对！就叫它为鸣镝吧，以这种鸣镝战法训练出一支能攻善战的队伍。最好的情况是使这支队伍能够长期存在，它不仅能监视长城上的秦军，在必要时也能征服那些三心二意、朝秦暮楚的部落。那又是一个什么样的局面？如果联盟不是二十四部，而是四十八部，是九十六部，或更多，那又是什么情况？那样的话，是我怕秦军，还是秦军怕我？那时，他们的长城还有什么用？不过，若是所有戎狄各部都不听从一个号令，拧不成一股绳，联盟松散，军队分散，没有像秦人那样，有一支强大的马不离鞍、剑不离手的驻在营房里的军队……营房里的军队……

当他醒来时，太阳已经有三根套马杆子那么高了。他抱怨妻子没有早点把他叫醒。

他急匆匆地跨上马背，一溜烟地跑了，害得他的亲随们屁滚尿流地寻马备鞍，不成体统地去追他。

他的妻子莫名其妙地站在穹庐门前望着那些个稀稀拉拉的远去的

背影。

　　冒顿在阴山北麓设置了两处基地。一处基地是他最早居留之处。父单于从头曼城撤出来就以此地为龙廷，而他则与妻子移居涌泉湖畔。父单于北撤就把旧龙廷给了冒顿，于是他和爱妻就离开涌泉湖。不过涌泉湖畔的穹庐并未拆除而留作别庐，而且还在那里留下一队士卒长驻。他把父单于留下的大穹庐及其附属的毡包作为他军事活动的主要场所，一切命令都是从这里发出的，接待父单于派来的传令官或视察官也在这里进行。他与妻子的居庐也距这里不远。驻军的营帐也都安置得错落有致，在距大营不远的一个山里安置了各种工匠的作坊。父单于带走了一些年富力强的能工巧匠，而留下来的人，冒顿不仅悉数保留，且敦请他们去遴选一些人才，聘请、招募，传授技艺，在待遇上也是优渥有嘉。这个地方，不仅是他的部落万户尽人皆知，就是秦人的军政官员及百姓也皆有耳闻。蒙恬的谍报人员恐怕更是了如指掌。因为这里距离高阙峡谷的北口不远，北口外有一座小黄山，山势突兀陡峭，仿佛是北口的影壁。冒顿在这里及峡谷里都布下了明岗暗哨。南口已为秦军占据，双方都不愿在峡谷里直面对峙或发生冲突，于是就有了空谷平衡的态势。

　　但冒顿还有另外一处基地，则是他刻意予以保密的。那里西距大营不逾百里，是两条并行的东西向的大峡谷。南边的峡谷是两山壁立，怪石嶙峋，高不可攀。而在怪石的缝隙中却是松柏森森，草木茂盛，不时有瀑布直线宣泄而下，有如数条白练凌空下垂，却又作金石之声在谷中回响。谷中溪水乱流，巨石杂陈。石下或成深潭，或作涓流，水草依依，灌木丛丛，百鸟声喧，蛇鼠同出，苔藓湿滑，野花遍地。显然这里并无烟瘴，但却不时有云雾缭绕，使山谷中平添许多神秘色彩，故人迹罕见，从尤炊烟升起。

　　这里是一个自然的王国。在北峡谷里则是另一番景象。它有几个出入口，最西端的出入口有两条溪水流出，两溪之间先是一道沙梁。沙梁逐渐升高，然后便是乱石丛生，缝隙中荆榛刺梅纠缠不清，再前行巉岩嶙峋陟然抬升，壁立千仞，草木葱茏。但涉溪水逆流而进，几经曲折，豁然开朗，竟然别是一番洞天。这风水宝地原是伊闾车若鞮的祖父伊伐伊屠斯在打猎时发现的。因其匿迹于深山老林之中，入口处又险象环生，不要说阴天雨雪之时，更甭说暗夜，就是朗朗白昼，在这树高林密、遮天蔽日的阴山背后，不论哪个独行者大约都不会到这里来闯荡的。伊伐伊屠斯在年轻时迫于生计，凭着艺高人胆大的锐气闯开了这座深谷的大门。

　　我想天下的路，特别是那些奇险的艰难异常的常人不敢问津、不敢涉足、不敢攀登、不敢逾越的路，若从发生学的角度推测，也许会有一多半

都是由猎人闯出来的，因为只要他们一眼瞄上任何一只猛兽，不论它们出没于何处，他们都会跟踪而上，并将其捕获或猎杀。

伊伐伊屠斯在捕猎的过程中，攀爬北坡上至最高处，下面竟是万仞深谷，使他倒吸一口冷气。放眼南望，对面山脊与之相距并不遥远，不过一里半里，但却绝对无法跨越。后来秦人修筑这段长城时，也仅止于南山之脊，而未涉足北坡。伊伐伊屠斯在峡谷北侧发现还有几处，在稍加整饬之后亦可出入，但需越过几重山梁方能北望大漠。而东端似乎也可能有出入口，但他却没再涉足。

峡谷中的这一块开阔地实际上可看作是一个小盆地，目测之，方圆不足百里。伊伐伊屠斯最初引冒顿进入这个峡谷时，只不过是建议他把这里开辟成一个军马场，用头曼单于赏赐给冒顿的那十匹月氏宝马（冒顿从月氏王那里盗回来的马匹）作为种马，培育出自己的匈奴宝马来。冒顿用屈特哈兰做了他的牧马人，第一匹马驹诞生后，冒顿将他送给了太子弟弟，但已有了培育经验。再育出的马驹，冒顿从未示人。

在冒顿多次来峡谷中查看育马情况的同时，他也尽力走遍这方圆不足百里的盆地，他忽然意识到若把这里仅作为一个军马场，可就辜负了上天赐给他的这块宝地。在伊伐伊屠斯潜赴咸阳，伊闾车若鞬成为其往来的传信人之后，冒顿就请呼衍尼特克老人带着屈特哈兰以查看军马场为由，开始经营这里了。他们把这里建成一个训练精兵的军事基地，但为使这里处于秘密状态，进驻这里的人员始终不多。冒顿在这里还安置了不少能工巧匠，其中大部分多在东端的另一个小峡谷里，他把它开辟成一片手工作坊的基地。

他理解父亲的苦衷：秦国太强大了，它的军队太强大了。而散落在辽阔草原上的匈奴由互不隶属的众多部落组成的松散的联盟无法统一号令，聚成一支能与强秦抗衡的军队。但是匈奴的优势也是强秦无力克制的，那就是他的辽阔的大草原，严寒的大草原和散落在各个溪谷、草原、大漠和戈壁的众多部落。面对这样的匈奴，强秦若集中兵力，它缺少战马、行动缓慢、补给困难，进攻时它不会碰见一个匈奴人，撤退时它的殿后士卒会一个个被消灭，连尸体都没人拖。他们不能成为草原的主人！父单于把龙廷选定在狼居胥山，就是要和强秦进行一场大回转的抗衡。父单于临行前和后来经常派人视察和传达旨意，都是要他不必与强秦硬拼，不单有保护爱子之心，也是着眼于匈秦双方各自独有的优势与劣势。

但冒顿却有更深一层的忧虑与认知。从蒙恬大军抵达九原之后，便没有采取任何重大的军事行动，而从谍报得知，他的中军大帐不是设在九原，而是设在绥德、米脂一带，其意何在？长期观察和谍报信息，修葺长城，建筑直道，目标远及辽东，南达五岭，囊括闽越，并及海上，其意在固，明矣！但在其目标实现之日，必将是新一轮的扩张的开始。而其扩张的方式绝不会是拖着十万百万的步卒在大草原上瞎转悠，因为那样的队伍不可能是"虎狼之师"，而只能是待宰的群羊。因此，秦人必定是以匈奴人的致命的弱点为目标，即针对靠近城塞的部落，利用其互不统属的特点，一个个吃掉。吃掉一个部落筑起一个堡塞，吃掉相邻的一片部落，筑起一道城墙。秦人有世纪战争的经验，有"毕六王、一四海"的雄师，再进行一场世纪战争，被蚕食的草原能以道里计吗？被消灭的部落能以个数计吗？

他曾经多次，有时甚至按捺不住想把自己的忧虑与设想向父亲倾诉，但父亲没有给过他这样的机会。即使偶有一两次这样的可能性，他又因多重顾虑，只好"话到舌尖留半句"，不得不把他的思绪压抑下去。

家家都有一本难念的经，人人都有一支难唱的曲。信不诬也。

他最初的设想是要把这里作为藏兵之处。一旦有警，主力进山，老弱北撤，诱敌急进，然后乘敌不备，出其不意，劫敌辎重，阻断后援，迫敌苦战，力求全歼。因有藏兵的打算，所以从开始就未曾张扬，而把这里全部交给呼衍尼特克老爷爷居中主持，副万骑长即冒顿的原侍卫长呼兰斯逐若则主持外营工作，屈特哈兰主管军马繁育。他们手下都各有一支人马以供调遣。

随着时间的推移，秦兵统帅蒙恬将军以督修长城为务，对麾下约束甚严，极少出塞骚扰，偶有互市，也是按时按区开放，戒备谨严。而冒顿无数次出入深谷，在老爷爷的主持与调度之下，包括更深更远的几条溪谷，不只是有了几个军马场，还有兵器作坊、弓弩作坊、皮革作坊、制毡作坊、木工作坊、烧陶作坊、冶炼作坊，等等。有的作坊早已开工，并有了大量的库存，有的未全开工，一是人手不足，二是眼前所需有限，三是缺少原料。冒顿在撤离固阳的头曼城之前去看的那座铜矿采冶基地如今已被秦人阻隔，那里已成弃地了。总之，老人家把从月氏王那里见到的东西差不多都想复制出来，而且还要有所改进。他把峡谷的最平坦的也是最主要的谷地自然都留作藏兵扎营或训练之地。此外他还疏通了几条若隐若现的通道。因此在冒顿的心目中，早已不再把它仅仅看作暂时的藏兵之地或练兵之地，而是把它看作藏龙卧虎的进可攻退可守的基地。敌未靖，他始终将这里看作藏兵之地，或称工匠们常驻的冬窝子。他的爱妻对此所知大约也仅限于此。

所以当他像做了一夜梦似的在想着用鹿哨导引士卒射击方向的问题时，一早起来便迫不及待地赶往基地。

老爷爷对他急惊风似的突然闯进他的毡帐甚为讶异。

老爷爷对他莫名其妙的想法愣怔了老半天，突然一拍脑门，两人便上马向弓矢棚的山谷疾驰而去。那些随行人员好像又钻进了浓雾之中。

冒顿在弓矢棚子里待了两整天，终于和弓矢匠师傅做出了第一支带响的箭，但还不像理想的那样。第三天他终于得到了一支他满意的"鸣镝"。可是那箭杆还不够好，他想起了当年从月氏王驻地逃跑时在林中发现的沙竹麾子——奇材木。

老爷爷也想到了这一点。

他们商量着怎样能得到那些奇材木。

几天之后，当年跟着冒顿从月氏国一道逃亡的老侍卫，换了装，带上一群骑马牵骆驼的人作为贩夫走卒又进了巴丹吉林沙漠。

二、肤施消息

冒顿回到小黄山北边的营地不久，伊间车若鞮突然出现在他的面前。当时华灯初上，众人已经散去，他正准备返回他的寝庐，呼衍乔鞮就把他引了进来。他劈面就报告了一句话：

扶苏莅临肤施，是伊间车若鞮亲眼所见，但他无法得到任何进一步的消息。他觉得蹊跷却感到事关重大，怕传话有误，所以星夜返回，亲自报告。

扶苏直抵蒙恬军幕。

秦人所说的军幕用现代语言表述就是司令部——军中最高的首脑机关。冒顿当然无缘得见蒙恬在上郡治所肤施城中所设的军幕是何等庞大。但通过其谍报人员，早就对其恢宏气度有所了解，绘影图形，如见其人，如闻其声。他之所以把自己深藏山中，大约也正是出于对其庞大军幕的一种反制吧！体魄庞大的巨象奈何不了钻进其鼻孔中的一条小虫。但是作为秦皇长子的扶苏——很可能是将来继嗣大统的储君——突然莅临前沿大将的军幕所为何来？这片言只语的谍报令冒顿猜解不透。但他在想象这位大秦帝国的储君、未来的皇帝来到蒙恬军幕的情景：他奉其父皇之命，在几百几千全副武装的披甲之士护卫之下，或是驾驭铁骑，或是乘坐辎轩行进在从云阳直达九原的直道上。他早已听人说过并为今天考古学者所证实的约有50米宽的直道，"堑山堙谷，直通之"。今考古证实，当年直道的路基为当地红砂岩土填筑，现高1米至1.5米，山冈豁口皆为人工开凿并与大路取直。在这样通畅的在其通过时又必然实施戒严的大道上行进，必然会保持着最快的速度。地方官员备宴恭请自会早有准备，所误时间亦为有限。在扶苏行抵上郡治所肤施县城——故城在今陕西绥德县东南50里——时，蒙恬当会用什么样的礼仪来欢迎呢？扶苏会校阅士卒吗？城中百姓会是什么样的态度呢？他们会被摒弃在城外吗？他们被称作黔首，显然是没资格出现在皇子面前，甚至会被驱逐到田野或山林里去。但也许事先会特邀或挑选一些三老等代表人物以襄盛举。

但伊间车若鞮告诉他：没有这个场面。

扶苏不会是去游山玩水的。冒顿做了第一个判断。

扶苏不会只为宣布皇帝的一道圣旨、一个命令、一种决定等而来，因为这类事情只需派一中级官员或是宫中内官即可。这是他的第二个判断。

始皇帝有重大决定，但需与蒙恬将军咨询、会商，再做决策和下圣旨。传说秦皇在横扫六合的战争之中，事前总是与谋臣和大将多次咨商之后才下定决心的。今番是针对什么问题呢？为什么要用长子扶苏来咨商呢？不可以直接下达一道旨意，命蒙恬回咸阳议事？冒顿反复思忖，不得其解。

蒙恬将兵在外，长期未归，始皇帝对其生疑了吗？冒顿曾听呼衍尼特克老爷爷对他说过，当然老爷爷也是听人说的，说秦国有个大军事家，叫尉缭子。这个尉缭子说秦王长个大鹰钩鼻子，眼睛细长，胸向前突，其性悍勇，嗓音如豺，对人无恩而具虎狼之心。在他用人时，极显谦卑；而在得志之时，就要吃人。尉缭子乃是布衣之士，秦始皇需要他时，对他极尽礼贤下士之态，穿衣吃饭都要与尉缭子相同。但他使秦王得志于天下，天下则皆为所虏。这样的人真不可与之长久共事。秦始皇已得天下，诸多重臣已作狗烹，如今是不是要轮到蒙恬了？蒙氏三代为将，重兵在握，执掌半壁江山，权倾天下，始皇帝不放心了吧，所以派出实为储君的皇长子直抵蒙恬军幕。他是来收权的，还是来监军的？

他觉得这是问题的核心。

他沿着这个思路搜索下去。

蒙恬执掌重兵，抵达九原，占据高阙，迫头曼单于北去狼居胥山。此后他以修葺长城为务，兵力分散，一则监督徭役刑徒筑墙，二则参与施工，三则布防，这是伸开巴掌的做法，而非攥紧拳头准备发力。如今长城已延袤万里，虽有各地兵勇参与其中，其战线亦长得无边了。似此，其异心为何？始皇帝何需收其军权呢？

冒顿否定了这个想法。

那么是监军！他仍在推论。监军是始皇帝对重臣不肯轻信也较易采行的做法。但蒙恬以奉行建筑一劳永逸的工程为务，无须长期派出将为储君的皇长子来监军。若为监军亦必为临时之举。这需要等等看。

他又对这个结论持否定态度。他联想到人皆传言扶苏为太子，是皇储，那么派他深入前线或为锻炼其意志，以知天下之兵？但这是搞工程的，不是打仗呀！显然他又对自己的想法持否定之意了。但他马上又延伸下去：是的，蒙恬将军是在搞工程，但工程完了，长城快要修筑好了，他怎肯依靠长城守株待兔。这不是鹰、鹞等鸷鸟的本性。秦始皇不是这样的人。他正年富力强。他想他大约快有五十岁了吧！五十岁，宝刀不老，他不会停下脚步来让天下太平的。冒顿一想到这里，情绪自然亢奋起来，认为自己的思路有了头绪了。他认为秦始大皇帝肯定有了新的想法，新的打算，所以才派皇长子亲到前线，与之咨商、沟通。如果蒙恬也能持相同意见，积极行动，迅速调整兵力部署，把张开的巴掌收拢回来，攥成铁拳，那将是一种什么样的力量？而首当其冲者，必然是他冒顿。

是的！这个判断不会错。他下意识地举起了攥紧了的拳头在空中颤抖。他想自己多年所担心的就是这一点；这些年所经营的秘密营地也是为了这一点；这些年从不间断地练兵也是因为这一点；而这些年父单于不太愿意或不肯放手让他统军恰恰是因为没有看到这一点。他不禁又叹了口气，但他马上又振作起来。不行！他认为大敌当前，不能有半点私念，必须尽最大努力做好迎战的准备。

他派人十万火急去召集他麾下的千夫长以上的官员立即到他的军幕中议事。

议事后立即派伊闾车若鞮率亲随去狼居胥山向父单于报告事情。

他与副万骑长呼兰斯逐若重新调整了明暗两类的军事部署，同时也展开了明暗两个营地的高强度的军事训练。明的那一部分，也是最主要的兵力所在，当然都是由副万骑长在主营督导。而暗的则是山中的那一部分，他不仅亲自负责训练，还要建立三道隐蔽性很强却又能快速通过的出入口，以确保其具备进可攻退可守而又能有较强爆发力的一支军旅。因为他坚信未来的战争对手是完全可以想象得到的一支无比强大的力量，与之正面交锋是以卵击石。但他接受不了父单于的战略方针：退避千里，保存自己。因为退避的第一个结果是部落联盟的解体，至少靠近长城的诸多部落会向强秦屈膝，这已有大量先例可鉴。而重新联盟则会是"匪夷所思"之事了。因此，他认为可行或必行的就是先有一隐蔽之地，力争能挡住其进攻的步伐；而如果不能在正面挡住，则必须做到从后面拖住其进攻的步伐。之所以要隐蔽，意亦在此。他认为只有这样才能有效地保卫父单于，保卫周边各部落，亦即保卫联盟。只要有这个匈奴部落大联盟的存在就能与强秦抗衡。

但能使联盟也成为像强秦那样的有常备军、有统一集权的游牧帝国的政府吗？他不敢想，那不是他的事情，因为他只是一员断后的或守边的万骑长，管理只有三四千户的一个部落的万户长，他不是储君，不是太子，这个头衔已经属于他的幼弟了。他不愿深想这些事情，更不曾把这些问题说给他的心腹将领们。这是谁都不应该思考的和不应该接触的问题。

他不停地进行的事情太多了。他还得留心工匠们的事情，仅武器一项，在未来的战争中需要多少？派去寻找并偷运沙竹靡子的士卒们回来了，但所得有限，因为太遥远了。他希望他们在阴山的原始森林中能够找到沙竹靡子或类似沙竹靡子之类的植物。他觉得他在未来的战争中对沙竹靡子的需要将是破天荒的多。他要在一次对抗性的冲突中，不发则已，若发则必势如飞蝗。他去看过开辟通道的士卒，工具太原始了，用石凿石，进度太慢，制作铜铁的凿子因原料难得，硬度不够，也使不出多大力量。

他真的忧心如焚。

他在等待着父单于的旨意。可是去报告情况的伊闾车若鞮还没有一点消息。

他真的觉得很累了。

但他在爱妻那里没有得到慰藉。在他回到他的穹庐大帐时，妻子劈头盖脸的一顿指责：你有多少天没回到家里了？你还记得有这个家吗？你还记得有这个妻子吗？你知道这些天我是怎么熬过来的？你这些天到哪里去了？干什么去了？你有新欢了吧？你有了几个女人？你的身上是些什么味道？你这样脏兮兮的就进我的穹庐吗？你……

她数落个没完没了。

她哭个没完没了。

她闹得没完没了。

当然这是小女人的撒娇，是小女人的小把戏，一哭二闹三上吊，是不分种族、不分阶层、不分时代惯有的小玩闹，是不必认真对待的。冒顿把她往怀里搂了一下，她就已经如醉如痴地踮起脚尖搂住他的脖子亲吻他的脸颊了。

他真的非常疲倦了，她只要再用一分力量，他大概就会承受不住了。他打了个大哈欠，似乎就要倒下了。

她抱住了他，向门外大喊：快给将军打热水来！

快给将军拿酒来！她扯着脖子喊。

拿衣服来！拿……她都不知自己喊了什么了。

仆妇、使女们穿梭般地在庐幕内外来回地跑着，有捧铜镬的，镬内的羊肉蹿着热气；有提着羊皮口袋的，马奶子酒都溢了出来；有端着餐具的；还有捧着衣服的，总之，吃的、穿着、用的、沐浴的……乱七八糟，

没有次序，不分先后，不知是先喝酒，还是先吃肉。不知是先洗浴，后饮食；还是先饮食，后洗浴。坐在地毯上，不知是先斟酒还是先上肉。仆妇和使女们被支使得团团转，磕头碰脸的都找不着北了。说不定这个小女人多天等不到丈夫归来不时拿她们撒气，把人都给吼怕了。如今她大喊大叫的，哪个敢顶一句！不过，她终于见着她的大男人了，脾气也发完了。他那一吻——她等待的就是那一吻，她的一切怨气就都化解了。仆妇使女们磕磕绊绊洒洒水水的，她压根儿就没看见……

恩爱的小夫妻在私房里各有各的恩爱法。小女人们是容易得到满足的，但冒顿的焦虑却是挥之不去。

他总是觉得有一阵阵风向他吹来。那风一忽儿是热的，一忽儿又是凉的。热的时候，使他烦躁极了，觉得身上的每件衣服都像热炭似的在烧他，烤他。他往下扯，往下拽，往下扒，怎么都不行，都是长在他身上的。而觉得冷的时候，他不由得打起了寒战，他想抓一件衣服，抓不上，想要够一件皮袍，够不着。他想喊叫，但喊不出声。他到处去寻找一件能御寒的随便什么东西，找啊找，突然眼前出现一只大老虎，虎嘴里还叼着一只羊，但仍然向他走过来。他害怕极了。他手上没有武器，也不知道哪儿有武器。他向后退，大老虎向前进，他退一步，老虎进一步，退两步，老虎进两步。他不知道往哪儿退，只傻愣愣地站着，那老虎也傻愣愣地站住。他忽然觉得身后有什么东西在顶他，回头看，原来竟是一头红了眼睛的野牦牛。他害怕极了，前面是老虎，后面是野牛。他吓得动也不动……

他醒了。原来是个梦。

他不会解梦。但小时候，母亲曾经告诉过他：梦是神给他托来的，自己不能瞎猜，得向萨满巫师请教。有几次，他请教过，越听越不明白。后来他不再做梦了，做了梦也不说，做完了梦也就忘了。但今晚这个梦蹊跷，怎么虎啊牛啊都来欺负他？他不明白。他不想找什么巫师。不说，谁也不知道，忘了不就完了嘛！他在安慰着自己。但他睡意已经全失。他想，这个梦有道理。他眼前确实正有一只大老虎，不过口里叼的不是一只羊，那血盆大口叼的是一片沃野良田，如今又想要来叼整个的大草原了。但那头野牦牛要干什么？

不可解。

唉！想它干什么？不就是一个梦嘛！忘了就没有了。

他太疲倦了，终于又沉沉地睡去！

早晨，他匆忙洗漱披挂，喝了一钵酸奶子就算是早点了，立即起身向外走去。他坚信一条从呼衍老爷爷那里学来的规矩：校场上多一分苦练，战场上少一分死亡。大敌当前，他不敢懈怠。

但一走出庐门他就一怔：祭神的杉篙刁斗杆子旁是两匹都备好了鞍鞯的战马。一匹是他的宝马良驹紫骝，另一匹是他爱妻的枣红色小骡马。他正惊诧的时候，妻子已全副戎装从另一座小穹庐里走了出来。

她再不愿忍受一个人待在穹庐里无限期等待丈夫归来前的那种煎熬了。

可是她一动，她的身后还得跟上一群仆妇侍女什么的，这……冒顿皱起了眉头。但他思忖了一下，心想跟她说不清，道不明，女人呀，就是这个德行！由她去吧！累她一天两天，怕是你请她来也请不动了！他只叫她带上两三个侍女。

三、深谷练兵

颛都隆云是第一次来到这深山峡谷之中的演兵场。起初她看那山势雄峻，奇峰嶙峋，怪石突兀，峡谷幽深，瀑布鼓噪，溪流叮咚，大树参天，山花溢香，兴奋得一忽儿大呼小叫，一忽儿惊诧失声，一忽儿跳下马背去掐野花，一会儿捧起溪水轻啜细品。她觉得她这是游历神山深入仙境。她抱怨丈夫为什么从来都不告诉她有这样美好的去处，只顾自己来这里游玩，她发誓说要天天来这里。她又左顾右盼问她的随侍的侍女，问她们是不是跟她一样也喜欢这峡谷美景。习惯了草原的生活，而第一次见到深山景致，顿生新鲜之感，自是人之常情。冒顿见她像小孩子一样的高兴心情，当然心情也很愉快。但听说要天天来这儿，则不禁说道：一会儿就有你哭的时候！

在草原上纵马驰骋，一扬鞭，百八十里不在话下。但走在这崎岖的山路上，不是担心近在咫尺的凸出的岩石撞了头，就是害怕带刺的横伸的树枝挂着了衣服，越走越看不见尽头，越找不到出路，时间长了，腰胯疼了，新鲜劲过去了，人也疲倦了，她不禁又问道：这要走到什么地方去呀？还有个完没？

你刚才不是还说要天天来这儿玩吗？冒顿嘲弄地说。

我要回去，小女人要撒娇了。

但当她看到豁然开朗的峡谷盆地时，又发起狂来了，纵马驰骋。

由她和侍女们玩耍去吧！

冒顿急驰至已在教场上练兵多时的士卒面前看着他们操练。他两眼如炬，一语不发，不怒而威。

历史上的任何一个种族、一个民族的觉醒和崛兴都必然是以战争为其条件的，没有例外，没法回避，只有直面，只有拼搏。因此人们不得不承

认是战争推动人类跨进文明的门槛；跨进了文明门槛的人类用文字创立的最早的最系统的学科就是关于战争的科学的理论论著。在这方面表现最优异、成就最伟大并且一直流传到今天的还得首推中国古代军事理论家的伟大著作。这些著作不但完整地流传着而且还继续闪烁着耀眼的金光。它所具有的普世意义予以多高的评价都不为过。孙子曰："兵者国之大事，死生之地，存亡之道，不可不察也。"普天之下，古往今来，哪个兵家敢对此语提出异议？

但没有一位兵家是捧着书本去打仗的。

捧着书本去打仗的绝对不能成为兵家。

它是科学的理论，更是行动的科学。

匈奴无文字，冒顿未读书。在他没有成为单于之前，严格地说，他从未参加过战争。但又应该说，他从未远离战争，或说他从未离开参加过战争的人。当然这与他出身的家庭背景、社会条件、特殊地位与经历等，不仅是直接相关，而且始终是性命攸关。因此后世的兵家说冒顿行事与兵法暗合。他的一些做法事实上已成为一些兵法上的典型战例。

他的父亲头曼作为二十四个部落联盟的大酋长大单于，除了他身边的并且是本部落的青壮年们作为士卒之外，别无兵丁。一旦有事何以应之？按惯例临时征召，近者来，远者未至；愿者来，不愿者不来；或得信者至，未得信者不至；各部落酋长更是决定来与不来的关键，且无法节制。在这里，"国之大事"无人谈起，"死生之地，存亡之道"无从说起。史迁称其"利则进，不利则退，不羞遁走。苟利所在，不知礼义"，此之谓也。头曼命子为万骑长，但并未命其征兵、统兵、练兵、养兵，只一句话而已。他所有士卒就是他作为储君时在其身边充作侍卫的那些人而已。后来在其自请之下命他断后以阻扼秦兵越境追击，才允许他征集些士卒。这些士卒的全部本事就是各自在射猎时与野兽搏斗中练得的那点功夫。靠这样一些人马，靠这点功夫，靠打猎时自制的刀枪弓箭之类的装备能和横扫六合的秦军对垒吗？感谢腾格里保佑，蒙恬占了高阙，上了高山，修起了高墙，就再也没进草原一步。因此，他不感谢蒙恬，就感谢嬴政；不感谢嬴政，就感谢天吧。这是天赐良机！

这些年来，他把他身边的、最新选拔的、陆续征召的、最近扩充的那些士卒，虽离万甚远，但也成数旅。他最初是按月氏王的方式编排成军的，后来则效仿秦军的组织方式（这多亏伊伐伊屠斯给他提供较多的信息）编列，但同时他也加进了自己的想法。第一是关于在峡谷中建藏军之地和打造武器装备的作坊基地；第二就是先选择少数精干士卒将其训练成精兵，然后再由他们向下传教。在训练过程中发现不当之处既好改正，又可琢磨新法。而在峡谷中训练又极具隐蔽性,其效果就不再是"不羞遁走"的那帮小猎人了。

冒顿的这套做法和思路最初的影子来源于模仿,而最重要的是形势使然。他不知道,他的这套做法竟然与兵法完全相合。吴子有云:"夫人常死其所不能,败其所不便。故用兵之法,教戒为先。一人学战,教成十人;十人学战,教成百人;百人学战,教成千人;千人学战,教成万人;万人学战,教成三军。以近待远,以逸待劳,以饱待饥。圆而方之,坐而起之,行而止之,左而右之,前而后之,结而解之。每变皆习,乃授其兵,是谓将事。"

当他伫立军前,千夫长挥剑号令,进退行止,左刺右劈,龙腾虎跃,闪转腾挪,步履矫捷,两翼生风,挥汗如雨,吼声震天。他心中略感释然:他们会列队了!

不要以为这是一句刻薄的话。牧人的生活习性中充满了散漫、自由、率性、豪放、不拘小节、各行其是。他们吃的是大块的肉,喝的是大碗的酒,唱歌是大声地唱,跳舞是大步地跳。三个人同出毡房,一上马背便走了三条路。挡一群羊,三五百只,他是羊倌;放一群马,跑起来,惊天动地,他是马倌;牧一群牛,占满一面坡,他是牛倌。他要养狗,那狗得能斗过狼,要比狼大。他要打猎,谁会把兔子放在心上,必须找大猎物才过瘾!他们什么都能,可就是不会列队。如今他们能按号令行事,一群人能同时做同样的一个动作,能同时喊出一个声音,"会列队",这就是他们的进步,也是对他们的褒奖,即是说他承认他们是个士卒了。

但这样的士卒还不是能作战的士卒。因为在两军对垒、千军万马交锋之时,什么样的将领都无法口头发布指令,因此教士卒学习战令就是第二阶段的任务了。这在冒顿思忖用鹿哨发布某种战令时,他就开始对此深思了。他要把他们训练成有专长的持不同军械的士卒。持某种军械的士卒居于某种位置,根据什么样的指令做出什么样的进攻,或根据敌情指令持某种武器的士卒予以打击。为此,对士卒也应分别按其所长或按作战需要,训练他们持有不同的武器。如体壮而身高略低者以持矛戟为主,体重身高者以弓弩为主,最强者持旌旗,勇者执金鼓,而弱者则充厮养,如看守或侍弄战马或充当各种杂役。

冒顿把他的士卒做了这样一番编排和调理之后,显然在训练方法上以及士卒的精神状态上都发生了变化。譬如,他们不太敢过分地散漫了,知道规定了的制度就得遵守,知道爱护自己的兵器,兵器若不得手、不称心或者不够锋利,自己会抽空去找工匠师傅帮忙解决了,他们也懂得爱护马并训练马了。他们本来无一不是马背上的好汉,是跟自己的战马一块儿长

大的，小时候甚至会跟自己的小马驹一同去抢母马的奶水吃。但冒顿却偏要对他们说：不行！他要求每个士卒必须亲自安顿自己坐骑的马厩，自己调适马匹需要的水草并节制它的饥饱。他要求士卒对自己的坐骑在冬天要给它温厩，在夏天要给它去暑，要亲自修整剃剪其颈上的长鬃，要训练其不惧惊吓，见戟不眨眼，闻雷不移步。驰逐时全力争先，肃立时纹丝不动。要做到这样，必须人马相处应如手如足，如宾如友。因此，照顾战马，宁愿劳烦人，不能伤其马。要让马有足够的休息，它才能有足够的冲刺之力。

如今，他的这些毛头小伙子个个都像生马驹子一样经过驯教上了套了。

但他仍然认为这只不过是会列队了。

这不是冒顿对其士卒、对其部属的严苛的不近情理的要求，而是每个为将者、为长者、为士为卒者都必须认识到战争的残酷性和无情性。他曾多次悄悄或化装抵近秦人的城下或互市之地仔细观察蒙恬麾下的将士，他们执勤时不戴头盔曾令他迷惑不解并深不以为然，后来听人说过其原因，这使他得到深刻的启迪。自从人们学会了用金属制作兵器，其后不久就又发明甲胄以护身首。甲胄虽为两物却是密不可分，唯独秦兵有甲无胄。我们今天有幸见到完整的秦军阵列——秦始皇陵仿真的兵马俑，信不诬也。那么有甲无胄的秦军给冒顿以什么启迪呢？那就是凡兵将一旦到了临战之场，就等于是到了立尸之地。不戴头盔是死，戴着头盔也未必能活。那就索性不戴，一直拼杀到底，取得了胜利，不戴头盔也能活。当然冒顿是始终都给士卒佩戴头盔的，他教导士卒的是以死战方能求生。他深悟吴子的军事哲理。吴子曰："凡兵战之场，立尸之地。必死则生，幸生则死。其善将者，如坐漏船之中，伏烧屋之下，使智者不及谋，勇者不及怒，受敌可也。故曰：用兵之害，犹豫最大，三军之灾，生于狐疑。"而要达到或认识这种运兵境界，其路漫漫，其理深深，怎敢有一丝傲气！

因此，当他想到要用鹿哨这样一个小玩意儿应用在练兵场上，不过是想出一个临敌应战时制敌的小小的手段而已。

但是这样一个纯粹的战术动作，对于这群刚会"列队"的小伙子而言，训练起来也不是很容易的事情。他们很不习惯军旅生活中的那种几近严酷的绝对的纪律性，更不领会这种高度划一行动所具有的战略意义。譬如他们使用弓弩，目标是猎物，箭矢飞出，射中为要。目标不在视线之内，他就不发箭矢了。他压根儿就不懂得这种战术所要达到的对敌群起的威慑和压制的作用，从而为第二波的攻势创造条件。他们很难把自己完全融合到群体这种概念之中。

冒顿仔细观察，认真揣摩。他理解他们的心态。他想他以前也是属于这样的群体，天马行空，独往独来，不听约束。但生活的经历使他必须接受各方面加给他的约束。他见过父单于的黄钺，见过月氏王手中永远攥着的金杖，那是权力的象征，一挥动，就意味着要杀人了。而金鼓旗帜之类这早已是人们所熟知的东西，但他只是在最近才忽然悟出这是具有无限威权的东西，于是他与众心腹爱将共同商议，并请工匠们制作了一批鼙鼓、金铎，各种旌旗、麾帜，向众明确宣布刑罚之法。他要以鼙鼓金铎以威将士之耳，以旌旗麾帜以威将士之目，以明令刑罚以威将士之心。金鼓旗帜已在军中演练多日，刑罚细则已经由各级宣讲多时，他今天就想要在演兵场上检验一下这威耳、威目、威心的措施能否产生所希望的具体效果。

他召来千夫长，命他麾帜集合队伍，以行猎方式列队。千夫长立即跨马驰上将台，立于帅旗之下，命旗手麾帜。原来正在分列进行操练的队伍一见帅旗之下，麾帜发出命令，立即停止操练，上马整队，直奔帅旗方向，按行猎队形就位。但在队伍基本列队已毕，却总有三四个人衣冠不整，行动迟缓，在队列之外寻找自己的位置。

千夫长发布命令：将迟到之卒扭送过来。那几个人当众遭到了鞭笞，所在单位的百夫长遭到训斥。在冒顿示意之下，他宣布：解散！

士卒们听到解散命令之后，有的下马休息，有的策马出列自寻方便，有的则聚到遭鞭笞的士卒之前，或嘲笑，或指斥，或亦有同情之人。但有的士卒见将台上的王子冒顿仍然仁立，纹丝不动，似乎意识到什么，便立在原地，不敢造次了。果然，没有片刻间歇，千夫长命旗手集合，场上立刻鸦雀无声，迅速按旗语整队集合。

但这次仍有三人遭到鞭笞，其中一人还是方才鞭笞过的。执行鞭笞之刑罚，这在冒顿整军以来还是首次，鞭笞不过三鞭，刑罚不能算重。但对受刑者而言可就不太好过了，尤其是两次受刑者更觉得不是滋味。所以在千夫长第二次命令解散时，士卒们皆望着将台上的冒顿与千夫长，他们仍然仁立不动，士卒几乎无一下马者，甚至连战马都未动一动。冒顿看到了"威心"的效果了。

第三次麾帜集合列队无一乱列者，因为压根儿就没有一个人离开队列或离开坐骑者。千夫长大声传达了冒顿对执弓之卒的命令："鸣镝所射而不悉射者，斩之！"

冒顿遂上马，千夫长紧随其侧，掌旗士卒急趋队前，旗动，军动。或漫步，或疾行，或骤止，或分列，或密集，或变位，或交错，士卒在行进之中皆视麾帜，紧随十夫长、百夫长们的具体指令实现麾帜所表明的意图。

他要求自己能够不辱使命，为父单于抵御大秦帝国陈兵百万的威逼之势，并且为父单于打造一支缓急可用的训练有素的威武之师。这些天大秦帝国的皇长子扶苏亲抵蒙恬军幕，迄无动静，情况不明，更使他坐卧不宁，朝夕不安。而派遣伊间车若鞮去龙廷向父单于报告军情，迄无回音，也令他放心不下。他担心万一秦人突然走出长城，入侵草原，其主攻方向是何处？他所戒备并防守的地区是高阙一线，如向这里进攻，他会拼死阻击，虽无必胜把握，只要能预知则不会让对手捞上便宜。但若在别处入侵，或与山戎、东胡等联手进犯，他则鞭长莫及，而那些地方是谁在为父单于设防呢？那些参加联盟的各部落可靠吗？据他在心里盘算，在无统一指挥并予以有力支援的情况下，他们是一个都不可靠的，因为他们的势力太单薄了。而这正是他最担心而又无权过问的事情。他多么希望能有一个机会向父单于叙说他的忧虑。但父单于没有召他回龙廷，他是无权擅离职守的。他真的不知道怎样才能有机会向父单于说明这一切。他还焦虑的是伊伐伊屠斯好些天没有传来新的消息了。他渴望得到秦皇长子来到蒙恬军幕的使命的情报，渴望知道秦皇的朝廷发生了什么事情，也想知道东胡和山戎的情况。他派出一个百夫长率人走朐衍，再南下雠得和删丹，虽然对众士卒而言是寻找奇材木，但交代给百夫长的是观察和探知月氏的动向和情况。

这几年里，虽无重大战事，但因与敌据山相望，不敢稍有懈怠，必须时时守望，事事盘查。初时风声鹤唳，草木皆兵，后观其行动规律，斥候侦察，谍报消息，就使他悟出一些道理来。他曾数次化装，或进关市，或为斥候，亲抵前沿，仔细揣摩，看那守城之将，戍边之卒，一个个张牙舞爪，恃强凌弱，口出狂言之辈，看似威武不可一世，民虽惧之，实则恨之。往细处观察，凌乱不堪，杂乱无章，污言秽语，大呼小叫。此类情形若现于城镇衙署，正难压邪，民不聊生，祸乱至矣；若现于军幕或营中，苟临战，其众喧哗，旌旗繁乱，士卒自行自止，或纵或横，追北唯恐不及，见利恐其不得。虽众乃乌合，击之必北无疑。若见敌营辕门一哨，一举一止皆显规矩，一坐一起皆以政理，其战时，追北佯为不及，见利佯为不知。若如此，其将智，其兵勇，不可轻与战也。因此，自从蒙恬兵抵九原，占据高阙峡谷，而后筑城、守城，从不轻进草原，也从不允草原之人轻度阴山。其兵之守序，管理之严，则益发使冒顿为之警惧。也因此，他在练兵时，也以此为训，要使自己的士卒，其一举一止皆需有规有矩。乌合之众是不能临战的。

他的努力已见成效。那些在马背上拿牧羊鞭的毛头小伙子，以其天生就有的驭马本事再加上严格的军事训练必将成为一支劲旅。但眼下他还不敢这样说，他见方才那个士卒先受三鞭之笞，心有不服，致使二次受笞。他是惧是羞是怨是恨？他明其理吗？受惩之人，其或惧或羞或怨或恨，何者为最？恨是藏在心底的，怨是要发泄的，羞是怕见人的但还可以争回面子，惧是最严酷的。一个士卒没有惧将之心，将不立！将之威，将之立，必从杀始，否则将之命无以行！他握着缰绳的左手在暗暗地用力，下意识地往上一提，他的紫骝马不禁咴咴嘶鸣，前蹄腾空而立。恰在这时，空中一只雄鹰正俯瞰这队军旅，见战马冲它嘶鸣，不禁振翼盘旋，而与冒顿并行的千夫长也为之一惊，不知其主帅是马惊了鹰，还是鹰惊了马。正不知所措时，只见紫骝马的前蹄一落地，冒顿迅即从箙中抽出一支羽箭，立即搭弓射鹰，镝哨骤响，划破长空。众士卒一愣神，其手疾者亦搭箭射鹰，这时余众方醒悟过来，乱箭纷纷射向空中，那只老鹰竟惊慌地拉高凌空逃逸了。

冒顿示意千夫长，千夫长麾帜止军肃立。冒顿策马从持弓弩士卒的面前走过，逐一察看其手中弓弩。其应声而射出羽箭者十有四五，抽出羽箭未搭上弓者十有二三，弓仍在肩背上挎着或欲摘而未摘下者十有一二，而持弩矢者，仓促中射出者十不及一，余者皆在忙乱之中矢不及弩，甚者或茫然未动，或使弩失坠地。

初试鸣镝，事发仓促，众卒愕然，绩效不佳。冒顿神情严肃，一语未发，甚至还屈身拾起一支弩矢还给士卒。然后他示意千夫长整队继续前进，同时把骞旗勇士、挎鼓执铎之卒皆命其列于身后，他或率之走在队前，或立高阜审视队列行进。队列在行进时，他示意千骑长或令麾帜疾进，或击鼓冲锋，或骤然鸣金。在整个后半天的操练中，他没再发一支鸣镝。而是将弓弩士卒单列于校场一隅，只练一个战术动作：拈箭搭弓或捏矢上弩。他对方才偶见雕鹰盘旋，突发鸣镝射击，亦为瞬间奇想，在众人皆无丝毫准备的状态下，竟能有半数士卒应声动作，就算不错了。有的人虽然动作笨拙，行动迟缓，是未作专业训练之故。现已有一成例，摸索方法，严加规训，熟能生巧，会有所成。而他为士卒拾弩，虽无意之举，却深深感动了他的将士们，乐意为之效命，故在接下来的操练中，人们按照麾帜的指令行动，踏着鼓角的声浪进攻，根据金钲的鸣响止步。

冒顿感到一丝欣慰，觉得从士卒的操练中好像悟出一个浅显的道理：一旅之师的强弱在将而不在兵。最好的士卒会因其将之无能而战死沙场，处于劣势的军旅会因主将的智勇而脱离险境。练兵固然重要，选将尤为紧迫。由是观之，父单于身边有几位是将兵之将？有几员是冲锋之将？有几多是独当一面的大员？有几人善于帷幄运筹？

思忖到这里，他又有些黯然了。

这时千夫长策马移动到他身边，正想要请示下一步的举措时，一些叽叽喳喳的女人的话语声夹杂着马蹄声从身后传了过来。他回头张望，料定是他的妻子。他有些不高兴，但看到向他这里奔涌过来的女人们的身后已是红日衔山了。

他示意千夫长收兵，便掉转马头迎着妻子走去。

四、大浪淘沙

在冒顿迎上他妻子时，几个侍女都急忙跳下马背向他屈膝施礼，并且也要扶冒顿妻下马，但冒顿制止了。他有些不好意思，因为一进山，他似乎就忘记了他的妻子，任由她在侍女的陪伴下随意游玩。直到此际，他想起这一整天，妻子能不累吗？吃东西没有？在哪儿休息了？他本来在这里有一座小的庐帐，可是忘记跟她说了。他叫妻子不要下马，跟他一道出山吧！

他的妻子这时却顶撞了一句：黑灯瞎火的谁敢跟你走这山路啊！我不走了！

冒顿一怔。他意识到自己确是说了一句昏话。但看妻子并无怒意，他笑了。不走正好。这时他注意到跟着妻子来的只是几个侍女，其他仆妇侍女们在哪儿呢？他向她们身后看去，却只见一个人正骑着马慢吞吞地走上前来。

原来是呼衍尼特克老爷爷。

老爷爷骑的还是那匹多次往返于狼山猪野泽的老马，现在已经跑不动了。但它不愿离开老爷子，老爷子也从没想换匹生个子马。老马识途，他和它是老搭档。他想上哪儿，它知道，回来走哪条路更清楚。它知道他上下不便，它会替他寻找个方便上下的地方。它能让他在背上打个瞌睡而不会晃动他。他和它约好了，将来要一同上西天。

老爷爷帮冒顿照看着他从头曼城迁来的所有的各行当的工匠，除了随头曼单于去土拉河的那些人之外，他都安顿在这里了。而为了协助冒顿扩充兵力，改善装备，老爷子还通过那些工匠，特别是跟他一样老的那些老工匠呼朋唤友，拉乡拢党，陆陆续续招来不少人。尤其是最近，通过隐秘的渠道和相当的关系来的人更多了一些。

因为老爷爷行动不方便，冒顿特意在老爷爷庐幕的旁边也扎了座庐幕，有时索性就在这里留宿。最近因为练兵，冒顿在这里留宿的次数似乎更多些。

今天上半天老爷爷见冒顿偕妻子等人一同进山。他想上马去迎接，却被人缠住了。后来他知道事情重要，急想见到冒顿。但从东部谷口一进峡谷，在高处望了一眼，心里就想到今天的事得另行安排了。他返回他的庐幕叫来属下，把他方才接见的人安顿好，又叫他们把冒顿的庐幕收拾一番，另外再腾出几座庐幕来以供夫人的侍女们使用。一切安排就绪了他才去把夫人等一行接了过来。所以后半天冒顿妻压根儿没在校场上露面，冒顿也就把她们都忘在一边儿了。

晚餐过后，人们大多已经安歇，山谷中又趋于寂静了。但被请到老爷爷庐幕中的冒顿却是心潮澎湃，不能自已，什么疲劳困顿早被抛到九霄云外了。

老爷爷为冒顿主持工务，广揽各行各业的工匠，从来都是以低调状态运作的。一方面是尽量善待那些已经安顿于山谷的各种工匠，另一方面则是通过他们秘密招引其亲朋故旧。最初效果并不彰显，一个月期程未必能有三五人被引进山。而最近一年来，平均每月来个十起八起并不鲜见。老爷爷甚至根本来不及给他们安顿住处。好在他们都是工匠，行当虽不同，却能互相协助，皆按秦人习惯，打造木屋，均能济急。多方周济牛羊，亦可温饱。前两天来了一伙人，其中还有几位黥面者。原来他们是从骊山逃匿的刑徒，期月之久方到塞北，终于暗中联络上熟人才得以进山。老爷爷与他们谈话之后，知道事关重大，才安排这场夤夜会面的机会。

那几位黥面之人有来自齐国的、魏国的和赵国的，按今天的话说，他们都是高级工程师。因为他们都主持过各自侯国的公府建筑、冶铸工程或舟车制造等项目。这对秦国而言当然是亟须的人才。但按已扫六合的秦始皇帝的用人原则是先给他们黥面，把他们作为刑徒，然后当奴隶使用。他们先是在咸阳参与宫殿建筑，即把六国的最好的宫殿或最有代表性的建筑都按原样复现于咸阳。后来骊山陵工程吃紧，他们又被拘押至骊山。一次偶然的机会使他们从做苦役的炼狱中逃了出来。

老爷爷把黥面的刑徒的简单情况说给冒顿之后，就直接要求他们，你们只说最要紧的，即秦始皇长子扶苏是因为什么来到蒙恬军幕的？

黥面者告诉冒顿：继秦皇帝制令天下敢有藏诗、书、百家语者，悉诣守、尉杂烧之，有敢偶语诗、书者弃市，以古非今者族之后，前不久又于咸阳活活坑杀了四百六十多个儒生，皇长子深感不安，遂向其父进谏，因而震怒始皇帝，名为使扶苏赴上郡蒙恬军幕监军，实是将其流放于塞北，以受蒙恬的监护。

这个消息使冒顿倒吸一口冷气，老半天一语未发，一直凝神视着这三位黥面之人，以致这三个黥面人误以为他们说错了什么话而遭到了将军的

怀疑。不过他们并未因此而有所不安，因为他们说的是真话是实话。他们那时在宫中为皇帝修筑复道，有机会接触宫中太监，并非道听途说之言。其实呢，冒顿不仅没有怀疑他们，反而坚信他们所言不诬。从传来扶苏至蒙恬幕中监军的消息，他就希望找到一个答案：扶苏此来究竟何为？他做过许多揣测，却都未得到验证。他还曾传话给伊伐伊屠斯，设法弄清扶苏到蒙恬军幕的意向，也曾将此事向父单于报告并请指示，皆因情况不明，不敢遽下结论。这数月以来，他之所以日夜忙于练兵、备战，其实都与扶苏北上有关。没承想，这个答案却在今天于无意中得来。他在听他们说时，虽有过怀疑，但很快就判定他们所言必真，原来许多未解之谜，如今可以说是有了答案了或可能有了答案了。不过还有些事情或有些传闻，以及谍报的片言只语，因为太少资讯使他难以理解，他也想从他们口中听到答案。他请老爷爷弄些酒来，为三位黥面之人把酒接风。

扶苏之抵蒙恬军幕，非为督蒙恬逾城攻打匈奴，蒙恬似亦无异动之相，现在可以肯定地说，眼下长城一线料无战事，而且在可以预见的一个时期里，亦可料秦皇无兵戈之举。这个答案应看作是无误的。但冒顿向三位黥面人打问：以秦皇十余年间扫六合、一四海的气吞山河之势，是什么原因使他做这种止战的战略决策呢？或说有什么证据可以证明秦皇确实做了这种终战的决策？

当然他们三个人谁也不能得知秦皇在庙堂上是如何决策的。事实上，满朝文武、举国上下，谁都不是秦皇肚里的蛔虫；就是得近皇上的奸佞弄臣、为其出谋划策的权臣、巧言令色的谄谀之徒、装神弄鬼的巫觋之辈，能用一诈，能献一策，能进一妖，恐皆难得窥全豹。当然，他们的合力不可小觑。他们会把智者变成愚人，把明目变成瞽盲，把人变成鬼，把权力变成杀人的屠刀，把杀人变成嗜血的盛宴，把个人的享乐推向不可想象的极致，把国人全部变作罪囚，变作奴隶，推向求生不能、求死不得的苦难的深渊，但他们之中的某一个体也不会得知其决策的全部。因为这样的独裁者已经被其身边的奸邪的恶魔弄成一个丧失了理性逻辑的决策能力的独裁者，而与此同时这种丧失了理性决策能力的独裁者也同样对其佞臣不存信任和宽宥之心。史迁借侯生、卢生之口勾勒出秦始皇这种绝对独裁者的丧失理性的心态和行为："始皇为人，天性刚戾自用，起诸侯，并天下，意得欲从，以为自古莫及己。专任狱吏，狱吏得亲幸。博士虽七十人，特备员弗用。丞相及诸大臣皆受成事，倚辨于上，上乐以刑杀为威，天下畏罪持禄，莫敢尽忠。上不闻过而日骄，下慑伏谩欺以取容。秦法，不得兼方，不验，辄死。然候星气者至三百人，皆良士，畏忌讳谀，不敢端言其过。天下之事无小大皆决于上，上至以衡石量书，日夜有呈，不中呈不得休息，贪于权势至如此，未可为求仙药。"侯生、卢生相偕与逃，秦始皇杀儒以泄愤。史迁如何得到侯、卢二人的密谋谈话记录，其原始证据何在，恐在当世已无人知晓。但秦始皇晚年的一举一措不仅皆与此相类且皆有过之而无不及。冒顿得知此情报，不可能如此翔实，但秦始皇的一座上林苑就有离宫二百七十余处，加之关中其他各地的宫苑计有三百余所，而关外还有四百余所，但秦皇仍嫌不足，又营造可坐万人的阿房宫。他一天住一个宫殿，两年未必遍居。他要干什么？他的老百姓能承受得了吗？若果真如此，冒顿微微闭了一下眼睛，嘴巴上恐怕已经流露出一丝不屑的揶揄之情吧。他知道以目前的力量对比的态势，大秦帝国无疑仍是非常强大的，但谁能预料得到这种强大还能维系多久？他在内心里大约有了一个肯定的明晰的判断：长城可以在一时之内挡住我匈奴南下之路，但同时它也挡住了秦人北进草原之路。或者更准确些说，我匈奴目前根本不想南下，所担心者是大秦帝国对草原的觊觎。他心想，好啦！心上的一大块石头是大半个落了地了！

在忘记尊卑的促膝交谈中，因言语相得，不仅摒弃初次相识的拘谨之态，甚至也不以长幼齿序为意，酒酣耳热，畅言无忌。一位黪面老人告诉冒顿：他在奉命入骊山陵挖掘深处验看出水的问题时，曾听服苦役的刑徒传言：有坠星下东郡，至地为石。石有文，谓"始皇帝死而地分"。他解释给冒顿说，坠星是陨石，陨石从天上掉在东郡，那里原是魏国（按：在今河北大名至山东东昌一带）的地方。秦始皇不相信，命当地郡守把落下陨石之地的黔首全部给杀了。还有人传言："今年，祖龙死。"祖龙就指的是秦始皇。他说，始皇帝不说是信还是不信这些传言，反正是把我们从修建宫殿的地方拉去给他修坟造墓了。有传言说，造墓之人，一旦把墓造好了，怕他们泄露秘密，会把他们活埋在墓里的。我们逃出来了，那就看谁埋谁吧！老者为庆幸已经逃出活地狱径自满饮了一大杯酒，陪者不约而同亦皆举杯共饮。

冒顿盼望能把这些消息迅速报告给父单于，让他老人家也能分享这份喜悦，从而更好地规划未来。

我们这里不妨设问：他所谓的规划未来是指什么？或说他能规划的未来是什么？

作为一个出生在草原上的部落联盟大酋长之子，生长在一个急遽动荡的大时代里，不管他具有怎样聪颖的天资，其智慧特别是政治智慧，在客观上必然取决于他的生活环境、家庭和社会的文化教养、生活的经历及其所接触的社会及政治生态关系。而这一切又都是一种极为错综复杂和瞬息万变的动态结构。它是一个大环境，有时表现为一种风平浪静的状态，但

绝不会没有暗潮和潜流；有时则是彤云密布，狂风骤起，浊浪滔天，排山倒海。它把所有的人都卷进这个大潮之中，但卷进去的程度却各有不同。譬如先秦时代——从春秋到战国，特别是后者，各种各样人物都活动在那个历史大舞台上，不单是给中国历史，也给世界历史留下一笔无可比拟的丰厚宝贵的思想文化遗产。但由于地域的、民族的、语言的、传统的诸多文化差异，他们始终处在边缘的甚或是完全绝缘的状态上。他们的先辈曾多次试图乘机深入进去或是渗透进去。深入进去或渗透进去的最终都为那个大时代所造成的巨大旋涡所吸纳、接收并消融，而没有深入进去或渗透进去的则被秦人的、魏人的、赵人的、燕人的一道道长长的、高高的、骏马无法逾越的石墙所挡住。处在这种诸多有形的文化差异的大环境中的冒顿当然无法成为那个大时代的弄潮儿，甚至连那个大潮的水花儿他都无缘得见一朵。

但是一个大环境所形成的一种巨大的文化浪潮除了有形的传播渠道之外，它的更加汹涌更加磅礴的传播力量是无形的。什么墙啊、门啊、锁啊、屠刀啊、说教啊、政策啊、强制洗脑啊、宗教迷信啊、政治迫害啊什么的，在宏观上通通无效；但人们又采取那么多的办法，在微观上又都有效，所以在古今历史上永远都有患高度近视的人乐此不疲，甘愿做历史的罪人。

任何人都既不能选择自己的生身父母，也不能决定自己的出生时间。冒顿无缘成为他出生的那个大时代的汹涌磅礴的大潮的弄潮儿，甚至沾不上那个大潮喷薄的水珠儿，但却通过无形的、有形的、无意识的和有意识的渠道、机遇、氛围、缘分，等等，接受那个大时代的大文化浪潮的洗礼。他在主观上既无准备也无意识，使自己成为那个大时代、大文化浪潮之后的一个时代的弄潮儿，就如他是无意识也无准备和要求就被他的父母创造出来并被推进他所生存的那个世界的。他成为头曼的长子，是单于（部落联盟大酋长）的继承人——太子，是幸运。而幼年丧母，又作为质子寄寓强邻的篱下，则是他的不幸。但是寄人篱下的不幸的质子的身份，尽管他是孩提却得到了超速和超强的发育和成长的机会，这是不幸还是幸运？他的储君地位生变，性命悬于一线，有关各方都想要他项上的人头，身边的人给他提出可供选择的逃亡的建议和意见，以期求得生存。他拒绝了逃亡求生的路线，宁愿去送死。在"送死"的路上他还有惊人之举：盗得一群宝马。于是生死来个大旋转。幸与不幸又怎么分辨？直到眼下，父单于在强秦的重兵威逼之下，从萨拉乌苏河（今称红柳河，到鱼河堡称无定河，到清涧县境汇入黄河）退过黄河，从头曼城又退过高阙，北出高阙峡谷之后又退到狼居胥山的土拉河畔。这还有什么幸运可说呢？但是对于冒顿而言，他从撤迁、断后、留守、戍边直到建立峡谷营寨，监视敌人，派遣谍探，营造手工作坊，制作兵器，训练军旅，坐观秦皇行将乐极生悲、国祚衰颓，而他却已初建帷幄渐行运筹了。从这个意义上说，我谓冒顿是中国历史上最熠熠生光的那个大时代所形成的大文化浪潮孕育出来的全新类型的弄潮儿。而此时此刻正在峡谷里与黥面人做倾夜之谈的冒顿，完全忘记了他与之对话之人与他是不同的民族、不同的政治身份、不同的年龄段、不同的文化教养与素质、不同的身世与经历、不同的语言与风俗习惯，等等，却并不妨碍他们做无间道的沟通。其最深层次的原因，我以为就源于那个大时代的大环境所形成的大文化浪潮，以其无形的汹涌磅礴的传播力量。试想春秋战国四百年间，战争从未中断过，这是一种什么样的巨大的社会运动？春秋之中，史迁说，"弑君三十六，亡国五十二，诸侯奔走不得保其社稷者不可胜数"，战国以降，"陪臣秉政，疆国相王"，七雄并列。"始皇既立，并兼六国，尊号称帝，矜武任力。"战争的地域囊括了以农耕文化为特征的所有诸侯国及部落，旁及周边以马背文化为主要特征的各游牧民族、部落及方国，还有以渔猎文化为主要特征的半游牧半定居的部落、以绿洲文化为特征的城郭诸国、以稻作文化为主的水网地区各部、西南山地各部。其中于商周时代就在黄河流域与华夏各诸侯国交错而居的诸戎游牧部落如大荔戎、陆浑戎等，在春秋战国之后已完全混融于农耕文化各部之中，而没有直接裹入的至少也作了壁上观。他们所看到的未必是四百年的刀光剑影，赤地千里，或尸横遍野，血流漂杵。相反的，中国历史上的春秋战国时期是中国文化史上的一个最辉煌的时代。战争催生了科学，催生了思想，催生了文化，催生了诗人。其中最光辉夺目的是一批伟大的兵家——军事思想家、军事理论家和一批伟大的哲学家——诸子百家。他们是那个时代的旗手或弄潮儿，并一直影响着后世。在那个时代，他们的故事、他们的思想会随着河水四处流淌，会随着春风刮进草原。有心人耳濡目染接受着这种文化，这种文化像种子一样播撒进人们的心田。

冒顿下意识地感觉到秦始皇扫六合的战争是以气冲斗牛之势结束了一个时代，但却到了气息奄奄的寿数，而迫不及待要为自己寻找一个藏身的坟墓。他的后世能是个什么东西？

他多么希望能够立即见到父单于。他相信在落日的余晖完全消尽的时候，一轮新的红日就将会喷薄而出了。

他的心里急呀！

五、扶苏莅临上郡

过去，古史学者一向都认为匈奴人逐水草而居，是没有城池的。但20世纪中叶以后，经过中外考古学者辛勤多年的不懈努力，在发现2000余座墓葬——已经发掘者近1000座——的同时，还发现有20余处城池和居址。我的一位朋友、匈牙利考古学家埃尔台伊·伊斯特万（Erdelyi Istvan）曾于1961—1964年和1974年两次参与蒙古和匈牙利联合考古队在呼尼河谷北岸那伊玛·托勒盖的发掘工作。他曾向我描述过现场发掘的一些情况。墓葬，特别是大墓，如地表有覆斗形、圆形的土石坟丘很易识别，因年代久远，封土或垒石已经夷平，但地表上有时还是有蛛丝马迹可循的，对非自然形成的一些石堆或石块应特别留心辨识。通常在一座大墓附近往往还会有相类的大墓，其周边多有小型墓葬。而对城池的发现，特别是判定其属性则困难得多，尤其是早期的匈奴城池或居址，几乎是空白。林干先生在《匈奴史论文集·匈奴城镇和庙宇遗迹》文中所揭示的高瓦道布城址、特列勒金·多尔布勒金城址、布尔黑·多尔布勒金古城址、巴隆尔奥古城址以及西拜达里格河畔的聚落遗址，在外贝加尔等地区的有城墙之类防御设施的伊沃尔加城址、巴颜—乌德勒城址、德满格尔图城址、都列尼村和伊赫尔村的聚落遗址等，据蒙古和苏联学者的考断，其城址的时代最早出现于公元前1世纪至公元1世纪。这表明在冒顿单于之后的匈奴，特别是郅支单于之后的北匈奴已经营造城堡及定居的府邸。其最明显的证据是经过考实的孝陵的王府遗址了。而我们在前文屡屡提到的头曼城，只是说了一个大概的位置，并没敢确指，因为找不到遗存的证据。有学者推断，头曼城并无高大的城墙建筑和金碧辉煌的琼楼玉宇。它只是头曼大酋长选择某一块风水宝地，扎下他的穹庐大帐，其任事的重臣们、阏氏及儿女、仆妇与侍女们、服务人员及保卫人员，自然便立即扎下一大片各色的穹庐大帐，而在外围处则是军队和从事各种手工劳动的服役人员。于是一座城市十天半月，便拔地而起了。头曼单于撤向北方，一座城池便悄然消逝。冒顿本想继之，但作为名义上的万骑长，实际兵员最初不过数百，他撑不起单于搭起的城市的架子，就只好放弃了。尤其是秦兵进逼，他只好躲进山中，避其锋，窥其行。

且说冒顿在得知秦皇长子扶苏突然抵达蒙恬军幕，他急派伊闾车若鞮到漠北龙廷向父单于奏禀军情。按道理，他该回来了，但迄今毫无消息。他心里暗暗地焦急呀！有什么意外吗？

但比他更着急的是使者伊闾车若鞮。

他在接受使命后是昼夜兼程奔赴头曼单于的龙廷大帐。

单于龙廷大帐设在余吾水南岸。余吾水即今蒙古人民共和国首府乌兰巴托市区南端的土拉河。土拉河发源于肯特山，古称狼居胥山，亦称漠北阴山，在靠近乌兰巴托市区的东部的山古称姑衍山。（这里特别提请读者注意狼居胥山和姑衍山，后文还将要叙述它。而这个狼居胥山与本书前文所说的狼山——亦称狼居胥山——同名。一些文献常有弄混者。这种同名现象古史多见，不足为奇，实因古人迁徙新址时，新址未名，即以本部落以前所居之名或部落之名名之。）姑衍山下的余吾水西流经一段沼泽地之后北转，汇入安侯河（今称鄂尔浑河）。鄂尔浑河继续北流，汇入郅居水（今称色楞格河），最后注入北海（今称贝加尔湖）。

头曼单于把龙廷设于余吾水南岸似乎在选址上有缺陷，因为南岸地势较低，西部又多沼泽，其后裔若在此设龙廷则多移至北岸，这有大量古墓葬移址为证。但猜测头曼之所以把他的穹庐大帐设在此处，大约是希望在条件转好的时候，还是要迁回南部地区的。

伊闾车若鞮到龙廷报到后，他被告知单于正在狼居胥山中行猎，遂将其安排至充作驿馆的毡房中安歇，候旨。

头曼单于是否真的去打猎，或者即使真的去打猎，一去便有半月以上的时间，叫人费解。因为春末夏初不是打猎的好季节。

伊闾车若鞮在驿馆的时候倒也并不寂寞，因为他受到了特殊的礼遇和关照。起先有单于龙廷的官员偶来嘘寒问暖，并讯问秦国军队集结及筑城的情况，当然更关心扶苏与蒙恬的动静。伊闾车若鞮是专为此事而来，上司讯问自当实言相告，并且请问何时得以觐见单于。继而冒顿之弟、国之储君竟召他入其穹庐大帐，亲问其关于扶苏在蒙恬军幕中的情况。王储年少，小于伊闾车若鞮的年龄。他对伊闾车若鞮倒并不过分倨傲，只是有些急躁，每问一事，不待答完便即转问别的事情，而且两者未必有逻辑联系。同样地，在问答未完时，他可能又转问原先的问题，答者只能随着转。

少年储君衣饰华丽，以从秦地购进的锦缎为主，衣领、袖头、襟衩都镶着华丽的凤毛。北国的春末夏初，人们还穿不得单衣。他的庐幕中的挂毯和地上铺的毡屭，伊闾车若鞮认得出来那些东西都来自异域。腕上戴的饰物、腰带上的饰牌、几上摆的器物、喝奶子酒的角杯等都是镶金嵌玉的。

少年储君两次召见后，还有一次竟然邀他到余吾水的岸边骑马漫步，或疾或徐，往返足有一个半多时辰。其前后左右的随从与侍卫衣着都很光鲜。途中偶见几户牧民见其临近皆右手扶胸，躬身施礼，直至全队人马

远去。

还有两次，伊闾车若鞮得到意想不到的殊荣：召他觐见阏氏。

阏氏对冒顿极为关心，询问他的起居，询问他招纳多少士卒，怎样训练，对他戍守边关，坚持练兵，赞扬有加，使得伊闾车若鞮深受感动，对阏氏的讯问都尽力做了详细的回答。因此阏氏对这个小伙子也尽显恩宠之意。在有一次接见时甚至还讯问起他的家世，以及他是否已经娶妻，没娶妻那么是否有了心爱的姑娘。这使他面红耳赤，十分的不好意思，以至使阏氏身后的贴身侍女都掩不住地偷笑起来。这使阏氏更觉得这个年轻人的确很可人，不禁笑说道，如果你真的还没有一个心爱的姑娘，那么你说吧，我的这些姑娘你喜欢哪一个，我就把她送给你，叫你在这里成了亲，再带她一同走吧！

那些侍女都笑着跑开了，以显示她们是多么的娇羞，当然跑得慢的（也许是故意吧）还几次回头看这个英俊的小伙子。但有一个最靠近阏氏的侍女却纹丝不动，且面无表情，因为女主只是随口说的一句话，却并未命她们下去，谁都不应该擅离职守，更不该自作多情。

阏氏特别关心儿媳妇——冒顿之妻。她说了儿媳妇许多好话，充满了对这对小夫妻的关爱之情和慈母之心，并且盼望早日能有一个小孙子。这使伊闾车若鞮深受感动。他记得过去仿佛有人传言，阏氏深恨她的继子，并且终使继子丧失储位。但现在看来，情况显然不同，这位阏氏是多么善良温和慈祥的人啊！传言多是不可信的。

阏氏命身边仅有的这个侍女去取一块金腰牌来。在侍女出去时，她不经意地说道，冒顿有时好几天都不回到他的穹庐去，难道他的军务真的是那么忙吗？还是他在别的什么地方另立一个穹庐？

伊闾车若鞮有些吃惊。他极力为冒顿辩解。他说的是实情。因为他举目就能见到蒙恬筑的长城和长城上的黑色旗帜。

阏氏笑了笑，对他说，方才说的话是算数的。你喜欢哪一个，改天跟我说，我会给你做主的。这时，侍女捧着一方描金的黑面红底的漆盘走了过来，阏氏从盘子里拿起一面三鹿回头的金腰牌赏赐给伊闾车若鞮：你带着这块腰牌可以随时到我穹庐里来！

伊闾车若鞮受宠若惊，急忙单膝跪地，双手捧接，一时之间竟说不出一句囫囵的谢恩话来。

回到驿馆后的那一夜，伊闾车若鞮不知自己是怎么熬过来的。他睁着眼睛做梦：有了这块三鹿回头金腰牌，出入龙廷如在自家的牧场，他想阏氏身边的给他捧来腰牌的那个女孩最美，如能向阏氏讨了她来做媳妇，他这一辈子的福就享不尽了。一想到这里立即就脸红心跳不止，好像这是他平生第一次想到要和一个女孩成亲的事，因此充满了梦幻的兴奋。他甚至还想入非非，捧腰牌的女孩虽然美，但她怎么对他没有一点笑容呢？莫不是她不喜欢自己？他马上想到起先跑出去的那几个女孩，看她们一个个笑得多烂漫，多美呀。他一个个地比较，回想着她们到底哪一个最漂亮，最美丽，哪一个对他有情有意？他想起他的王子冒顿和妻子是怎样一起生活的，这是他平生见得次数最多并且是最美的一对少年夫妻。他想自己将来也会像冒顿那样过着幸福恩爱的夫妻生活。如阏氏所希望的那样，他们将来也会有小孩，那时他一定要带着自己的孩子来看望阏氏。他捧着三鹿回头金腰牌自言自语：有了这腰牌，我们是随时都能来看望阏氏的。

睁着眼睛做梦是越做越美的，并且觉得那是明明白白的现实。伊闾车若鞮带着明明白白的梦幸福地闭上了眼睛。闭上了眼睛的梦是朦朦胧胧的。朦朦胧胧的梦却叫人看到了另外一番情景：祖父站在他面前：秦始皇帝有百万大军，他要打进草原怎么办？你们是等死还是逃跑？冒顿说，我们不能没有草原！老爷爷说，冒顿本来是单于太子，是储君。冒顿说，我只是一员边将。伊闾车若鞮看见冒顿在与秦人打仗，打得难解难分。他找不着冒顿了。但他找着了捧给他腰牌的姑娘。姑娘说，你怎么不快些走？快回去吧！你告诉她——他看见了冒顿妻——叫她快点回到阏氏这里来吧，别再说冒顿的坏话了……

伊闾车若鞮猛地醒来，金腰牌落到离毡罽挺远的地方。天色已经大亮了。

他的随从进来，帮他收拾零乱的铺盖和衣物，问伊闾车若鞮怎么一夜竟说梦话？他反问，他说了什么梦话，回答是听不清楚，并告诉他：

头曼单于昨夜已从围场回来了。

六、漠北龙廷

在伊闾车若鞮的眼里，头曼单于的容颜显著地苍老了。岁月掌握着风刀霜剑，它在每个人的脸上或迟或早总要刻上几道痕迹。但大单于的声音还算洪亮，腰杆也还挺直。

单于反复讯问关于扶苏来到蒙恬军幕的尽可能的详情细节。这些事情他在狼居胥山谷里行猎时就已由太子和阏氏派去送信的人禀报过了，但他还是要问。而伊闾车若鞮一来所知有限，二来视单于如天神，心怯则嘴拙。不过问道关于冒顿怎样整军、怎样练兵、怎样隐居山林、严密监视敌情，单于语气温和，伊闾车若鞮身历其间，叙说流畅且翔实，君臣之间的这次交谈是龙廷大帐上少有的平和与温馨的情景与氛围。

头曼单于自从北上余吾水，其真实处境并非是外界所认为的远避强秦兵锋，在大漠深处安享太平。他之所以远避强秦兵锋是因为他已经听到了或说感觉到了北方正在积聚着一种巨大力量，就如入秋之后，一个寒潮接一个寒潮南侵，最后就会凝聚成一场特大的暴风雪铺天盖地而来，叫人躲不胜躲，防不胜防。他所说的这股巨大的力量是指丁零、坚昆、呼揭。丁零人活跃在今贝加尔湖周边一带地区；坚昆人主要聚居于今叶尼塞河流域的诸峡谷中；呼揭人则以今阿尔泰山、杭爱山北部广大地区作为其驻牧地。其中丁零人势力强大，因其部落众多，虽然未形成一统之势，但其各自为政，纷扰频繁，无法防御。当初他最担心的是强秦北上，丁零南下。但他认为强秦虽然兵锋极锐，但其以步兵为主，一进大漠，便等于被百万雄兵所困。所以他命冒顿不必与之硬拼即因此。所以他大步后撤，但到了余吾水则止，把龙廷庐幕扎在南岸上，欲借余吾水以防丁零，而大漠自可为其龙廷屏障。强秦修筑长城，未曾举兵北上，算他聪明。故这几年，他以狼居胥山以北诸山险要之处陆续征兵驻防，略显安定。前些日他去狼居胥山中行猎，其实他走得更远，向东沿弓卢水（今克鲁伦河）流域东行。他听说讲通古斯（叶尼塞河流域中部支流通古斯河流域）语的鲜卑（西伯、锡伯、奚伯）有些部落也很活跃，他想看个究竟。

当然更萦绕于心的还是南面的强秦。因此当他得知冒顿派人禀报扶苏抵蒙恬军幕时着实有些吃惊。但阏氏不断派人向他禀报与伊闾车若鞮谈话的内容时，他把回程的脚步稍微放慢了一些：他要对北面的形势做个总体的估量，尽最大努力防止自己腹背受敌。在狼居胥山里他了解到一些情况。如阿尔泰山和杭爱山北部即今萨彦岭诸山谷中的呼揭部，人口不多，各部落分散于溪谷中，眼下构不成威胁。坚昆部在叶尼塞河流域的各峡谷中，山多林木，谷多草原，宜猎宜牧，主要聚居地，人口稍多，较有文化，与呼揭以西之地多有贸易往来，余众则广布峡谷之中，暂时也构不成大的威胁，但如依附于丁零则恐为患。好在他们尚未结成联盟，坚昆不会依附某一部落。单纯地防御丁零的零星纷扰，虽然很烦，但不为大患。弓卢水以东的鲜卑等众，部分游牧于大草原上，部分穴居于森林之中，以渔猎为生。草原辽阔，森林遍山，尚不至为患。不过他还是嘱告部落头人，睡觉时最好还是睁一只眼睛，一旦有个风吹草动立即派人快马报告。报告了，立功受赏，失败不罚，受损有偿；不报告，立功不赏，失败受罚，受损无偿。他对各部落酋长是反复宣扬他作为部落联盟的大酋长——单于是言而有信，言必信，行必果的。

头曼单于反复思忖伊闾车若鞮报告的情况，这也是他在途中所反复思忖的情况。扶苏在蒙恬军幕中做什么？他带来了秦始皇帝的什么样的旨意？秦人真的要跨过阴山进入大漠吗？他要达到什么目的？他能达到什么目的？假定秦始皇帝铁了心，倾尽全国兵力，非要把我匈奴置于死地不可，我当怎么办？他暗自哼了一声。他在弓卢水时其实就有了答案：让秦人百万大军都来吧！我叫牧人把马牛羊全都赶到大漠以北去，只把野兔和老鼠留下来。你秦始皇把宫殿建到大漠中心去也行，看你能过几个冬天。等你要逃回去时我再打你！那时看谁打得过谁？不过他对冒顿还有些放心不下。他觉得冒顿留守在秦人长城脚下，不卑不亢，且能整军经武，严密监视敌人的一举一动，是好样的。只要他能实心实意地辅佐太子，不生异心，那他就是最好的将才。他眼下做得都不错，但怕他年少气盛，不准秦人出关，非要与秦人打一仗不可，那不是以卵击石吗？

头曼单于又反问自己，如果扶苏来到蒙恬军幕之中并非是为了发动对匈奴的战争，而是另有什么原因呢？这更得想一想：有几种可能？

为了检查长城的修筑情况，详细斟酌和部署长城的兵力，做一劳永逸长治久安的防御打算。这是不是一种可能呢？

对长城的建筑做局部调整，占领邻近长城的一些部落，威逼我匈奴不得近塞，是不是另一种可能呢？

针对靠近长城的一些部落，或战或掠，主要是迫使他们投降于秦，使我部落联盟分崩离析，使自己坐取渔人之利。

秦皇朝廷内部会不会出了什么问题？如果出了问题会是什么性质的？储位有变吗？单于是有经验的，是老道的，他懂。若果真是储位生变，那么扶苏是被逐、被贬，还是自行远避，或是寻求大将军的武力支持？秦廷有没有这类问题产生？当年秦始皇杀嫪毐，逐吕不韦，头曼都是有所耳闻的，他毕竟是老姜。

头曼回到阏氏的穹庐。

他告诉阏氏：他打算穿越大漠，南下阴山，巡视前沿。

阏氏立即做出了反应：不能去！

头曼说：速去速归。

阏氏坚持反对意见。

头曼一笑：你是有所不知哦！

头曼告诉阏氏此番南下干系重大，不可掉以轻心。他向阏氏叙述他之所思、所想和所做的判断。这已是他后半生的一贯的行事准则，即遇事多与阏氏商量。阏氏原是白翟一部落酋长之女，处世很有主见，办事果断，但外表却至为谦和，会笼络人。她随头曼出行，头曼在与部落酋长们聚会时，她必定邀请或探望部落酋长的女眷。战争时，她总是把部落的妇女小孩组织起来，不即不离随军行动。所谓不即不离，是说男人在前线作战，

她把妇女小孩也包括老人组织起来远离前线，使男人们在战场上保持着很大的回旋余地。在部队行动时，她又能使妇女老人小孩紧随部队。战事一停，士卒停在哪里，哪里就有了他的家人以及他们的牛羊。游牧民族的部落制的统治和管理方式以部落酋长的言语为约束，结构简单，功能不多，但有效。就如一个人一把剑一匹马就能打仗，两根长木，几根木条，两个轮子，结构起来就成为一辆车，就能运输一样。一切事物的原始形态都是从简单开始，逐步复杂起来的。头曼从部落酋长到部落联盟酋长，第一个妻子死后有了第二个妻子，她能顶住半边天，自然就是当时的"女中豪杰"了。如今头曼要南下，直抵强秦的长城脚下，事关重大，阏氏意见不可不问。阏氏反对，他得详述。而在详述的过程中他也会使自己的思考逐渐缜密起来。

他告诉阏氏：他不认为扶苏北上蒙恬军幕与战争有关。因为他已来多时，不仅没有任何军事行动，蒙恬的军事活动亦显松弛之象，可为一证。扶苏在军中无作为，在地方上亦未闻有作为，其远离咸阳则对秦皇朝廷亦无作为，那么他还能成为秦国的储君吗？听说秦皇专以筑宫殿、修坟墓为务，举国上下皆忙于此，其何以为政，何以为军，不甚了然。不应抵近去了解究竟吗？头曼说到此，对其子冒顿整军经武，积存军备，严密监视敌情，随时禀报消息之举，言下颇为赞许。但他又说，扶苏不为储君，那么储君为谁？现在谁在当政？将来谁能当政？如何当政？如不抵近观察、听听，如何能详？一旦生变，何以应对？

阏氏痛快，立即同意了单于的决定，显示了在军国大事上，她也是夫唱妇随，其乐融融的。不过阏氏还是做了一点修正：她陪同单于一起南下，当然还包括太子。只不过是轻装简行，不迁龙廷，也不对外大事声张，一应执事人员皆各司其职，一如头曼在时，着力防备丁令各部的侵扰。

其实，阏氏是个极工心计的女人。从她父亲——白翟的一个部落酋长——决定把她嫁给头曼时起，就注定了这个婚姻是一种政治的结合。她的儿子一降生，她也就有了要使其子成为部落联盟大酋长——单于的继承人的想法。但单于已经立了储君，即前阏氏之子冒顿。按草原各游牧民族的不成文（无文字）的约定俗成，长子继承已成普遍传统法规。所以除掉冒顿或废除其储君地位的问题就成为阏氏的一块心病。

女人爱子是出于本能，但因爱己子而妒忌甚或蓄意伤害其夫前妻之子则不足为法，并必遭报应甚至天谴。凡有理性之人皆明此理。但为达目的，却又要表明自己守法、谙理，那就得动用手段了。那一次想以挑起与月氏的冲突，置冒顿于危地，结果却成就了冒顿的少年英名。冒顿早熟，及早退出要津，又以自己的诚实和努力，在一定程度上化解了权力场中的危机。但世事难料，政局又总是波诡云谲，变生不测，稍有疏失，翻云覆雨，成败利钝，生死存亡判在呼吸之间。最终谁是弄潮儿，谁是渔翁，谁能成为完全或绝对正确的逆料者，不可知。人难定，便只好求诸天定了。

但在"天定"之前，个中之人或在主观上不肯罢手，或在客观上无法罢手，于是众人便都得在一个大浑水坑里扑腾。最终的胜利者便是"天定"者。"天子"之称实由是而来，余言皆为包装者语！

阏氏为儿子争得了储君的名位，但其尚幼，只能把他放在羽翼之下百般呵护。而冒顿却极尽人子之份、之情、之义、之责，没有一丝儿破绽。命其为万骑长，既夺其储位，居于权力核心之外，而又不予万骑的实权，他泰然受之。秦军进逼，头曼命前部从萨拉乌苏撤离，单于撤离头曼城，冒顿毅然断后，不急不躁，有条不紊。他实际上成为全面的策划者、组织者、指挥者和断后者。他不丢下一座毡房，不落下一个人，却又绝对的低调，没有任何张扬，未显山，未显水，直到最后让父单于、母阏氏、太子弟及所有臣工、士卒、眷属如按季迁徙草场一样远走狼居胥山。而他长期驻守前沿，监视着强敌的一举一动，使父单于在漠北保有一段长时期的休养生息的机会。这一切头曼作为部落联盟大酋长——大单于把冒顿的将才自然都看在眼里，而作为父亲，也把儿子的孝心都装在心里。只要他能对其弟——未来的单于也是这样忠心耿耿，则太子幸甚，天下幸甚。因此，南下阴山，势在必行。

而阏氏也把继子冒顿的这一切表现都看在眼里，放在心里。不过她把眼里所看到的、耳朵里所听到的一切都加以放大，不单是看到整体，还要看到细微之处，甚至是要看到骨子里头的东西。人常说女人的心眼儿要比男人的心眼儿会多几个。究竟多几个，就只能因人而异了。阏氏对冒顿总是心存疑虑。她不敢相信冒顿就那么心甘情愿、心安理得、心悦诚服、心平气和地接受废储的决定。她始终在留心观察，却始终找不出把柄，这反而更使她从内心深处感到不安。她想在他这样的年纪怎么会有这么深的城府？她注意观察她的丈夫对其长子的神情和心态。冒顿不在他眼前，他不放心，不时要派人去察看。而冒顿一到他面前，禀报事情、叙说处理工作的过程、条陈某些措施，似乎都能得到他的首肯，如搬迁头曼城的各种工匠问题，单于竟授予他全权处理，可见倚重之深。因此阏氏再不轻言一句对冒顿的猜忌之语，转而对他百般关心和呵护。她一手给他操办了婚事，从选女开始直到成婚和日常起居，她的所作所为绝对超过一般生母所能给予爱子的一切物质方面的关怀与慷慨。她赢得了美名，天下没有比她更好的继母了！从选婚开始，不知她选看了草原各部落的多少漂亮的姑娘，也

不知她亲自去过几个部落。最后所选定的还是她娘家窝里的秀女（怕与她还有点血缘关系吧）。为了能够最好地照顾小夫妻的生活，阏氏把她最得力最信任并跟随她多年的仆妇做儿媳的管家，其他一应生活起居的仆妇、使女，不论细活、粗活、内外应答人等，皆由这位管家全权调配。所以小夫妻的婚后生活中的巨细诸事无不在阏氏的掌握之中，就是在龙廷远迁漠北之后，有关冒顿的一言一行，阏氏亦会全知，只不过在时间上要多一些延宕。

伊闾车若鞮北上龙廷，这是阏氏从另一个角度或另一个层面了解冒顿的一个机会。所以伊闾车若鞮意外地得到阏氏的礼遇和宠信。他甚至有可能从阏氏那里得到一个美女作为妻子。伊闾车若鞮以率真、活泼和英俊成为大漠龙廷的一员准新贵。不过这小子关于他祖父和受冒顿之命深入秦人要冲之地搜集谍报之事，从未露过一丝口风。

伊闾车若鞮从阏氏的使女、后来又从阏氏本人那里得知头曼单于、阏氏及太子等人不日即将南下阴山，颇使他感到意外。他请示提前返回阴山，叫王子准备迎驾。但他的要求被拒绝了，只叫他随驾而行，通知冒顿迎驾自有使臣传命。

七、智者千虑，难免一失

冒顿接到父单于母阏氏等一行人马即将到来的消息距抵达阴山的时间只有一天多的时间了。他非常吃惊，第一个反应是：伊闾车若鞮怎么不先回来？不回来也罢，为什么不派人先送信来？发生了什么意外了吗？父单于的先遣官为什么不先抵达？现在他该怎么准备迎接？一共来了多少人？该怎样安排？至于父单于为什么要突然来到阴山、要住多久、还要去什么地方，等等，他已顾不上去想了。他立即派人急去工匠营峡谷请老爷爷赶紧到山外大营与他会合。他又命千夫长马上结束训练，率队出峡谷，分布到各个卡伦，严密监视长城上秦兵的一切动静，尤其要隐蔽接近烽火台观察敌兵以防意外。他还特别叮嘱千夫长：告诫士卒绝对不可走漏父单于将抵阴山的消息，一切行动都要听指挥。长久以来，他对士卒的训练都是针对"人人自为趣利"的极度自由散漫的弊端进行的。以部落结构为主体构成的军队是没有国家观念的，因而也没有严格纪律约束和统一指挥的乌合之众，冒顿为打造一支强军绞尽了脑汁。

出峡谷后，冒顿命几个随从分头速去通知几个千夫长马上集合队伍整装待命，他与其他扈从快马加鞭回到穹庐大帐。在等候相关人员与会的间隙，他回到家里。他一边告诉妻子父单于母阏氏及太子弟等即将到达的消息，一边叫使女帮他更衣，同时要妻子立即准备随他前去迎驾，等他去前廷接见了众属下之后便率队出发。

当冒顿走到前廷的穹庐大帐时，就注意到远处来了一队人马。冒顿一眼看出那正是他焦急盼望的老爷爷，便立即停住脚步伫候。当马匹停下时，冒顿上前把老爷爷搀下马背，并告诉老人家说单于和阏氏、太子的车驾明日将抵之事，老人点了点头便相随进帐。等候在大帐中的人们已知千夫长整装待命之事却不知发生了什么事情，因此他们奉命前来冒顿的穹庐大帐议事都有些错愕。当冒顿说明原委之后，人们立即欢呼雀跃起来。但当冒顿说他即率队去迎驾，一切接待之事要由与会的这些人去准备时，他们一下子醒悟过来，反而不知所措了。如单于的穹庐大帐设在哪儿呢？立在什么地方？还有太子的、随从的、护卫的，等等。除穹庐大帐之外，饮食的安排，警跸的安排，马厩的安排，等等，这是要在一天一夜之间就竖起一座龙廷，也就是一座穹庐城市。可是这一切所需的物资在哪里？地点怎么选？怎样布置法？这些人七嘴八舌一窝蜂似的说开了锅，好像都没有了主意。因为他们没有经过这样的场面，过去都是由别人一步一步有所准备，陆续做就的。现在却一股脑把问题摊在他们面前，而且立马就得变出来，所以他们似乎傻了眼。

冒顿扫视着大家，最后转向老爷爷，老爷爷对他点了一下头。这时，冒顿把手一挥，众人立即鸦雀无声了。他说道：现在时间紧迫，没有说废话的时间了。我立即率队去接驾。这里的事情，一切都由我们的老爷爷决定。你们中的任何人如若违背了老爷爷的指令，一律按军法从事！

冒顿说完，右手扶着前胸，侧身向老爷爷深鞠一躬，便立即向帐外走去。众人目光凝聚在他身上，有人或想还有问题未解，但见他目不旁视，已经跨出帐外，便只好默默地转向老爷爷了。

老爷爷还是老样子，或者越发显得老了。老了就没有威风了，而且他原本就没有威风。他面对众人错愕的神情或是怀疑的神情，只是淡淡的一笑。他似乎从他们的眼神里看出来对他有一种将信将疑的目光。他也知道，自从他长住工匠谷之后，眼前这些人很少能见到他。他不主事，不管事，不问事，不揽事，显然是位躲进山里养老的老头儿，怎么今天会被冒顿请出来管这么难的事儿，肯定有人会怀疑他有没有这个能力。当然他也知道冒顿只说了那么两句话，而话有千钧重；他知道冒顿那么一鞠躬，就是授权给他了。但老人家可不是个爱行权的人。他对眼前的这些事，已经成竹在胸，没什么太难的。游牧之人嘛，扎几座毡房还不是易如反掌。这些年，他在工匠谷不闲着，但也不算忙，很多时间确实是在养老呢！但他为冒顿积聚和生产了许多军资，现在的问题不过是安排调配罢了。他对阴

山外的地形地貌一切都烂熟于心，在什么地方安置龙廷大帐，什么地方扎什么样的毡房和给什么人住，在哪儿可以设置千人大宴，烤全羊的炉灶怎样避风，人们聚散的通道，单于来阴山不论是长期的安排还是短期的措施，他都在心里有了谱儿。因此，他对众人说了他的安排，而且还是往常那位慈祥老人的神态和语气。可是那话音一落地，人们就感觉到有一种金石之声。人们的疑虑顿时消除了。

原来老人非常清晰明确地指定某一个人用多少匹马、多少峰骆驼、多少头牛和多少辆高轮车到什么地方运来多少个毡房，扎在什么地方；某一个人负责按例征集和运输柴草；某一个人负责牛羊和奶食的供应；某一个人负责单于、阏氏及太子的日常起居的一应用具的安排与供应；等等。总之老人家从单于、阏氏的日常起居生活及习惯到龙廷礼仪活动和议事朝会的规矩，从单于举行宴会到组织歌舞娱乐诸事，他都根据向例和眼下实际能够做到的条件做了细致的有条不紊和各有专人负责、各司其职的周密安排。冒顿方才有言：一切都由老爷爷决定，违背指令按军法从事，言犹在耳。而老爷爷方才的所有决定都是实打实地可行，他们便纷纷告退去调配自己的人马了。

老爷爷自己该做的事更多。他吩咐留下来的几个人——这是他最重要的执事人员，立即随他出去为单于穹庐大幕、阏氏穹庐、太子穹庐以及他们的一应随员、仆从的起居地点，都要选择适当，确定之后就由他们分头在现场指挥，有什么问题或意外之事随时向他报告，务求妥善解决。

今日事出突然，根本来不及商量和准备并且冒顿急于要去迎驾，而龙廷安置，兹事体大，只有请出老爷爷，一切由他裁决，定不至出现什么大的纰漏。果然一切如其所期。当为头曼单于所设的龙廷大幕运来时，老人就坐在一块毡屩上，亲自指挥并监督搭建穹庐的事情。

老人在那里一坐，这就意味着这项工作不做到尽善尽美就没有人敢罢手。而与之同时，其他各项工作的执事人员也同样不敢稍有懈怠，遇有难解之事也能及时过来请示定夺。入夜时分，为避免灯烛火光为远方窥见，他让人们减少光亮，适时休息。如需连夜做的尽量移到穹庐之内进行。到第二天早晨，一座崭新的穹庐毡帐的城市已经巍然矗立起来。虽然在有些地方尚显零乱，但那只是需清理和平整的问题了。

当冒顿作为前导，头曼单于和阏氏的车驾、太子的坐骑以及望不到尾的众多随行官员、眷属、仆从和护驾与迎驾的卫队走近新头曼城的时候，红日已经衔山了。万道霞光或是重彩涂抹阴山群峰，或是轻描高空飞云，草原披锦，漫天祥瑞，人喧马嘶，鼓乐齐鸣。在红日坠山的一刹那，万顷红光喷薄到一片雪白的穹庐毡幕之上，使得整个天空异彩纷呈，耀眼夺目。头曼单于不禁为之错愕，为之惊喜，举鞭指点的手臂竟然定在空中，半天没放下来。假如天若有知，这时出现"停云"意境，那么彩云示瑞，永世恒存该有多好。可是头曼左侧的太子竟讶异地指给他眼前这么大的一片帐幕群，俨然如一座草原上的大城市，这也使头曼为之一惊。其实，位于头曼右侧马背上的冒顿也有些吃惊。他昨天仓促迎驾时这里只是一片绿草如茵的草原，当时只想到请老爷爷设法能为父单于、母阏氏和太子弟等人竖起几座像样的穹庐就不得了了，没想到老爷爷竟能给大单于立起一座新的头曼城来。这时在单于身后的阏氏、众王大臣及随驾官员和他们的众多臣仆们自然也是惊诧之声。几天的鞍马劳顿一下都扔到大漠里去了。

在新的龙廷大穹庐里举行了一个简短的觐见仪式，为的是给单于一个略事休息和更衣的时间，以便正式献宴。但是这座大穹庐实在太漂亮了，是单于从未享受过的。它的穹顶用四根大柱擎起，彩绘藻井十分华丽，穹庐因有四柱，其面积就比一般庐幕要大得多。因而给单于设一高台，高台上设单于的宝座，臣子们自然就在高台的下边了。因此这个穹庐容纳六十余人而不显拥挤。他不禁问冒顿：何以要设这么大的庐幕呢？冒顿其实并未见过，老爷爷恰在近前，不禁脱口说道：这是老奴在山里搜寻数年才给单于找到这些好材料和好工匠，才有今天这儿的庐幕，这是我一辈子的心愿哪。冒顿也悄然地说，他是头一次见到这座庐幕。

宴会一连进行了三天。当然这也是冒顿尽量向父单于禀告守边的举措和对秦兵的威胁作出适度的估量。

宴会始终是处在欢乐和喧闹之中。这种欢乐和喧闹是离单于的龙廷大帐越远的帐幕越显得厉害。冒顿为了表示对父单于的直属下层官员的敬意，因而也就走到了末端的帐幕之中。人们喧闹着敬酒，冒顿不管怎样谨慎，这几天也难胜酒力，他的脚步也有些踉跄了。在他与弟兄们干完了最后一杯酒走出帐外时，从暗处走出一个人来牵住他的衣袖："将军随我来！"冒顿还没反应过来，也没辨认出他是谁，就被牵到一个坎下。那里有两匹马。在被扶上马时，冒顿似乎清醒了，一把抓住扶他的人的手腕："你是谁？"那个人把脸一扬："看吧！"他努力踮着脚让自己离冒顿近些。"啊？怎么是你？为什么一走就没有消息了？""快！去老爷爷那里！"他压低了声音说。

为了迎接单于，建城等一切大小事情全都压在老人家身上，真要把他累垮了。他再也没有力气在人堆里待了，再说显摆自己也不是他的性格和习惯。但他又不能远离新城，怕人们找不到他而误事，因此他给自己在离城不远处的一个小山包后面扎下个小毡房。他听人说伊间车若鞮随阏氏的车驾回来了，就打发人去找他。但他随侍阏氏，白天不能离开。昨天晚上

他见过了老爷爷。老爷爷才知道伊阊车若鞮和他的几名随从都做了阏氏的侍卫，阏氏还把她身边最漂亮的侍女给伊阊车若鞮做媳妇。伊阊车若鞮不敢在老爷爷处久留，他直言质问：是谁教冒顿将军建立起这样一座远比漠北龙廷豪华得多的新城，而且在一夜之间就完全建好，其规模之大是草原上从没见过的？是谁有这么大的力量？没有人去想一想有人会怎么议论？后果会是怎样呢？伊阊车若鞮不待老爷爷回应，说完掉头便走。但没走两步又返来，他要设法见到冒顿，但必须是夜晚。

老爷爷一夜未睡，起先还非常愤怒，甚至要破口大骂伊阊车若鞮是个攀高枝的野鸟，娶了老婆忘了主子。但他没有骂出声来，而是逐渐地冷静下来。他不能与自己的老朋友的孩子意气用事啊！他觉得这小子的话刺痛了他的一根神经：后果！这小崽子指的是什么后果？我所做的一切不都是要追求一个完美的后……果……后果？有什么不对？我不是想要替冒顿展示出对单于和阏氏的最大的孝心、最竭诚的欢迎，倾尽了全力，倾尽了所有，来打造一个最美的头曼城吗？这不是最好的后果吗？为了这个我差不多快要累死了呀！但我觉得值！值——值什么？老爷子有些觉得不对劲儿了，他眼睛发直了，盯着那微弱的快要耗尽了酥油的灯光，沉吟不语。

吸不到足够油脂的灯捻儿的光亮在弱下去，灯烟似乎更多了，摇曳得更厉害了，并且在爆着火花。他觉得这灯花是在向他说什么，或者是在表示着什么？是说我已经要油尽灯灭了吗？那算得了什么？我早该油尽灯灭了！可是，可是……冒顿不该油尽灯灭呀！那我怎么把他这几年辛辛苦苦积攒起来的一点家底就这么一下子都给耗尽了呀！是这个后果吗？老头子一下子警醒起来，两步蹿到毡房门边，从墙角处一只羊皮口袋里用小刀切下一大块酥油扔到灯碗里。

灯光慢慢在亮起来，他的头脑似乎也在清醒过来。心想，伊阊车若鞮这小子指责得对呀！我当时怎么糊涂到这个程度？我这不只是把冒顿的家底抖搂光了，而是要把冒顿抖搂没了！且不说在长城上虎视眈眈看着草原的秦军若看到这里矗立起一座城池作何感想，更不要说单于、阏氏、太子及单于身边的众臣有何感想，就是那些随从和卫士也会对冒顿评头品足啊！我这是帮冒顿的什么忙啊！我这是在害他呀！老人越想越不是滋味，越想越后悔。他说自己是在作死！三天的大宴会也是他安排的，部落百姓的几百上千只牛羊把单于带来的人马的肚子都填饱了，可冒顿的性命怕就要不保了吧！他捶胸顿足，撕扯自己的头发，却赶不走他的痛悔。他老泪纵横地啜泣着。此时此刻，他只有一个心思：寻死！

智者千虑，难免一失。

人哪，一产生了死的念头，大约就无所畏惧了。他的心逐渐平静下来，眼泪也止住了。他认为只有以死才能对冒顿谢罪。但是他心里一出现冒顿，就忽然清醒过来了。他自己死与不死不在话下，关键是他给冒顿闯了祸！眼下是要怎么救冒顿。可是他又糊涂了，他怎么能救冒顿？他去见单于，说建城是他一个人的主意，请单于别怪罪王子冒顿？可单于说了他要降罪给冒顿了吗？这不更给冒顿添乱吗？可怜的老头，本不想死，却往死路上撞；急要寻死，却找不着阎王爷。

这时，他忽然想起伊间车若鞮临走时撂下的那句急切的话：他要见冒顿，但必须是晚上！

宴会最后一天的晚上，他叫人传话给冒顿：酬谢单于侍卫中的下层，向他们敬酒。他把这个时间也传给了伊间车若鞮。最后他们终于来到老爷子的毡房之中。

伊间车若鞮告诉冒顿和老爷爷，阏氏的胞兄现在是左王大臣。是他警告阏氏并嘱她转告大单于：冒顿能在一天一夜之间建起一座城池，可知其兵力与财力有多大吗？他大宴三天，单于的侍卫还能有力去保卫单于吗？秦皇陈兵阴山却从不与冒顿交一次手，他们必有勾结，其意欲何为，不能按问吗？听说冒顿有兵就在阴山长城脚下这不是明证吗？伊间车若鞮还告诉冒顿：阏氏、太子以及左王大臣等人似乎在密商什么，情况不明。而他不敢久留。

冒顿初闻此语，有五雷轰顶之感。但他不能抱怨老人家。他已经酒意全消，和老爷子促膝密语，在想办法化解这场不期而至的危机。老爷子痛心疾首，他怎么也想不到自己会给王子带来这样巨大的伤害。怎样补救，他实在已是黔驴技穷了。而冒顿本无异心，却不料如此遭妒，不禁有些黯然。他尤从判断事情会如何发展，是不是已经迫在眉睫而毫无转圜之地。若如是，怕就有死路一条了。但老爷爷相信事不至此，他对头曼单于本来是充满深厚感情的，他之所以不遗余力建一座新头曼城，最初的动力就是他对单于的爱戴。但谁料事情怎会扭曲到这个程度，他连后悔都来不及了。不过他还是相信头曼单于的，他寄希望于此。然而他还是告诉冒顿，立即设法与副万骑长取得联系，他毕竟是军中的主将。他带兵在前沿既监视秦兵动静，却也需要睁大眼睛关注着后方。老爷子认为单于此间只有卫队，就表明原本是为扶苏而来寻求对策的。他请冒顿考虑，老人家现在不敢再瞎出主意了，万一再弄巧成拙呢？冒顿明白老人家胆怯了，但他的意见仍然是对的。他决定马上去前沿。

鸣镝骤响

　　《史记：秦始皇本纪·李斯传·蒙恬传》关于始皇嬴政三十七年（公元前210年）之事叙述至详。秦以十月为岁首。若按阳历计，则嬴政三十七年十月约为公元前211年11月。其前则为秦历三十六年，观天象的官员报告，火星靠近二十八宿之心宿星座。后又有报告，在东郡（治所在今濮阳南）有陨星坠地。这本为平常事，但秦始皇却认为是大不吉利。秦人苦始皇暴政久矣，知他怕天象示警，便开他一个大玩笑，暗中在陨石上刻"始皇帝死而地分"的字样。这一下可闯了大祸：始皇暴怒，下旨把陨落地区的所有居民尽杀之，并"燔销其石"。从此便开始他又一轮的巡游天下之旅，也是他的不生归咸阳之旅。

一、嬴政最后的巡游

　　史述始皇于三十七年十月癸丑出游。朝廷大事交付右丞相冯去疾，左丞相李斯则从游，幼子胡亥请从亦随之。十一月行至云梦，望祀虞舜于九嶷山。继而过丹阳，临浙江，上会稽，祭大禹，望南海。始皇祭大禹不知所为何来，大禹治水，对民众有功，始皇心里何尝有民。倒是在越王城会会勾践，或许还有点兴趣，毕竟那里出过美人西施，运气好了，他还可以找个南施、北施玩个热闹。始皇离开越王遗址，北至琅琊。始皇对此地情有独钟。《史记》谓始皇二十八年（公元前219年），南登琅琊，大乐之，留三月，乃徙黔首三万户琅琊台下，立石颂德，以明得意："六合之内，皇帝之土。功盖五帝，泽及牛马。"此番，始皇再登琅琊，可就不那么风光美妙了。他本想在这里能得到长生不死之药，结果却是上当受骗。他一辈子役使千军万马，横扫六合，最后却被马尾巴一甩，弄瞎了他的双眼，竟识不得许市（福）等方士的奸计。他做梦与海神战，占梦于博士，自然是再度受骗。他的死期不远了，当时他仅只五十岁！糊涂油蒙了心，是无可救药的。

　　是年七月，始皇行至平原津而病。平原县在山东德州南，秦时黄河流经平原，其渡口称平原津。《正义》"始皇渡此津而疾"，病情不明，如果郭沫若先生在世，请教之，或可知详。郭沫若先生善为古人号脉，如诊断孔老夫子得过胃下垂即为其著名病案。正文与注释不一，但始皇确病无疑。不过他为何不停下好好治病，偏要匆匆赶到沙丘平台宫去，这就不大吉利了。因为搞军事改革，实行"胡服骑射"的赵武灵王就是饿死在这里的。所以一住进沙丘宫，他想活着离开那里就不大容易了，因为赵武灵王的魂魄定会死缠住他不肯放手的，而善于与鬼神相斗的方士们却一个也不肯上前去帮助他。这时，他方知大限已到，却又绝口不提一个死字，"群臣莫敢言死事"。万般无奈，遂作玺书赐予长子："与丧会咸阳而葬。"书已封，交给唯一在其身边的宦者、专管皇帝出行车马的中车府令赵高行符玺并授予使者。结果是赵高私藏玺书，与李斯合谋，立胡亥为二世，私改玺书，秘不发丧，载着臭不可闻的始皇的尸体继续巡幸天下。

　　此桩公案，史载甚详，两千余年，尽人皆知。但在当时当世，赵高、李斯与胡亥一个"秘"字却把天下人糊弄在山道迷雾之中，谁也难知其详。但天命有反，盛极必衰；天网恢恢，疏而不漏。送玺书的使者则是昼夜兼程走井陉奔上郡，直抵蒙恬的军幕。扶苏和蒙恬在军幕中所看到的诏书却是这个样子的："朕巡天下，祷祠名山诸神以延寿命。今扶苏与将军蒙恬将师数十万以屯边，十有余年矣，不能进而前，士卒多耗，无尺寸之功，乃反数上书直言诽谤我所为，以不得罢归为太子，日夜怨望。扶苏为人子不孝，其赐剑以自裁！将军恬与扶苏居外，不匡正，宜知其谋。为人臣不忠，其赐死，以兵属裨将王离。"扶苏见书，泣入内舍，欲自杀。蒙恬止之曰："陛下居外，未立太子，使臣将三十万众守边，公子为盟，此天下重任也。今一使者来，即自裁，安知其非诈？请复请，复请而后死，未暮也。"

　　国家最高权力核心发生如此重大事件，怎能尽掩天下人耳目？何况攸关利害各方，明明暗暗、上上下下、左左右右、远远近近，无不瞪大眼睛，狗苟蝇营，影从云集，以致影骇响震，郢书燕说，谣言四起。而专伺窥察政情、侦探消息的谍员，不问是追腥逐臭，是道听途说，或是高价收买，是钻入腹心，不拘手段，只求效果，而以其职业的敏感性和专业的技巧性，都会使他们能在第一时间或最短时间内取得并发出谍报。

　　长期潜伏于关中地区的最老到最富有经验和组织能力的谍报人员——伊伐伊屠斯，即使不能把他的谍探渗透到秦廷的第一核心，估计也不会距第二核心太远。加之他的网络广布，消息传递迅捷，有能力在最短时间里作出综合判断，即使不是百分百的准确，大约也会八九不离十！

　　事有凑巧。当冒顿偕伊阊车若鞮与数名简从马不停蹄在黑夜中直奔前沿时，正在整装的副万骑长也正想离开前沿向冒顿报告大事，可是偏又为

173

另一谍员所拦住。当他听完谍员的报告后，冒顿与伊闾车若鞮正好赶到。

原来这先后到达的谍员所报告的是一件事情的两地的情况：一是秦皇已死于巡游途中，迄今未抵咸阳，亦不知停于何处，但情报来源可靠；一是皇长子扶苏已自杀于蒙恬的军幕之中，情报来源亦可靠。

冒顿、呼兰斯逐若与伊闾车若鞮三人相顾愕然，一时之间都有些不敢相信这情报的真实性，但又不能怀疑其真实性。因为这些情报均为伊闾车若鞮的祖父派送的。但是这里一个最大的疑点是关于蒙恬情况的缺失，第二个疑点则是皇位继承人是谁？当然他们知道这不是搜集和传送情报之人的责任。他们无权分析情报，更不能对未经核实或虽经核实但不能对细节进行猜测。一切只能等待后续情报。

冒顿和伊闾车若鞮等人跑乏了，跑饿了，呼兰斯逐若叫人预备些肉食和奶子酒。当然这也是他们三人要冷静下来分析一下情况，再说他们三人也有段时间没见过面了。

从直觉上分析，始皇死又命长子扶苏死，其中必与夺位相关，三人共识。但蒙恬与夺位之争有什么纠葛？如果他是反扶苏的，过去从无消息表明他与扶苏关系紧张或是交恶，相反两人交好的情报倒有过几次。据说蒙恬祖父蒙骜、父亲蒙武及蒙恬世为秦将。秦王横扫六合，至少有一半是这三代大将的功劳。而蒙恬之弟蒙毅位至上卿，始皇尤宠，出则参乘，入则御前，蒙恬有什么理由站到反扶苏的那一边？但如果他保扶苏，谁人敢或谁能杀扶苏呢？始皇活着时把扶苏派遣至蒙恬军幕之中是为了杀他还是为了保他？他反对扶苏是没有理由的。但保扶苏，扶苏已死。这也是没有理由的。

始皇死，最有权和有望的继承人也死了，谁是新的继承人，这对匈奴似乎没有大碍，或说没有什么太直接的关系。但活着的蒙恬不论他是继续守边，还是回咸阳执掌兵权，都是匈奴的大忌。他们仨对此亦为共识。因此，他们的结论是一致的：对秦军的防范不能有半点松懈，练军亦不能有半点松懈。但在练军问题方面，伊闾车若鞮直告冒顿：自从他被阏氏留为侍卫，并且将其侍女嫁他为妻，就老大不自在。阏氏问他最多的事情是关于冒顿征兵、整军、训练的许多细节问题。通常在闲话这类问题时，都有太子在座，阏氏从不吝啬夸赞之词，同时也都教训太子应当向兄长学习，甚至也要太子"向我神小王学习"。太子对此无奈，却也顺应。他还向冒顿透露一个细节：他的妻子有时也参与在阏氏面前的闲话，那口气与阏氏完全一致。在私下里她爱打问冒顿媳妇的事情。她说她们原先感情可好了，情同亲姊妹，要去看看她。她说她听人家说，她抱怨冒顿在山里的时间多，在家里的时间少。而对这次迎接单于，其规模之大，阏氏几次向单于表示：不知冒顿还有多少积聚，究竟有多少兵丁。她要单于应当弄个明白。

呼兰斯逐若有些不明原委，冒顿心里却很不是滋味。他有委屈感，但又不便说。当然这也提醒他，不可在前沿久留，万一明天单于要召见他，若不在还得了？另外，他更想应该怎样向父单于报告秦廷这样重大的讯息和应采取什么对策，以便早做决断。但令冒顿更为忧心的是伊间车若鞮所说的问题。欢迎父单于的安排，老爷爷是过头一些，但老爷爷的存心是最好的。不论发生什么事情，也都不应指责他。但怎么化解这种疑虑呢？……

上路之后，冒顿一直在想着这个问题。但过度的疲劳使他的头脑似乎已经变为一片空白，无法再思忖下去。他用力地甩了甩头，对伊间车若鞮说：带着你的人快走吧，我在马背上打个瞌睡。

二、巫师质疑

夏末秋初，阴山北麓草原的早晨已经有了凉意，但那个"凉"是让人感到最为惬意的那一种。看着染红了半边天的朝霞，立即就使人的精神振作起来。稍一眨眼工夫，喷薄而出的太阳便像在天边燃起了熊熊烈火，但转眼之间就跳出了山脊，以人们不敢仰视的万丈光焰腾空而起。当这种绮丽绚烂的朝霞红日的景色投射到一泓清泉的水面上时，倒影深无限，彩云浅可掬。冒顿跳下马背，走到泉边，俯身捧水洗脸，一下子便精神起来了。几个侍卫也随之洗脸，并饮了饮马，大家互相帮助整理一下衣冠，给马紧了紧肚带，稍事活动一下，便准备陪着冒顿去见单于了，因为头曼城就在眼前了。

冒顿到了龙廷大穹庐的第一道门卫岗哨前下马，对迎上来的侍卫官员说，如果父单于已经起来并用过早膳了，便请禀告：冒顿连夜从前沿回来，有要事向父单于奏禀；如父单于尚未起床，他在这里恭候。

冒顿恭候时间不长，便被引进了单于的龙廷大帐之中：阏氏、太子还有左王大臣等人竟然都在龙廷了。他一一拜见过了，包括对他的异母兄弟，因为他是太子。他不知道除父亲之外在这样早的时候就有这许多人齐集龙廷是因为他说有要事奏禀单于呢，还是因为人们早已注意他的行踪了。他的心中有些忐忑了，但他笃定主意：坦然对之。

冒顿如实禀报了秦皇死于巡游途中和扶苏死于蒙恬军幕之中的消息，并说明谍员报告所具有的可靠性。最后他提出了关于蒙恬消息的不确定性，使之对敌人的动静难以判明。

消息对在场众人具有震撼性，一时间竟鸦雀无声。突然间，一个尚显稚嫩的嗓音打破了沉寂："你是怎么知道这些消息的？"

冒顿品出了那语气中的挑剔的口吻。他暗叹了一口气，非常恭敬地回答："禀报太子殿下，监视秦军的前沿士卒派有细作深入敌后侦察所得，并于昨晚传回军中的。"

"这消息能是真的吗？"

冒顿迟疑了一下，不知如何作答。刺激对方不行，轻蔑对方不行，细微解释也不行，似乎不说也不行，正在犹豫之际，父单于说道："冒顿的消息不会有错！秦始皇父子的死叫我出了一口恶气！不过新帝是谁，这需要迅速设法弄清楚。还有一个关键人物，那个蒙恬在干什么？他是我匈奴的大敌呀！"

"是！"冒顿答道。

这时左王大臣却不紧不慢地说了些似乎是模棱两可的话。诸如秦始皇父子都死了当然对我匈奴是好事，冒顿王子能眼观六路，耳听八方，为迎接单于不但能在一夜之间竖起一座无人可比的穹庐城，在不见一兵一卒的情况下，却能探知千里之外的强秦皇帝的生死存亡，洞若观火，这真是我匈奴大单于的齐天洪福，趁其举丧，冒顿将军一举推倒长城，兵发咸阳，必获全胜。但若消息不真，故意施放烟幕，诱我上钩，其结果是什么，想必大家也都心里有数。要知道，据我听传言，秦皇年仅五十，一向身强体壮，巡游天下，享尽人间天上一切大福，随行护驾士卒动辄十几万、几十万，他怎么会一夜之间就死了呢？而且怎么就把这死讯来告诉我们的冒顿大将军呢？太子虽然年少，但其所忧虑者，怕不无道理吧！

冒顿听了这位左王大臣云云，对其意真的是"洞若观火"了。他的心里感到很冷，不过并不令他感到意外。他上前一步，单膝跪地向父单于和母阏氏谦和且诚恳地说道，他自己因年幼，未经见过大事，一听到宿敌之死，欣喜若狂，竟忘了去审度消息和情报的真假。太子兄弟的疑虑极是，舅父大人、左王大臣的指教，冒顿心服口服。果真出错，冒顿万死亦难辞咎，怎样去核实真相，请父单于下旨。冒顿说完便深深低下头去，做不敢仰视之状。而他心里却忽然觉得亮堂了一些，因为他想到始皇长子扶苏的死因可以料想得出八九分了，那准是宵小夺权，宫廷政变！他甚至还想到：应该确信始皇长子远离宫廷，名曰监军，实为流放，所以他在上郡不能有所作为。但蒙恬是杀害扶苏的元凶，还是帮凶？或是他也失势，命已危乎哉殆矣？他告诫自己：小心！

这时阏氏却发了话。她命令太子：把你兄长扶起来！那口气是严厉的，不容迟疑的。太子只好上前一步，略一伸手，冒顿便向母阏氏一手拄地，深施一礼，起来后又向太子施礼致谢。这时阏氏继续说道，她深知冒顿做事踏实沉稳，面对强秦不惊不惧，其所得消息必定真实可靠。一切应按单于旨意，迅速查明蒙恬情况。眼下当务之急应是要冒顿将其所部全体将士严密布防，以便单于有时间发羽檄调动各部落兵马整军集合，听候调遣才是。

头曼大单于倒真做如是之想。他相信儿子是努力做事的，他要他务必弄清蒙恬的情况，才能使他做出抉择。他知道调集各部落的兵马不是容易的事情，把他们训练成一支强大的军队，譬如像秦军那样更不容易。

冒顿怕扶苏那样的命运落到自己头上，他向单于和阏氏辞行之后，又特意去向左王大臣（他还得称其为舅父）和太子弟弟道别。他刻意请教"舅父大人"自己该怎样去核实情报的真实性和弄清蒙恬的动向。

他想用谦卑的言辞至少缓解一下当面的敌意。他在月氏国时是穿惯了小鞋的。穿小鞋的人一定得学会说小鞋很舒服，并道上一二百次道不完的谢。

这是人在手无寸铁时想要缓解矛盾的必须要做的事情吧！身段软者方能善舞。

他终于囫囵地回到了家，因为那里有他的妻子。但意外的是他的家里还有客人，这个客人就是伊闾车若鞮的妻子。

她果真是位美人。

他当然不知道她此来的目的。但从伊闾车若鞮说过的话语中，他意识到她们都是母阏氏的信得过的侍女。那么母阏氏对他、对伊闾车若鞮如此厚爱用意何在呢？

伊闾车若鞮的妻子真是位美人，似乎比他的妻子更美些。也许因为前者更年轻些吧。

他似乎悟出一点儿什么意思来了。

客人告退之后，妻子告诉他，伊闾车若鞮还是想回来，他希望你能到母阏氏那里说一声，或许母阏氏能点个头放他回来。她又调皮地悄声对他说，这丫头说你真俊，莫非她也看上你了，气得我狠狠地掐了她一把。你是不是也看上她了？

在玩笑中，那妩媚的眼神却显然更流露着爱。

但冒顿的头脑似乎因为长时间绷得太紧的缘故，他真的不知道应该怎样应对这种没来由的玩笑话，若这种玩笑话真的是藏有某种玄机在内，覆水难收，错话难改。他迅速掂量着那话里的含义。

伊闾车若鞮真的愿回到他的身边，但伊闾车若鞮绝不会叫妻子来说，尤其是在眼下这种时候。那么这是谁的意思？阏氏的！那么阏氏此意的目

的是什么？试探？试探什么？难道是在怀疑我要收拢旧部、扩充兵力吗？我无此心，也无此意。用女人的柔情蜜意束缚我的行动吗？可我的行动有出轨之处吗？

他真的找不出原因来。那就让玩笑真的只当是玩笑吧！他笑答道："我只听母阏氏的！"但他的心里却感到一阵剧痛。

天下汹汹，怨秦久矣！天赐良机，时不我待。但为什么置之不顾有秦之变，却把矛头指向于我。苍天何以如此不……

他实在太疲乏了，连抱怨一声的力气都没有了，头一栽到床上便已呼呼地睡去了。

三、心态万千

在冒顿昏昏睡去的时候，他的异母弟弟即太子却没有睡觉。他正对其母阏氏发脾气哪！他指责其母袒护了冒顿："你就是偏向他！"阏氏气得不得了，不单狠狠地教训了太子，而且连左王大臣也遭到了训斥。她责问他们：从漠北到阴山，你们带了多少人马？从现在起，从漠北到阴山，就是单于紧急征调各部落人马能有多少人？调齐得多少天？你们知道冒顿在长城脚下布置了多少人马？他储备了多少辎重、弩矢和其他物资？你们知道蒙恬在做什么？他的军队驻扎在什么地方？始皇死了，秦国没亡；扶苏死了，必有强于他的人，不然扶苏怎么会突然死了？就算这些消息有假，那也轮不到你们去责问他！你们等不及了吗？我拼命在安抚他，你们却不懂得好歹，乱说话……

太子娇生惯养，少不更事。说明白，不明白；说糊涂，不糊涂。受了一顿训斥，心里不服，但不敢再多言语，母亲是严厉的。左王大臣本无什么心计，不过是裙带高官。其姊一发怒，就只能缩头了。

这些话语和形态自是秘而不宣之事，但这又偏偏瞒不过最近身的使女或女侍。她被阏氏指婚嫁给了伊间车若鞮。这是一个绝顶聪明伶俐又活泼俊俏的小伙子，自然使她倾心相爱，要把这个天赐良缘抱得紧紧的，唯恐稍有闪失。相聚时当然情话缠绵，无所不谈。白天阏氏穹庐中的那一幕，她在帘外听得真真切切，夜晚便一五一十地说给了丈夫。伊间车若鞮深知这些话语的分量，暗中吓出一身冷汗，他原先曾有过却又绝不敢深想的问题无意中得到了证实。他答应妻子同时也告诫妻子此话不可对任何人说出一句半句，否则他俩都会有杀身之祸。

伊间车若鞮黄夜难寐，担心冒顿可能会有"扶苏之危"，他该怎样把消息告诉给他呢？这时他甚至怀疑妻子是否有意给他透露这个消息。仔细思忖，觉得她不具备这样的思维能力。他相信她是爱他的。但正因为这样，他得百倍小心，不能使她在无意中说溜了嘴。她可能是言者无心，而别人却会是听者有意。可是他怎样才能得机会在最机密的情况下见到冒顿呢？他认为这是最急切的不能耽搁的事情，但同时又是个绝顶机密的事情。

天要亮了，可急于要想寻一个万全之策的伊闾车若鞮却更加迷蒙了。他急得像热锅上的蚂蚁却又装得像一只贪睡的懒猫。不论他的妻子是掐他的脸蛋，拧他的耳朵，还是敲他的脑门，他都醒不过来，不是哼哼叽叽，就是翻过身去继续酣睡，怎么都赖着不起床。直到他的小妻子第三次跑进他们自己的胜过金窝银窝百倍的小狗窝，对着他耳朵喊他，他还故意打个大呼噜，气得他的小妻子使劲咬他的嘴唇，他却一骨碌就把她的嘴唇压住了。她挣扎着起来，急说："谁有工夫跟你玩儿，阏氏叫你，快去。"

有媳妇的帮助，他迅速地穿戴整齐，径直跑步到了阏氏穹庐帐前。显然，阏氏正在等待他。通报不久，就有侍卫传他进去。

穹庐中只有阏氏一个人。她说她只想交代给他一项单纯的任务，但必须是绝对的保密。她问他愿意不愿意接受这个任务。声音是非常轻微的，但那眼神却是严厉到极点的，因为在她眉宇之间所凝成的那个大疙瘩是他在任何女人的脸上都没见过的。一刹那之间他甚至掠过一种可怕的想法：是否要派他去做刺客？叫他去刺谁？刺冒顿？刺单于？他的心似乎咯噔响了一声。但他立即镇定下来，他的头脑里迅速划过一个思绪：要保住自己能走出这座穹庐，那后边不知藏着多少人呢！他单膝一跪，用咬着牙的低声说道：只要阏氏下旨，不惧刀山火海！

阏氏笑了，示意他起来，说：我没看错人！不过没那么严重。只是想叫你去一趟咸阳。阏氏停顿下来，不往下说了。不知是否想让伊闾车若鞮再表白一下无条件的忠心。但伊闾车若鞮不用嘴回答，而是直盯盯地看着阏氏等待下文。阏氏又笑了笑，那张面庞除了表示无限的高贵之外，还有着较多的雍容俊美之态，又慢慢地一板一眼地接着说道：去咸阳的目的是最直接地了解秦始皇父子的死因和秦皇的继位者是谁，新任丞相是谁，蒙恬在做什么。这些事情本来已有冒顿报告，当系不错。但他毕竟不是亲历目击，不过是谍员的片言只语。我要你尽可能探听到准确的细节。凭推想，咸阳必定发生了重大事件，谍报不足据。阏氏一边说着一边盯着伊闾车若鞮看，眼睫毛都不眨一下，那语气既坚定，用词又精确，字斟句酌。她继续说，派你去，这也是单于的意思。之所以要特别保密，不要任何人知道，只是为了避免人们瞎猜，人多嘴杂，产生谣言就不好了。你明白这个意思吗？

179

伊间车若鞮是真的不明白。他心说他的爷爷奉冒顿之命长期在秦国居住，有什么事情能瞒得了他。今天为什么又要派我去干这件事？不过他却毫不迟疑地说"明白"！

"你要带上几个人？"阏氏问。

"要绝对保密，就只能是我一个人！"

"那能行吗？"

"不行也得行！还能找一个跟我一样的能说秦国话的人吗？"

"得多少天回来？"

"听阏氏的旨意。一般地，除去路程，在咸阳十天还不把什么事都弄清楚了。如果还需一个'舌头'的话，光在路上就得多耽搁几天。"

"不要什么'舌头'，只要你能回来，越快越好。"

"什么时候动身？"

"今天夜里就悄悄地走吧！连你的媳妇也别告诉。"这最后嘱咐的语气又是严厉的。

虎形铜饰牌（战国，长10.3厘米，1979年凉城县毛庆沟出土）

伊间车若鞮出了阏氏的穹庐之后，心里一下子就轻松起来了。他之所以敢于夸下海口应付这个差事，是因为有他的爷爷在上郡或是在咸阳，不管在哪儿，他都是有办法找到的。不过他还是想怎样才能把他的情况让冒顿知道，可是在他一直回到自己的小窝里的时候，他也没想出一个今晚怎样在行前见到冒顿的方法。他现在既不敢把情况告诉妻子，也不敢用他手下的任何人。如今又要乔装打扮独行他国，就更加没人能给他传话了。"传……"他的思绪中冒出的这个"传"字使他忽然醒悟了："咳！我怎么傻到这个地步！"他拍着脑门嘲笑自己。

在伊间车若鞮乐乐呵呵地但却是悄悄地在做长行的准备时，冒顿却如火烧眉毛般地赶往营帐，他每走一步都觉得腿在发颤。

大概是纯属偶然巧合，或许是有意精心安排，谁能说清楚呢，反正是在阏氏单独召见伊闾车若鞮密授机宜时，头曼单于却到了冒顿的军幕营帐之中。冒顿麾下一见单于驾临，差点吓得魂飞魄散，因为冒顿还在家中。他们跪地禀告大单于，请允许他们急去通知冒顿接驾。单于一笑，允许了。等待时，单于在众人簇拥下视察了冒顿所部的营帐、军容，直接与士卒交谈起来。几个千夫长、百夫长头一次这样近距离地得瞻天颜，一个个战栗不安，答话时也多拙嘴笨腮。但见天颜慈祥温和，所问又都是家长里短、骑马射猎之事，又顿觉单于亲切令之感动，不觉之间竟是有说有笑了。直到单于看见冒顿扑俯在地，额沾尘土，颤声颤语，以告不敬之罪的时候，人群之中重又归于鸦雀无声的状态了。

单于的心情今天特别好，竟然在冒顿的搀扶下走遍了营帐。

从在漠北接到秦国朝廷发生事变，头曼单于决定南下阴山以来，他就有意要仔细察看冒顿戍边练兵的情况。因为关于这些方面的事情传到他耳朵里的有不少，其中有正面的，也有负面的，负面的似乎更多些。正面的，如从萨拉乌苏撤退时起，冒顿就一直主动请缨，担任断后。但他手下并无多少士卒，而竟敢膺此重任且都圆满完成，皆显其胆、识、智。有人说他运气好，秦军并未向他进攻嘛，别人断后也一样能完成，头曼皆斥之。有人说他征兵、整军、训练而不愿撤回漠北，是扩充实力，怕是心怀不轨。也因此就有人反对他南下阴山，或者定要南下则带足兵力。他均未予以理睬，并且决定南下时，迅即动身，并未事先通报冒顿，意在观察冒顿的真实情况。到达阴山草原之后，头曼单于深感意外，看得出冒顿尽心竭力尽思尽孝的情况，舐犊之爱油然而生。从看见穹庐城的那一刻起，到这些天的宴会供给，显示出了冒顿的理财能力，听他详细报告敌情，分析形势，和今日所看到的驻军的营帐，都证明了他的统军的能力。他从心里感到高兴。他觉得儿子在政治上日臻成熟，实在是个好帮手。他知道左王大臣等人不喜欢他，不就是因为怕冒顿会不服从太子的管束嘛！头曼单于当然深爱其幼子，而且他坚信能为幼子安排好各部落的头领的拥戴，他也能为幼子安排好兄弟之间的关系。他相信没有人能怀疑，更没人能动摇他的这个权力。他深知许多部落都独立惯了，他们以其多年盘踞的山谷和草原为其休养生息的领地，生怕别人占据他的山林，不愿听别人的管束，他认为这是自古以来就如此的。只要他们在关键时刻能服从大单于——部落联盟大酋长的约束就行了。当然能使其如此必须是你有大于他们的力量。他认为现在，他的长子冒顿就具有这种力量，而这正是他最需要的。他的儿子现在这样尽心竭力率兵戍边，又恰逢秦国始皇已死，长子也死，局势

肯定会发生动荡，这可能是个机会，真得仔细观察，认真准备，既防不测，更需进取。

他在冒顿的军幕里，是父与子的倾心交谈，也是君与臣的大计磋商。因为冒顿久在前沿直面强秦，如今强秦又生变故，因此父亲首先要听儿子的建言。冒顿从到月氏做质子到而今，大致算来，约近十又五年，总是离多聚少。昔时冒顿年幼，天下大事谈不来，生活琐事下人管，日常政务龙廷议，旨意下达去执行，哪得一倾心交谈的机遇。像今天这样的父子相聚，不说是头一次，怕也是数不来有过几次。因此冒顿真的是想把自己的怦怦直跳的心整个儿地端给父亲。

他认为不论秦人眼下发生了什么样的事变，都不应急于与秦军正面冲突，但可以叫自己的牧民逐渐向九原郡、北地郡和上郡那些从前我们生活过的地方渗透进去，敌用武力驱逐就退，只要不出长城就行。他说他这样想，是因为只要我们允许，牧民自己就能过去，不费一兵一卒，就能恢复原来的驻地，当然是要避开秦人筑城和有驻兵把守的地方。

他认为不论秦人是强大还是衰弱，那是他们自己的事情，别人都无可奈何。不论秦人如何强大，终究都是有限度的，事情在于我们自己是否能强大起来。我们匈奴强大了，他们秦人再强大又能把我们怎么样？我们自己不强大起来，面对强敌当然就束手无策了；就是秦人衰弱了，我们也拿人家没办法。

他认为匈奴的强大首先不是取决于士卒的多少，不在于军阵的大小，而是看匈奴的各部落是否能统一在一个最有权威的单于的领导之下，接受单于的统一指挥，进而言之，各部落不能任由一个酋长随意指挥、管理，它应由单于根据多种条件确定的多个层级的官员管理和指挥。

他认为由单于统一领导的由各级官员行使权力进行管理的国家就要有一支强大的保卫国家的军队，平时分布于各相关的要塞地方，战时由单于统一调度和指挥。

等等。

总之，冒顿根据他在月氏做质子时所看到的月氏王的管理国家的方略，和他在这十来年的时间里，一方面是秦兵的步步进逼和他的步步退守，长期直面对峙，使他对秦军有了相当的了解；另一方面是通过众多谍员、商人以及他招募来的各行各业的匠人，其中也包括他自身深入秦境对秦国社会情况的认知，使他对国家和政权的建设，对军队的组织，以及对沿袭了千百年的部落社会结构都有了一些看法和认识。但所有这类问题似乎从来都没有在单于龙廷议事的日程上被提出来讨论过。即使偶尔碰到与之相关的问题，特别是与战争相关的问题是经常要出现在龙廷的议事日程上，但恐怕大多数还是停留在"兵来将挡，水来土掩"的层面上。特别是因为他长期远离龙廷（虽曾被立为太子，但那时年幼，名为储君，备位而已），"不在其位，焉敢谋政"，所以从无机会与父单于畅叙政见。今日天缘凑巧，老父有舐犊之情，嫡子有陈情之愿。用20世纪中叶流行的俗话来说，那叫"话匣子"一打开便哇里哇啦没完没了。从儿子方面而言，他是思之已久，不吐不快，沥血剖肝，开心见诚；从父亲方面而言，儿子畅论时政，鞭辟入里，老子顿开茅塞，刮目相看。早年其盗马归国，仅嘉其勇；近时他断后戍边，显见其忠；今日则针砭时弊，立国有纲。但军国之事，能以其一言而定吗？且不说就统军备战，仅单于集权于龙廷，事涉大小远近百余部落各种权宜，是一语或一令就有应者吗？空论而已！再说能立此功者可屈居人下吗？能建此言者可愿居人下吗？届时将何以处之？一触到这个问题上，单于的眼睛就失去了光泽，口齿就失去了伶俐，嘴角就失去了温和，心态就失去了慈祥，身体也有些失去平衡。单于曾立冒顿为储君，今日储君为其弟。冒顿从未对此表示不满，这使他感到欣慰。但有时转念去想，冒顿如此是真心抑或假意？若是假意又当如何措置？你可曾知道这"废长立幼"之举，为父有着怎样的难言之隐吗？华夏有战国七雄，而三雄戟指匈奴，月氏在西，联合戎羌，隔河相望，时相侵掠；丁零诸部不时南下，抢夺牛羊习以为常；东胡山戎不通音问，楼烦、林胡、白羊诸部，依违无常，他不借助各部落大人之力不是四面受敌就是八方来侵，他何以处之。废长立幼缘于此，不得不为之。今若依冒顿之议，不是扶苏之祸在前，就是始皇之死重演。他何以处之？

最后，他告诉儿子：今日之议，事关重大，你尚年轻，未能全解。眼下还需严密监视秦人举措。但你所言，不再为他人道，除此外，仍以练兵为务，我或观之。

四、呼衍尼特克的穹庐

头曼单于在与儿子做倾心之谈以后，内心有很深的矛盾。他对儿子的宏观大论不是没想过，但却没有儿子想得那么系统。他喜欢冒顿那些想法，但眼下不具备实现的条件。他在梦中似乎还与儿子辩论或是教训儿子：说空话容易，做起来比登天还难。人大约都是这样——一当上父亲便比儿子有理吧！他不能让儿子牵着自己的鼻子走。他这么想也要这么做。但他却悄悄派出一些人到一些部落去传达他的口谕：各部落按户计算，每百户人家选拔十名以上青壮做单于士卒，依例，酋长或酋长指定官员带队报到，凡报到者超过二百名以上者，授千骑长之职；超过二千名以上者授

万骑长之职。

头曼单于征集人马有建常备军之意。但能集合多少人马，他心里没有准谱。

他征集人马，阏氏知情，但阏氏派人充当细作直去咸阳之事并未报告给他。

太子更喜欢走马射猎，各种大动物正处在产崽后的哺育期，当然也因这时的阴山是绝佳的茂盛时期，许多果实开始成熟，宜人的气候特别使太子高兴，他的游兴正浓。尚武的游牧民族均把射猎当作大事。自古英雄出少年，而射猎则是尽显英雄本色的时期，马背民族从来都是乐此不疲。太子乐此不疲，其追随者当然更是乐此不疲。

冒顿自是谨遵父单于之命：积极练兵。因为父单于说过或有可能去检阅他的部队，他必须全力做好准备。他不敢奢望父单于会接受他的意见，他也确实不敢有百分百的自信。父亲当然比他更了解各部落的实际情况，千百年来，马背上的各游牧部落都是依据山谷为依托自由自在地游牧在无边的大草原上，不是有利可图谁愿跑去打仗？而抢劫是有利可图的，那不含糊，而这正是为人所诟病的。他想改变这个状况，至少他的麾下必须改变，将来才有可能改变整个匈奴人的军队。这是他目前唯一能做的事情。只要父单于说好，那他就做下去。当然他心里也更明白，只要父单于说好，他才能立住脚跟。他更深知连能否立足都成为问题的时候，还能侈谈什么建政、建军、统一之类的问题，那不是痴人说梦吗？但是夤夜难寐，秦国朝廷生变，若出现政局动荡情况，匈奴当何以应之？他与老爷爷招来的那些工匠有过一些接触，秦廷所实行的苛政、严刑、峻法、徭役、穷兵、黩武、寻仙、巡游，无所不用其极，民不聊生，苦秦久矣，他估量着，秦是不乱则已，乱则必生大变。处此千载难逢之机，若不能予以把握，能对得起天、能对得起地、能对得起祖先、能对得起后世？他忽然想起这几天怎么也不见伊闾车若鞮的面呢？他的耳目有点闭塞了。他不由得还想一个问题：按时间算，秦皇的尸首应该早就回到咸阳了，因为若从沙丘奔洛阳过函谷关进关中千余里的路程，旬日可达，何以延宕至今，杳无消息？难道会走另外的路线吗？那会是哪条路？为什么？会有什么新的情况吗？他不禁长叹一声，下意识地握紧右拳砸进左手的掌心。其实这只是一个小动作，却惊动了熟睡的妻子。

她对他的长吁短叹甚为关心。自从冒顿知道妻子的身世之后，向有戒备，不肯直露心扉。但俗话说一日夫妻百日恩，妻子对他的关怀与爱护看得出来是出自真心，无可挑剔。他是小心归小心，真情归真情。但同床共枕的闲话还是以真话为主的，因为自问他并无差错，更无异心。故而在谈到秦国皇帝暴死，皇长子扶苏竟自杀身亡，他泰然却又有些激动地谈到当前匈奴与秦国的态势，自己却又无能为力而忧心忡忡。他甚至谈到与父单于在军幕中的会晤及其感想。这个小女人自然是以其夫之意为己意，虽不熟谙政治，但耳濡目染，毕竟略有所窥。他忧丈夫之所忧，同时嘱咐丈夫凡事要多加小心。但加谁的小心，对什么事加小心，加什么样的小心，为什么加小心，她却是语焉不详。他不便深问，更不能追问。他在暗想方才有什么话说得不当。

古往今来，古今中外，绝大多数的政治婚姻怕都有点儿邪门！私房话会变成政治谈话。

冒顿只好沉默不语了。但妻子又冒出一句问话：伊闾车若鞮去咸阳是你派出去的？

冒顿惊诧了。他想申辩：从派伊闾车若鞮去漠北龙廷到大单于南来阴山，伊闾车若鞮已不再隶属于他的麾下了。这显然都是妻子知道的，怎么会有这样的问题？

双方都沉默了。妻子意识到自己不当问，而冒顿也意识到这件事不能追问，但却必须深思。谁派出？派出做什么？是为了核实我之所报所言？尤其重要的他是谁派出去的。如果是父单于派出去的呢？不可能。他立即否定了。他敢肯定父单于早有一个庞大的情报网络系统。想来想去，只能是落到阏氏身上。阏氏选了两个美女，一个做我的妻子，一个做伊闾车若鞮的媳妇。他完全明白了！原先他曾有过怀疑，但无依据，现在亦无依据，不过现在明白阏氏这样安排的动机已昭然若揭了。华夏族春秋时代诸侯国的故事他无从得知，战国时代的七雄各国的宫廷逸闻则不时传入耳鼓。老爷爷给他讲中原故事，曾说过，变法图强方可进取，内政不修祸乱必生。这是从多少个诸侯国的兴亡盛衰的故事中总结出来的话语，对此他是牢记在心的。他没想亦不敢说自己是一个改革者，当然亦不敢说龙廷有什么不修的内政，更看不出有什么必生的祸乱，但如今出现难逢的有利时机却不见有任何进取的方略，反而是多方猜忌，设计监视，究竟意欲何为？

他侧过身子，借着微弱的长明油灯的一点儿光亮，发现妻子又睡着了，嘴角上流露着一丝丝满足的笑意。他想她应该还算是纯情的，对自己的处境或说有人要她做的事情，似乎并不明白，至少是不完全明白。这么长的时间，他觉得她还是真情对待他的。他可以原谅她，但必须防备她，不能率尔直言。

晨曦微露时，即使是仲夏，草原上也是凉意森然，湖中的水仍觉得有些刺骨。

冒顿悄悄起来，不想打扰妻子的美梦，可她还是醒了过来，并且急忙爬起来帮他穿衣束带。仆妇和使女们听到屋中动静，自然进来伺候。在吃早点时，他告诉妻子，父单于不知哪天会去检阅士卒的操练，他得抓紧做些准备。

他现在大约是有意在妻子甚或包括仆妇与使女们面前把自己的行踪和要做的事情说得非常清晰和明确。也许潜台词就是：这里无隐私，向谁去报告都可以！

许久以来，他总想把他的亲随卫队或说是由他直接指挥的一批精心挑选的士卒——本意是选上千余人，即一个足额的千夫长的队伍，但将要凑上，因闻秦人有异动和单于南下阴山，呼兰斯逐若须接近长城驻守，便拨出了近半的精选士卒以加强呼兰斯逐若的力量，所以眼下他的精卫士卒仅有六百来人。他想父单于要检阅队伍就检阅这些人马吧！拉出来能像个样子。

他所说的"像个样子"的队伍是指这样的一支队伍，即在临敌作战时，特别是在遇到突发情况的作战时，这支队伍能够在瞬间展现出一种使对方不能反抗的爆发力量，并且能够连续进行两个或三个梯次的攻击，就一定能对敌方取得压倒的优势。即使敌人后续力量十分强大，而我方后续力量严重不足，但若能将其前锋威慑住，也能为我方掉转马头撤退争取到必要的时间。

经过他这样严格训练了一段时间的精选的士卒已经展现出颇为不错的效果了，但其敏捷速度和批次的轮换还不理想。譬如他的带骨哨的鸣镝一发射出去，第一个批次的士卒总有几个人要慢上一拍子甚至两拍子。而在第二支或第三支鸣镝向目标发射时，也总有人动作不连贯，不是忘了蹲下身子给第二批次的弓弩手让开射击的空间，就是忘了抽取弩矢做第三批次射击的准备。在射击之后，矛枪兵和携短兵作战的士卒因弓弩兵没有及时让开冲锋士卒的道路而误事。更有甚者，弓弩手们把训练和演习只当作是一次娱乐，有时根本不认真。特别是在训练时间延长之后，游牧者的懒散而自由的习性就又露出来了。事关父单于要检阅，他不能掉以轻心，必须采取严厉措施。

可是当他进入山谷校场时，上午的训练已接近尾声。值勤的百夫长向他请示是否加训课目，而陪同他的一位千夫长悄声告诉他：呼衍尼特克老人家身体不爽。他回答百夫长不加训课目，按其原计划进行后便随千夫长去看望老爷爷。

老爷爷为替冒顿迎接父单于建立了一座新头曼城，竟给冒顿招来了不知多少猜忌与怀疑。这使他心力交瘁了，便悄悄回到他在山谷中的小小毡庐。冒顿看过他几次，极力安慰他。他的身体渐好，但却不愿走出他的穹庐了。但这几天阏氏派左王大臣来向他查问：冒顿聚敛了多少金银财宝并藏于何处，建立了多少个各类作坊，制作了多少兵器，等等。单于也派人来查问过冒顿征集了多少兵员，都驻扎在何处。当然来人都很客气，问话也都非常婉转，并且都是带着礼物和替主人问候的话语。不过那骨子里的含意老人是绝对不能领会错的，因此他的病情又加重了。

冒顿进入庐幕，疾步走到老人地铺前的毡毺上屈下身来坐到他的身边。老人对千夫长挥挥手，千夫长立即退立在户外，其实他沿路已经布置了一些亲信士卒，不准任何人向这里靠近，特殊情况则立即传报。

老人告诉冒顿关于阏氏和单于先后派人来查询诸事。老人这些天总是认为事情是由他引起的，起先，他在心里真是愧疚极了，后来则大不以为然了。特别是昨夜，伊伐伊屠斯派来他贴身的谍员在最机密的情况下来见他。这使老人家最后的一丝幻想和希望都破灭了。

原来伊间车若鞮一进咸阳就径直去找他的祖父。他把无机会或没办法对冒顿说的话一股脑儿都告诉了祖父，并且把这次来咸阳的缘由也说了一遍。最后他说只要爷爷教他怎么回话就行了，他需要尽早返回去。谁知爷爷却叫他不必急于回去，告诉他秦廷将有大事发生，有条件的人应该在咸阳目睹这一切。他还说，必要时他也可能与之同回。

老人的"特使"向老爷爷报告了伊间车若鞮被阏氏派遣去咸阳及他去见其祖父的经过，并请转告冒顿：种种迹象表明，秦廷必已发生重大事件，请其务必留在自己的军中，他会随时传送情报。

老爷爷转述这些事情的时候心情很激动。他在见过"特使"之后本就想立即见到冒顿，但他上不了马背了，想打发人去却犹豫了，继而又否定了。他怕万一再给冒顿添乱，他认定山谷里已有了"外人"。他相信冒顿会来的，悄声叫千夫长亲自安排一些防范的措施。因为老人特意注意到"务必留在自己军中"这句话必有原因，绝非专为等待传送情报，这不合常情。现在他们两人在分析这些情况时，大约都意识到一个问题，阏氏心目中已经不能容下冒顿了。但这话又怎么能说得出口呢？老人家责怪自己；冒顿觉得受了委屈。老人家想不明白头曼单于是怎么个意思；冒顿不相信父单于会忘记大敌当前的困境。老人家不敢想象亲骨肉不和闹到舞刀弄枪的地步；冒顿忽然想到秦皇长子扶苏……

世上任何人都经历过生，但任何人都不记得自己出生的经过；任何人到了一定的年龄段上都会预言自己有死的时候，但任何人都不能预知自己死的准确时间，包括那些自认为是哲人、高人、圣贤以及通灵者、自寻短见者或被处决者，等等。

老人家在抑制不住地唏嘘，冒顿在低头饮泣，仿佛是在引颈待戮。

小小的穹庐静谧得能够听出静的声音来。

千夫长突然闯了进来，以为老爷爷病危不行了，细一看，不像，他的头脑里画了个大问号。忽然间，他冒出了一句话："下午的训练课怎么进行？"这本来应是由他决定的事情，可他竟然问冒顿。冒顿被吓了一跳，老人家也惊呆了。冒顿意识到自己在下属面前失了态，急忙以揉眼睛的动作偷偷擦掉眼泪，老人家立即装作自己病痛得好难忍受。但千夫长问的是军训课目，不做儿女态。冒顿挺起了腰：我随你去校场。

千夫长的一句吼，对沉浸在痛苦中的冒顿起到了振聋发聩的作用。

五、紧张的练兵与混乱的消息

冒顿发疯般地疾驰到校场，在列队的士卒面前，宣布了一道命令："今天行猎！射猎即实战！"他从箙中抽出一支缚有小木哨的箭举在大家的面前。他说话声音不高，且很慢，但使人感到有一种斩钉截铁般的力量，说："鸣镝所射而不悉射者，斩！"

冒顿走到最前边，左右是千夫长和呼衍乔鞮，后边则是十余骑的亲卫士卒，再之后则是其精选的骑射士卒，总计三百余人。

冒顿的坐骑被称作紫骝马，长鬃大尾，浑身上下全呈枣红色，没一根杂毛。两眼如电，双耳如剑，肩高与人齐平，胸宽腰细，背平臀圆，四肢修长。它的性情貌似温和，实则刚烈。它是冒顿从月氏带回来的宝马的第二代，种纯，口嫩，是冒顿亲手饲养和调教的，因此在冒顿面前，它百依百顺，除了冒顿的贴身侍卫谁也别想靠近。

冒顿稍抖一下缰绳示意，紫骝马便抖擞精神扯开大步奔驰向前。他的麾下，贴身侍卫以及精选的弓弩手们早已习惯他的动作方式，便迅速展开队形紧追不舍。

这个峡谷中最开阔处与东西长几乎相等，俨然一块盆地。只是盆底部并不平坦，且多灌木，在杂草中互相争夺地盘，其间还多杂乱石，时逢夏末多雨，溪水横流，骑兵驰骋其间速度不得不放慢。但冒顿熟悉地形，士卒也非初到此地，尚能保持队形和速度。在转过一个小山包后，冒顿发现了一个小鹿群，大约就是一头公鹿、三两只母鹿和三只幼鹿。他立刻摘下宝弓，搭上鸣镝，紫骝马兴奋异常，四蹄如飞奔向猎物。其亲随及士卒一见冒顿拉弓，鸣镝骤响，哨音悠长。他身后三百多支羽箭便如飞蝗一般凌空而过。刹那间一群鹿便都倒地，那头大角公鹿似乎还挣扎两下便蹬开腿了。冒顿趋马上前，跳下马背，先寻找到了他的鸣镝，拂去箭镞泥土，又将其收入箙中。这时两个百夫长指挥士卒收拢羽箭。千夫长命其清点，同时又命人拔下鹿身上的羽箭就手借溪水将其洗净，另放一堆清点。冒顿精细，这些羽箭的箭杆是他命人几次去山丹一带山林中盗取回来的奇材木做的，铜镞是老爷爷组织匠人精心铸造的，他不允许任何人在训练中丢失一支或弄坏一支，丢失或损坏者必须查明原因酌情处分。清点结果，百夫长发现少了一支羽箭，另外一位百夫长再数一遍，包括那些射中的在内，确实少了一支。千夫长命令去寻。这时一名十人长忽然发现他的一名士卒忸怩不安，一看他的箭，三支羽箭一支不少。这名士卒被带到队列前。

千夫长喝问：为什么没放箭？

士卒答：马打滑，误了抽箭的工夫，别人的箭已射出我就没射。

冒顿命令：斩！

他的声音不大，但口气非常坚决。全场的人都听见了，而且仿佛是大家都听到倒吸一口气的命令一样，不禁都倒吸了一口气，连灌木丛中的鸟儿虫儿似乎也听到了那声命令，全都惊呆了，一点声音也没有了。

千夫长命令一位百夫长：执行吧！

这是晴天霹雳。

没有记载表明此前冒顿曾经杀过人或下过杀人的命令。因此说他从月氏盗得善马归来后作为万骑长的十年左右的时间里是一个很有人脉的王子大约不算为过。在早期匈奴的政治谱系中，万骑长并非什么虚衔。如前所述"头曼"一词本为万骑长的音译。冒顿父亲的本名，而在其成为部落联盟酋长时，他的部落能有万骑，其余部落必当侧目视之，故把"头曼"——万骑长——为其名而尊之崇之。所以当冒顿因盗善马，其父"以为壮，令将万骑"，实是委以重权。但古代人口稀少，草原游牧民族人口则更为稀少，故冒顿虽有万骑长之称，却不能具有万骑之卒。而常备军若除去头曼单于的侍卫队伍及其他高层贵族的侍卫人员之外，则基本为零。不过游牧民族也习惯称为马背民族，适龄男性青壮一旦征集，立即成军。而其数额则取决于部落大小、远近及分散的程度。在没有下达青壮全部征集的命令时，兵员是有限的；在没有重要的军事行动时，士卒一般错罪不至死。所以今天这"斩"令一下对于在场全部官兵可谓是"晴天霹雳"之喻当不为过。

马背上的士卒在第一次见到同伴的"血光"时，当会懂得或体会"军令如山"这句话的含意了吧！

但是，并非尽然。

史谓："已而冒顿以鸣镝自射善马，左右或莫敢射，冒顿立斩之。居顷之，复以鸣镝射其爱妻，左右或颇恐，不敢射，复斩之。顷之，冒顿出

猎，以鸣镝射单于善马，左右皆射之。"

历经三次的"斩"令，士卒们才终于算是有了"记性"，知道在任何情况下要违抗军令都是要杀人的。

史书又谓："于是冒顿知其左右可用。从其父头曼单于猎，以鸣镝射头曼，其左右皆随鸣镝而射杀头曼，尽诛其后母与弟及大臣不听从者。于是自立为单于。"

此段文字，班固皆宗史迁，只有一二虚字之别，非常经典，可谓言简意赅已臻极致。但试想，冒顿质于月氏时尚在总角之年，从那时起，十数年间，其念兹在兹者唯弑父一事而已，其合于情乎？合于理乎？合于事乎？合于史乎？在公元前210年的仲夏之季，在关中、在阴山所发生的事情对中国历史的发展进程极具里程碑的意义，对此，还是应该多用点笔墨为好，不要再把冒顿视为弑父狂人吧！

练兵场上将军杀人以立威，非始于冒顿。史迁记孙武为吴王阖庐后宫美女一百八十人"小试勒兵"，以吴王两名宠姬试剑，收立竿见影之效："妇人左右前后跪起皆中规矩绳墨，无敢出声。……虽赴水火犹可也。"冒顿不曾见《兵法》十三篇，而其所行合于兵法，于此亦见一斑。

在冒顿谨遵其父单于之命于峡谷中操练兵马的时候，在燕然山、狼居胥山、涿邪山、浚稽山各峡谷以及郅居水、匈奴河流域的一些部落在接到单于的"羽檄"之后，也在征集士卒和马匹。其中有的已经上路，有的正在编队，大部落，或有千人，即或不足也要以千人称之以显威风；小部落或成百，或数十，人不足则多以马充之。单于有旨：先到者有封赏，逾期而至受惩罚，抗旨不遵者严惩不贷。

但大单于发"羽檄"调各部落兵马南下阴山，冒顿并不知情。冒顿虽曾向父单于陈述秦皇长子扶苏之死显示秦廷可能有变，也曾建议父单于整军经武，但并未具体到调兵遣将的行动。因为在没有具体的目标、紧急的状况或周密策划、安排的情况下，是不能调动军队的。冒顿在秦长城以北的布防、在峡谷中的训练，是不敢违制的。因此当他听说漠北许多支人马奉命向阴山集中时，起先还颇高兴了一下，心想父单于终于要有行动了。但呼衍乔鞮悄声问他：单于调动人马的旨意是什么时候发出的？具体的行动目的和目标是什么？计划是怎么制订的？秦人有什么动作吗？月氏和羌人有什么消息吗？我们的具体任务是？……

冒顿一下子便蒙了，两眼有些发直。但他反应迅速，猛然醒悟过来：当一切均违背常规时，那就是发生了异动。

呼衍乔鞮挑选了几个斥候秘密出山，分道侦察情况，迅速回报。随后乘夜陪冒顿去会呼兰斯逐若副万骑长。

　　呼兰斯逐若为便于就近监视长城那边的秦人的行动，他步步为营地设置了几个非常隐蔽却又有秘密通道的哨所。这几个隐蔽处大约都是猎人发现的黑熊的冬眠山洞，后经呼兰斯逐若等人的开凿和改造，四五个人潜伏十天八天饿不着。其中一个山洞更大些，因在密林深处，离秦人长城远些，距呼兰斯逐若的驻地近些。呼兰斯逐若常在这里与前方哨所保持联系。当冒顿和呼衍乔鞮黄夜摸到这里的时候，呼兰斯逐若已把一锅手扒羊肉给他们预备好了，因为呼兰斯逐若的"耳报神"们早已把话传过来了。

　　本来呼兰斯逐若以为冒顿此来定是要急于知道秦兵的情况。而他因为一个极为重要的情报已经派人去核实，一旦弄准便立即上报，没承想他们已到。他告诉冒顿那个待核实的消息是蒙恬在扶苏死后，立即就被囚禁在阳周。而且事情并非止于此，据说秦始皇死讯不确，车驾已到过九原，地方官员都曾前去见驾，只是没有扶苏和蒙恬。始皇大帝只在车中接受拜谒，中车府令传宣旨意。不久车驾就从直道南下，卤簿、扈跸众军绵延十数里不止。这与原先所传已死的消息出入太大，所以派人前去悄悄核实，到现在还没回来呢。

　　其实他们所得知的都是迟到的消息，后来证实了秦始皇的车驾、卤簿等确实到了九原，只是尸臭难掩，车下竟悬有千金鲍鱼。之所以不走洛阳进函谷关直回关中，也许是因为始皇生前巡行时曾说过要经九原，走直道回咸阳。若改道，怕有人生疑或质疑。但也许是赵高、李斯辈要从容安排，现始皇幼子胡亥继位为二世皇帝。所有这些消息都是真的，长城上的秦军已生乱象，如军旗不振，哨兵缺位，号角误时，且有士卒嘈杂之声。显然主帅换人，军心不稳，但如何调动，尚难估计。

　　冒顿默然良久，凝眉沉思。

　　呼兰斯逐若本以为这是一个非常重要的好消息，可是他的主将怎么会是这个样子，令他好生不解。他转过脸去看呼衍乔鞮。呼衍乔鞮也是一脑门子官司，双眉紧锁，凝视着冒顿。

　　"出什么事情了吗？"他像是在问，又像是自言自语。

　　"阳周在什么地方？"冒顿没有回答呼兰斯逐若的问话，却反问他。

　　"在上郡西南，桥山以北，是个小城。"呼兰斯逐若准确地回答。

　　这里说的都是老地名。秦置上郡，辖区约为今陕西省北部及鄂尔多斯左翼之地，治所为肤施，在今榆林河与红柳河（萨拉乌苏河）交汇的鱼河堡。秦统一六国后，蒙恬北逐匈奴，设九原郡，筑长城，但其司令部（史书所谓之军幕）则设在肤施。后项羽立三秦王，其翟王董翳即王于此。阳周，在今陕西安定县北。境内有桥山，沮水穿山而过，若桥然，上有黄帝冢。桥山亦名子午山。

"阳周有蒙恬的驻军吗?"

"据说那里没有蒙恬驻军,因县城很小,不在当道。蒙恬的军幕本离长城前沿较远,多年已无战事,上郡的士卒也有限,所谓的三十万人是分散在整个长城线上先是筑城,后是守城,多不在后方。"

"扶苏是怎么死的?"

"谍员报称:是皇帝派来的使者赐剑促其自裁而死!"

"秦廷怎样处置蒙恬?"

"不详,只知将其械系阳周。"

"现在秦军主将为谁?"

"据报为原副将王离。"

"噢!我知道了!"冒顿点着头,既像是应答,又像是自语。"这个王离是王翦之孙,秦之名将。但他们对秦皇已经没用了。不过,蒙恬械系阳周必死无疑,王离是不会救他的。"冒顿下了断语。

冒顿偕呼衍乔鞮与其助手副万骑长呼兰斯逐若在一山洞哨所相聚,虽有羊肉奶酒之类的极品美味,却只能当作填肚充饥之物,恐怕连咸淡都未必能分辨出来。

他们分析咸阳方面的情况,但是得不出什么结论。因为他们知道得太少了。他们不知秦始皇是怎么死的,死前有什么安排、死后其当局做了什么安排、胡亥是个什么样的人、丞相是谁、掌握中枢权力的还有谁,一概不知!

关于秦国朝廷的情况不明,对其军队的情况也不明。王离取代了蒙恬,朝廷对他下达了什么旨意,他主动地采取了什么措施,对此,他们三人也是一概不知。

同样,头曼单于发出"羽檄",从漠北调集人马赶赴阴山,他们也都被蒙在鼓里,一问三不知。

如此仔细算来,他们已经准确知道的;根据已知情况推定其发展轨迹必定包含着变数,不敢十拿九稳;他们本应知道但却无法知道的情况;三者对比下来,冒顿才感觉到他眼下的处境是多么尴尬。

任何重大事情都不应凭感觉去做决断,但事实上多少重大决断不是凭感觉做的?这类情况恐怕永远都不会有一个哪怕是纯主观的估计数字,更不用什么准确的统计数字。

冒顿沉吟着,塞到嘴里的手扒肉大概是味同嚼蜡。别人大约也同样。这时他们大约会不约而同地想到伊伐伊屠斯与伊闾车若鞮祖孙二人。

六、波诡云谲的局势

伊伐伊屠斯与伊间车若鞮这祖孙俩不知是何等的精明，竟能把咸阳内外、大河上下、长城南北、郡县衙署的达官贵人、富商巨贾、贩夫走卒、山野村夫，乃至丢魂贵族、落魄方士、失意儒生、黥面逃犯等三教九流、游侠浪人、山林隐逸、氓流地痞及鸡鸣狗盗之徒、西域化外之商，等等，无不纳入他的视野或网络之中。长时间以来，伊伐伊屠斯把到手的各种消息、情报严格过滤，传送回去。

最近老爷子通过各种渠道已得知秦宫内部不少惊人消息，他正设法进行核实的时候，偏巧他的孙子又来了。通过孙子的叙述，知道其来非常诡谲。所以在核实了秦廷所发生的政变后，他不仅没高兴起来，反而对单于龙廷——或更准确地说是对冒顿的际遇——可能要发生什么事情而深感不安，因此他决定要亲自见一次冒顿。但他毕竟年事已高，加之身份特殊，在路上不敢张扬，不能招摇，孙子伊间车若鞮身份更为复杂，尤需隐蔽，故只能采取绕行、夜行等方法，在各种关系的掩护之下北上，其速度可就缓慢了许多。在他们化了装，神不知鬼不觉地被引进呼兰斯逐若的山洞哨所时，冒顿都惊喜得说不出话了。

关于秦始皇的死，有许多细节是非常可笑的，诸如始皇死于辒辌车中，暑天，尸体臭不可闻，李斯命从官载一石鲍鱼以乱其臭，后世史中皆有载。其实他的病由来已久。就从他下旨焚书坑儒算起，他的精神病就已发作到无药石可加的地步了。他将长子扶苏发配到上郡，名曰"监军"，实为流放，是他这次闹精神病的第二次发作。庚寅年（秦始皇三十六年，公元前211年）天上星辰正常运行，正逢火星接近商星，古人称作"荧惑守心"，又有陨石坠地，这又使他精神病发作，闹鬼闹神，对黔首——老百姓大开杀戒。辛卯年（秦始皇三十七年，公元前210年），其精神病益发不可收拾，他已经完全丧失了人性，只剩下了兽性、鬼性和神性（神性的本质仍是鬼性）。他到了云梦，望见九嶷山，观舒州，过丹阳，临浙江，上会稽，至琅琊，至芝罘，一路上寻神觅鬼，装神弄鬼，祭祀大禹，刻石勒碑，无数的官员陪着，成千上万的士卒保卫着，沿途所到之处的黔首悉数被折腾得人仰马翻。直到平原津，他的精神病算是闹到头了，出现了一次"回光返照"："乃为玺书赐公子扶苏曰：'以兵属蒙恬，与丧会咸阳而葬。'"这个"回光返照"的时间太短，他的话并未说清楚——由谁继位，是扶苏吗？或是别的什么人？对国政有什么遗嘱？难道也要像他那样天天装神弄鬼，施行暴政吗？从平原津到沙丘，步行不过三天路程，显然，如

果那时秦始皇没死，至多也不过是还有口气儿，直等看见了赵武灵王的魂灵儿才蹬了腿。

老爷子的谍探从肤施和阳周传回来的消息则是绘声绘影，绘形绘神，直如目击。说是赵高与胡亥合谋，说服李斯矫诏扶苏与蒙恬，派特使直抵上郡，指斥扶苏与蒙恬将兵数十万，戍边十余年，无尺寸之功，反怨望圣君，将两人赐死。扶苏接旨滋泣失声，遂入内室欲饮剑自裁。蒙恬止之，认为其中有诈。扶苏不听，即自杀。蒙恬不肯死，使者知其重兵在握，不敢贸然，遂将其械系阳周。但阳周距肤施咫尺之遥，军中将士虽有王离约束，但蒙恬余威尚在，且其弟蒙毅将兵于代（今河北蔚县），使者密报请示定夺，胡亥已在咸阳继位为二世皇帝，已经大权在握，遂派使臣赴代赐死蒙毅，又遣使者至阳周逼蒙恬吞药自杀。

老爷子从咸阳得到的谍报和其孙子在咸阳直面观瞻，所闻所见则更为精确。他不仅看清了目前的咸阳政局，甚至把三年后的咸阳也看得一清二楚。他以一个食盐之量和过桥之程远大于常人的老者观察和判断秦国的政局，不会止于"入木三分，散霞五色"之见。他断言：起坟筑宫，徭役无穷，民脂民膏，三年耗尽，苛政如虎，民怨沸腾，秦将不国，干戈必兴！

冒顿等人相顾愕然，不知该喜还是该忧，或者说明知是喜，但忧患更深。

老爷子环顾他们点了点头："看得出你们是明白事理的。如果只为秦廷内乱——这对于我们匈奴而言绝对是好消息，是喜事，可我是不会回来的。"老爷子眯缝着眼，又环顾着众人，最后把目光定在冒顿的脸上，说："我告诉你，冒顿，我在秦人的地界上生意做得很红火，积攒了很多的钱。这钱快不大好用了，我要买很多东西，都是我那老伙计最想得到的！叫他准备好地方就行。"

"老爷爷最近身体不大好，都是为了帮我才累坏了的。"冒顿小声插话，有点儿嗫嚅。

"怎么了？不行了吗？"老爷子急问。

"不是！不是！"冒顿急忙辩白，"只是太累了些，当无大碍。"

"好！我长话短说。我本来是想只到这里为止，不再往前走了。没想到先会上你们，我省却了等你们的时间，这就有时间去看我那老伙计了。"老人停顿了下，喝了一大口马奶子酒。"在秦人地盘上就想这马奶子酒啊！"老人沉思了一下，"我方才说到哪里了？噢！我是想说，若只为秦廷内乱之事，我压根儿就不用回来。我怕这小子——他指着他的孙子伊间车若鞮——说不清我的意思。"

冒顿等人都快把头伸到老爷子的下巴颏儿底下去仰视着老爷子。

"秦人不足惧。不需太久，必生内乱，单于会夺回北地郡和上郡等地。问题不在这里。此番阏氏秘密派遣伊间这小子赴咸阳，一是想看看秦廷真正发生了什么事情，但骨子里怕是想寻找某一种机会，目标是针对冒顿的。不过，阏氏肯定是错估了秦廷的形势，同时又错派了我的孙小子。这个事就算已经了结了。二是一计不成，必生二计。大单于从漠北调兵，本意是想若秦廷果生内乱便可借机重回北地郡。大单于既看重冒顿治军守边，又怕他手握重兵威胁太子储位。不论你怎样释疑，都无法排解大单于的这种两难的心态。阏氏是看透了这一点，才另选别法。而那个老巫师（他指的是左王大臣）也会不断地制造点麻烦吧！"

老爷子说罢，站起身来，自顾自倒满了一钵马奶子酒，猛喝一口："真香！"接着他又说道："我现在就去看望我的老伙计。你们不要再管我，我什么时候走，怎么走，你们都不要问。冒顿！你记住！大事不决时，去问我那老伙计，小事别烦他了。"

冒顿眼里含着泪花，说声："是！"

老爷子喝尽了钵里的马奶酒。在他要迈步时，冒顿小声说了句："我陪你去见老爷爷吧！"呼衍乔鞮抢着说："让我陪着去吧！"

老爷子说："都不用，以后也别找他。"他指着他的孙子说，"该找你时，他会设法见你。"说完，他带着孙子飘飘然就消失在洞外了。

冒顿有些怅然，他觉得还有许多话要问问老爷子，怎么不容分说就走了呢？

"我怎么像做梦似的。"呼兰斯逐若自言自语，敲了敲自己的脑壳。

"我也是！"呼衍乔鞮说道。

"是的！你们说得对！我们就把今天的事情当作一个梦吧！"冒顿慢声细语地说，"梦是什么？其实什么也不是！人在做梦时，一会儿哭，一会儿笑，或紧张、害怕，或轻松、欢乐，醒后便什么都没有了。我们今天没有来过这个山洞，没见过老人家，更不知道什么伊间车若鞮去了哪儿。我们不知道秦始皇怎么死的，也不知道胡亥是个什么东西，更不知蒙恬在阳周死活的事儿！总之，做了一个梦，梦做完了便把梦境全忘光了！"

"我对腾格里盟誓，我只在前沿哨所监视敌人，没有人来过我的哨所！"

"我也盟誓，我连梦都没做过！"

呼兰斯逐若和呼衍乔鞮争着盟誓。

冒顿带着呼衍乔鞮临行时又嘱咐呼兰斯逐若："要特别照顾好老爷爷，可要与老爷爷少见面为好！"

在回程中，全靠满天的繁星为他们两人指路。他们不能快走。特别是

呼衍乔鞮，还得肩负着保卫冒顿的任务，因为此行机密，他们身边没有一名侍卫。

冒顿的心情很压抑。面对着强秦突发的内部混乱，对于匈奴而言不说是千载难逢的机会，至少也是他冒顿所能认知的绝佳的机会，但他不仅是不能有所作为，甚至还要防之又防，不要使这个本来是绝佳机会竟变成是他的最坏的机会。他感谢他在有生之年所遇到的这两位老人，他们不仅是他的启蒙者、教育者，更是他的保护神。他相信他们的聪明与睿智，相信他们的卓识与远见。但这却不能消除他的烦恼与悲哀：他不见容于阏氏和太子，或许还可以理解，但父单于为什么对此不作决断呢？不决断不就是也等于不肯再容纳我吗？剥夺了我的储位和继承权，我没说过一句怨言，也没有争夺储位的念头啊！我直面强秦步步进逼，作为断后部队以掩护父单于北撤，是认真在保卫着父单于，保卫着匈奴啊！这也是错？这还有什么理可讲呢？

人的思维有时是杂乱无序的，有时钻到牛角尖里就怎么也转不过弯来。在这种时候，逻辑思维往往不起作用，而原始思维便悄悄钻进头脑中来。当他在仰天长叹的时候，就觉得天上那无数眨眼的星星正在嘲笑他，辱骂他，故意把天空弄得漆黑漆黑的叫他找不着出路，叫他不知道走在什么地方。他立刻收回仰视星空的目光，却发现眼前尽是黑洞洞的深坑，而在深坑的边缘上不是卧着的虎就是坐着的狼，它们都对着他龇牙咧嘴，张牙舞爪，正要向他扑过来。他下意识感到一阵恐惧，本能地勒马止步。走在他前边的呼衍乔鞮凭直觉感到身后有异动，扭过头去看，发现冒顿勒紧缰绳，使马头高昂，左右摇摆，不知怎样举步。呼衍乔鞮急策马返回，一把抓住冒顿的马缰，控制住了马的躁动。

冒顿从恍惚中清醒过来。他为了遮掩自己的失态，说有个小飞虫飞进他的眼里了。他用手揉揉眼睛，说是没事了。

冒顿终于到家了。呼衍乔鞮蹒进侍卫们住的毡房找了个睡觉的地方。

七、三鹿回头玉饰牌

伊闾车若鞮不知在何处浪荡来着，弄得满脸泥土，头发蓬乱，反穿的老羊皮袄七零八落的，脏兮兮得叫人恶心。他就这样摸着黑闯到了阏氏穹庐的头道岗前隐蔽起来，直到看见一个他认识的哨位上的小头目才现身。他叫那个小头目速去禀告阏氏：他已归来。

当他蓬头垢面地进了阏氏的寝庐，压着嗓子说了一句"有天大的好消息"后便如一摊烂泥一样倒在地上睡过去了。

双兽形铜饰件（战国，高 14.2 厘米，1974 年准格尔旗玉隆太出土）

当他仍带着困倦之态二次走进阏氏的寝庐时，他的漂亮的妻子和侍女们不单把他打扮得一如素昔的英俊模样，还把他喂了个酒足肉饱。在他正式给阏氏行了朝觐的礼仪后才似乎注意到太子也在座，于是又重新按礼如仪地拜见了太子，以至引得阏氏身边的侍女们（当然也包括他的妻子在内）偷偷掩口窃笑。他也用眼角的余光看着她们笑，并且想要充分运用那笑的效果。因为阏氏要他详述去咸阳探查秦廷的详细经过。

他领懿旨要叙述了，但他需要使劲挣扎着打起精神，一会儿要挺胸，一会儿要使劲儿抻抻脖子。但讲着讲着，声音就有些慢，并有些低，于是又是一番挺胸、抻脖、捂着嘴打个哈欠，然后又来劲儿了，使劲儿地讲。女人们心细，看得出他是疲乏透了，但又为他的奇经异历和他描述的秦都咸阳的瑰丽繁华景色弄得神魂颠倒了。尤其是在他绘声绘色地叙述秦宫妇女的奇装异服、头面首饰、蓬发去髻、涂脂抹粉、搔首弄姿、左顾右盼的情景时，包括阏氏本人在内的所有妇女无不为之惊愕艳羡。但是恐怕只有鬼才能知道他的话哪些是真哪些是假，反正只要她们——特别是阏氏——喜欢听就好。他牢记祖父的话——必须去咸阳走一遭，他去了，是在他祖父的"线人"的安排与保护之下，穿戴比贵公子还显得"贵"，比富甲天下的巨贾还阔，所以他才能"闻所闻而来，见所见而去"。于是他在这些没见过大国世面的女人面前，他说他在什么什么地方见了什么什么人、什么什么事、什么什么场面，那么她们当然就只有听的份儿，没有问的理儿。

他把关子卖弄够了，要说的核心事儿才是真格的。这时他也一扫疲惫无奈的倦态，而变得两眼炯炯放光，神采奕奕，一脸严肃，却又暗带狡黠。他说起沙丘宫的故事时，不知夸大了多少倍，也不知臆造了多少细节。有人问他消息来源时，他一句话就顶住了："秦楼酒肆，街谈巷议。"在他说起秦二世皇帝胡亥在逮捕、抄家、处死、砍杀他的一二十个兄弟姐妹时，虽然声明说他可是不能个个现场都去看过，但从那叙说的翔实情况看，那就不是在现场看的问题了，他简直就成了那现场的指挥官了！而作

为听众的太子已经不再是瞪大了眼睛竖起了耳朵去看去听，而是随着他的语言的快速节拍"手之舞之，足之蹈之"了。他在模拟看现场指挥官的一举一动了。

阏氏狠狠地瞪了太子一眼。

当伊间车若鞮叙述在阳周的所见所闻时，太子不敢那么张扬了。伊间车若鞮把这一切都收入眼底，所述见闻也不再那么没线没谱了，因为阳周毕竟靠近边郡，做边贸之人往来多多，他得嘴巴留点儿神了。但当他叙述翻越秦兵把守的长城时，有时他眉飞色舞，有时甚至面露哭相，表明他为完成阏氏使命是真玩了命了！他说，为了探看守长城的秦兵虚实，他装作走失了耕牛的农民深入秦军的烽火台里。他遭盘问，受辱骂，被推搡，甚至还以杀头为威胁。但他却看透了秦人军心涣散，纪律松弛，思乡心切，官员失威的种种败象。他趁夜逃离拘押之处，夜行昼伏，寻找缝隙，险遭毒手，坠城堕崖，差一点儿当了饿死鬼！

他是说者有意，而听者无心，首先是他的爱妻已经忍不住抽泣起来，其他一些小女子自然也少不了几滴同情之泪。而阏氏作为"母仪草原"的至尊的女人当然是赏罚分明，对其劳苦功高的使者不吝厚赏。而太子这时也解下了自身所佩带的径路刀赏赐给他，并特别言明这是父单于赐给太子的宝刀！

当屏退众人之后，老巫师、左王大臣也从屏风之后现了身。而阏氏却声色俱厉地教训着太子：你怎能在众下人面前张牙舞爪地学做杀人的举动？这种失态太过分了！你父亲赐给你的径路刀可是传国之宝，你怎能就赏赐予人呢？再说他是个什么人？是个只可用而不可信的人！你若是这样轻信于人，你怎能驾驭龙廷群臣？你已经不小了，该懂事儿了！

娘亲舅大。老巫师、左王大臣自然要帮着妹妹说话，也得数落数落外甥，要他记住有朝一日入主龙廷必须以"国舅"为尊。

太子对外骄横，在这里却不敢放肆。他嗫嚅地问：我叫人去把宝刀要回来吧！

"甭去！在他腰上挂不了多久！"舅父大人撇了撇嘴，用鼻子"哼"了一声。然后又慢条斯理地说："这小子不是个好东西！鬼头太大了！"

"你是说他的话有假？"阏氏问。

"不！他做了任何人都做不了的事情，这样的鬼头还不够大吗？"

"那……不如杀了他，我的宝刀也就拿回来了。"

"蠢！"

"蠢！"

母亲和舅父几乎是同时压低了声音骂他，分不出谁先谁后来。

"那叫我怎么办?"太子在小声嘟囔,似乎想辩解,但又不敢了。

"你也不小了,可你什么时候能真正长大呢?"阏氏伤心得快要落泪了。

"不不不……"左王大臣发话了,"太子这样就是最好的!我昨天夜里曾为太子请过神祇。神祇答应一定保佑他大尊大贵,万岁万万岁!他只要听话就行了!"

一切操控权力的人或神都是要求被操控者"只要听话就行了"。

"这一切都是为了你好!"阏氏教训着太子。

太子唯唯。

"伊间车若鞮这小子所说的秦二世皇帝胡亥还真的给我们提供了一个条件,他……"

"什么条件?"太子问其舅父。

"听着,别插嘴!"母亲斥责太子,"你接着说。"

"秦国的长城怕是没什么大用场了!伊间车若鞮这小子还有用,至少可以带路越过长城。"

"这好办!叫他干什么,他就得干什么,你就下令吧!"太子的嘴真快。

"尽说些不着边际的话,还乱插嘴!"阏氏又斥责儿子。

太子一赌气走开了。他看见母亲梳妆台上的什么小玩意儿或首饰之类金玉饰品就走过去摆弄着玩儿。

"秦二世皇帝胡亥也给太子提供了一个榜样……"左王在斟酌着词句。

"什么榜样?"

"杀!杀秦皇长子扶苏,杀军中大将蒙恬,杀……"

"这……单于他……"

"你想啊——如果单于他要夺回北地郡或上郡,或两地都要夺到手,那他肯定会派冒顿为大将,最低也得成为先锋将军。我这些天到处走,到处看。且不说他一夜之间建起一座新头曼城,就说他敢把他的军队派到敌人鼻子底下却从未出事儿,就知道他带领士卒有一套法子。现在秦军已呈颓势,他出兵还不稳立大功吗?那时他得扩多少军?占多大地儿?得多少财?那时他还听太子的话吗?还愿意称你为母阏氏吗?"

"那他能越过单于去吗?"

"有单于在,他可以不言语。单于若不在呢?那时他要说出话来,恐怕太子就得听他的了吧!"

"可是单于要真去攻打秦国,军中就需要有大将啊!"

"傻话!秦必将大乱,谁去攻打它都会夺得大功。重要的是立功者必

须是太子的人马,是太子派出去的,只忠于太子的。那才行!"

"可是单于他……"

"他怎样?你是说他不会同意?"

"这是最重要的呀!"

"当然!但这要看你的本事了!"老巫师狡黠地撇了撇嘴。

沉思的阏氏摇了摇头。

"伊间那小子说的沙丘宫的事儿,我说是真假难辨。谁能去问问胡亥、李斯和赵高:你们是怎样把秦始皇弄死的?没有人能去问明白吧。所以我说秦二世皇帝胡亥给我们的太子立下一个好榜样,学学他吧,没错儿!"

阏氏默然。

这时太子手中拿着一件玉雕的三鹿回头的饰牌。那是块洁白润滑得如羊脂般的玉石,正面看是浮雕,但从镂空处看则是圆雕。物件不大,握在手心里舒服极了。这是有人刚刚从西边弄来的玩意儿,才献给阏氏。阏氏还没把玩够呢,偏偏就被太子发现了,不顾母亲与其舅父在讨论着多么严肃的重大问题,非闹着要把这块玉饰拿走不可。

八、父子生嫌

头曼单于也从他的"千里眼"和"顺风耳"系统中得到有关秦廷的各种消息。虽然"版本"不同,但大节与冒顿所禀报的大体一致。因此在他心中自然也是装满了高兴。这些年的恶气,看来是到了一吐为快的时候了。还有消息更使他踌躇满志:他所发"羽檄"也多为各部落酋长所认同,显然他们也得知秦二世胡亥的"壮举"——自毁长城,因此都跃跃欲试。既然部落联盟大酋长发来"羽檄",大家乘势便都可以分得一杯羹。他们陆陆续续报来已有的兵额,同时还报称正在动员各部落牧民,尽量多增加些名额,悉听大单于驱策。据大单于的估算,在十日之内可先期到达头曼城者能有三四万人,在阴山中段北麓的人马亦能有一两万。因此他认为控弦之士可称十万人,跨过长城定会如履平地,甚至一举可抵咸阳。而他原先最渴望却陷于绝望的只是夺取北郡和上郡。现在机会突然出现了,他的思想准备不足,兵力准备不足,详细的作战方略也准备不足,对周边地区的情况知之更少,譬如月氏各部、氐羌各部、东胡各部,等等,他们也有自己的"顺风耳"和"千里眼",也绝不会坐失良机。这又当何以处之?随他从漠北来的几个王大臣和部落酋长们,各个是吃肉喝酒从不让分的人物,但哪个是可以与之商议大计之人呢?他以"羽檄"调来的人马不日将可到达,这更需要妥善安置,不能乱哄哄地挤在一地。

　　头曼单于命人通知冒顿：即去校场看其训练士卒，并特别嘱咐，免去一切礼仪。

　　单于本意是想与儿子单独谈谈，这在龙廷中不行，在寝庐中不行，没有别的地方可去，尊位决定了一切。所以在练兵场上，他只是远远地看着操练，未安排一切礼仪，因而除了他身边的例行侍从，几无旁人。他让侍卫们仍留在原地，远远地观察着，他则扶着儿子的肩膀慢慢淡出周围人们的视野，在小溪流水的林下两块卵石上相对而坐。

　　"你久在前沿，依你看，秦廷如此乱象，其未来态势将如何发展，最终结果你可有什么估量？"

　　单于一开始谈话就直逼事态的核心。

　　冒顿首先着眼于秦国的军事态势。他认为强秦如百足之虫，死而不僵。其守万里长城的军队，守五岭的军队，守巴蜀的军队以及驻扎在各地方的军队，加之驻守关中和咸阳地区者，其总额应以百万计之。但其乱象将使其战斗力急遽下降恐不足十之二三。眼下兵尚未乱，因旧将尚有余威，粮草未尽，饷钱还有。这三个条件陆续不继之后，便会溃不成军，不足惧矣。但咸阳和关中的驻军仍不可小觑，那是秦二世看家的最后一点力量。这个力量完了，秦国怕就不复存在了。

　　"你估计这种发展需多少时间？"

　　"不敢估计。三年？五年？八年？十年……"

　　"依其目前的乱象而言，何需这么久？"

　　"目前尚未大乱。秦廷若能控制眼前的态势，就会拖得很久。若加剧眼前态势，亡期不远。"

　　"那么设法助其加剧态势如何？"头曼单于显然心有所动。

　　"怎样助其加剧眼前态势？"冒顿反问其父。

　　"选择多个地区，对长城全线发动进攻！不仅是重新进入北地郡和上郡，还可进占更多地方。这当然就使秦帝国迅速崩溃了！"

　　冒顿一震。他不相信这会是父单于的想法和决定。若依这种意见行事，就不仅仅是助二世胡亥一臂之力的问题，甚至有可能是助二世重建长城，永远挡住匈奴南下之路。他说出了这个想法，但父亲不仅不以为然，甚至还有些恼怒。

　　父亲要他说明理由。

　　冒顿说："现在的二世胡亥尚能令行禁止。他要扶苏死，扶苏则死；要蒙恬亡，蒙恬则亡。王离也是秦之宿将，用兵有方。长城一旦有警，王离必战亦能战，胡亥怕亦不敢再一意孤行。秦人之力仍有重新凝聚的可能。那时我方怎么打？损兵折将，一无所获，反促使敌人更加强大，此举

201

可行吗?"

"那依你看怎么办?"

"静观其变。我们越是不动,胡亥必更自以为是,为其父筑陵寝,为自己建宫殿,无限征发徭役,天下百姓何以为生?百姓无以为生,二世皇帝怎征赋税?无赋税怎出军费?一旦乱起,胡亥令不行,禁不止,他还有何能为?秦之强大,非外人能予摧毁,其自毁之,则无可救药!"

头曼对此论深不以为然,但又觉得并非完全无理。他沉吟良久,忽然问道:"你说静观其变,那你练兵又所为何来?只要等候其自生自灭,我们不就什么都有了!"头曼的言语有些不讲理了。其实他内心想的是,如果不对秦进行打击,秦是不会败的。更有一层是他既已发了"羽檄",调来兵马,你不给他仗打,他吃什么?用什么?你供养得起吗?现在是你想叫他们回去也不行了呀!

这是一个非常现实的问题。自从其父单于母阏氏等众贵族、头领、近侍人员和三千多名近卫亲兵到达头曼城以来,仅每日供给这一项就已使他将要捉襟见肘了。老爷爷总理其事,已经殚精竭虑,只是不肯向冒顿告急,而冒顿已尽知其状。所幸其父单于尚存体恤,最近从燕然山和狼居胥山方向陆续赶送来几大群牛羊以济军需。

这是匈奴人作为游牧民族在其历史发展进程中的一个重要阶段——部落联盟时期——的一根软肋。这个时期非常漫长,其单一形态的游牧经济很脆弱,一场暴风雪,几十天的干旱或者一次瘟疫,就会出现一场没顶的灾难。而类似这样的灾害,每年都会发生,当然通常都是局部的。但每次局部地区发生时,那些地区往往就几乎毁灭了,所谓毁灭并非是指人口的全部灭亡。在出现部分伤亡时,能行动的人抛弃山谷,丢下穹庐,赶走牛羊,好端端的一个部落就没了。也许经过若干年或经过几个世纪,人们记忆中的名字会突然在某一个遥远的地方又崛兴了。

为了寻找一个理想的冬牧场,人们把迁徙变成了一种生活方式,创造了一种游牧文化。他们驯化了马。现代马的祖先据说比狼和与狼同宗的狗大不了多少,或者还可能小些。足三趾,故称三趾马。在经过遗传变异之后,三趾变为奇蹄,并成为人类的挚友,使牧民长上了翅膀。牧民的活动半径从几里扩展到几十里、几百里甚至几千里。牧民们逐水草而居,一旦遇到天灾之类的灾难,人们弃土地而去,丝毫也不留恋。这种生活方式所形成的部落作为制度沿袭下来,从氏族部落、聚居部落发展到部落联盟,不知经过了几个千年,基本上没产生重大的质的变化。

看天老爷的脸色,逐水草而居。

顺着牛马羊驼的习性,雪域高原、深山峡谷、千里荒漠、万里草原,都是他们生存的疆域。

万物皆有灵，有灵则有神。山有山神，水有水神，即使进山打猎，也应拜拜山神，拜拜掌管某种动物之神。神是随处可见的，祖先们已将他们的形象刻在崖壁上，神会给你启示。

每个部落都有自己部落的神，部落神永远保护着部落的子民。部落神的使者巫或者觋告诉你神就在你身边，神无处不在。巫或者觋要通过部落的头领或者酋长，指示着哪儿有好草场、好山场、好山林、好水源，并带领部众去占有，去劫掠，从那里出发再去寻找更好的地方。

但是他们遇到了抵抗，或者是遇到了与他们同样寻觅好草场、好山场、好山林、好水源的人们，于是发生了战争。为了赢得战争，巫和觋只好让部落酋长去冲锋陷阵。一个部落力量太薄弱了，于是有了部落联盟，并有了部落联盟的大酋长。

战争是残酷的，死了许多人。一个部落在战争中失败了，部落的神也失去了光彩。部落消失了，神也失踪了。但战争也使人学到了很多东西，他们变得聪明了，乖巧了，开始在全新的角度上认识自己、认识对手、认识世界、认识万物、认识科学、认识文化、认识政治……更重要的是认识了战争，而且更加相信神。

载籍关于匈奴最高首领（已进入部落联盟时代）单于的称呼首见于《史记·李牧传·匈奴传》《汉书·匈奴传》，谓赵将李牧于代郡、雁门一带备边，"大破杀匈奴十余万骑……单于奔走，其后十余岁，匈奴不敢近赵边城"。时当系于公元前265—前245年间，《资治通鉴》则将此条系于244公元前年（秦始皇三年）。关于头曼单于的记录见于《史记·秦始皇本纪·匈奴传》《汉书·匈奴传》《新书·过秦论》："始皇帝使蒙恬将十万之众北击胡，悉收河南地……头曼不胜秦，北徙。"时系于公元前214年（秦始皇帝三十三年）。

如果赵将李牧大破匈奴十余万骑时，是公元前244年，即秦嬴政三年，这个单于就是头曼的话，那么估计他当时的年纪不大可能小于二十岁。因为统率十余万骑的部落联盟的最高首领若没点真本事，没有硬实力，仅靠世袭（部落联盟当时是否世袭不详）或大萨满（巫师）的神力，未必能服众，尤其是在战败之后仍能维系联盟的存在，绝非一个青年所能完成的使命。但估计他当时也不大可能超过三十岁。因为他虽败于李牧，但仍据有燕、赵、秦三国所筑长城以北之地，那里是无边的草原，是巨大的森林，是绵延万里的群山，是数不清的河流和湖泊，是无尽的沙漠与戈壁。那里还有许许多多大大小小的部落。他们和匈奴——作为部落联盟的最重要的成员有着千丝万缕的联系，都以游牧、狩猎作为社会经济生活的主体结构

方式和共同的价值取向，一次战争的胜负并未损伤部落联盟的政治体系。而作为联盟的大酋长头曼单于仍然占据广阔的回旋余地。他不入赵边，不去触摸李牧的胡须，但却愿意作为燕赵武遂（故城在今河北徐水县西）、方城（本燕之方城邑）之战的壁上观者。同时他也乐于听人叙说秦国大饥馑的故事。这使他有机会也有时间躲进阴山的原始森林中去舔舐流血的伤口，去抚慰将士的创疤。

在秦王与齐楚燕韩赵魏进行合纵连横鏖战正酣的时候，他在休养生息，韬光养晦。他的行动十分谨慎，绝不再去做螳臂当车的蠢事，但也不去做螳螂捕蝉，黄雀在后的巧事。在秦王横扫六合，后方空虚的时候，他采用渗透的方式逐渐侵入上郡和北地郡。但并未去捅秦王的屁股或干扰其一四海的战争。他虽对河西的月氏耀了一下武，却未敢真正地去扬一下威。这恐怕还是为了应付一下后妻幼子一干人的"唠叨"，并未动真格的。而冒顿在盗马逃回阴山时，他还嘉其勇并授以军职。

秦始皇三十三年（公元前214年），即毕六王、一四海之后的七年，蒙恬奉旨掠取河南地，严格地说，头曼单于并未以军抗衡，当然蒙恬也未以兵相逼。蒙恬进一步，头曼退一步，直至退过阴山以北。

质言之，从公元前244年到公元前215年的三十年间，载籍并未在头曼名下使用什么笔墨。

之所以如此，不外乎以下的几种原因。

头曼没有对燕赵秦三国长城防御线采取重大军事行动。

合纵连横的战争十分剧烈和频繁，人们无暇顾及长城以北的相对平静的态势，因而使草原大漠赢得了一段宝贵的休养生息的时间。它虽然没有吸引史家的眼球，但与其相邻的燕国却有人在注视着他们的存在。《战国策·燕策三·燕太子丹质于秦亡归》曾言及匈奴，"樊将军亡秦之燕，太子容之。太傅鞠武谏曰：……愿太子急遣樊将军入匈奴以灭口，请西约三晋，南连齐、楚，北讲单于"。《史记·刺客列传》亦载之，当属可靠。其事发生在前228年，文中提到的匈奴单于非头曼莫属。

这时的头曼应该已经完全摆脱了败于赵将李牧时的阴影，不仅巩固了他作为部落联盟酋长的权威，还使之成为燕国想要借重或依傍的力量。燕太子丹的老师、太傅鞠武已把头曼单于统治下的匈奴与三晋、齐、楚等量齐观，并欲约之为"合纵"的一个成员。当然，太子丹没有接受他的老师的意见，而一意孤行，派出荆轲去搞恐怖活动，演出一场刺秦王的活剧。如果按鞠武意见行事呢，历史便当改写了，不过历史没有"如果"。

而眼下，头曼单于面前展示出一个千载难逢的巨大的历史转折期。它不仅表现在战国七雄中的合纵一方，即抗秦的六国一个个地倒在血泊中，它还表现出一个能够横扫六合、统一天下、天上绝无、地上仅有的秦始皇帝竟然被几个小爬虫把他装在载有臭鲍鱼篓的辒辌车里弄回了咸阳。不仅让他臭了几千里路，还让他臭了几千年，而且还得继续臭下去。

他站在历史的十字路口上。但他有这个历史观吗？他有这个历史感吗？

语云，"当局者迷"。

在获得一个较长的休养生息的期间，头曼大约是以与李牧作战为教训，不肯轻易再言跨越长城——不论燕、赵，何况强秦——作战。不知是由于偶然的巧合，还是由于长期军事对峙的结果，或者是由于长期对自然界的观察，用超过神力的人工所铸造成的长城基本与自然分界线相吻合，即长城以南宜农，长城以北宜牧。从战国至明朝历代所筑长城，因军事态势不同，或向北移，或向南移，但就总体而言仍在自然分界的范围之内。在秦与六国鏖兵最烈的时期，头曼在大漠草原逐渐组成了二十四个部落的大联盟。目前所能见到的文献资料和考古资料都无法详细厘清这二十四个部落的全部准确的名称，地理位置、族属、沿革，也分不清他们之中的哪几个部落参与了头曼与李牧在代郡及雁门的战争。换言之，头曼作为部落联盟大酋长的历史情况，人们并不知详，部落联盟云云也只是一种推论。联盟的形成是通过战争还是通过外交的折冲樽俎，抑或是两种手段均有之，只能作为历史的存疑，而史家也不愿再去追究了。

既然称作部落联盟，那么参与联盟的部落就仍然具有相对的独立性。各部落内部的事务仍由酋长自行管理，联盟也无须派驻官员。按照习惯，部落适龄男性都是战士，同时也都是牧民，即无常备军制。但联盟毕竟是最高行政机关，联盟大酋长已有了"单于"尊号，一定数量的亲随护卫、驻地保卫力量是不可少的。但任务也就是仅此而已，它不具备野战的结构，因而也无野战的功能。他们所直面的强秦把长城修筑得越高大越坚固，二十四部胡人所组成的联盟就会越觉得安全，甚至就更无须设置什么常备军了。头曼单于及其二十四部落酋长聚会（假定他们爱聚会）时，他们尽可以大醉三月而不必担心秦军战马的蹄声和战鼓声。当然，这些人同时也都明白，像强秦那样庞大的、军力无比雄厚的帝国，谁想要用外力将其打败和推翻，是根本不可能的。因此，当秦人要用长城来阻挡匈奴南下时，匈奴人却连马绊子都不用就把战马放到草原上吃夜草去了，长城也挡住了秦人自己的脚步。

现在情势突变，强秦的"强"字被它肚里的"虫"子蛀空了，其灭亡是不可避免的。后人论述这个问题时所说的"亡六国者六国也，非秦也；亡秦者秦也，非楚汉也"是一个道理。但面对这突变的情势，头曼单于并

无思想准备。在郅居水的龙廷时，头曼最担心的是来自北方的不断对他实行掠夺和偷盗牛羊的丁零人、屈射人、鬲昆人、薪犁人，等等。当然他们对他的威胁不够大，他的侍卫、亲卫及保卫人员足以对付他们。那时，他基本上没有考虑强秦的问题。因为仅仅冒顿那么一支人数并不多的队伍就在强秦的鼻子底下稳稳扎下了营盘。他把强秦的什么底细都摸到了，自己却几乎未损失一兵一卒。现在头曼来了。儿子向他报告的情况，他都看到了，而且通过他的谍报系统也都证实了。他相信儿子的判断，起先也十分欣赏儿子的运筹帷幄，但他又有些犹豫。秦人太强大了，秦国太富庶了，秦国人口太多了。一个两个皇帝死了，那是常事，谁都会死，但那个国家总还存在着，谁能管得了啊？最初接到冒顿的情况报告，和他到达之后所看到的实际情况完全超出了他的想象，曾经兴奋过，因此他发出了部分调兵的"羽檄"。但在冷静下来之后，尤其是听到阏氏和那些近臣的话以后，他虽然并不相信他们的话，但担心的事情却多了起来。

发"羽檄"调来的兵做什么？

和军心显然动摇但兵马尚在的秦国，他能主动挑起对他们的战争吗？

谁对战争有必胜的把握？

更重要的是战争的目的并不明确，难道只为再次夺取北地郡或上郡吗？

打不赢这场战争怎么办？

打得赢又能怎样？

当年在雁、代之边遭李牧重创影响了头曼单于的一生。他不轻易言战，没有必胜把握不言战，这种信念对他而言是愈老弥坚。当然现在他相信儿子的判断，因为他已经证实了，秦长城上的本来可能有的李牧们已被秦宫里的胡亥们逐个消灭了，他们在自毁其比长城更为坚固的活的长城。但是匈奴的区区几千人马跨过了长城去干什么？大抢一通，然后回来继续放牧？现在并不缺吃少穿，那又何必去抢？长期驻在长城以南，那牧民干什么呢？把农田都做牧场，那当地农民愿意吗？

作为游牧民族的亘古相传的部落制和联盟制的酋长和大酋长还缺少关于国家这种观念。这里所说的国家既非中国古代典籍中所谓的诸侯统治的疆域称国和大夫统治的疆域称家的混合称呼——"国家"，亦非希腊人专指城邦之意或意大利人所指的一个城市的全体公民而言，更非专指一个阶级对一个阶级进行政治统治的工具而言，而是指占有一定的地域，以地域组织它的居民，建立起一定的公共权力，不仅有常备的武装力量以保护它的居民，还要有社会管理系统和社会组织系统以巩固统治秩序和社会秩序。

由于头曼单于在头脑中还没有形成政治上的国家观念，面对眼前的强秦所出现的重大突发事件以及由这种突发事件所引发出来的各种不同人群的不同议论，都试图在影响他的思绪和他的决断。但他的思绪是混乱的，他拿不出一个具有真知灼见的决断来。他一会儿想要乘秦人之乱来个突袭，捞上一把，占个便宜；一会儿又后悔，觉得突袭并非万全之策，一旦失利，再遭遇一次雁门、代郡式的败仗，他就完全没法收拾了；一会儿他又怀疑其长子冒顿，觉得有些摸不着他的心思了；一会儿又想到幼子的储位问题。他完全陷入了《韩非子·亡征》中所说的"缓心而无成，柔茹而寡断，好恶无决，而无所定立者"的优柔寡断状态。

他突然问冒顿："你眼盯盯地看着秦人的乱，而且在集合军队，训练士卒，但又说秦人不可攻。那你的目的究竟是什么？"

冒顿直愣愣地望着父亲，没有回答。

单于不等他的回答，又问道："你和你的太子弟弟能好好相处吗？"

冒顿更愣了，他不知这两个问题怎么联系到一起。这时他的父亲又问道："你怎么有那么多的物资准备和积累？"

冒顿有点发蒙了，停了片刻才明白父亲所指的是迎接他来时所搭建成的毡房，各种供给以及士卒的武器装备，等等。可是单于接着又问：

"你能真心实意地保护你的弟弟和听从他的支配和旨意吗？"

冒顿觉得完全弄不懂父单于究竟要问他什么。不过最后那一句似乎还是明白一点了，于是刚说出一个"我"字，父亲却又说道："唉！不说也罢！我又何必呢？"

"不！父亲！"冒顿急说道，"我能！"

"你能什么？"

"我能听从弟弟的旨意！"

"真的？"头曼单于在跨出穹庐的门槛之后仰望着蓝天问道。

九、呼衍尼特克的遗言

九月尾，仲秋时节。阴山以北的山林和草原已经一片枯黄，早晚已经颇有寒意。

但仲秋也是金秋，树有果实，草有籽实，牛羊肥，马驼壮。有人的地方就有欢声笑语。牧人们在秋季牧场上住留的时间不长，那是个过渡点，初雪之后要向冬窝子转移。这有许多事情要做准备，在冬窝子里至少要住上半年。

但冒顿要准备的却不是向冬季牧场转移的问题，父单于已经派人诏告

他：准备迎接从郅居水来的兵马，人数约六千，时间很紧，他得派员去打探和接应。

他深悔在迎接父单于和母阏氏来时，几乎把他几年的积蓄和家底都掏空了，眼下真有点捉襟见肘之势。但他不敢诉苦，更不敢拒绝，也不敢怠慢。好在来的几位部落酋长及麾下将士自有穹庐和军帐等辎重。但划定驻营地盘和指定草场等项，他也得过问。而最重要的是父单于赐宴初到众将佐的酒肉不能含糊了。现在不能请老爷爷出来谋划和调配了，副万骑长和几位千夫长并不深谙此中诸事，几乎凡事皆来找他。后来他只好授权副万骑长权宜处置，有几件大事他想亲自去看望老爷爷后再定。

但就在等待备马时，太子在其众多侍卫的簇拥下在他的军幕前纷纷跳下马来。他急忙出帐迎接，并恭请进帐就座。但太子回绝了，径直对他说道："你听说秦二世皇帝胡亥那家伙把他的老爸给埋到骊山的事情了吗？"

"什么时候？"冒顿惊问。

"我还以为你已经知道了呢！"太子得意扬扬地看着他的兄长——臣仆，"不过，我也是刚知道。"

"能详细说说吗？"

"我也说不很清楚，反正是听说的。那个什么始皇帝，什么死皇帝活皇帝，反正是死了的皇帝，在他活着的时候，就开始给自己修坟墓，听说把骊山都给凿穿了，用的民工有好几十万人哪，坟里还不知藏了多少宝贝，还用什么东西做成百川大海灌注进去，里边有宫殿、有灯烛，亮堂极了。听说他还把很多的活人和后宫中的美人都给活埋进去了。"太子眉飞色舞、指手画脚、无比兴奋地叙述着，"这回再不会有人反对那个二世皇帝胡亥了！"

冒顿呆呆地看着和听着太子讲述的重大新闻，他估摸着这样的消息肯定是从伊间车若鞮那里听来的。伊间车若鞮肯定说得更详细更精确，可惜太子不熟知秦国的情况，报告给他的消息，他未必理解，因而复述不清，不知漏掉了多少重要的事情。他多么想细问一些详情，但按照约定，他不能去见伊间车若鞮。他更急于想到山谷里看望老爷爷去。但太子不动，他又怎敢动一下身子呢！他问：

"父单于可有什么旨意？

"那我怎么知道，听说想去狩猎哪。"

"太子殿下有什么指示？"

"我是真想去咸阳去看看那个死皇帝是怎么下葬的！"

"那怎么可以？"冒顿心想，他竟敢这样胡说。

"我还想会会那个二世皇帝胡亥！"

冒顿唯唯。知道这类孩子气的话是不会作数的，用不着他说三道四。但他却在意太子说什么父单于"想去狩猎"，不知是真是假。他得留意，他负有保卫的责任。

太子在其一大帮子护从的簇拥下慢慢消失在草原深处的湖畔。冒顿在他的军幕中一直待到夕阳完全沉落在大漠中，在呼衍乔鞮等陪同下，悄悄进山去看望老爷爷。

呼衍尼特克老爷爷精神尚好，一见冒顿进入穹庐，高兴得笑声朗朗，但两次要从毡爾上站起来，却都是力不从心。冒顿疾步上前，贴着他的身边坐了下来。老爷爷还吩咐呼衍乔鞮去外边拿几块干牛粪填在他膝前的那个陶火盆里。老人家显得更老了。

冒顿从老爷爷那里证实了秦始皇下葬的消息，也果如冒顿所料，消息都源于伊伐伊屠斯，不过那些详情并不重要。老爷爷叫呼衍乔鞮去外边巡视一下，命其侍卫在五十步之内不准任何人接近这里，然后即刻回来。

老爷爷告诉冒顿：漠北士卒实为冲你而来，或是要你去漠北，或是将你藏匿军中。你不能再存幻想。要你准备接纳，意即在此。我那老伙计——他指的是伊伐伊屠斯——特别传过话来，要你当机立断。但这不是指有谁带兵跨越阴山，渡过黄河，而是指接待漠北来兵之事。

冒顿沉吟不语。

老爷爷直盯盯地看着他，也沉默不语。

呼衍乔鞮已进来一会儿了。他尚未明白事情原委，更不敢多嘴。

老爷爷咳了两声，稍有些喘，闭了一会儿眼睛，毡房里就更显得沉寂了。他的呼吸平缓之后，伸手去端火盆边的钵。冒顿一看钵是空的，呼衍乔鞮手快，抢先把陶壶的水倒进钵里，冒顿端给了老人。

"你知道的，"老爷爷润了嗓子后说道，"我比大单于略长三岁，伴他一同长大。他是主，我是奴，但也是手足。他善良、温和、待人好，所以许多人都拥戴他。与赵将李牧作战吃了大亏，但各部落的人还是愿意跟着他。赵人李牧对他伤害很深，但他顶住了。他轻易不肯打仗，制止了部落间的冲突。但他也老了，阏氏和左王大臣对他影响太大了，在废储立储的问题上，他最初做错了，再想改也改不了啦。不过他想要弥补一下，就是划给你一个部落，后来还想让你为将以辅佐太子。然而是我铸成一个大错，是我倾尽全力去讨好单于，这不是我要报单于的恩，而是想张显你冒顿对他是多么孝顺。但阏氏和左王却把这看作是对太子的威胁，他们不能再容忍你的强大。对此，我已经感觉到单于也是这样想的。人们一有了这样的念头和想法之后，你用十头牛的力量也拉不回来了。你一举一动，他们都看作是对他们的威胁。我那老伙计把秦人的那套把戏早都看透了，他

也看到我们的单于龙廷也会产生同样的问题。"秦二世胡亥和他身边的太监、丞相利用机会，矫命杀人，置天下安危于不顾。这是始皇暴政的结果。但我匈奴龙廷也出此惨祸是谁造的孽？是个什么结果？我那老伙计叫我转告你：万万不能贸然率兵越过长城，要远处观火，徐徐图之。但如今，漠北几部人马即将到达，一是必将危及于你，二是乘乱越城抢劫。置你于危地，意在固太子之位，不留后患；越城抢劫，急功近利，鼠目寸光。"

老人似乎说得太多了，有些累，又咳起来。冒顿急又把一钵水端到他的面前，老人喝了两口，显然轻松些，并且笑了起来。也许他觉得能得到王子亲手来服侍他，使他特别开心吧。他又用手指着他睡枕旁的一个小木几，那上边放置一把单耳陶罐，很小，高不过钵，敞口细颈。他叫呼衍乔鞮给他拿来。他告诉冒顿说，那是他自个儿熬的止咳的药，说着话，竟忘了喝。它很有效，一喝就会睡着了。他端在手里，却并没喝，而是用右手盖住了罐口，对着呼衍乔鞮说：

"小子啊！你穿开裆裤时，不知把我的衣服尿了多少回！现在跟着王子，你也算有出息了。好好给我干，不然的话，我还敢当着众人的面打你的屁股！"

呼衍乔鞮笑起来了："行！我好好干，你就不打了吧！"

"对！我要的就是你这句话，并且还要你找机会，把今天我说的话都告诉伊间车若鞮。他会告诉他爷爷——我那老伙计的。"

卫士长痛快地答应了。

"对，我还忘说了，"他转对冒顿说道，"我那老伙计叫我告诉你：你如果不愿意听他说的那些话，不当机立断，且执意要强行跨越长城，乘乱打劫的话，他将永远不回草原，同时也不再苟活于世。你能做到吗？"

冒顿愕然，他知道老人这话的分量，但却没料到会是如此的决绝。

"你做不到吗？"老人的目光像闪电一样直射过来。

冒顿挺身一下子便跪在老人面前："我一定能做到！"

老爷爷笑了，端起那只单耳小陶罐，一仰脖，把罐中的药汁全喝了下去，然后把罐子往远一扔，并用手抹去嘴边的药汁说道：

"我放心了！但我说的话却对不起单于，他是主人，我是奴仆。我向他告罪，先走一步在前边等着他了。那时他愿意怎样惩罚我，我都会高高兴兴……"

老人慢慢地倒了下去，他要冒顿立刻返回其军幕。在冒顿走出不一会儿的工夫，老人嘴角上流出了鲜红的冒着热气的鲜血。

十、守墓

冒顿与几名贴身侍卫先一步返回他的军幕。尽管他的心情非常沉重，却仍要装得没事人一样。在吃早餐时，他吃得比往常似乎更多些。这也许因为连夜往返于军幕峡谷之间，他确实饥渴难耐了。

这时副万骑长接到冒顿的传召即时赶了过来。冒顿麾下其他的几位千夫长和百夫长也都赶来了。他郑重向与会者宣布了父单于的旨意：漠北几个部落的兵马不日即可到达单于驾前。他分派各部将领率所部分头前去接待各部落的人马，领他们到扎营地点，协助解决初来乍到人员的一切合理的要求。因为各路人马不能集中于一地，冒顿要求千夫长和百夫长在选择布营地点时，一定要与客军保持距离，约束部下不得违纪越界。

就在冒顿布置任务时，峡谷里的呼衍乔鞮派来的士卒匆忙赶来，一边跳下战马，一边拖长声音喊"报"便往里冲。按军规有急报，门卫要助喊并放行，主将议事亦应停止。报子进得军幕刚喊出峡谷校场总管老爷爷病故时，军帐前两列卫士助喊声音刚落，外边传呼之声又突然大作：单于驾到，速去迎驾！冒顿有些讶异，不知父单于所为何来。但他顾不得思忖，慌忙出帐向辕门外跑去。见辕门外已是父单于的前锋卫士正分向两边站立，冒顿立即让开正面侧向一旁，右手扶胸立定，恭候父单于圣驾的到来。

冒顿在军帐中再一次向父单于参拜后禀报说，老爷爷突然病故。

单于也是一惊，忙问怎么会病故？何时病故的？他们并非单纯的主仆关系呀。

冒顿叫过来报信的人详细禀报一番，单于听后有些黯然。自从他来到这座新头曼城后，除在最初的宴会上见过两次面，就再没召见过他，有时甚至就把他忘了。但有时又因得知他是替冒顿总经管除军务之外的一切大事，又不禁对他有些起疑，因为他未曾向单于禀报过招募工匠，广设作坊，为冒顿积累了大量财富和军资的问题，因而总想找个适当的机会与他深谈一番，没承想他就这样匆忙地走了。

"你打算怎样安葬？"

"请父单于示下！"

"他是你的管家，也是你的师父，你决定吧！"

"儿臣遵旨！"

"我是想看看你怎样安排漠北兵马宿营之事。"

"儿臣已命副万骑长妥为安排了。"

副万骑长即趋前一步单膝跪下禀报。

"好！好！"单于对副万骑长说，"那你就去安排吧！先头部队不过三四天准会到达，后续部队也错不开多久。预先派人迎接并迅速禀报。边塞要封闭，消息不要透露出去。"

副万骑长及其下属退出帐外之后，单于又对冒顿说道："本想与你那师父叙谈叙谈，不承想他竟作古了。那么我们现在去峡谷看他一眼吧，他毕竟是你的老外公啊！"

冒顿单膝跪下，恳请父单于不要进山，待他亲自去把老人家安葬之后再请进山吧！

头曼单于沉吟未语。他倒是真有意进一趟峡谷。他知道那里有冒顿的校场，也是猎场，但峡谷深处还有冒顿的各种作坊，不仅能制作刀枪剑戟、弓弩箭矢，还能生产各种手工业产品。但人死为神，天命所归，不宜勉为其难，那就等待办完丧事或等到大部人马到齐之后再定也可。因此他决定返回他的穹庐了。

冒顿的心情十分痛苦而且矛盾。老爷爷是为他而死的，但他却不能掉下一滴眼泪，至少在众人面前必须如此。他不知父单于突然亲临他的军幕是为什么，他始终也没听到父单于关于调来的几个部落的兵马要做什么。老爷爷给他留下的遗言，一时之间竟不知该怎么做，而且他也没有一丁点儿思考的时间。场面上的事情他得支撑着，出入他军门的人几乎连成了线，他变出了三头六臂似乎也不够用。仅为征用和运输牛羊一项就使他伤透了脑筋。百里之内的他的部落的牧民已经缴不出牛羊了，越远越分散的牧民，在征调和输送方面越是有困难。但他觉得父单于关于这类问题对他丝毫都不体谅。他不敢违误，他所能做的并小心翼翼坚持着的是让副万骑长帮他支应漠北来的大队人马和让呼衍乔鞮在峡谷里以办丧事为由，把他那几百士卒悄悄隐住。而其余一应细碎之事，他都设法应承，直到他手里拿着一块羊肋只咬了一口便呼呼地睡了过去。

第二天晌午刚过，呼衍乔鞮派人来报告：墓已挖好。冒顿立即亲自上马跑到其父单于的龙廷辕门之外，让人禀报他要亲自去送葬之事。遂即传出话来：速去速归。

当冒顿赶到峡谷时，已是夕阳西下。葬礼是在红日衔山时进行的。士卒们在往墓中填土时，呼衍乔鞮悄悄告诉冒顿，上午，太子在其众多侍卫扈从之下在百工峡谷里进行巡视，直到过午之后方始离去。他说是他派人陪同的，任凭驱使，要看什么，均开大门恭迎。偶尔索要一两件东西，都恭请挑选，需送去者皆派人送之。冒顿点头。他希望千万别在小事上横生枝节，但在心里却又非常不高兴，或更准确些说是非常难过。

黄土渐渐地快要把墓坑填平了，老人已彻底地离开了阳世，而在阴世过着一种平静的生活。然而他又不是平静地离开阳世的，因为他已经看见了他不愿看见的那将要和可能发生的事情，所以他只能用死来回避未来。但老人家所看到的那将要或可能发生的事情究竟是什么样子的事情，冒顿仍然无法想象。

按照自古沿习的丧葬规矩，呼衍乔鞮把老人家日常使用的衣物、饮食器具、随身携带的短剑等武器除随身安葬之外，大部分都在其墓前予以焚化。冒顿亲自参与了焚化活动，在眼看着大火吞噬着老人的那些遗物时，不知是因为被烟呛着了，还是因为思念，不禁落下了眼泪。老人家生前不准冒顿给呼衍乔鞮安排一个职衔，只叫他做一名侍卫，甚至不准他多说一句话。乔鞮谨遵祖父之命，行事总是低调的。冒顿有时不解，现在方始明白，老人家对其孙的严命是有深意的，是另一种保护和培育。同时也是对他冒顿的一种保护、约束和示范：人在任何情况下都不应过分地张扬和忘乎所以，冒顿对老人辞世倍加失落和哀伤，因而倚之更深，他决定今夜在这里守墓。呼衍乔鞮阻拦无望，遂从军中找来几件皮衣，几块熊皮，一堆木柴和牛粪，除自己又叫上几个士卒一同陪他露宿，以防夜里有狼来袭。

出现过两次狼嗥的声音，但有篝火的余光，狼不敢靠近。但在黎明前最黑暗的那一刻，有一头胡狼大约是凭其敏锐的嗅觉嗅出了已经熄灭了的牛粪的灰烬的味儿，竟然摸到了这几个熟睡者的跟前。不过这条胡狼是两条腿的，也没有把腰中的宝剑拿在手中。

他不会有"火眼金睛"，但非常精准地走到冒顿跟前。冒顿"嗖"的一声向右侧蹿了出去，显然他已有了察觉和准备。

但来人把食指压在嘴唇上"嘶——"了一声。

原来他是伊间车若鞮。

两人猫着腰走到一座小土包的背后。

伊间车若鞮是从副万骑长那里得知冒顿行踪的，事情紧急，传话不便，却又机缘凑巧，便贪夜前来。他在冒顿的周围已经转了一圈，摸准了冒顿的位置，而冒顿却只是在其伸手的一刹那才惊醒的。

伊间车若鞮不能久停，还有很长的路要赶回去，而且还必须做到神不知鬼不觉，就只附耳说了几句话，便像幽灵一样消失在黎明前的黑暗之中了，冒顿却是又咳嗽、又解手，然后仍回到露宿的侍卫之中。不过这时寒气袭人，他们又把篝火弄得很旺了。众人睡意皆消，有人把昨晚吃剩的羊肉等食品又在火上烧烤。冒顿却被众人又推又搡地劝到老爷爷生前居住的小小穹庐中休息。这时他趁机把呼衍乔鞮留在了身边。

"你知道伊间车若鞮来过了吗？"

"嗯？什么时候？"

"方才！"

"不可能！"

"你记住：天亮之后，我还要在老爷爷墓前祭奠，你则率众人去采石或拣石，不用很大，但要很多，把石头都运到墓前来。这不急，别让大家伙累着。但有一点你要记住：你的士卒在采石、拣石筑墓，他们的马不能离鞍，鞍不能离弓箭，与你相距不可过百步，你距我不能超过三十步！没有别的什么事情，那咱们就尽力把老爷爷的墓修得好些吧，尽可能地多堆一些石头吧！"

十一、鸣镝骤响

头曼单于这些天总有点不畅快，不顺心。从漠北南下的军旅行动迟缓，发生几起抢劫沿途牧民牛羊的事件，燕然山、浚稽山的牧民已经抢先来告状了。原来赵国的大将李牧用兵有方，命令麾下寅时到达指定地点，卯时到者定斩不饶。可是这些部落酋长所率的士卒呢，他们没有时间观念，你拿他怎么办？他听太子对他说，冒顿在百工匠人峡谷里所贮存的兵器、弓弩箭矢、皮革鞍鞯、野营帐幕，等等，多如山积，他要干什么？为什么不向他详细说明？他要去看一眼，可是他那老仆，冒顿的老总管早不死，晚不死，就在他要去的那一天死，不单晦气，而且有许多事情怕说不清楚了吧！阏氏和左王大臣等人都对冒顿另有看法，但都不肯直说。显然他们怀疑冒顿有异心，怕对太子将来不利。可他内心一直觉得冒顿这孩子从小就挺听话的，近些年来，看他治军、领军、理财、谋事，等等，没有谁能比得上他。不过，也正因为这样，他若对其弟怀有二心怎么办？我在，他未必敢怎样，我若不在呢？那可就难说了呀！他猜想秦国的始皇帝怕也是因为担心这一点，临死前才下诏赐死扶苏的吧！但秦始皇这样做是不是晚了点儿，二世皇帝胡亥能稳住江山吗？我就想试一试，至少北地郡和上郡我是必定要夺取的，但冒顿却似乎意不在此。他想干什么？难道他真的像左王等人说的那样有不轨之心吗？

他绝不允许出现这种状况！

不过他又觉得冒顿未必敢这样做。但他潜意识中有一种意念：叫他去征剿北海的丁零人去吧！北海的丁零人是他的后顾之忧，也是心腹之患。他每往南进一步，他们就在他屁股后头踢一脚——不是抢就是偷。他心想，若是冒顿能把丁零人征服了，他就在那里当他的万骑长也行啊！

但是冒顿能同意吗？不同意该怎么办？

　　头曼单于深心的矛盾不仅不能对人——包括阏氏在内——说，而且他自己也怕问自己这样的问题。也许有人已经猜到了他的心思，暗示他或讽喻他在漠北大军来后，在龙廷大会上，正式宣布单于旨意和调配军力，在众目睽视之下他敢抗旨吗？他能抗旨吗？因为在宣布这个旨意之前，漠北几个部落的数支队伍已经能震慑住他那一丁点儿的人马了！头曼单于不认为这是个好办法，也觉得对儿子不公平，但他似乎也别无他法。他不能像秦国的始皇帝那样，到喘不上气儿的时候才开始行动，那就怕是来不及了。不过他并不知道这个策划已经有人把消息传到冒顿的耳朵里了。

　　头曼单于自觉是公正的，他希望给两个儿子都能安排一个好的前程，使匈奴各部落都能富裕起来，使匈奴部落联盟大酋长——单于能和秦国的皇帝一样，一南一北分享天下。他觉得他的这个理想一定能实现，而且很快就会实现。他觉得他似乎已经听到漠北大军的马蹄声，感到脚下大地的震颤了。他怀着这样的心情，在其大批亲卫的簇拥下去察看为漠北大军到来所安排的驻扎地点去了。

　　头曼单于对呼兰斯逐若副万骑长的安排是满意的。因为每一处扎营的地点都有水源的保证：溪水、湖泊、泉眼，等等。他放心了。在他得知冒顿进峡谷为老爷爷下葬去了，心里不觉一动：是真的还是假的？或者有真有假？他的耳朵塞满了关于冒顿在峡谷里藏兵、练兵的消息，而且在峡谷深处还有百工作坊峡谷，太子已经拿到了证据。其中有奇材木的箭杆，小儿子不认识，他一拿到手就颇感惊奇，他听说过这东西，后来也见过三两支，知道它的价值。人们说，箭法精准，百步穿杨。但这得有三个条件：强弓、箭法和有奇材木那样的箭杆。强弓，好匠人会做；箭法，好射手能练；奇材木的箭杆却难得。它要端直，无节，粗细要匀。这东西冒顿是从哪儿得来的？老爷爷的葬礼派个什么人都可以去打理，为什么他要亲自去？而且还是自行决定，并没向他请示。莫非他还有什么秘密为我所不知？他究竟征集了多少士卒？是他说的那些吗？从那用奇材木做的箭杆看就有些叫人摸不着头脑！头曼单于一边问着副万骑长扎营、牛羊供应、道里远近什么的，一边琢磨着能否突然直进峡谷，看看冒顿究竟在干什么。他想了想如果自己亲率侍卫前去，这里的环境副万骑长熟悉，他可以派人抄近路去给冒顿通风，冒顿会不会就有所准备？于是他决定带着他的左右，并不说明去何处，只是信马由缰而行罢了。于是这一支由差不多百余名亲卫簇拥着的头曼单于与副万骑长一直并辔而行，见水说水，见山看山，见树问树，君臣十分相得。马儿愿意跑，就放松缰绳由着马儿跑上一阵子；马儿贪吃有甜味的结满了籽实的茂草，就由着它们边走边吃；马儿渴了，就任由马儿站在溪水中自由啜饮，一切都是那么自然，那么随意，

那么轻松，那么亲和。

呼兰斯逐若一见头曼单于沿着溪水上行时，就已在揣摩大单于的旨意了，因而也就心中有数了。因此他一方面表现他对大单于的毕恭毕敬，另一方面又刻意表现他对大单于像对慈父那样欢欣，那样自然。如大单于看见头上飞过一只美丽的鸟儿，他不等问就主动说起这片山林中的各种各样的鸟儿；当一只野兔被惊得疯狂地逃跑时，他会主动去讲这峡谷里有着什么样的大大小小的野兽，掠食者有几种，什么季节什么时候出现、产崽、迁徙以及性情，等等；草食者又是什么样的情况；食腐者又是些什么动物，或者有几种；黑瞎子怎样出没；巨兽是多么吓人；等等，说得天花乱坠，无拘无束，笑声不断，欢乐至极。这一路，时间是怎么过的，乱流的溪水多深多浅，山石长得多么怪，大树长得多么高，都结了什么果等，似乎都没有人理会了，直到看见那一群搬运乱石堆坟的人跪在单于马前恭迎圣驾光临，说得忘情的副万骑长直到这时恍然惊醒，跳下马背，站到冒顿的旁边，不知道自己是该以副将身份向冒顿报告大单于驾到，还是以随驾的身份命冒顿平身。他看见冒顿的衣服上沾满了泥土和灰尘，手上似乎还有磨出血泡的地方，不知该怎么说话了，竟僵在那里了。

"你这是……"马背上的单于用鞭子指着脏兮兮的冒顿说了半截子话就停下了。

冒顿赶快抬起头来，右手扶着左胸，但仍跪着说道："儿臣不知父单于驾到，没有恭迎且衣装不整，实是罪该万死！"

"那你堆石头做什么呢？"

"老爷爷没有家，没有财产，我从小受他服侍，他却死得突然，使我难过，但却没有给他厚葬，便想给他坟上多加几块石头留个念想吧！"

"那你还要加多高啊？"

"不加了，就这样了吧！"

"好！好！他是你母亲的叔叔，也是我的长辈，我也给他加块石头吧！"大单于说着就要下马。但他毕竟也老了，不能翩然跳下，呼兰斯逐若即去接应，冒顿也急站起相接。他从冒顿手中接过一块不大的石头添到坟头上，这也就等于给老人家"盖棺论定"了。

冒顿在尽力讨好父亲，但对父亲却又怀着极大的戒惧。他觉得自己无法理解父亲。每次见到父亲，他都明显地感受到父亲发自深心的对他的爱心，这种爱心给他鼓舞，给他力量，甚至给他一种冲动：父亲是最伟大的人，是天神，只要父亲传旨，上刀山、下火海，他都会勇往直前，义无反顾！可是每次见到父亲之后，情况立即就变了。父亲说过的话变了，意思变了，行动也变了！随之而来的是他对父亲的那种崇敬的、崇拜的、崇高的爱戴和畏惧之心也跟着变了。譬如，关于郅居水几个部落的大军南下，一切迹象、一切证据、一切目标，显然都是针对他的。因此他在入山请教老爷爷，老爷爷是以死来表示他的决心、他的判断、他的绝望、他的忠谏！因此他在峡谷里为老人家办理丧事，一是为老人尽最后一次孝心，二是避祸于山中，免遭不测。如果不是伊闾车若鞮在黎明前的时候来过，他不能设想父亲会来得如此之快，且来得没有一点前兆。可是当他直面父亲时，父亲的那种爱心、言语、动作，甚至那种坦荡的慈祥的面容会形成一种特殊的"场"，它具有特殊的亲和力、感染力、凝聚力、吸引力、诚信力、号召力。它还像一座山，在严寒的冬春能为你遮挡霜刀风剑，扛住漫天大雪，推开苦雨凄风，捧来温暖的阳光；而在夏秋时节，漫山的青枝绿叶，无尽的成熟果实让你尽情享受。但是啊，所有这一切往往在转身之后便立即化作泡影。就如这次的突然进山，他显得那么随和，那么不经意，那么和蔼可亲，那么深挚的情感流露，绝对是无懈可击的，谁人见了都不会无动于衷吧！哪个下属能不衷心地三呼万岁呢？但是他的行踪无人预先能知，即使终于判明了却也发不出任何消息去。呼兰斯逐若虽弄明白大单于要进山的意图，几次想要设法能给冒顿传个信儿，可是连一只鸟儿也不能从大单于的视野中漏掉。不是个中人谁能看出其中的破绽？冒顿偷看呼兰斯逐若的那种无可奈何的表情已经明白一切了。他不能埋怨副万骑长为何不预先有所通知，倒还有些感激副万骑长能沉得住气，加之早前就有所警告，冒顿也在尽力地表现吧！

当他的父亲给老爷子的坟头上填一块具有"盖棺论定"意义的石头之后，他一方面用自己的衣襟给父亲擦手上的泥土，另一方面抱怨副万骑长没有事先知会他准备迎驾，准备餐饮。因为他和士卒们给老爷子挖坟修墓，心情沉重，实在饿了便是干粮、肉干、溪水对付一口，谁吃，谁干活，谁休息，没人问，没人管，现在抓瞎了！他喊副万骑长，喊千夫长、百人长这个那个的，叫他们快去想办法。但是善体麾下、挚爱儿子、能解人意的大单于一挥手，制止了冒顿，也制止了副万骑长等人，说："算了吧！你们谁也不用去张罗酒啊肉的。我也是信马由缰来到这个峡谷的，但也是因为想念我的外叔公啊！所以到这里不是为了吃为了喝的。咱们匈奴人习惯行军打仗，习惯转移草场，谁的马背上没点肉干、干奶酪什么的，谁饿了谁就吃一口，行不行？"

此言一出，不只是给儿子冒顿，也给他的百余名亲卫侍从和冒顿属下的士卒以极大的激励。因此人们立即山呼、谢恩。一场本来很尴尬的事情立即化作了一场祥和、融洽的聚会。有的士卒真的想要牵马翻褡裢找肉干了，但是大单于善解人意，能体下属，他又一挥手，待静下来后，他又说

217

道："我带领你们打猎吧！然后晚上大家一醉方休如何？"

欢呼声震撼着山谷。

冒顿和副万骑长、千夫长等人一边欢呼着，一边又惊愕得不知所措。头曼的百余亲随的情绪被大单于鼓动起来，就连挖坟筑墓垒石的冒顿的士卒们本已精疲力竭，却因有幸随大单于狩猎也雀跃着不能自已。冒顿不敢自专，即请示父单于怎样围猎，猎哪种动物，由谁去驱兽，堵围分几组，哪些人做外围警戒，哪些人扈从左右，等等。

头曼单于不经意地问了句："鹿、野猪、熊、狍子、獐子、麝，等等，哪种动物多些，哪种动物好驱赶？"

冒顿说明了山里野兽的情况，提出以娱乐为主，只打些比较温驯的鹿、狍子、獐子、麝之类的动物，不去招惹凶兽、猛兽、巨兽吧。

头曼单于接受儿子的建议。他也自知非比从前，不能以力搏击猛兽了。他说："就按你的意思吧！这是你的地盘，情况你熟，你带人去驱赶野鹿等小动物，我们在场中围猎吧！"

冒顿得到特旨，带着他那群挖墓垒石疲惫不堪的弟兄牵马进入山林中去驱赶野兽，副万骑长则留在大单于身边做向导，向围场的开阔地走去。他渴望跟冒顿去，但给大单于引路也是他的不能推卸的责任。他在扬鞭跃马时，高声喊着，要冒顿多驱赶出一些野兽来，看那情绪是非常高昂的，头曼单于不由得也笑了。而单于的座下铁骑是当年冒顿从月氏国盗回来的宝马，一看见引路的人走在它前边，则不堪忍受，一加力便冲上最前边了。而冒顿的人马则消失在山包和灌木丛林的背后了。

愚者千虑，终有一得。

头曼单于任骏马奔驰，任士卒啸叫，听泉水叮咚，观山风喧嚣，草木葱郁，色彩斑斓，果实累累，香气四溢。他纵马跃上一块高地，环顾四周，心情怡然。这块高地显然正处于盆地的中心，杂草灌木显然被清理过，俨然是座点将台。他侧脸对紧随身边的副万骑长说道："啊哈！冒顿真会选地方，站在这里竟能把峡谷一览无余。"

"是老爷爷最先发现这块地方的。"

"哦？"头曼一惊。心说，这老家伙心计很深啊！我怎么没注意到呢？唉！反正人死灯灭，管他呢！他从惊愕中恢复了常态。"那么这个峡谷里有几个出入口？"

"出入口有五六道，都隐藏在树丛中和山体夹缝的难以被人察觉的地方！"副万骑长掏心窝子一样眉飞色舞地对大单于说着这个峡谷的机密。

这使大单于非常高兴，他甚至喜欢上这个小伙子了，不禁又追问道："那你们一共征集了多少兵马呀？"

"一个不丢，一个不落，总共四千三百五十二！"

"多少？"

"四千三百五十二！"副万骑长说话是斩钉截铁，由不得你不信。

"怎么会只有这么一点儿人马？"

"万骑长说，"副万骑长指的是冒顿，因为这是冒顿唯一的官职，"如果全部落每户动员一名士卒，全部落不足八千户。何况有的户没有适龄男丁，有的户有两个以上男丁，但不能都动员。咱这里不像秦国，人家财大气粗，常备军能有百万。他们把长城修到我们家门口了，我们全部落从吃奶孩子到六十岁老妈妈都上马背也不济事。所以尽了最大努力，在不耽误放牧的情况下，征集来这些人马就算不错了呀！"其实呼兰斯逐若不想说冒顿曾经并过几个部落的散户，还招纳过逃亡的秦人、赵人、燕人等，使他的人口几乎翻了一番。

"你说得倒也在理，我们的人口少啊！"头曼单于认可了副万骑长所说的话。不过他还有疑问："那百工作坊哪来的人啊？"

副万骑长脱口而出："抓来的、请来的都有。那一点不稀奇。大单于知道啊，秦始皇不把百姓当人，管他们叫黔首，意为黑头，比奴隶还奴隶，谁还愿意给他卖命啊！抓来的，请来的，我们都当宝贝。他们的手艺真精。做的刀剑、弓弩多好用……"

小伙子说话像没遮拦的话筒子，说得单于挺开心。但是包括副万骑长在内，冒顿他们怎么就乐得在敌人眼皮底下生活，而且还显得很自在，这又是什么原因呢？当头曼单于提出这类问题时，这小伙子也说个大实话：

"我们设法监视他们！他们干什么我们都能知道，就不怕他们了！"

头曼单于到此时才似乎明白了一个问题，原来冒顿和他的部下不动声色，是因为他们到处广布间谍。那么同样的条件，他们会不会也在他的身边或者太子的身边广布间谍呢？他不由得暗自倒吸了一口冷气。果真是那样的话，就是太子将来顺利登上大位，又能奈冒顿何？而冒顿很可能只用一句话，甚至一个眼神，就能夺得大位，这不是高估，而是完全可能的。看他在一个山谷里的行事准则，就能理出一个端倪来。这还得了嘛！

头曼单于侧脸看着副万骑长，点着头说："好！好！我听人说过，这叫'知彼知己，百战不殆'嘛。那么谁在总理其事呢？"

副万骑长一听这句问话，心里早就明白个八九不离十了：单于是要问出谁是冒顿王子的背后谋主。如果有这么个人，那么这个人就得碎尸万段，万死不能辞其咎；如果没这个人，那么冒顿就是罪魁祸首，结果亦是罪不容诛。这个黑锅谁也背不起。但他从容不迫，一脸严肃地说道："老爷爷活着时总是严厉地教训我们，说我们是给大单于看家的狗，撵狼的

狗，护羊的狗，夺食的狗。可狗的本事不大，就只有对大单于忠诚，然后就勤勤快快地跑，盯住敌人的腿。我为睡懒觉，挨过老爷爷的鞭子，我跑得勤，老爷爷就给肉吃。从跟着冒顿在月氏国当人质，到这些年睡觉都睁着眼睛看秦人的一举一动，这才没有大的闪失。我们是真怕老爷子，又真想老爷子，这些年没有一个士卒死在秦人剑下，就因为老爷爷把我们管得特严的缘故。"

头曼单于点点头。心说，果真是这样那倒好了。可就是越想知道这里面情况就越觉得这里特别模糊：他们从不具体说明做了什么或想做什么，但他们什么都做了却又说什么都不曾做。他们用一个死人把什么都搪塞过去，连露出的马腿都想要遮掩过去。他想，好吧，这么下定决心吧：等郅居水的人马一到，便可相应行事了。

"大单于！鹿来了！"副万骑长兴奋地喊道。

"在哪里？"

"听！"

隐约传来鹿啼声和小鹿的嘶叫声。副万骑长吹起了鹿哨，第一头大角公鹿露了头。随后跟出来几只母鹿和小鹿，向鹿哨响处奔跳着冲了过来。头曼单于立即拈弓搭箭，副万骑长本已抽出一支羽箭，见单于身后侍卫将士并未张弓，他把箭又退回箭箙中去。他知道头彩必须是大单于的。

"嗖"的一声，利箭飞迸而去，迎着鹿哨冲来的雄鹿应声倒地。众卫士喝彩："大单于好箭法！"身后两名侍卫冲刺而出，直奔中箭的鹿飞驰而去，生怕倒地的鹿逃跑了。

战利品拿回来了，单于宝刀不老，箭法神奇，正中鹿王的胸部，因此一箭毙命，竟然没能挣扎一步。可是那些母鹿和小鹿却四散逃去不见踪影了。

副万骑长说："大单于神箭！让我给大单于再多引几只鹿出来吧！"

"好！快去！"头曼一箭中的，自己也很兴奋，当然希望战利品越多越好！

副万骑长向四周看了看，估量一下，便向鹿群出来的方向策马而去，同时还在不时地吹着鹿哨，并逐渐隐没于灌木丛中。

好一会儿工夫，大单于似乎等得有些不耐烦了，忽然间灌木丛中跑出几只鹿来，大单于及侍卫等人立即兴高采烈，众矢齐发，有两三只鹿陆续倒地，还有两三只鹿竟带箭疯跑。但它们不是掉头躲避，而是迎面冲来，大单于及侍卫等人又连续放箭，但因逃鹿速度太快，竟然从众人马前溜掉。突然有人高喊"野猪"，众人才意识到逃鹿冲过来的原因。说时迟，那时快，张弓已经来不及，众侍卫急忙抽出利剑，跃马在前，一字排开，挡在大单于马前以防不测。

野猪凶猛，来得突然，逃得也快，竟然一闪而过，一个侍卫不甘心猎物逃跑纵马追去，直到看不见踪影才转了回来。这时更多的一群鹿，中间还夹着一匹白骆驼被轰了过来，于是大单于和众侍卫便又追猎起来。就在大单于与身边侍卫追猎群鹿最起劲的时候，一支响箭骤然飞向单于，随后便是无数支利箭凌空而至，群鹿远逃，猎鹿者却人仰马翻，他们身上数不胜数的箭杆却在迎风抖动，鲜血慢慢浸透了人的衣服和马的皮毛。

大单于头曼的眼睛没有合上，他似乎想要看清是谁射来的利箭，或者是想要弄清那响箭究竟来自何方。

长城内外

公元前210年，在长城的南边，即在中国历史上第一次建立起中央集权的封建主义的大秦帝国，和在长城的北边，即在阴山北麓以匈奴族为主体的各游牧部落联盟，几乎是同时都发生了政变。两家政变的主角都是没有储位的王子。仅就政变的直接结果而言，两位没有储位的王子都以杀掉储君的手段夺得了继承权。从现象来看，两家的政变是没有关联的，完全是独立进行的。时间是巧合，争夺王权是惯例，流血通常是必然的，不流血的政变则属例外。但稍加分析，则不难发现这两家政变在时间上之所以同步是有某种内在联系的：因为地缘关系决定了它们是一对矛盾体。当时，一方为秦国，气势如虹，直吞斗牛，一扫六合，正雄踞天下；另一方为匈奴，部落分散，贸易落后，虽有联盟，却难以聚合，强者自强，弱者自弱，有如泾渭分明。故头曼直北，嬴政独步。直北者，不敢思变，渐行渐远。独步者，谓为永逸，倒行逆施。两者都向自己的反面走去。如果这一势态延宕下去，这一对固有的矛盾体也许会给历史留下一段"空白"的时间。我给空白二字加引号的意思是想表明这样一种状态：头曼远遁漠北，嬴政止步长城，瀚海或成死地。当然，历史从不给"也许"二字留下存在的空间。头曼远遁漠北，其子冒顿却留在阴山峡谷之中，严密监视着事态的变化；嬴政止步长城，自身已丧进取之志，却生"万岁"之心，其子其臣自然随之，蝇营狗苟，结党徇私，阿谀奉承，屠戮天下，同时则倾尽国力挖坑造墓，准备举国与之同尽。一言以蔽之，从公元前221年至前210年间的十二年间，大秦帝国的嬴政与匈奴联盟的头曼，作为一对矛盾体就是以这种态势在同一个历史舞台上表演着背对背的"二人转"。

自以为已经独步天下的嬴政最怕的是一个"死"字，所以叫天下人天天给他喊"万岁"、"万万岁"，其不知这"万岁"、"万万岁"之声过高时，即高分贝本身也足以使其死亡，所以他只活了五十来岁，不要说"万万岁"，连"百岁"也离他远得不能再远了。听惯了这高分贝的"万岁"声的人不知这高分贝音的厉害，高分贝音震死了老的，小的立即跳起来夺取这高分贝音的独占权，殊不知这高分贝音既能震死老的，也会在某一天震死小的，甚至震死这个政权。二世胡亥阴谋夺取"万岁"这个高分贝音的独占权，是一场政变，它昭示了一个时代的巨大的帝国行将结束。

这个高分贝的巨大音响也预示着另外一种变化，因为它震撼了也震醒了藏在阴山里仔细观察动静的匈奴王子冒顿。

他的经历，他的经验，他的处境以及他对长城南北两种形势的深刻的视角、独特的观察，在力量对比悬殊的条件下，抓住了一个千载难逢的机会，竟能使政变获得成功，从而为创造一个伟大的草原帝国打下了坚实的基础。

一、忏悔与自责

伊间车若鞮的祖父、神秘的老爷子伊伐伊屠斯在峡谷事变之后的第四天天尚未明即所谓黎明前最暗的那个时候，神不知鬼不觉地在冒顿的军幕中现了身。冒顿要以子侄之礼叩见专程赶回来的老人家，而老人家却坚拒之，立即以朝见单于之礼拜见冒顿。冒顿不受。老人家说道："国不可一日无君，先行国礼，再叙私礼！"说完，他又示意他的孙子伊间车若鞮和在冒顿身边的副万骑长一道同他对冒顿行了朝觐之礼，最后才勉强接受了冒顿回敬的子侄之礼。不过老人家还是坚持声明："这是最后一次私礼！"

老爷子是在咸阳时就接到了孙子的密报，恐龙廷生变，不知鹿死谁手，遂匆匆上路，但到上郡，就得知了情况，便机密地踏上了归途，在潜越长城后于约定地点见到了他的孙子，知晓峡谷围猎发生事变的前前后后的详情。他认为事变处理得很好，尤其是在头曼单于廷将阏氏及太子与左王大臣等一党之人迅速彻底解决，其中包括头曼单于三千亲随护卫士卒问题的圆满解决更令他拍手称快。因为这是他最为担心并星夜赶回的原因之一。

说起那三千多名的头曼单于亲随护卫士卒问题的解决还多亏左王大臣的"威望"与"道德"太过于"强大"和"高尚"了。亲随护卫士卒跟随头曼单于、忠于头曼单于由来已久，他们视为天职，也视为自己的荣耀。但他们的百夫长和千夫长都莫明其妙地被左王大臣陆陆续续地换掉了、消灭了。他们不敢质问联盟大酋长，心中有怨，但情况不明，只能隐忍。最终发现一个千夫长竟被左王大臣的亲随投入河中的时候，他们愤怒了。但头曼单于说要彻查其事，并当众训斥了左王等人，算把事情平息下

来。在随着头曼单于南越大漠，重回阴山北麓的时候，他们得到冒顿王子的殷勤接待，妥善安排，心存感激。但见太子等人在左王大臣的怂恿之下，对冒顿的态度，他们当然不得其详，但风言风语虽说是虚，可他们久处左王等人的淫威之下，也会判断其并非空穴来风。所以在行猎出事之后，他们最初并不知情，直到左王大臣及太子母子等人均被诛之后才得到消息。起初惊愕万分，但当冒顿与副万骑长等人来到他们面前，并非对他们直举刀剑，而是直陈事情发生的经过。最后冒顿声泪俱下地表白他有"弑父"之罪，他请他们——头曼单于的三千亲随护卫士卒——可以保卫头曼单于的名义惩处有"弑父之罪"的冒顿，可以返回自己的部落，当然更可以成为冒顿的亲随护卫。三千士卒选择了第三个出路，而条件是要冒顿必须剔出左王大臣等人安排的那些千夫长与百夫长。

但最为棘手的却是如何处理从漠北来的几个部落的人马，老人家的手心里攥出了一把汗，而冒顿迟迟未能登单于之位更使老人家心急如焚。凭经验和识见，他知道冒顿心里有包袱，故此，他昼伏夜行，令其孙先行一步安排了这次凌晨的秘密会见。

他告诉冒顿，以子弑父，是为人所不齿，以臣弑君，是为理所不容。但事出有因，有因则必有果。他以秦皇父子为例，秦皇一扫天下，立军威，固边防，设郡县，立法度，置官吏，行赋税，不能不承认这是建立了大国基业。但这一切都是为了秦皇一个人的权力，而最后是让所有的种田的老百姓都无法活下去的时候，他的一切建国基业也必然都成泡影。他有一群儿子，但他不辨好坏；他有无数官吏，但他不分忠奸；他有众多衙门，却都藏污纳垢；他规定了严刑苛法，却弄得人人自危；他广收赋税，百姓却失去了温饱；修宫殿，建坟墓，筑长城，铺直道，把全国百姓都变成了服徭役的奴隶，被黥面的罪徒，其国将不国，我们可以拭目以待。头曼单于只有两个儿子却不分好坏；面对强敌却无常备之军；部落众多，各自为政，力量分散，虽有联盟，却难合力，联盟酋长非一国之君，牧民无抗天灾之力，无抵御强秦之兵，何以自保。因此，今日匈奴要立国，立国则应有单于，故必须名正言顺。不要以弑父自责，弑君自罪。要以建国为务，统一各部为要。今秦人之变已生，但王离尚能统军。不过，他而今只能守，不能进。乘此时机，使本部牧民温饱，争取邻近部落，修内政，清污名，稳定内部，逐步扩大，徐求发展，切不可自轻自贱，更不可自高自大。立一项法度，实现一项政策，务使上下左右皆能向心，而静观秦人之变，万不可贸然黩武。

冒顿深以老人家的意见为是。这些年来，他之所以能在秦将蒙恬的鼻子底下游刃有余地应付着军力对比如此悬殊的态势，最重要的原因之一就在于老人家给他提供了关于秦军的了如指掌的情报。而这些天，围场事情虽然是迫不得已为之，但事后又深为"弑父"、"弑君"之过而自责，总觉得自己无以言状，无法直面牧民部众，甚至不知该如何召集各部落酋长。而且在他内心深处还保留着幼时在父亲怀抱中的情景。一言以蔽之：他对父亲的死有一种歉疚，有一种负罪感。现在老人家的一席话使他心中稍有释然之感。但眼前的现实是除了他军幕中的这三个人和由副万骑长直接控制的那四千三百五十二个士卒之外，他还几乎没召见过任何人呢，包括他的妻子在内，那么就在此刻，他似乎还没想到要怎样见人呢！老人家叫他不要自高自大，他颔首称是；叫他不要自轻自贱，却扪心有愧。他仍不知何以应之。

这时，老人家却似乎揣摩透了他的心事，话锋一转，突然问道："漠北来的那几个部落的人马在做什么？"

"他们刚到，"副万骑长代答，"似乎已经知情，但却未必能详。大体上仍按我指定的地区扎下了营盘。不过有的人马超出预期，有的尚未完全到达。我尽量送去一些牛酒犒劳，但已暗中有所戒备。"

"那好！"老人家说道，转身又问其孙，"来的那几个酋长你都认识吗？"

"大多不认识，只有一两个有一面之缘。"

"好！立即陪我去会见你所认识的那个酋长！"

"这……"冒顿欲言又止，稍沉思一下，又说道，"你老人家怎么也得休息休息才好，是不是？"

"没时间了！但我还请单于立即派出士卒去请一些部落中的老人——最好是士卒的父兄或祖父辈来到这里，请单于亲自向他们说明情况，特别是左王大臣——那个老巫师的情况，以期得到他们的支持。这需要立即做，一天都不能拖延，以后的事情还多着呢！"

老人家讨了一钵马奶子酒，一口喝完便由其孙——伊闾车若鞮陪同出了军幕。

副万骑长在冒顿首肯之后，即出去找到麾下的千夫长和百夫长们，叫他们派出士卒去请自家的长辈们来赴会。

直到这时，冒顿才似乎从自责中挺起了腰身，他用力吐出一口气，要使自己振作起来。他的心被压抑得太久了。他曾经有过梦想，但很快放弃了。因为失去了储位的人还能奢望继统吗？在初为万骑长时，他对其弟、其继母及左王大臣等人是很怨恨的，但却感激父亲对他仍有舐犊之情。父单于远在漠北，他认真地为之断后，为之戍边。但随着时间的流逝，星移斗转的变化，特别是老人家不断地给他传来的情报，使他明白了许多事

情。从那时起，他就开始在想，匈奴的部落制有如一盘散沙。他们分散在各个山谷之中，与秦人相比，各山谷中的部落如以人口计之，一般恐怕只能相当于秦人的一个村落，只不过占有的地域广阔罢了。地域广阔利于牧人的生产与生活，但如遇战争或是自然灾害则无法抗拒。父亲有鉴于此，经过多年努力建立起联盟制度，形成一支巨大的力量。但在平时，仍是各自为政，没有常备力量，没有统一号令，一旦有事，无法积聚。在人口稀少的古代，在无法积聚力量的时候，尽可以迅速逃跑，一旦躲过对手的冲击，就能逐渐积聚起力量来。这会为第二次较量留下足够的时间、空间以及力量的重新整合。但在对手人口不仅众多，又有专业的常备军力，具有持续攻击的力量，而另一方无法抗衡时，即在不对称的战斗中，其胜负就早已注定了。因此，他曾几次向父单于阐述过他的这种认识。父单于最初根本不认同，认为定居的农耕部落有固定的疆域，因此可以有常备武装力量，而没有疆域的游牧部落根本无法编建常备武装力量。后来父单于似乎认同了，部落联盟建立起来后，他的驻地在事实上已有了一部分常备的专业的武装力量，但那是作为大单于的护卫力量编制的。他不能允许各部落的酋长们拥有与他一样的护卫力量，再说那也是牧民们承担不起的一笔巨大开支。所以当冒顿逐渐积聚一支部队的力量时，其父头曼是反对的，同时，阏氏及太子和左王等人都对冒顿此举不仅怀疑其改制，更严重的是怀疑其有异心。但因秦军北进，冒顿断后掩护大单于北退，才不得不承认他需要有一支常备军力。当秦军蒙恬大将筑城隔断秦人与匈奴的接触时，父单于（特别是太子一系的人员）则对冒顿拥军深怀戒心。但迫于形势，又不能贸然裁撤。所以延宕至今，终成突变。他原先曾有一些想法，但囿于无法预测的态势，无法系统化，因而也根本无法成形。现在事情发生了，他难以摆脱负疚之感，对眼前的态势也缺乏应对的力量和适当处理的谋略，所谓"理不直，气不壮"、"名不正，言不顺"，他心存畏惧。老人家迅速归来，一席话对他有振聋发聩之感。但其力量根本不足以制衡一方，这叫他有难措手足之虞。方才老人家毅然走出军幕，祖孙两人直奔从漠北来的部落大营而去，这是凶是吉？使他有些惶惶然。但老人出营前留下的话，在他稍为沉静之后，下意识地手扶腰间宝刀，昂首挺胸，振作起来。他对副万骑长说道："做应付出现最坏情况的准备，严密监视漠北各路人马的情况。一旦发现老人家和伊闾车若鞮有不测之危，立即出战。"

"我就去准备。"副万骑长说道，转身就要走。

"慢！还要应付最好情况的出现，别弄得到时什么都无准备。就按老人家临行时吩咐的那样，准备迎接各路客人。"

副万骑长怔了一下，但马上似乎恍然大悟，他笑着说道："那我们在迎接客人时，暗处应藏有伏兵，近处还应身藏利器！我这就去做相应的各种准备。"

冒顿目送副万骑长出了军幕，他将手伸向两边，让两扇木门全部张开，这时，东方的地平线上升起了黎明时分的第一线曙光。他单膝跪在毡罽上，双手罩住前额，又向下掠过面庞，然后默诵道："父亲，原谅儿子的不孝吧，为我匈奴的强盛，必须建立一个强大的草原帝国！"

二、人心的向背

胡亥在政变取得成功之后，为巩固他在一言一夕之间所获得的独享一个伟大帝国的权力，采取的第一个措施是杀：杀掉具有实际储位条件的长兄扶苏；第二个措施当然也是杀：杀掉最具威胁性的掌握重兵的大臣——蒙恬和蒙毅弟兄二人；第三个措施还是杀：史载，胡亥说："'先帝后宫非有子者，出不宜'，下令从死。"秦始皇后宫逾万，三十六年不得见者，大有其人，显然皆在"从死"之列。史又载：始皇"葬既已下，或言之工匠为机，臧皆知之，臧重即泄。大事毕，已臧，闭中羡，下外羡门，尽闭工匠臧者，无复出者。"这又是多少人，谁能知之？从引文上看，胡亥命始皇后宫"从死"之人是"非有子者"，显然要对"有子"的妃嫔们网开一面喽。其实不然。没过多久，又露狰狞，他又要对其二十多个兄弟姐妹下手了。在集权或更准确地说是极权专制独裁的条件下，暴君要除掉其政敌往往是对其家族全部杀戮以达到灭族的目的。那些"有子"的妃嫔比"从死"者更惨。而这个家族的概念是广义的，或是泛指的，即祸及九族。这个九族当然并非《尚书·尧典》中所指本身的上至高祖下至曾孙的九族，当然亦非父族四、母族三、妻族二的九族，而是任意株连的九族，十族或者更多，即凡是他想要杀的人皆杀之。

二世胡亥政变上台，大开杀戒。史称"群臣谏者以为诽谤，大吏持禄取容，黔首振恐"。胡亥这个皇帝当得真是过瘾啊！他放心地效仿其父，"如始皇计"，"复作阿房宫"。他高枕无忧地要终生享乐了！

但与之同时发动政变取得成功的冒顿则没有胡亥那样的福气，也没有那样的魄力。他在等待着伊伐伊屠斯和伊间车若鞮祖孙二人去见漠北来的酋长们的时候，不敢做白日梦，而是在做最坏的准备：径直去到他的以弓弩手为主力的亲随士卒的营盘中。从那天围场中射杀其父之后，他这是头一次与其亲随见面。在途中，他曾想过，假如有人责问他弑父，他将何以答之？有人若对他不利，他将何以对之？就算他们不愿当面直接对他发难，却也不愿再追随他，他又何以处之？假如，漠北来的酋长们对他兴兵

问罪，他的亲随士卒又弃他而去，他该怎么办？他把左手按在了径路宝刀上。他的脚步放慢了。在临近亲随士卒的营帐时，他把宝刀从腰带上摘了下来，将刀柄上的丝绦缠绕在刀鞘上。

闲散在营帐里的士卒们突然见他进帐，先是一惊，有的人从地铺上急忙站起，或赤足，或敞襟，都是衣冠不整的模样，不知要怎样敬礼或者表示欢迎。有些露体之人大约还会觉得十分尴尬，不知所措。

冒顿惨然一笑，顺手把径路宝刀放在靠近他的一张矮几上。他要大家随便些，说他几天没见到大家了，路过这里，顺便进来看看。士卒们这时便都不再紧张了，大体上也把衣服都弄得整齐一点，不至于显得太邋遢了。而且因为见他一进营帐便把手中的从不离身的宝刀放置一边，也使大家以为他是随意而来，并非有什么重要的事情，心情也都放松了。

然而冒顿并非随意而来，他用低沉的声音对士卒们说道，前几天发生的事情是他的过错，或说是他的罪过，责任都在他的身上。他反复强调，士卒们是没有责任的。他说这些天他非常难过，在说话时甚至声音都有些哽咽。他问大家，现在应该怎么办？如果漠北的酋长们对我们发动进攻，你们做何打算？他说他希望听到士卒们的想法。他没有对士卒们讲他被剥夺继承权之类的事，更没有数落太子啊、阏氏啊、左王等人的什么罪过，当然也更不会去说其父头曼单于的什么不当之类的话。他觉得透过于人，谁都能看得出来，莫若以诚待人，大家或许还可谅解，他是真诚的，但也是有心计的，他达到了他的目的。当伊伐伊屠斯偕其孙寻他到这里的时候，时已过午。他们祖孙给他，也给大家带来了好消息。

寙浑酋长，还有屈射酋长都愿意拥戴冒顿为部落联盟大酋长，即单于。他们还答应去劝说或联络鬲昆酋长和薪犂酋长，希望他们能与之持同样的态度。丁零酋长尚在途中，因他来自北海，路途特别遥远，但也迟延不了几天，寙浑酋长会尽力去劝说他。寙浑酋长说，他希望尽早与冒顿大酋长会晤。

寙浑酋长在伊闾车若鞮初到漠北头曼单于廷时就见过面，后来还随着头曼单于与之同猎于狼居胥山，并在那里见到了屈射酋长。伊闾车若鞮向他们介绍了他的祖父，并说明祖父是奉冒顿之命特意来拜会二位酋长。伊闾车若鞮没有向冒顿详详细细说明其祖父是怎样劝服两位酋长的，而只是说明了会晤的结果，而那结果是令人非常振奋的。

寙浑本来活动在燕然山（今称杭爱山，属蒙古人民共和国），那里山高林密，水源丰富。在燕然山北麓有非常辽阔的大草原，山中则有较为宽阔的谷地，水草更加丰美，而向阳背风的谷地是极为理想的冬季牧场。然而他们的人口太稀少了。猛兽不仅是羊群的天敌，甚至也是牧人的天敌。

他们希望走出山谷。屈射（或许该读作叶）与薪犂大约活动在今鄂尔多斯的中部和今乌拉特旗的山里。他们人口也不多，这两个部落是随头曼单于北撤的，如今当然是想回故地。因为在漠北的这些年里生活得太艰苦了。他们在郅居水（今色楞格河）、安侯河（今鄂尔浑河）、余吾水（今土拉河）及狼居胥山（今肯特山）等地游牧，经常遭到来自北海（今贝加尔湖）东部丁零人的抢劫和盗掠，述之大单于，大单于无法保护他们，也无力遏阻丁零人。鬲昆活动在今唐努山至萨彦岭的山谷地带，那里有丰富的水系，是叶尼塞河的水源地区。此番随大单于南跨大漠，大约只是鬲昆人的一两个部落，人口并不多。据说得知大单于罹难，那个酋长和部众正嚷嚷着要打道北撤，说什么不想再蹚匈奴人的浑水了！

他们应头曼单于之召而来。甫抵目的地，却闻头曼已死，但却不明详情。在听取了伊伐伊屠斯的游说之词以后，他们不是惊讶于峡谷弑父之变（他们或许压根儿就不知道有弑父之事，或谓只是一次意外事故），而是第一次听到一位智者给他们讲述了秦皇死后的天下大势。如果他们能够拥戴头曼单于的长子继承单于的大位，建立一个强大的草原帝国就一定能够有效地抵御长城南边的秦人对游牧人的威胁和入侵。在这里伊伐伊屠斯当然不会忘记对冒顿这位青年王子的英勇善战、关爱牧民百姓的赞誉和颂扬。当然其中还包含对他们部落及个人的官位与利益的许诺与保证。于是他们有的乐呵呵地成为冒顿的最初的拥戴者，有的则还不买账，但就是这样也使冒顿满意了。

冒顿不仅要利用好这个效应，而且要设法尽量扩大这个效应。他用最大的热忱宴请各位部落酋长及其麾下的没见过多少世面的千夫长或百夫长们，还带着羊酒亲去犒劳那些初到漠南的临时被组织为部队士卒的牧人们。当丁零人的酋长率队抵达时，他不仅亲去迎接，还邀请先期抵达的各位酋长们一同前去，伊间车若鞮等人几乎把这种会师搞成了一种——用现代人的语言来说——嘉年华会。就连原属头曼单于的亲卫士卒们和前太子及左王的那些士卒、百夫长也都成为这种"嘉年华会"的高高兴兴的参与者，甚至那些在百工峡谷的操各种语言的工匠也都被请出来与之同乐了。

酒能使与会者的热血沸腾，歌能让与会者语言沟通，舞则让与会者们相拥相亲。

冒顿在极力接近他的子民们。

与之同时，胡亥谓其"已君临天下矣，欲悉耳目之所好，穷心志之所乐"，日日燕乐，"作觳抵优俳之观"。他为这样做，还杜撰了享乐主义的哲学，"夫人生居世间也，譬犹骋六骥过决隙也"，故不能不及时行乐。但为了保证行乐不受干扰，他在赵高的策划之下，一方面大开杀戒，除了杀

掉他的手足兄弟姊妹之外，还要杀掉帮他完成政变的李斯，使"群臣人人自危"，对百姓（黔首）严刑峻法，税敛无度，以致"刑者相半于道，而死人日成积于市"。另一方面则续修阿房等宫苑，大兴土木。他本人则"日游弋猎"于上林园中，使其臣子永不得见其庐山真面目。

胡亥实实在在地在"骋六骥过决隙"以期走完他的人生之旅。他不会完全不知道因为他杀人过多而遭人怨怼，也不会完全不知道已亡的山东六国遗民的愤怒。但他迷信其父毕六王的威力，更相信他继承大统的天命，因此他要长居深宫，一刻都不能放弃享乐。他无暇也不屑"坐朝廷见大臣"，当然这不仅是赵高所希望的，也是赵高为其设计的。唯有这样，赵高方可以将一个统一了天下的大帝国玩弄于股掌之上；唯有这样，胡亥才能穷极人间天上之乐。他们两个都决心要把这个用阴谋政变手段夺来的帝国攫为己有，即使死了也要把这个帝国带进坟墓。

崤函山以东农民起义战鼓的隆隆响声和六国遗民起事的嚓嚓脚步已经传到了阴山北麓的冒顿单于龙廷穹庐之中。他的第一个措施就是立即派遣伊闾车若鞮潜入咸阳，接手他祖父经营多年的间谍网络，而把伊伐伊屠斯老人家留在龙廷，做他的"顾问"，以备咨询。

冒顿知道这位老人家对他意味着什么，就如已故并由他安葬的呼衍尼特克老爷爷一样。假如没有已故的那位老爷爷，他是否能活到今天怕都很难说，但他已故。这是天意，无可奈何。而假如没有现在这位老人家，他能那样从容不迫地直面压境的十万秦军吗？他能那样从容不迫地直面峡谷事变前后内外交困的窘境吗？老人家成功帮他联合了漠北的五部人马，在他们的拥戴之下，阴山的另一些小部落也都欣然归属于部落联盟之中，成为冒顿单于的大纛旗下的几个千夫长，虽然他们每支队伍都只有几百人而已。

现在老人家又在帮他规划建立一个有常备军的、能够管理各部落行政的草原帝国的格局。它不能与农耕和定居的像大秦那样的行政机构相同，而必须与畜牧和逐水草而居的生产、生活方式相适应。但如何做到这一点，祖先们还没有给他们留下规矩。他们在想办法。

这时，伊闾车若鞮传来非常重要的消息，而且提出了他的建议：山东乱已起，有农民起义之旅，有六国复仇之军。他建议单于冒顿速整人马，广集控弦之士，及早跨越长城，夺取膏腴之地，至少也要分割秦人的几片肥肉。

冒顿问老人家："秦将乱，这可能吗？"

"不是'将乱'，而是大乱！"老人家答道。

"秦兵不能将其镇压下去吗？"

"秦有兵，也有将，却不能将其镇压。"

"为什么？"

"人心向背决定了。"

"那么我们可以跨越长城吗？"

"你以为呢？"老爷子反问了一句。

"我以为不可！"冒顿回答。

"对！但是可以上长城！"

冒顿不解，直视老人。老人诡谲地一笑："我们不能去蹚浑水。秦国内乱已起，大乱在即。我辈插足，回身不力。你说不可，是完全正确的。但——登城可以观战！"

冒顿恍然大悟。老人家以其无比的聪明睿智在大秦帝国的腹心地区编织了一张巨大的间谍网络。他利用这张网络变换多种身份，或经商或访友，走遍了中原大地，使他具有了传奇般的无比丰富的阅历。有时他的一句话对冒顿而言往往具有点石成金的效用。方才他说的登城观战就点开了他的一个重大的思路：站在高处作壁上之观，抓住机会走自己的路。他和老人家摆开了龙门。

他们条分缕析地探索大秦之所以强，之所以败。这种大起大落的根本原因不能当作笑话看。强之所以为强和败之所以为败，根本原因在于内，秦人改革了内政才使之强大。它强大到任何人都难以从外部打败它，因此能打败它的只能是它自己。这个哲理对于冒顿而言有着刻骨铭心的效应。他将怎样规划他的帝国呢？他必须绞尽脑汁深思熟虑。秦帝国变法图强对他有直接的教益，但图强并非是一味的征战，而应是百姓的福祉，百姓的福祉决定民心的向背。他要让自己的牧民得到福祉，他才能得到牧民的心，他不能对牧民横征暴敛，也不能对邻邦轻言征战，但他必须有自己的强大的军旅保卫自己的牧民。他和老人家一致认定把握住秦国内部发生动乱的时机，改革这延续了不知有多少世纪的部落制度，当然也包括联盟的制度。因为这种制度只能适应一个民族、一个部落在一个有限的空间内的生存，一旦遭受外来的强大的入侵者便无可奈何，不是被屠杀，便是被掳掠乃至沦为奴隶。他曾做过质子，就是因为无力与敌手抗衡，便只有沦为人质，为其摆布。部落联盟稍强些，但太松散了。没有统一的行政，没有常备的军队，没有有效的管理，没有丰富的储备，没有精巧的手工业，没有可供贸易的物资，等等，这样的联盟和秦人建立的国家怎么能相提并论呢？但是习惯生活在马背上，过着逐水草游牧的牧民，他在哪儿扎下庐幕，哪儿就是他的部落，那又怎么建立一个像秦人那样的国家呢？一户牧民居住的冬窝子和在夏季走圈放牧的牧场往往相距有千里之遥，你怎样对

他行政？常备军对他有什么用？怎么管理？怎样储备？……显然马背上的民族要建立秦人那样有巨大的寸步不移的宫殿和永远不离乡土的农民和有着同样寸步不移的衙门以管理百姓的无数官吏的国家，不是空想便是做梦，游牧人是享不来那个福的。不过在冒顿的记忆里始终有着月氏国的影像，在月氏国的时候，冒顿虽然只是一个少年，但毕竟生活在王廷的周围，迄今他都对月氏王有着深刻的印象。他身材魁梧，肤色黝黑，一脸络腮胡子，但却总喜欢缠着白头巾，那头巾老长老长的，一圈一圈地缠，显得头比斗大。他接见臣子的穹庐非常高大，居住的穹庐也不小，并且有很多座，但却都是固定的，夏天时在山里另立穹庐，比猪野泽凉快多了。他有许多士卒，有单独的营地。在别的地方也有军队，有营地，他在删丹那里见过。从某种意义上说，月氏王国也是部落联盟制，许多部落都不是月氏人。他印象最深的有乌孙人，有朐衍人，有敦薨人，有羌人、氐人，等等。他们各有自己的聚落和游牧地区，不过他们都受月氏王的统治与管理，他们的军队也都受月氏王的指挥，他们在河水（黄河）西岸和傍山的峻岭（约为今之乌鞘岭）上都有士卒长期驻守。冒顿想，他的帝国应该像月氏王这样的，但他又觉得月氏国毕竟还缺少一些东西。但是些什么东西，他一时之间还无法厘清。说它是个国家吧，它更像个部落联盟。说它是个部落联盟吧，它毕竟有常备军，对各族牧民实行有效的行政统治。老人家说，建立国家的原则是一样的，但每个国家都有自己的特殊情况，要依据自己的特殊情况建立自己的国家，才是正理！

老人家又给冒顿在关键的问题上做了一个点拨。冒顿明白了，他要创造一个适合自己情况的能实行有效管理的国家。

冒顿在博闻强记而又极具哲理的老人家的指点之下，在规划他的帝国，而为了实现这个规划，他采取了非常稳健的措施，要一步一个脚印地向前推进。

就在冒顿以林木茂密的阴山为依托，不动声息地悄悄扩充和训练他的"控弦之士"，同时又以礼宾、拜谒、密使、结交等各种手段与周边大大小小的部落沟通，并把他的军幕向今天的武川一带转移的时候，从咸阳方面传来了爆炸性的消息：秦丞相李斯被腰斩于市！

三、挑战的使者

李斯之死，对冒顿而言之所以具有爆炸性的震撼力，是因为他不敢预想一个伟大的帝国是由于内部发生的爆炸而轰然倒塌的。他当时大约是不能从伊闾车若鞮派来的谍员的口中得知李斯被腰斩于市的许多细节，因为谍员以最快速度传递重要情报通常是在极为机密的状态下口耳相传，站站转诉，细节自然完全被过滤掉了，重要情报的细节通常得由专人专程报告。他从能记事儿的幼年开始，只要听到有关秦国的消息，便必与李斯相关。

李斯曾是楚国上蔡县一乡管粮仓之小吏，因见厕中鼠与仓中鼠之别而悟出一个哲理："人之贤不肖譬如鼠矣，在所自处耳！"他怀揣这种"厕鼠哲学""西说秦王"，"为丞相治秦三十余年"，有"胁韩、弱魏、破燕、赵，夷齐、楚，卒兼六国，虏其王，立秦为天子"之功，"又北逐胡、貉，南定百越……见秦之强"，其对秦之功可"与周、召列矣"，然其所持"厕鼠哲学"，卒使其"不务明政以辅主上之缺，持爵禄之重，阿顺苟合，严威酷刑，听高邪说"，其"被五刑死"，对他本人而言恐亦不为过；但对强秦而言，因腰斩其人，亡国之征毕现。想来，这大约应是冒顿之所以会感受到爆炸性的震撼的原因吧。

蒙古包天窗，蒙古语称"套瑙"

果然，不久传来后续消息，而这后续的消息定会有较多的细节可以禀报。因为这时的秦国已经完全处于混乱状态，伊间车若鞮手下的谍员几乎可以肆无忌惮地往来于直道上。

使冒顿觉得最大快人心的消息，当然是秦二世皇帝胡亥与新任丞相赵高的相继死亡，但继之而来的消息使得那"人快人心"的笑容慢慢僵死在脸上了。因为在赵高死后不到三个月的时间，他所诅咒的秦国灭亡了，但秦都咸阳仍然不是他能涉足的地方。谍员报告：沛公刘邦率兵入武关至咸阳；而未逾月，又有消息传来：项王项羽又西屠咸阳。那么，关中究竟谁属，冒顿当然不得而知。他的那种"大快人心"的感觉不仅消失殆尽，反而觉得迷惑，甚至有些忧心忡忡了。因为有许多事情他觉得无法理解。譬如秦始皇一统天下的百万大军怎么会被一阵风就吹得烟消云散了呢？那么能掀起这阵暴风的究竟是一种什么力量？其主导者是谁？他对匈奴会是什么态度？匈奴能抗衡得了吗？越想越觉得参不透也悟不透。伊间车若鞮的消息越是密集，他就越觉得纷乱。他派人去请伊伐伊屠斯老人，希望他能给他指点迷津，拨开迷雾。伊伐伊屠斯老人决定立即重返咸阳。

老人行前仍建议冒顿作壁上观，他说感谢秦始皇，感谢李斯，尤其感

谢蒙恬蒙大将军，他们为匈奴修筑了一道可供观天下的万里长城。他相信这是绝对安全的，因为逐鹿中原的任何一个强人大约都顾不上长城外的事情，除非是某个被打得丢盔卸甲，连裤子都输光了的人，为了逃命而来跪地求救。

冒顿在今武川扎下了他的军幕，武川位于阴山中部的北麓，阴山中部草木葱郁，各条山谷森林茂密，岭上为草原，多灌木。越岭山势雄峻，俯视云中，水网密布，山前草原向东西延伸，而部分地区已被秦赵之人开辟成沃野良田。仔细看去，在成排成行的白杨之后，炊烟升起之处必有村庄。但沿着山谷顺水流方向缓步向下，有路可通，这是自古以来就有的阴山南北的交通孔道之一，因而也是兵家必争之地，谁占先机谁就能控制。凡能控制这条交通孔道者，进可攻，退可守。

我多次走过这条古道，面对这条古道，我曾试想，冒顿的单于大位是靠突然的政变夺得的。他发动政变的基础并不坚实——既没有蓄积足够的武装力量，也缺乏广泛的群众支持。在发动政变之前，冒顿不具备民众拥戴的威望和号召力，其父也并非具有多深的民怨，被杀的继母阏氏、异母弟及其臣仆们，或有恶行，却未见载籍。一场政变突然发生，一声鸣镝号令草原，而且很快便趋于平静，这个政权就等于合法的存在了。何以如此，究其原因，从时间上说，天缘凑巧，这次政变正好发生在一个巨大的变革时代，似乎每天都会发生令人应接不暇的重大事件。冒顿弑父这样的事件在那个时代里，因其发生在草原深处的一个部落之中，远离那个时代的重大的旋涡中心，不被人们注意也就不足为奇了。即在事件传出之后，因与大动荡的中原毫无干系，与草原或山山谷谷中的任何一个部落也无干系，也就没有兴师问罪之人，当然亦无舆论压力之闻。而当尸首掩埋，血迹擦干，哭声终止，权力重组，政权再造之后，一切便都了了。从政治层面来说，如果冒顿是个等闲之辈，终其一生毫无建树，那么这次政变就是一次家族内部的小小闹剧，如父子相残，兄弟阋墙，叔嫂不和，妇姑勃谿，等等，随着时间的推移，时过境迁，一切便都烟消云散了，谁还能记得他们呢？那当然就没有任何意义了。但冒顿在历史上大有作为，因此他的这次政变就大有政治意义了。其弑父的罪行，从传统的意义上说是万劫不复的，但从历史作用而言，又完全可以略而不提了，甚至还可以被当作历史功绩而予以讴歌，就像后世人们对唐初玄武门之变的评论一样。但作为当事人面对当时的内外形势可没法如史家那样轻松，三言两语就做了结论，便把历史的一页掀过去了。

冒顿在弑父政变之后没有任何张扬，这是他的聪明之处。因为弑父之举不论在什么时代、什么民族、什么政治背景和什么样的伦理道德的条件下都不是什么值得炫耀的光彩之举。稍有一点良心，就不会自我张扬。但这个阴影在其心灵深处恐怕是很难排除的，而离开故地则是最好的选择。当然，他苦心经营的训练基地和百工作坊，不能放弃也不必放弃，就留在原地好了。他利用了那样一个天翻地覆的大时代，一切凭口耳相传的重大消息，大约都会与秦帝国这座大厦竟于一朝倾倒相关。因为这座大厦的牢固程度在时人眼中是绝对颠扑不破的，谁敢预料它会在没有任何外敌的情况下却从内里轰然倒塌？因此，与之山水相连的周边一切民族、地区、部落、国家的头头脑脑，在惊愕之余，就不得不盘算与之利益攸关的方方面面在下一步该当如何举措了。在这种情况下，一个部落死了一个酋长，然后一个新的酋长按例继承了权力，对外人似乎没有什么关联。发生了弑父事件也不过是大时代里的一个小插曲，传播不了多远，也传播不了多久。只要他自己不张扬，事情传播到一些地方和流传一段时间，是不会有多少人予以关注的。

　　冒顿弑父政变的态势，起初，大约就如一颗石子儿投入湖中，不会泛起多大涟漪，在远处看，它仍然是平静的。因此冒顿会有一点儿时间，从内部肃清政敌，要与邻近的部落交好，与利益攸关的部落尽最大努力进行协调，对强者或软或硬，对弱者或硬或软，一切以稳固自己的势力为原则。他谨小慎微，夹紧尾巴，积聚力量，徐图发展。因此他表面上没有采取任何重大举措，但两眼却紧盯住中原大地正在发生的变化及其可能的发展方向，从而确定自己的大政方针。他深知自己毕竟只是森林草原上的一个小国，因此他从狼山东进，沿阴山北麓借山林的掩护，小心翼翼地向东运动。他在现在称作武川的那一带地方扎下了他的庐幕大帐。那里每条峡谷都有着茂密的森林，山梁却相对平坦和升阔，长着良好牧草的草地，其中一条曲折的通道可以进入后来称作土默特川的山前平原。赵国曾在那里设置云中郡，修筑了游牧民族几乎不可逾越的赵长城。秦国统一之后，完全因袭了赵长城的建筑，又重新增筑和加固了一些要塞和关隘。这道长城现在已失去了修筑者的本意，成为冒顿的屏障；长城可以任他逾越，原来的守城者却早已作鸟兽散。但冒顿自知宏基初肇，立足未稳，不可造次，只能徐图。他希望用时间的推移，逐渐抹去人们对其弑父之事的记忆。

　　但是没想到当他向东移动到武川，刚落下脚，平下心，就有人对他发起挑战了。这个挑战者显然也不是等闲之辈，专门挑他的软肋进行攻击。可见这是有预谋的，当使者的先遣人员通报来访的时刻起，他就产生了某种预感：来者不善，善者不来。这从先遣人员的傲慢神气上就可嗅出味道。他在心里盘算着怎样应对使者。当然先遣人员不是使者，使者不是王者。但楚王好细腰，后宫多饿死，上有所好，下必甚之，从其仆可观其

主。所以冒顿在正式接见东胡王的使者之前，大约心里就已经有点谱了。而正式接见时，使者一言一行，似乎已经把东胡王的眉目勾勒出轮廓了。史称："冒顿即位，是时东胡强盛，闻冒顿杀父自立，乃使谓冒顿，欲得头曼时千里马。"使者这种威胁和挑衅的口吻激怒了龙廷中的群臣："千里马，匈奴宝马也，勿与!"而冒顿却放下身段，他的回答既为其下属所不解，亦使挑衅者感到意外："奈何与人邻国而爱一马乎。"他落落大方地拱手把宝马奉献出来。他是深思熟虑的。

读者不会忘记，从作为质子的时候开始，少年冒顿就不是一个懦弱胆小之人，从其盗月氏王的宝马并决定返回狼山直面其父对储位的废立问题时，都显示他的性格与胆识——不暴躁，因为他胸有城府。如果不是这样，他在其臣仆面前能这样接受一个外交使者的侮辱吗？如果他手起刀落，立斩使者于庐幕之中或者怒发冲冠，指着使者的鼻子破口大骂，将其逐出帐外，任何一个腰悬宝剑的人都可能有此举措，何况是手握重兵之人。当然这就意味着战争——一场不计后果、没有准备的战争。而他对使者的忍让也很得体，他不是故作屈服忸怩尴尬，而是既安抚了帐中的群臣，亦不让使者趾高气扬。

最重要的是：他要给自己争取时间，从而使自己能有效地从被动转向主动。而从被动转向主动的关键是：知彼知己。

冒顿不读书，但他行事的准则合于兵法：知彼知己，百战不殆。

四、关于东胡王之谜

大约现在河北省张家口地区是东胡势力向西伸展的终极点，而冒顿在政变之后悄然向东进展，最初的目的并非是为了入侵东胡，连渗透的意识也没有，因为在他的生活中，直接感受到的有切肤之痛的来自外部的压力，一是月氏，一是强秦。在月氏做人质的时候，因为年幼，诸多事情不甚了然。细想起来在月氏王廷似曾见过东胡的质子。但人家是"贵宾"，他没有与之交往，因之对东胡几乎没有什么具体概念。在经过许多年的风雨之后，回过头来再重新咀嚼当年作为人质时的所见所闻的诸多事情，终于有所省悟。月氏王是西部许多部落和部族的共主或盟主。西至吐火逻（秦人或称之为敦薨，汉人则呼作敦煌，应都是吐火逻的音译），北至胸衍（居延），南至祁连山。这其中包含有许多部落和部族，有羌人、乌孙人、涿野人、义渠人、塞人、氐人、龙勒（楼兰）人等，这些部落和部族都是游牧民族。敦薨以西紧接龙勒，但龙勒人是在绿洲上定居的部族。在龙勒以西则有更多绿洲部落，龙勒以北则是游牧的塞种人。月氏王不能约束西端的各绿洲部落，但冒顿也未曾听说月氏王与他们有什么刀兵纠葛。他知道父亲头曼在世时与月氏王的关系不睦，他是以自己的小命作为双方纠葛的契合点。因为月氏欲东进，却受到匈奴的阻隔；匈奴若西进，月氏却是不可逾越的。月氏势强，匈奴势弱。但匈奴南邻强秦，迤西则有沙碛。强秦虽然绝不袒护匈奴，但也绝不准月氏"借道"，反之亦然。三者皆未作"合纵"或"连横"之谋，因此便自然形成一个"三角平衡"。但这种平衡既不均等，也不对称，只是策略性的。强秦在东扫六合之际，无暇西顾，但亦绝不准河西势力的骚扰，为此，强秦以河水为天堑，作为第一道防线，又从临洮起，循河修筑长城。匈奴势弱既不能西进也不敢南下；月氏弱于秦强于匈奴，不敢东进却又威逼头曼遣送质子。不均衡的平衡不可能是稳态的平衡，但却可以维持一段时间。只有时间对任何人或任何势力集团都是均等的，但显示的效果却往往是相悖的，其间的差异有时完全不可估量。譬如它使老者垂死，使新生力量成长，使强者变弱，使弱者变强。一切均在时光中运动，在运动中变革。掌握着权力的人总希望或者相信其手中的权力永固并且可以或能够控制一切，却不知那只是痴人说梦。权力总是有限的，秦王扫六合时，权势如日中天，帝国辉煌至极。但一夜之间便轰然倒下，分崩离析，一切财富及权力均荡然无存。但这完全不是人力所能预期，更非人力能够驾驭的巨大变化，对于冒顿而言，他只有听和看的份儿，却不敢把手伸进到那个"磨眼"里。但"听"和"看"也是千载难逢的机遇，他可以在阴山的草木茂盛的天然牧场里自由地驰骋骏马，张弓射猎，积聚力量，扩展宏图。

然而这仅仅是一个开始，如何规划未来，他似乎连想一想的时间都没有腾出来，就已经被外界的纷至沓米的变化冲撞得晕头转向。不过，有一点：他的头脑非常清醒。他知道，一棵大树，尽可以枝干参天，绿叶扶疏，花团锦簇，香气四溢，但若内里已经腐朽，其死期必将不远；而一棵小树，看似弱不禁风，但其枝干密实，根系深植，假以时日，就有茁壮成长之期。冒顿在取得政权之后，他就是这样小心翼翼如履薄冰地扎进阴山的茂密森林之中，一是安抚各峡谷中的所有部落，与之交好、结盟、礼聘、协商，共议未来的建政大计；二是扩充兵员，进行骑射训练；三是积聚人才，打造兵器，壮大自身力量；四是甄选谍员，深入中原，了解事态的发展与变化。

然而现在他要面对的却是一个没有想到的对手——东胡王。对手的使者一出场就直白地向他索要这个，索要那个。实际一言以蔽之：他要的是冒顿必须向东胡王纳贡称臣！

这个东胡王究竟是个什么来头呢？是他当年在月氏见过一眼的有如

"贵宾"身份的质子吗？

他不做如是想，如果是也毫无意义。

如果我能像写小说那样随意给一个人物虚构一套历史，取一个好听的名字，授一个符合其身份地位的官衔，如部落联盟酋长什么的，再凭空给他脸上涂些脂粉，描个眉画个目，还可以插上几支雉鸡翎和不花一文便给他穿上锦绣龙袍，那真是太好不过了。但是写传记不行，因为到现在为止，我都不知道这个东胡王叫什么名字，生于何年死于何年，既然称王，就得有个称王的地方，亦即其王廷设在何地，是定居抑或是游牧，其国之四至在什么地方，其一生有何建树，他是胖子还是瘦子，是高个儿还是矮个儿……我对其人不是一问三不知，而是一丁点儿都不知。我在沿着史书上所勾画的模模糊糊的东胡王活动的地盘——东起辽宁的西丰、辽阳，西至张家口，北起大兴安岭的嘎仙洞，南至齐鲁大地，大体上都走了过来，但对历史上所谓的东胡王却感到更加迷惑。

冒顿的经历及视野所及主要是在阴山，如果细分之，也可以说他起自狼山，中经现在的乌拉尔山、大青山至灰腾梁山，向东望去仍是群山叠嶂，直入眼帘者当为今河北北部的大马群山。再往东，当时的冒顿大约对燕山、七老图山、努鲁儿虎山——大兴安岭的西南脉的山系恐怕就不甚了然了。从狼山到大马群山，东西长约800公里，海拔1500～2000米，是水草丰美、树木茂盛的地方。他依阻其间，不张扬，不怠惰，一方面在凝聚内力，另一方面在注视着长城以南的风雨雷电。他没有想到自己的一举一动却被一个东胡王看在眼里、记在心上，并且突然就出现在面前，把剑锋直指到他的鼻子尖上。显然，对方的谍员早已渗透过来了。不过对方还算客气，只是索要一匹良驹宝马。他明白，这只是开头，对方是在刺探一下虚实，下一步如何举措，还得拭目以待。当然这也给他留下一个回旋的空间。他当然是急于知道对手的情况，大约当时在他穹庐大帐中的群臣们似乎也不比他知之更多，这几乎使他无法决策。他真想马上见到伊伐伊屠斯和伊间车若鞮这祖孙二人，但他们都在秦国或中原地区。那里形势多变，情况复杂，支系众多，战斗剧烈，令人目不暇接，据说已有谍员死事。他们祖孙为深入观察和了解，行踪不定且十分隐蔽，不是想见就能见到的，但眼前该怎么办呢？

伊伐伊屠斯和伊间车若鞮是我揣摩的。

古往今来，古今中外，任何一个权力机构都有一群不能披露姓名或不能命史官为之立传却又为决策者十分倚重的人物，而留下姓名者寥寥无几。其名声最显赫者如孟尝君、平原君、信陵君、春申君及其麾下所养之士，包括那些鸡鸣狗盗之徒，哪个不是"特工"？引申言之，战国时以

"策士"著称或以"策士"为业之辈所掌握的立论根据皆为此中人士所供，可说无一例外。二十七岁的诸葛亮的《隆中对》不是拍脑门想出来的，更不是读死书悟出来的。徐庶进曹营一言不发，可是曹营的情况却皆为孔明所掌握；其兄诸葛瑾在东吴为官，吴国君臣早已在孔明胸中。其师兄弟遍布三国时期各军阀营中，才造就了诸葛孔明的"先知"与"神机妙算"。他自称"孔明"，非学孔子之明，而是凿孔得窥诸密而明天下之势也！他们中更多的是其主公的无名英雄，或称作隐蔽战线的斗士。当然在对立一方，则对其恨之入骨，并贯之以各种骂名、臭名、丑名以诋毁之。平心而论，此中人物，多有奇才，非等闲之辈。当然，既是群体，亦会良莠不齐。冒顿自幼曾为质子，故深谙此道。

伊伐伊屠斯不久被召了来，伊闾车若鞮也从外勤之地赶了来。他们肯定给他提供了非常准确的消息，才使他有了后来一蹴而就的胜利，但究竟提供了什么样的消息，在什么地方，用什么手段，多少兵力，采用何种战术却为后世史家所不知。

东胡这个称谓，最早大约见于《逸周书·王会解》："正北，空同、大夏、莎车、姑他、旦略、貌胡、戎狄、匈奴、楼烦、月氏、孅犁（是否即薪犁）、其龙、东胡。"《逸周书》所记周初事迹当有所本，据考，系出于战国时代，拟周代诰誓辞命之作，而非出自周人之手。战国时，匈奴东部有许多部落也逐渐强大起来，他们也是胡人，因而加方位之称以与匈奴（简称胡）有别，故称东胡。《史记·匈奴列传·索隐》引服虔语曰："东胡，乌丸之先，后为鲜卑，在匈奴之东，故称东胡。"显然东胡是妣匈奴之名以名之泛称。《匈奴列传》的正文中又谓："燕北有东胡、山戎，各分散居谿谷，自有君长；往往而聚者白有余戎，然莫能相一。"可见史迁所谓的东胡并非确指某一部落或某一国家的称谓，更非确指为一个势力非常强大，组织结构严密，并有正式公认称谓的部落联盟的这样一个实体，但史迁却又记载一笔秦舞阳祖父的故事。秦舞阳因随荆轲行刺秦王嬴政而名噪于史。其祖父为秦开，史迁赞之："燕有贤将秦开为质于胡，胡甚信之。归而袭破走东胡，东胡却千余里。"燕因置上谷、渔阳、右北平、辽西、辽东五郡。但这五郡必杂居许多部族和部落，燕筑长城以为界，后来秦亦因之。因此，这东胡究竟是五郡之中的哪一部呢？

中国有史以来就开始记载它所吸纳的众多民族，而这一切又为百年来的现代科学考古所证实，《史记·五帝本纪》谓黄帝"北逐荤粥（同鬻yù），合符釜山，而邑于琢鹿之阿"，这表明作为中国的"人文初祖"的黄帝是以对荤粥的战争来掀开中国古代历史的第一页的，琢鹿建邑确立了他的根据地，沿今桑干河西进直到陕甘北部地区为华夏民族勾画了一道文明

的边界线。这条边界线并不是把华夏民族与其他杂居各族分隔开来，而是通过各种互动方式和互动关系共同跨进了人类文明的门槛。在各种互动方式和互动关系中最常见的也是固有的一种就是战争。尧都晋阳，《墨子》称其"北教八狄"。夏至中叶以后从河北迁至河南。商之先世"自契至于成汤八迁"，似都与戎或狄之南侵相关。周自后稷在陶唐、虞、夏之际皆有令德，自夏失官，子孙奔于戎狄之间，被戎狄迫逐，从豳至岐，不断南迁。文王伐昆夷，武王将其放逐于泾、洛之北，周势始张。而周末幽王无道，卒有骊山之祸。"申侯怒而与犬戎共攻杀周幽王于骊山之下，遂取周之焦获，而居于泾、渭之间，侵暴中国。"

中国古代对于周边民族笼统称之为"东夷""南蛮""西戎""北狄"。史迁在《史记·匈奴列传》中说，在匈奴崛兴之前，仅在今晋北、冀北地区，就分布着许多戎、狄："当是之时……晋北有林胡、楼烦之戎，燕北有东胡、山戎。各分散居谿谷，自有君长，往往而聚者百有余戎，然莫能相一。"这时的戎、狄已很难区分了。而关于匈奴，史乘记载非常之多，猃允、猃狁、荤粥、獯鬻、昆夷、畎夷、串夷、混戎、绳戎、犬戎、匈奴等"皆一音之异译"，或"胡字之音转耳"（吕思勉先生语）。春秋之后，戎狄之事载籍见之不绝如缕。孔子作《春秋》，或称戎，或称狄，已不作种族之分。但《左传·宣公三年》见赤狄，《宣公八年》见白狄，于是史有赤狄、白狄之分（狄亦作翟）。据吕思勉先生的考证，赤狄有东山皋落氏（今山西昔阳县东皋落山）、有廧咎如、有潞氏（今山西潞城）、有甲氏（今河北鸡泽）、有留吁（今山西屯留）、有铎辰（今山西长治）。白狄有鲜虞（今河北定县）、有肥（今河北蒿城）、有鼓（今河北正定）。这些早期深入中原的戎狄，不论是居于河内的赤狄还是居于圁、洛间的白狄，不见于《春秋》及《左传》者若干年，大约皆融于当地。吕思勉先生又谓"其跨今河南、山东及河北境者，时曰山戎，亦曰北戎"。《管子》以山戎与令支、孤竹皆在今河北迁安县，而他们又都是从晋东徙者。赤狄、白狄者非指种族与肤色而言，或因部落而有所别。吕思勉先生云："若凡在西北者，皆可称白狄。"白狄中的匈奴，活动广泛，绵续久远，名称因不同时代的人的语言有异，见诸文字者多变，战国以降，著录见多，称匈奴或胡者以成常态，胡之在东者故指称东胡，而东胡涵盖地区广阔，部落众多，民族复杂，文明发展程度不一。他们是否形成或组成一个部落联盟，或者一个部落联盟究竟有多少成员，或者在"百有余戎"的众多部落中组成了几个部落联盟，这些怕都难以确考。

上征验于古文献而未能求得东胡的明确概念，在考古报告中似乎亦难明确东胡的概念。

甲午战争之后，日本人就开始对东北和蒙古等地进行考古调查。1906年、1930年、1935年前后，乌居龙藏、滨田耕作和中国著名考古学家梁永思等分别在红山脚下和英金河畔进行考古发掘，揭开了中国新石器时代红山文化神秘的面纱。经过近百年的考古发掘与探索，发现红山文化主要分布于内蒙古东南部、吉林省西北部、辽宁省西部和河北省北部，方圆约20万平方公里的广大区域。已发现的遗址有500多处，作过考古发掘的有多处。从古人居住遗址及墓葬中出土了大量红山彩陶、细石器、碗、酒器、石器、玉器、青铜器以及大型的神庙祭坛、女神雕像等，在西辽河流域形成了一个巨大的文化区。在这个文化区域里，距今8000年前便出现早期农业经济和畜牧—游牧业经济。故考古学家苏秉琦先生将其称为"红山诸文化"。以年代为序，它包括有目前所知年代最早的新石器时代的小河西文化、距今8200～7400年的兴隆洼文化、距今6700～5000年的赵宝沟文化、距今7000～6000年的富河文化、距今6700～5000年的红山文化。

在原红山文化发展的基础上发展起来的距今4200～3500年的夏家店下层文化，距今3500～3000年的夏家店上层文化，在历史发展的进程中具有阶段性的重大意义。以半农半牧的畜牧经济为主要特征的夏家店下层文化转化为以半农半牧的游牧经济为主要特征的夏家店上层文化。

在滦河流域承德附近的滦平、隆化、青龙和潮河上源的丰宁等地也都出现了夏家店上层文化遗存。特别是近年在潮河上源发现的巨手崖刻、图腾祭祀台及紧袖长袍高冠小玉人和五千余座墓葬等都与夏家店上层文化属于一个系统。他们在高山峡谷中接受了半农半牧的定居生活，在山阴草原或山前草原则发展着自己的游牧经济。而早在商周之际，特别是在战国中晚期，他们趁列国中原逐鹿的机会也参与到列国之争的行列之中。他们这一时期一反由西向东的运动轨迹而反向为由东向西的运动态势。

考古发现硕果累累，考古研究成绩斐然。但是没有关于东胡族和以东胡为首的部落联盟的明确概念，倒是关于山戎的概念越发显得清晰了。

山戎部落的历史悠久，居于令支、孤竹以北的潮河流域和滦河流域。齐桓公伐山戎时"制令支""斩孤竹"之后才遇到山戎，史称其"越千里之险"。山戎强盛时，"越燕而伐齐"，后又"病燕"，迫燕迁都，而迁出到燕山南麓了。山戎首领因而有"北洲侯"之称。但这是否能够表明"北洲侯"组织了或继承了山戎、令支、孤竹、无终，或者还有相邻的秽貉的部落联盟的大酋长呢？如果肯定的话，这个联盟是怎样和何时组织的？首领是怎样产生的？延续的时间有多久……如果否定的话……

考古学者认为山戎文化是夏家店上层文化中的一支。夏家店上层文化是以"狄"系为主体的，故此山戎亦当为"狄"系文化的一支。但其所以

称作山戎而不称作山"狄"或其他什么名称，恐怕其祖先还是出自西戎。但因与狄相邻，长期互动交流，所存遗物在形制上完全融入狄系中是必然的。如把"东胡"之"东"只作方位解，山戎亦当称东胡。

在东胡强大的时候，燕国亦强大起来。曾经被东胡俘虏的燕将秦开大破东胡，首当其冲者必是山戎。城门失火，殃及池鱼。令支、孤竹或秽貉纷纷退却，被逐出千里之外。燕在东胡"弃地"修筑长城，并置上谷、渔阳、右北平、辽西、辽东五郡以备之。五郡中右北平、辽西、辽东（西拉木伦河流和老哈河流域）等郡是夏家店上层文化荟萃之地，其族属是乌桓和鲜卑。《三国志·魏书》曰："乌丸、鲜卑即古所谓东胡也。"这个断语是把东胡做族称解还是做方位解？如做族称解，东胡就只能是乌桓与鲜卑的别称。即他们在遭遇冒顿的强力打击后分散逃亡，一支逃入乌桓山故被称作乌桓族；一支进入鲜卑山故称作鲜卑族。故东胡只应做方位解，其涵盖面是可以相当宽泛的。如方位解的理由充分，那么所谓东胡部落联盟云云怕未必恰当了。如果有所谓部落联盟，其参与联盟的部落也不会太多，更非东部地区的所有部落，而且与方位也非相悖。

视此，那么给冒顿下战表的所谓东胡王究竟是谁呢？

五、关于山戎的续考

东胡究竟有多少部落（有的或称方国）不得其详，在史乘中最显赫者莫过于鲜卑。但它崛起于东汉后期，在冒顿时代还不具领袖地位。次为乌桓，乌桓似为鲜卑之一部。据吕思勉先生的考证："乌桓者，彼族大人健者之名姓，乃分部之长称，非全族之通号，在汉初尚未显名。"而在先秦时就有了名气的令支、孤竹、无终等，在春秋后期就已经不再彰显了。因此，在冒顿之世被视为"东胡王"者非山戎莫属了。

那么这个实为山戎首领的"东胡王"有无固定的都城或者游牧部落的所谓王廷，古史没有给出答案，史家一般都只指出："春秋时夷国，亦曰北戎，居今河北省迁安县地方。"或谓，"春秋山戎令支国，汉置令支县，后魏省为肥如县地，五代时入辽，属安喜县，金曰迁安"，即今地。迁安县地方不小，不要说游牧民族的穹庐城，就是一个方国或一城邦国，其城堡周长能有3000米的就算大城了。在人口非常稀少的草原或边塞上或可保留下来些许残垣断壁的遗迹，而在人口稠密处或四战之地，恐怕就很难留下什么遗址了。

但近年来考古学者和文化学者在河北省丰宁县潮河上游发现和考察了五千多座山戎古墓群，同时在潮河源头的山上发现了"世界上极其罕见的古山戎族的图腾祭祀台、三千年前的巨摩崖刻，引起国内外学者专家的关注"。

这给我们一种启示：它和红山文化晚期出现的祭祀遗址有无某种连带或传承关系。据考证：在阜新胡头沟、凌源城子山、凌源和建平的牛河梁、喀林左旗的东山嘴，都发现"坛"一类的建筑。胡头沟和城子山的祭祀"坛"都建在当地的较高的地方，有石头围成圈，显然是一座固定的祭祀场所。牛河梁和东山嘴的祭祀台都大于胡头沟和城子山，并且都有泥塑的女神像，显然是一种很大的祭祀场所或者是礼制建筑，如后世的"坛"、宗庙或陵冢之类。如果答案是肯定的，那么建筑巨型祭祀之地当然亦即是一个城邦或一个方国的中心。有五千多座墓葬的潮河上游及有祭祀台的潮河源头就极有可能是山戎或称北戎的王廷了。

但据考证，丰宁潮河上源有五千多座山戎或称北戎人的墓葬和源头上的祭祀台当属于商末周初时代的遗址，距今约有3000年了。从商末周初到秦帝国的轰然倒塌已有千年。千年在地质史上是瞬间，但对于一个国家或一个民族而言则不知有几多兴衰与更替。当武王举行"成周之会"时，从潮河源头上走下来的山戎献给周武王的礼物不知是"橐驼、白玉、野马、騊駼、駃騠、良弓"中的哪一种。千年之后，他们还会居于此地吗？在这千多年的时光里，他们经历了哪些变化，有过什么样的悲欢离合、迁徙流转、兴衰更替、成败骄馁。这有谁能说得清呢？

没有见到丰宁地区潮河上源那五千多座山戎坟墓的考古发掘报告，不知其是同属于商末周初时代的还是延续到春秋战国以至秦汉。在没有弄清这五千余座山戎墓的基本状况前，我们下边所说的话就只能揣测了，说好听些是推论，说不好听的就是瞎说乱道。

山戎主要活动地区是在燕山山脉之中。燕山位于河北北部，西起八达岭，东到山海关，为东西走向。从八达岭到密云这一带，又称军都山，因其重峦叠嶂，奇险天开，被称作"太行第八陉"。这表明燕山实为太行山脉的延续。太行山系南北走向，到居庸关则向东折，可能折处之山名为居庸，关以山名。后人把军都山和居庸山混为一谈。密云以东的山地为狭义的燕山，主峰雾灵山海拔2116米，本名为伏凌山。《水经注》称："伏凌山甚高峻，岩障寒森，阴崖积雪，凝冰夏结，故世人因以名山也。"东西向的燕山山脉向北纵深发展则与大兴安岭衔接上了，其南翼出露坚硬的石英岩，形成东西向延伸高脊。周初分封诸侯时，召公鞭封于燕。但召公位列三公，"自陕以西，召公主之"，未就封国。故开国者乃鞭之长子。不过史称"自召公已下九世至惠侯"国史皆失其名，又惠侯已下又失其名，直至前311年，始见昭王之名。换言之，从前11世纪召公封国时起至前311

年，姬姓的燕国国君留下名者寥寥无几。史乘记载燕国之事尚且如此，那么位于其边塞以北的山戎之事史焉不详就不足为奇了。按古史有事则记、无事则略的原则，可以说在相当长的一段历史时期内，燕国与山戎之间仍然留下一些较为重大的历史事件，不能不予以钩沉和说明。

公元前771年，时当周幽王十一年，燕顷侯二十年，幽王宫湦淫乱，为犬戎所弑，平王东迁，戎人各部落（亦含其他诸族）杂处内地，迁徙无常，分合不定。其中有立国者，例如代国，文化比较先进，政治礼教已立有基础，绵续久长。代之地非一，表明其多次迁徙；迁徙后名称亦有变，如定州的中山国，仍为代之延续；其迁徙前后都是定居。有学者称墨翟为孤竹之后，其学盛行于代，"代之有墨，犹鲁之有儒"，代何时立国无考，但其祖先迁入内地之时或与平王东迁相关。这一时期的山戎显然亦因时间的推移、自身的进步、与诸戎的交往而有所发展。据《史记·燕世家》所载，齐桓公称霸（公元前679年）后的十四年，即燕庄公二十七年，山戎走出燕山，进攻燕国。这次山戎与燕国之战，因何而起，规模有多大，统帅者何人，史无载。但战争的规模似乎不小，以至燕庄公不得不向齐桓公求救。史谓："齐桓公救燕，遂北伐山戎而还。"这时的山戎作为燕山中的半畜牧、半游牧的民族，因为山谷中没有辽阔的一望无边的牧场，无须逐水草而居，同时也因山路崎岖，迁徙也较困难，至多也只能于夏季在高山实行走圈放牧，其他季节则是定居的。考古发现也证明了这一点。从丰宁所发现的五千多座山戎墓葬情况来看，推测这里是山戎的主要聚居地，或说是根据地，也许并不为过。其"大人"即山戎的领袖人物及其统治中心当时居住在这里。按胡人的习惯，这里就是山戎人的"龙廷"了。

关于这次战争，历史记载太简约，无法知其具体情况。如战场在何地，各有多少兵力，主将是谁，齐桓公率多少兵马，与山戎是怎样打仗的，山戎怎样败退，燕国君与齐桓公北伐山戎之战打了多久，从何处进入燕山，深入多远和到何处才停下脚步并退出燕山的，等等，都无法弄清，也无法深究。但有一点可以推测：此役表明山戎势力很强，竟然走出燕山进入平原与燕作战，并且迫使燕人向齐国求援，而来援者竟是春秋五霸中的第一霸主——齐桓公。可见这时的山戎已非等闲之辈了。

在今北京市延庆军都山玉皇庙有一座山戎墓葬陈列馆，这使我们看到了古代入侵燕国，并与五霸之一的齐桓公作战的山戎人的一些端倪。玉皇庙的山戎墓葬遗址发现于1984年，经过五年发掘，清理墓穴550余座，发掘面积达25000平方米，出土山戎文物18000余件。其年代约为公元前8世纪—前4世纪。这正巧是西周末年的周幽王宫湦至燕昭王在位的时代。玉皇庙山戎墓葬遗址的展厅只展示了10座墓葬，显然是最具代表性的。据鉴定，这 10 座墓葬距今约 2800 年。有一具骸骨的头骨有箭伤，随葬品有青铜剑，有弓矢，头部有一铜鼎。据介绍，死者年纪约 30 岁，身高约 1.7 米，显然他是死于战场的。有铜鼎作为殉葬品，表明了他的身份非一般战士。其他墓葬有妇女、小孩、战士，等等。据考察，北京延庆军都山地带，公元前 8 世纪—前 4 世纪，山戎文化遗存分布稠密，在燕山南北，滦河至桑干河流域流行着中国北方青铜文化。在公元前 665 年入侵燕国，齐桓公救燕并进行北伐之役显然是针对这支山戎人的。

但这时的山戎人是否已具有国家结构，答案恐怕是否定的。因为文化遗址所展示的是聚落形式，分散在溪谷中，以射猎与畜牧经济为主，各部落并不统属。至于是否有了部落联盟，从其大规模入侵燕国并招致齐燕联军北伐的情况来看，可能是有的。但战败之后，联盟是否还存在呢？恐怕没有答案。

公元前 453 年，燕孝公十二年，韩、魏、赵三家分晋，春秋大国争霸之势已成历史烟云。史迁谓"春秋之中，弑君三十六，亡国五十二，诸侯奔走不得保其社稷者不可胜数"，所剩诸国或苟延残喘，或变法图强，而成为战国争雄时代。

姬姓诸侯，燕最弱小。史迁谓其"外迫蛮貉，内措齐晋，崎岖强国之间，最为弱小，几灭者数矣"，但在战国时期却能列为七雄之一者何耶？史迁曰："召公奭可谓仁矣！"这个"仁"字未免太过笼统。当然这是不可忽略的重要条件，但还有二、有三……譬如在春秋时期，燕国没积极参与争霸之战，未曾大起，亦无大落，国内保持了相对平和与实力；逐鹿中心在中原，而燕偏安一隅，蛮貉虽有威胁，但分散于山谷间，未能形成合力……诸如此类的原因会有很多，且不去管它。需特别关注者是燕昭王时代，"卑身厚币以招贤者"，"士争趋燕"，"与百姓同甘苦"，终致燕国殷富，士兵乐战，而为战国七雄之一。但在"国君死，政随亡"的历史条件下，昭王死后，良将亡走，贤才云散，外敌合围，燕国危殆。在孝王（公元前 257 年—前 255 年在位）与喜王（公元前 254 年即位）年间，军政混乱，燕国几为赵国所灭。赖有贤相将渠委曲求全，得以解围。大约在此时，燕相将渠命秦开为将，"袭破走东胡，东胡却千余里"。"燕亦筑长城，自造阳至襄平，置上谷、渔阳、右北平、辽西、辽东以拒胡。"

关于秦开"袭破走东胡"及筑燕长城事未载于《燕召公世家》，却见于《史记·匈奴列传》和《史记·刺客列传·荆轲传》。但两传均未指明秦开何时并统率多少人马和进行了什么战役而大破东胡的，而只说了秦开曾作为人质，为质于胡，并深受胡人信任，最后才立此奇功的。

古代，国与国之间交换质子之制不知始于何时何世何部何国，但显然

具有普世性，即各文明古国似皆有之。在中国，如冒顿曾作为质子质于月氏，子楚（秦始皇之父）曾作为秦王之子质于赵，等等。秦开是什么身份质于东胡，已无可考。但按国际惯例，他必系与燕王室有渊源者，即相当重要的燕贵族，否则彼必不受。他何时去做质子，质于何地？如前已述，东胡并非是国之名称，只是匈奴东部各部族的泛称，那么他质于哪个部落？哪个部落联盟？哪个方国？似已均不可考。他作为质子而深获东道国的信任，使他得以了解各种情况，即掌握了各种与军政有关的情报，此人亦必为奇才。那么秦开是在何时和怎样离开东胡的，他袭破东胡又在何时何地，史无端倪。

秦开于史无传，是因其孙秦舞阳才在史上留下一个名字。秦舞阳者，荆轲刺秦王时的副手，时年仅十三。《史记·刺客列传》："燕国有勇秦舞阳，年十三，杀人，人不敢忤视。"《史记·匈奴列传》："与荆轲刺秦王秦舞阳者，开之孙也。"据此逆推之，荆轲与秦舞阳刺秦王，时为公元前227年，即秦王政二十年，燕王喜二十八年。秦舞阳与其祖父按隔代人的年龄估之，秦开为质于胡，得胡之信任而归之，为燕之"贤将"，"袭破走东胡，东胡却千余里"等一系列动作，当发生在燕孝王（公元前257年）在位时或在燕王喜（公元前254年）初年。此等推测按理应有可能。

看来这次战争的规模相当大，因为其所获得的成果非常巨大。但在春秋战国之时，因"燕国小，辟远，力不能制"，所以一直都并不显耀，"外迫蛮貉，内措齐晋"的燕国一直是夹着尾巴以求自保。燕王哙时因内乱一度被齐攻占。只是在燕昭王时得乐毅匡扶，联合秦、韩、赵、魏五国联军伐齐，攻下七十余城。至惠王时，疑乐毅，使骑劫为将，又为齐所制。燕武成王时田齐又伐燕，燕愈弱。燕王喜初即位，大约于此时得秦开从东胡归，在他的主导下，发动了对东胡的战争。如果我们把上述情况做通盘考虑，燕对东胡的战争规模能大到什么程度呢？但如果不大又怎能袭破东胡，向东扩展，设立上谷、渔阳、右北平、辽西、辽东等五郡，一时之间称雄于北方？

我推想这次战争是谋略大于实战。

关键是秦开为质于胡，并深受胡人信任。

为质于胡，使秦开得以了解东胡的政经、关防、兵力配置、各部关系、主要战将等各种资讯，总之他的情报做到家了。因此我们有理由相信，秦开充分利用了他在作为人质时所建立的人际关系，巧妙地利用他所熟悉的地形条件，一举便直捣东胡人的要害……

这次战争的细节一定非常丰富而精彩，可惜我们无法得知。但其成果巨大，其影响和遗迹至今都为人们所注视和探索：秦开大破东胡，直向东北扩展，在设置五郡之后又筑燕北长城。《史记》言其西起造阳，东至襄平。这道长城应是战国时期出现最晚的。

这里需稍作一点注释：上谷，在今河北怀来县南；渔阳今北京密云；右北平今河北平泉县；辽西，今自河北之旧永平、承德，至辽宁之朝阳、旧锦州、新民等地；辽东，今辽宁东南境，辽河之东，治所襄平在今辽宁辽阳县北70里。而燕长城之起点造阳在《史记》和《汉书》的诸家注释中有多种说法：多认为上谷，即怀柔境内，但有在上谷东北说，在宣化说，在上谷最北说，什（dǒu）辟县说，开平洲、兴洲说，沮阳县说，等等。要言之，当在今张家口及宣化附近之地。长城所止于的襄平之地的具体地点却难定论，因燕、秦、汉的襄平郡的辖地已难考知，但在辽阳之地可定也。

燕长城的走势也令人惊诧。如以今张家口和宣化的某一点起，斜向东北沿大马群山脊直奔围场，并从围场以北的山脊上奔向赤峰，沿着赤峰以北的英金河继续向东北延伸，在今吉林省扶余县南急转向东南，过沈阳以东的抚顺地区达到襄平地界，总长千余里。但经有关部门的专家们对部分长城遗址的考察与实测——从张家口以西的兴和县（今属内蒙古）到赤峰的松山区段（亦即从大马群山、军都山的脊岭之上，东至七老图山麓地带），东西绵延400多公里；从松山区东行，经敖汉旗、奈曼旗至库伦旗西南部伸入辽宁省阜新市境内全长约有350公里。这里还不包括从扶余县南向沈阳、抚顺到辽阳境内的段落，总计可能有2000多里。这是多么大的工程！秦开用了多少军队，动员多少民工，使用多少战俘，花了多少时间，死了多少人，耗用了多少钱财才完成这个工程？最后他又用多少人去守这道长城？这都是我们今天无法弄清的问题，甚至是不能想象的问题。

燕长城所围拢的地域实际上涵盖了历史上所说的全部与燕接壤的山戎地区和有近百年的考古发掘与调查的红山文化地区，及与之相邻的"秽貉文化"的部分地区。但古人没有做这样的区分，而把山戎文化和红山文化地区的人在东周以前称作东夷人和戎，春秋战国时期以后则称东胡，或称山戎。然而未见有明确界定东胡和山戎之别，亦谓山戎亦包含东胡，谓东胡则指匈奴东部的人，当然亦包括山戎。也曾经在燕山地区留下足迹的"秽貉"人在山戎势强之后则远避至燕长城之外了。

红山文化涵盖的地区广，历史沿革长。从西辽河流域的小河西文化、兴隆洼文化、赵宝沟文化、富河文化到夏家店下层文化、夏家店上层文化，以后山戎、狄、戎诸文化所形成的各种部落、部族、氏族，等等，他们是否形成了部落联盟，在没有明确的足够的证据之前恐怕很难下定论。在燕处于国小势弱的情况下，他们对燕构成了威胁，在齐燕联合（以齐为

主导）对山戎进攻时，山戎处于守势。而已经称霸且不可一世的齐桓公率领齐燕联军进入高山峡谷作战却难以取得预期的战果，显然是因为他对燕山山地复杂的地理条件、气候条件、行军条件和作战条件的特殊性估计不足或始料不及。迅速撤出燕山，应该说是齐桓公明智的选择。但秦开却创造了奇迹，我推测其原因大约就在于他曾经做质子，深入山戎统治层的核心环境，用现代人的话说，他以质子的身份做了一个"卧底"。他弄清楚了山戎各部落之间是互不统属的，甚或是相矛盾的。假如他们在某一时期曾经有过联合（后人或说现代的历史习惯用语称其为部落联盟），那也是非常松散的，平时各过各的日子，各顾各的事儿，有事则聚，无事则散，仅此而已。部落头领，今统称之为酋长。中国古代有没有酋长这种称呼，恐怕很难说。按《辞海》说，酋之本义为酒熟，引申为掌酒的长官；《辞海》又谓，古代强迫造酒的女奴被称为酋。据此义，酋长联盟云云怕也是不着边际。各部落情况不同。有的部落很小，部落头领甚至不能完全脱产。他自己也得打猎，家人也得牧羊。有事才召集部落成员聚会议事。

如果我们猜测秦开的受质国是在现在河北丰宁地区，那里作为山戎头领或称部落大人的首府（龙廷？驻牧地？中心聚落？），那里确是一个绝佳的去处。它位于潮河上游，潮河有两源，一是上黄旗，一是小坝子。两条山溪长不足百里便急遽汇合，因水流湍悍，其声如潮，故以潮名之。潮水河古称鲍丘水。《水经注》谓鲍丘水又名大榆河。出古北口至密云，潮河与白河（其上源亦有二，即黑河、白河）又汇合一处而称其为潮白河。潮河流经丰宁时，河道进入宽阔的谷地。远望四面环山，其南有高耸入云的云雾山，海拔1800多米。它使本向南流的潮河转向东南，潮河转弯处是一块台地，台地是山戎头领的驻牧地，当然是一个较大的聚落。从20世纪在红山地区到岱海地区考古发掘的聚落遗址的报告中，可以看到从周初到秦汉之际的各处遗址的大致情况：尽可能有一面临河或两面临河。而在不临水的三面或两面，或有壕沟，或夯筑土墙，使之具有防御功能。房屋建筑多为半地穴式，四周有木柱，进门有通道，顶部覆有茅草。房屋有半坡式的圆形，但多方形，亦有长方形。较大的房屋室内面积达到35平方米，即进深有5.8米、间宽5.7米，外加门道。有的小房间则只有6～7平方米。一处聚落能有20～30座房屋就构成一个氏族了。若有几个聚落相邻则俨然如一都会。

秦开所能见到的山戎头领的驻牧地大约也不过如此。但这已经足以构成一个政治中心，远近的山山谷谷都会以这里为其依归，它的辐射力是以头领的声望、仁德、才能、保护地区的力量以及他的智慧、信誉等为依据。当然一定程度的血缘关系、姻亲关系和承传的历史渊源关系也起着巨大的纽带作用，但现实利益得不到相应的保护时，情况就会有变了。

山戎人各部文化发展水平差异很大。前文曾经提到的代国立国甚古，文化尤为先进。"代之有墨，犹鲁之有儒。"墨子的"非攻"学说和他的技术创造及影响传承至今不绝。有学者认为墨翟乃孤竹之后，孤竹存在于商末，西周、春秋时，大约活动于晋南山地中，与周相邻，极重礼议。史载孤竹君拟传位次子叔齐，孤竹君死后，叔齐让位于兄伯夷，伯夷不受，兄弟二人皆投奔于周。适逢周武王伐纣，他们兄弟二人拦马谏阻。武王克商后，他们逃避至首阳山，不食周粟而死。这个首阳山指洛阳孟津县邙山最高处。因日出先照，故曰首阳。相传，春秋时首阳山有叔齐庙。后孤竹国东迁至今河北卢龙，县东南亦有一首阳山。古时地名随人迁徙。今称阳山。与孤竹相邻的还有令支，令支《逸周书》作不令支，"不"字不发声，《史记》作离支。前664年齐桓公北伐山戎，将其灭亡。遗民在今河北迁安县又建立起聚落。

与山戎相邻的还有无终。顾炎武认为无终原居云中、代郡之间，后移徙山西东部。《史记·赵世家》称武灵王十九年（公元前307年），"遂之代，北至无穷"，无穷乃代之北境。无穷之名，胡三省以为自代出塞外，大漠数千里，故曰无穷。《国策地名考》以为无穷即无终，山戎之国。其后东徙至今河北玉田县。玉田县西北有无终山，显然亦系无终人迁至其地而名之者。

这些是我们现在所能知道的在历史上留下记录的山戎诸国。而在燕山东部与之相衔接的大兴安岭西南麓，即西辽河流域的赤峰、承德的各部落，现在统称为红山文化区域诸部，当代史家称为东胡，从而与上述山戎各部相区别。北京延庆玉皇庙山戎墓陈列馆绘制的山戎分布图就是按这一原则划分的。从考古学的意义看，红山文化与山戎文化区别明显。红山文化早于山戎文化，红山文化也远比山戎文化丰富。但若把东胡和山戎做一历史概念的区分恐怕应予以质疑。因为东胡只是一个方位概念，即指匈奴东部的胡人。

山戎在遭到秦开的袭击时，是一退千里，而燕所筑长城则近两千里。这两千里的长城是把山戎各部和红山文化各部全部包括进去了。它被山戎王称作"弃地"。山戎王并没有将其分为两地或两部。称山戎，则皆为山戎，称东胡则皆为东胡。燕王占据"弃地"设置五郡也并不将其分为东胡或山戎，而只是作为行政区域的划分。秦一扫六合，将北方长城作统一规划，燕长城几乎全部原封列为秦长城，燕五郡也原封列为秦五郡，汉亦因之。

因此，秦开以战国七雄中的最弱的燕国一国之力或一国的部分兵力绝

无力取的可能，而他用什么样的智谋达成智取的效果已无可考证了。同样的，在秦末爆发大动乱、大起义的时候，山戎王或称东胡王是怎样回到了他的故地，是怎样恢复了他对燕山山脉和西辽河流域的统治？那山山谷谷中一百多个部落或称作方国的头领是否都回到了自己的地盘？他们会原封不动地维持着昔日的特权吗？我想这些恐怕都是不可考的，不过这已无关紧要了。

紧要的是山戎的头领或说所谓的东胡王为什么和怎样向冒顿发起挑战的？

六、一位自负的头领

我多次到草原上旅行，但通常都是只去某几个点。1999 年，则是在草原上进行了长距离旅行。每到一地，扎下营后便四出采访。在赤峰、承德以及多次去过的秦皇岛、密云等地，对其周边地区进行采访时，我都有意识地对山戎、东胡等问题做一些试探性的询问。果然不出所料，一般人对山戎、对东胡都没有什么明确的概念，没有什么传说、故事，因为历史太久远了。人们感兴趣的是文物，特别是红山文化中青铜、玉器等文物。谈史则以清代的为主。我并不奇怪，当然也不沮丧，都在意料之中。当地文化文物部门对本地区的历史文化考古了如指掌，考古有报告，文物有收藏，历史有文献，传说却很有限。因此当我探询某个特定历史时代的某些特定问题，却无论如何都找不到有用的资讯。譬如某个山戎王或是东胡王在春秋、战国时期有没有一个具体的有名有姓的人？他的龙廷或都城设在哪里？他被秦开怎么打败的？后来又是怎样乘秦末之乱而恢复其统治的？诸如此类的问题我都得到否定的回答。或谓山戎王或东胡王在春秋战国时代以前根本不可混同，山戎单指燕山中各部落，东胡则专指老哈河流域各部落，乌桓和鲜卑先秦时代尚远居于北方。

因此，关于山戎王或如某些学者所说的东胡王在这个历史时期——暴秦王朝一旦之间便轰然倒塌——是怎么复辟的，怎样向冒顿挑战的，也只能做些逻辑性的猜想。

历史故事有时是不断重复或循环的。譬如政权更迭、改朝换代、盛衰兴废、聚散合离、朝秦暮楚、忠奸贤愚、投诚背叛、纵横捭阖之类的悲喜剧是无时无刻不在上演的。当秦开衔燕王之命不知施用什么奸计亦即谋略迅速侵夺了山戎老巢的时候，山戎王能留下一条命恐怕就是万幸了。多少向他称臣的部落头领有几位是"护驾"的？有几位是随着他的败军逃亡的？更有几多是向秦开投诚、对燕王施跪拜大礼的？山戎王是过了多久才能弄清这笔账啊！他最后驻牧于或隐藏于什么地方——是遥远的大漠，还是不见天日的大兴安岭的原始森林？这是些不留痕迹的地方，没有人去追寻，他自己甚至也不会记得。

过了一代人或是两代人的时间，燕王被杀，燕国灭亡的资讯传到山戎王的继承人的耳朵里了。他们的高兴自然是溢于言表的，迅速走出了森林或是大漠或是其他什么地方，反正是某个隐居地吧。但是旧路中断了，一道高高的大墙挡住了他们的步伐。他们很快得到讯息，灭亡燕国，杀了燕王父子的秦始皇帝并不是替他报仇的恩人，更不是他们的再生父母。有消息表明秦皇派遣的大将军蒙恬指挥他的麾下将士不仅完全取代了驻守长城的燕国士卒，而且征用或捕捉无数的山戎人一边修葺燕时长城，一边向更遥远的东方扩张。他们潜伏在长城脚下的森林中，在夜里甚至能够听到高墙里边遭受酷刑的山戎人的哭号之声。

他们的绝望情绪恐怕更甚于当年遭到秦开攻击的他们的祖辈父辈们的绝望心情。他们呼天抢地，抱怨腾格里对他们不公，叱责祖先的神灵不护佑他们的子孙。

但是天报地应了，他们的腾格里神显了威灵，他们的祖先给他们托梦了：秦始皇死了，死得连一条狗都不如，因为尸体都发臭了，不得不用臭鱼来掩饰那臭味。接着守卫长城的秦兵比鸟兽散得还快。他们参着胆子，试探着翻越无人守卫的长城。他们的胆子大了起来。首先是因为他们饿极了。为寻吃的而撞进一户人家的破门，谁知竟是"他乡遇故知"了，原来他们遇上了一位早先的小部落的头领。他很老了，连眉毛都白了。他还记得当年的山戎王。他对山戎王的孙子爱护极了。但可惜他没得招待他们的牛羊。他去找邻居，希望讨要些饮食，消息就这样传了出去。于是远近人们"箪食壶浆"——其实不过是"箪食瓢饮"——来迎接他们。这个小部落以及邻近的一些部落人口已经很少了，因为不论是燕喜王派遣的秦开所统率的军队还是秦始皇派遣的蒙恬所统率的军队，为修长城已经把他们都累垮了。尤其是蒙恬，他不仅在这里修葺长城，还派人到东边去修筑长城，除此之外，他们还把大批青壮抓到咸阳去修宫殿和坟墓。他把山戎人已经弄得十室九空了，而凡是被抓走的青壮就从来没有回来过。

山戎王的后裔们在小部落里待了几天，稍远的部落也有人过来看望他们了，而且陆续也有些从服劳役的地方逃回来的人带来更多的消息。他们怨恨燕人，但更怨恨秦人。既然山戎王的后裔还在人间，他们无条件地要拥戴他为新的山戎王，恢复旧日的部落制。

秦帝国一朝崩溃使山戎人像做梦一样轻而易举地复辟了。随着那些从徭役和劳役的死亡线上拎着自己脑壳陆陆续续归来的人所带回来的零碎的

消息，使他们欣喜万分。那些种田的中原人推倒了秦王朝的军权，他们自己又打得不可开交。用中原人的说法，那是"秦失其鹿，天下共逐之"，而满腹怨气的山戎则说他们像一群疯狗一样互相撕咬着，屠杀着，看来是谁也不愿意放下剑戟弓弩，不把大地全部用血染红，谁也不肯罢手。

历史在这个特定的地域出现了真空。老的传统的统治势力或民族、民族、部落的上层架构崩塌了，而入侵者的统治机器也在人们料想不到的情况下骤然消失了。那么谁来填补这个真空呢？

《论语·尧曰》："兴灭国，继绝世。"这是儒家所提倡的一种政治伦理思想：在领主封建制的时代，在经历一轮重大的政治动荡更迭，新兴的最大的共主的政权稳定之后，往往把一些被前朝政权推翻除名的领主的后裔寻找回来再重新加以分封，使之"绝世"有继，"灭国"重建，借以巩固和扩大新政权的统治基础。中国北方戎、狄、夷、羌及通古斯各族系，没有文字表明他们也有这种传统和建政意识，但山戎人或说东胡人在经历过春秋、战国，特别是经历秦帝国电闪雷鸣般的政治变化之后，即使下意识的需要，也会想到要使一些旧日的大部落重新建立起来。唯有这样才能巩固和扩大它的正统性和权威性。在燕山山脉山戎系各部落的情况是如此，那么在西拉木伦河流域和老哈河流域的各部落当然也会如此。当然，不论是燕山山系还是西拉木伦—老哈两河流域的各部落完全原封不动地恢复原样是绝对不可能的。

总之，出现这种局面，一是形势的需要，二是形式的需要。形势的需要是因为秦的崩溃与瓦解是山戎人做梦都想不到的，它来得太突然了，继之而来的是农民起义军的内战。山戎人唾手就复辟了，一旦复辟当然就需迅速集结力量，集结力量是为了巩固和实现统治，这当然就需要一定的形式。最有效和最易实现的就是那所谓"兴昔亡"，"继绝世"。

一切都太快了。一切都太顺利了。对于山戎王或称东胡王而言是平地一声雷，一跳便腾云驾雾了，不可一世了，天下没有对手了。各部落都要向他俯首称臣，都要祈求他的保护，都要从他那里讨点便宜，当然这要付出代价：无尽的阿谀和逢迎。

但是无终部落的头领或是其什么部落的人，竟然向山戎王或称东胡王报告了一个军情：匈奴的冒顿单于在阴山活动，并且逐渐向东部逼进。之所以猜想告密者是一个无终部落的头领是因为他们原来曾游牧于云中、代郡，也就是说他们曾活跃于今天呼和浩特的土默特川和晋北一带地方，与匈奴人是有过接触的，而今他们已经缩进现在的张家口、宣化一带地方，当然对于活动在大青山里的冒顿也就多有耳闻，甚至是某种接触了。

山戎王或称东胡王会向报告军情的无终头领或是其他某一个人追问原

委，探个究竟。

山戎王或称东胡王跳起来了。他暴怒了。一个弑父自立而称单的小子敢向他挑战吗？敢不来向他俯首称臣吗？这个小子吃了熊心豹子胆了吗？他想立刻便把他抓了来看看他的牙口，弄明白他总共有几颗牙，有几岁？

但是这个密报情况的人当然得迎合这位部落大头领，极力阿谀奉承，说大王英明，只要大王出兵立马就可将其拿下。但同时也建议山戎王可"先礼而后兵"嘛！

这位进言者内心里的话是怕再动干戈。

于是山戎王或自称"东胡王"派出了向匈奴冒顿单于讨汗血宝马的使者，大摇大摆地上路了。

冒顿第一次向山戎王示弱，毕恭毕敬地献出宝马还外加镶珠嵌贝的雕鞍，既有缓解冲突之意，也有麻痹对方之意。因为事发突然，对方突然造访，气势汹汹，而冒顿当时并不知道对方来头有多大。而自身政权初肇，百废待举，长城以南，战火燎原，眼下还看不出一个端倪，而山戎，同是戎族，使者所为何来，凡事可以商量。这大约是他最初的想法。但看使者倨傲的态度，他知道使如其主。这是不能原谅的。但他抱定主意，为了摸透对方，就应先麻痹对方。宝马虽被牵走了，他的谍员也立即行动起来。伊闾车若鞮深入山戎王的肘腋之下把山戎王如何复辟、如何为人、有何建树等消息陆续传回来的时候，他在心里已经把这个山戎王的分量掂出斤两来了。所以当山戎王派出第二个使者的时候，分布到各个部落的谍员也把消息传了回来，这使冒顿逐渐在心中勾勒出一幅东胡的地图。因此，如何应对，他已成竹在心，并做出了充分的准备和安排。

他的妻子，按匈奴的称呼，是阏氏，山戎王指名向冒顿单于索要。使者在冒顿单于及其臣仆面前那种傲慢的轻蔑的不容分说的口气，当时激怒了几乎所有在场的朝臣，而冒顿也极尽了无可奈何而勉强答应的神态。使者要带走匈奴单于的阏氏，匈奴单于还得带上大量的陪嫁和侍从与侍女。

史乘没有载明她是冒顿的第几任阏氏。据考，冒顿一生大约有五个阏氏是可以查到一点眉目的，另外还有几个阏氏则无案可据了，而且我们并不明确匈奴人是不是一夫多妻制。不过史乘表明匈奴有收继婚（亦称蒸婚）的习俗，应是实行一夫多妻制的民族。现在可查到的这五个阏氏显然并非同时聚在单于身前身后。他的第一任妻子颛都隆云是继母阏氏为之操办的。她死在冒顿用鸣镝练兵时的箭下。他的第二任阏氏大约也是由继母阏氏操办的，在冒顿发动鸣镝政变时，她的处境自然很微妙。现在被作为礼物送人了。如此措置，冒顿对她是怎么交代的？是协商同意，还是强行

决定？她是高高兴兴走的，还是哭哭啼啼走的？无法考定。冒顿的这项决定大约也引起龙廷众臣的不满。"软骨头"的形象在龙廷众臣中大约洗不掉了。

冒顿在众臣面前甘愿戴这顶"绿帽子"，依然"我行我素"。显然，他从山戎王的第二批使臣的言谈嘴脸上已经看透了他们（包括山戎王）的五脏六腑。他在内心里不仅仅是已经判定了他们的死刑，而且已经拟定了一个大概的计划。不过也许他还不敢遽下决心，他还要等待。一是等待关于山戎人的更多的消息；二是等待一个契机；三是调兵遣将，布下一个天罗地网；四是还需设置另一张网……

他在等待着，完全是消极无所作为地等待着。但这只是表面的，为了给某些人看。这某些人既含有龙廷中对他不满的一些人，也应含有外来的侦伺他的人。据他的经验，他不断派他的谍员远哨各地，别国当然也谙此道。何况他的谍员也不断警告有敌谍潜入。所以他的无所作为是要不断地表演下去。

他在准备着，完全是保密地积极地近乎疯狂地准备着。因为他还不完全明白山戎王究竟是何居心，他还不完全掌握山戎王究竟有多少军队，他担心对方是否也跟他一样在玩真假两面人的把戏。万一对方来一次声东击西或远道迂回的谋略怎么应对。此外，关中和中原的战事如火如荼，瞬息万变，各种势力相互纠缠，不断重新组合，弄得他这个局外人眼花缭乱，各方情报资讯纷至沓来，矛盾百出，不是三日一变，而是一日三变。他不能不严密地监视着，事无巨细都得过问，而这一切又得在佯装无所作为的背后进行。阴山的峡谷和茂密的森林给他提供了最好的屏障。

腾格里也赐给了他最好的机缘。

伊伐伊屠斯及伊闾车若鞮祖孙不仅总摄他全部的深入敌后的谍员，而且更能身先士卒，以其渊博的社会知识，天才的语言吸取和表达能力，尤其是他们的交际与对敌手的深刻判断能力，他们不仅弄清了山戎王的来龙去脉，而且摸清了山戎各部的大体情况。同时伊闾车若鞮还根据祖父探得的线索深入老哈河和英金河一带验证从北边来的鲜卑人和当地原住民的情况。之后伊闾车若鞮被其祖父火速召回并迅速赶回阴山向冒顿报告一个重要消息：山戎王第三次派人进阴山。但报告消息不是第一要紧的事情，因为越是紧要的消息越是需要单纯的传递。老祖父交给伊闾车若鞮的一件重要的东西和交代给他的重要的话语是不能由低级别的谍员传达的。

冒顿是在阴山北麓今武川的一座峡谷密林中的驻地和他的副万骑长呼兰斯逐若及侍卫长呼衍乔鞮秘密接见了伊闾车若鞮。最初的消息，就使他喜出望外。许久以来，他从不轻易地把真实的喜怒哀乐的情绪直白地表现出来。他有太多的顾虑，太多的恐惧，太多的疑心，太多的忧愁。但同时又必须把这些顾虑、恐惧、疑心、忧愁深深地隐匿起来，不能有一丝的表露。在一般臣僚面前，甚至在他的妻子面前怕都要有所戒备，而要做到这一点该是多么难呀。他还能算是一个血气方刚锐意进取的冒顿单于吗？但生活情境逼迫他不得不这样。但在这两个人面前，而且是在密室里，他才敢露出真容。他开心极了，两只手不知放什么地方好，不知抓什么东西好。他似乎有些发抖，甚至是坐立不宁。但慢慢地，他平稳了，不动弹了，除了两只手。他的眼睛也闭上了，身子往前倾，唯恐漏掉伊间车若鞮所说的每一个字。他的两只小臂向上屈着一动不动，而两只手却下意识地一张一合。当伊间车若鞮指点地图叙述道里远近和山水高低的时候，他仔细地望着地图发呆。这张羊皮地图是老祖父画的，而关于西拉木伦河那一带地方是伊间车若鞮补充的。

匈奴无文字，从来也没有地图。但伊伐伊屠斯长期生活在中原地区，早已识得文书，见过地图，并且教会了伊间车若鞮，聪慧的冒顿一点就通。他知道这幅地图的分量和价值。他把双手拄在地图上，小声但却坚定地说了句："我们应该把原来的计划完全放弃！阿爷是不是也有这个意思呢？"他问伊间车若鞮。但没等伊间车若鞮回答又斩钉截铁地说下去："对！就是这个意思！而且老人家是叫你做向导的！"

由于冒顿多年处于逆境之中，孤立无援的严酷的环境，使他养成谨小慎微的心理状态。他没有冒险的本钱啊！环视周围，除阴山的峡谷密林，他都是在仔细地观察而不敢掉以轻心或是轻举妄动。但在伊间车若鞮带来的不只是限于燕山的各部落的动态，更值得关注的还有西拉木伦河和英金河流域各部落的情况。如果这有可能并且可行，成功后是什么结果？

结果不可估量！

如果失败呢？

肝脑涂地。

成功的把握有……

如果老人家的报告无误的话，肯定能够成功。

如果情报有误，每个微小的失误恐怕都得付出十倍以上的代价。

环视周围：

月氏未必能估计到他的行动，很有可能是还不知道他现在的行踪。

郅居水（今色楞格河）诸部，为大漠所阻，怕没人关注这边。

中原，强秦已成灰飞烟灭之势，而中原鏖兵，这是天赐给他冒顿一个千载难逢的机会。一旦错过，恐难再现。一旦他们北顾，他必将难以抗衡。但若冒险成功，他们北顾怕也是奈何不得我也！

他紧握右拳向左掌猛击！

呼兰斯逐若和呼衍乔鞮懂得这一击的含义，他们以只鼓一掌作为回应。

但冒顿又沉吟一下，轻声问道："楼烦和白羊能有何举动？"

呼兰斯逐若回答："派上一支人马，监视之！"

"时机怎定？"冒顿沉吟着问。

"请单于下令，立即行动！"呼兰斯逐若小声但语气却十分干脆、坚定。

"不可！"伊闾车若鞮急插言，"稍候几日，待山戎王的使者来时，看他的言辞再行定夺，但得让他像前两次一样，或者比前两次更加高兴地回去！"

七、一鸣惊人，一飞冲天

冒顿作为一个历史人物，不论是把他看作弑父者，还是把他看作英雄，都是作为"定格"后的形象予以或"贬"或"褒"之论的。

弑父，按照普世的伦理道德观，当然是忤逆的罪大恶极之人。冒顿弑父，他跳进黄河也无法洗清其罪名。他得永远背着这个包袱。

冒顿这个名字的本意是英雄，是匈奴语的音译，巴特、巴图是其音转。阿尔泰语系各语族中的这个词大约都相通或相近。英雄在其成长过程中，在未被认同之前，人们并不承认他是英雄，他自己也不敢以英雄自许，除非他是自大狂。

冒顿，作为一个人的符号，在幼时，不过是父辈的一个希望，一种期许。在他作为质子时，寄人篱下，不过是月氏王庐幕前一个微不足道的小不点儿。谁会承认他是英雄，他自己也更不敢自许。他盗马逃回匈奴，茫茫如丧家之犬，没人把他当英雄，他自己恨不得化为一缕轻风。他万幸盗得宝马一群回到父亲的身边，这是真正的英雄行为。他的父亲承认了他，本来是想要置他于死地，当时不仅不再除他，还授他以万骑长的名号。但这还算不得英雄，对于大众而言，这不是什么贡献。而他自己还忘不掉逃亡路上的艰辛与恐惧，尤其是继母阏氏等一干人仍视他为眼中钉肉中刺时，他敢张扬吗？为了讨得父亲的信任，也为给自己讨得一条生路，他小心翼翼地侍候着父亲、继母、异母弟等一干人，同时采取着避而远之的方法，尽量讨苦差事做。这一切并非是为了做英雄，而是为了保住自己的一条小命。冒顿，对他而言，对当时所有知道这个名字的人而言，仅仅是一个符号而已。

弑父的罪行发生了。

这不能说是他的本意，更不能说是他的与生俱来的本意，也不能说是他盗马逃亡时的本意，同样的，也不能说他以鸣镝练兵时就怀有弑父的本意。如果他在那么小、那么早就有弑父的心意，那么他就绝对与冒顿——英雄搭不上界了，而应该说他是与生俱来的阴谋家！

一个人在某一特定时间里产生某一种特定的行为是与其当时的具体环境相关联的。犯罪学讲犯罪动机，冒顿弑父，有其特定的具体环境，也有其产生犯罪动机的原因。

我们不管其什么具体环境，也不必去问产生犯罪动机的原因，犯罪行为已经产生了，犯罪者如果还有良知，就一定会产生心理压力。从冒顿一生的行状看，他的良知并未泯灭，他的建树是与他的良知相匹配的，他的建树和他的良知也是与他当时所逢的时代和其所处的具体环境相关联的，至于建树的大小及其所产生的影响，取决于一个人（主导者）和一群人（赞同者）的智慧与价值取向。

冒顿弑父之后，居于阴山的峡谷与密林之中。从政治层面来说，他是胜利者。从人伦层面来说，他是弑父者。惯使阴谋的政治家当然会用各种手段，一是遮掩罪行，一是建威行权。遮掩罪行也罢，建威行权也罢，都表明他必然有负罪感。这个包袱一时半会儿是甩不掉的。如后世的隋炀帝李广，他倒行逆施，胡作非为，其实都是为了遮掩弑父的罪行，以为求得解脱的手段。但越求解脱，越无法解脱。他在扬州时，常对镜琢磨自己的头脸，说有这么好的一个脖子，不知将来谁会砍断它，就是这种负罪感的一种心理反应。唐太宗李世民玄武门杀兄害弟，也同样会有良心的谴责。他把兄弟营垒中的谋臣武将收到他的驾前，人皆谓其知人善任，胸怀宽广，我却以为他有对其兄弟负疚赎罪的含义在内以明心迹。直到老人都原谅了他或承认了他，他才原谅了自己而不再有负罪感了。

冒顿何尝不是如此！他弑父之后对外界极少接触，尽量放低身段，保持低调。他希望人们忘记那件事情，渴求人们理解他的苦衷。但为了保持所取得的权力，首要的问题是锻造一支铁心支持他的军队，并且尽可能在保持质量的情况下去扩大它，才能使自己制人而不制于人。这是他从自身的切肤的经验中和他所能观察到的和听到的别人的经验中悟出的一个根本道理。因此他把自己的主要精力和时间都投入这上边来，以期培育出一支忠心于他的可用的像样的军队，而不是祖先们的长期积习所留下的传统——"利则进，不利则退，不羞遁走，苟利所在，不知礼义"——的那种乌合的军队。与之同时，他也要在力所能及的范围内尽量让牧民保有较多的牲畜，而把课税的数额减少再减少。他希望这样能使牧民们忘记他弑

父的那件事。

但是挑战者突然打上门来了，而且特意对准了他的那根软肋。

他没有思想准备。最初他真的不想与对手较量。他听说过山戎人。父亲在世时也从未与山戎人较量，因为那时燕国强大，山戎人已经避开燕国的风头了。这时来挑战，他对山戎人的情况并不知晓，而且他们又自称为东胡王，使者的口气非常大，似乎一张开巨口就能把匈奴吞掉，显然他们趁秦末大乱的机会，不仅复辟了，并已经壮大了。不过东胡使者的傲慢倒也激起了他的兴致。他虽阅历不深倒也见过一些世面。凡是狂妄自大的人差不多都没有什么真本事。他希望看到对方更狂妄一些才好。于是东胡使者第一次要宝马，他给。第二次要他老婆，他暗暗一笑。他的情报官已发回不止三五次有分量的报告了，因此他故作卑微地回答：给。他从敌人的狂妄自大的表现和从情报官员得到的情报相认证，他的计划已经成形了。而伊间车若鞮的归来并传达了他祖父的报告，他的计划发生了变化。

他是一个在千山万壑中寻找方向、寻找目标、寻找理想的人。峡谷中没有一条直路，一块突出的岩石，立即使山路转了弯，小溪不单是曲折迂回地流，有时甚至横流、乱流。他在峡谷中东寻西找，但却始终在彷徨着。他尝试寻找另一条山谷，走来走去，结果是一样。他选择了一座很高很大的山，努力地攀爬着，吃力还不算，有时还可能遇险。但他坚持着，一步一步地往上爬。那山仿佛是一层层的阶梯，爬上一层，又有一层，每层结构都不同，每层的结构都有不同的险情。他手脚并用地向上攀爬，使他精疲力竭，上气不接下气。他终于攀爬到了山的顶端，心想总该喘一口气了吧，可是向四方一看，四周仍然还是大山，他所站的山头只是另一座高山的一个阶梯。这里并不能叫人停留，而只能继续攀爬，否则便会跌下山涧。再登上一座山峰时，四周仍然是一座又一座的高山，而方向、目标、理想……仍然还得继续攀爬。

冒顿知道自己想躲在一个山谷里是不可能存活的。他必须走出山谷。现在山戎人向他挑战，他唯唯诺诺，让山戎人高兴了。但让山戎人高兴并不是他的方向、他的目标、他的理想，那么只有攀爬上去，把他踩在脚下。他相信把对手踩在脚下的条件就要成熟了。

他不再消极等待，但仍按其一贯作风，绝不张扬，而是更加低调行事。他到每一条驻扎着军队的山谷里去看望那些受训的士卒。他不做空泛的宣传与动员，只是检查其弓马的娴熟程度和装备的好坏，对他们嘘寒问暖。他也不向士卒暗示什么。但他一条山谷一条山谷地穿梭视察，稍有经验的千骑长百骑长们能从他的眼神里看到他对他们的期待、要求，感觉到他有话要对他们说，但显然不是现在。这些千骑长百骑长都是在他身边多年的老兵了。他们用眼神回报眼神，似乎在告诉他：放心吧，单于！我们能完成你下达的一切任务，执行你的一切命令！

不出所料，谍员传来的消息得到证实，山戎王或称东胡王派出一个不小的使团已经出发了。不日，使团的前站已经到达，要求冒顿做迎接的准备。冒顿唯唯。先遣人员要求远迎至三十里外。冒顿应诺，为示隆重，远至百里之外迎接，并请先遣示以迎接地点和路线。他特别强调使团要走的路线，以便在适当地点安排接待及休息的设施。

先遣退出之后，冒顿召集参加廷议的一些部落头领和众臣，当众吩咐和委派一些主事人员分头去做准备，除餐饮、住宿、礼仪、礼品等项之外，还特别委派一个部落头领设法去找一些楼烦美女来应侍。当夜，他又在另外一处地方陆续召见了几个人，他们是从山谷中来的。

在东胡王使臣终于到达的那一天，冒顿亲自步出龙廷正式举行迎接仪式，而远赴百里之外迎接客人的大臣也在被欢迎之列。

外交礼仪从来都仅仅是一种形式，骨子里的事情则只有一项——利益。与利益相悖的好话说了几车，实等于零，坏话也一样。这类外交辞令自古皆然，认真不得。最后露出了底牌："匈奴所与我界瓯脱外弃地，匈奴非能至也，吾欲有之。"

这里需要做一点诠释。

瓯脱，《史记》的注释家们做多种解释，我以为均不得要领。秦汉以前的北方游牧民族并未明确和自觉地具有国家意识，因而也不明确和自觉地具有国界意识和边界意识。山地民族以畜牧和狩猎为主要生计者，是半游牧半定居状态，可能具有朦胧的边界意识，如在居地周围或筑围墙，或挖壕堑，或借山水以为界，但界外至多不过依习惯所占之地为己地，不见界定之说。而纯游牧民族向不以土地为重，只视水草而移徙。它不尊重也不承认别人——部落、民族、部族、国家——的边界或国界，同样它也不要求别人尊重和承认它的边界或国界，但它承认对方的武力和实力。在相互没有利害冲突或经常有交往时，承认或尊重习惯，仅此而已。在逐渐明确或开始自觉意识到边界或国家的问题时，因人口稀少，土地辽阔，划界在事实上难以进行，而且必要性也不大。而在发生利益冲突时，就根本不尊重不承认对方或双方习惯的界线了，那时比的就是实力和兵力。这和定居的农耕民族、因自然条件特异而出现的绿洲城邦国特别看重边界的情况是完全不同的。因此《史记》的注释家们所说的"界上屯守处""作土室以伺汉人""土穴""地名""墟上斥候之室"云云不足以表明瓯脱的本意。

在草原上生活的人和在草原上旅行过的人都见到过一些非自然条件形

成的石头堆子。这种堆子有大有小，有的插上木桩，有的扯着经幡，搭红挂绿，十分抢眼，有的因为年代久远，石头堆上还竟然长出了树，这树自然就特别为人看重，红红绿绿的布条和经幡挂得更加耀眼。这在青藏高原、新疆北部草原、内蒙古草原、大兴安岭的森林草原中到处都有。不过因民族不同，称谓亦异。藏族称玛尼堆，蒙语各族称为敖包或鄂脱，维吾尔、哈萨克、塔吉克以及绿洲各族都一样把它圣洁化了。其年代久远，沿袭不衰，直到今日，当地人民更加刻意保护，不断地添石挂幡，让它更加耀眼。在重要的寺庙、遗址或古迹更把堆石和装饰当作一个祭祀之地。人们已经不太注意它的本来的意义了。

如果我对鄂脱的理解不错的话，按原始宗教的泛灵论或泛神论思维，视其为神是自然而然的，时至近现代，鄂伦春猎人在林中选一块地方扎下撮罗子（一种最原始最简单的帐棚）居住，就会在附近选一棵树，在树干根部用斧子砍出两只眼睛，一个鼻子，一张嘴的像，再砍上一条轮廓线，一个猎神就被塑造出来了。于是他给猎神献酒上供，叩上三个头，就完成了敬神的礼仪。他相信这个神一定会保佑他打到好猎物。后来他转移了猎场，搬了家，而其他猎人或路人经过这里，看见了神像便礼拜如仪，绝不亵渎这个神灵。以近例远，以今例古，先民更会这样。岩画可以如是看，玛尼堆、鄂脱、鄂博、敖包等也应如是看。人们在某个地方住过，休息过，或者在这里遇到了什么事、什么人，或者有谁在这里给人指过路，告诉他什么消息，他觉得也应把这个消息告诉后来人，就在这里堆上几块石头，做出一个记号。后来者在这里得到了前人的消息，或得到了什么启迪，于是效仿前人续上几块石头。传言致远，相沿成习。当人们有了地域观念，形成了领地意识，把这种石堆作为一种界标，最初具有偶然性、随意性。积久，作为既成事实而被认同，恐怕并非个案。

所谓弃地，游牧人不以土地为重，如发现一块好草场，自会逐新去旧，说它是弃地，可；说它是领地，亦可，就看争执双方的态度了。

至于东胡使者对冒顿提出的弃地问题，究竟何所指，其实并不明确。燕将秦开征山戎，山戎远遁，山戎各部及西拉木伦流域各部皆归燕。燕设五郡并建长城以统治之。山戎王或说东胡王称这五郡为弃地，它包括西起张家口，东至辽河流域，南达燕山南麓，北至无终。秦灭燕，五郡和燕长城悉归强秦，长城、政区皆沿其旧。对于山戎王或说东胡王而言，至少已过了两代人未见"弃地"的一草一木了。暴秦残酷统治导致七庙隳。山戎王或说东胡王乘乱，不费吹灰之力在众神无主的情况下收复弃地。但他们是怎样整合被收复的弃地的呢？我们找不到任何相关的片言只语，除了这个东胡王或山戎王的这段挑战言论。而他的挑战言论有什么依据呢？后人也不得而知。他所说的弃地当然不是指他的祖先所扔掉的那五郡。那五郡的西部起点基本上应是以燕长城的西部起点为基准的。这个基点即是造阳。造阳本为燕邑，时为上谷郡治，在今怀来县境。（关于造阳所在地尚有别说多种，不赘。）

从张家口到怀来是洋河河谷地带，从怀来到怀柔迤东是军都山系。怀柔北的大海坨山海拔2241米，是军都山西部一高峰。燕北长城从张家口东部起沿军都山向东北方向延伸。而从张家口向北穿过狼窝沟到张北，山势已经收敛，出现一片海拔逾千米的高原草场。往北行，直到正镶白旗，都是开阔地。这片开阔地把阴山和大马群山隔离开来。换言之，山戎王或说东胡王的势力仅限于燕长城的范围内，他把哪块地方抛弃了呢？如果他说的是匈奴的弃地，在冒顿夺取政权之初，他基本上没走出阴山，这块地方也不应该是匈奴的弃地。山戎王或说东胡王所谓的"瓯脱"，第一，显然不是山戎人所堆，但也不大可能是匈奴人所堆，如果在那个时代这里确能有几座"瓯脱"怕历史更为悠久，因为从正镶白旗往北就进入浑善达克沙地了。古人留下一些坐标性的石堆以警示路人当是一个创造，一项善举。山戎王认为那几个瓯脱是匈奴人的，并且向其索要，这倒给冒顿提了个醒：他应该有边界的自觉意识了。

冒顿以隆重的仪式欢迎了山戎王或说东胡王的使臣团。使臣团提出了领土要求。

这意味着战争。

古今中外这是一理。

冒顿唯唯。也许还不止于唯唯，因为他有思想准备，并且已经做了部署。他会用好言安抚使臣团，他说他可以和廷臣们商量，争取有一个满意的答复。他还可以说一些根本不兑现的好话，俗话说是"灌迷魂汤"。但也有实实在在的好事：他命人召来一些楼烦美女，陪伴各位使臣尽情玩乐。

当这些使臣一边欣赏歌舞，一边搂着美女饮酒时，冒顿的径路刀开始要饮血了。

冒顿在远离使臣淫乐的地方召来了他的廷臣们开会。他征询他们的意见。廷臣们议论纷纷。根据前两次的经验，山戎王向他们的冒顿单于要宝马、要阏氏，这都是常人不能容忍的无理要求，他们的单于竟然连眼睛都不眨一下，谁知他是什么心思？现在人家来要土地，冒顿仍像以前一样，他们又有什么办法。前两次的事情有人就对冒顿生气，有的人甚至当面也对他说。但也有人对此事大为高兴，高兴的不是因为冒顿给东胡送马、送阏氏，而是高兴地看到冒顿是个胆小鬼，是个扶不上墙的赖皮狗。这些人

已经暗中有打算了。现在冒顿又来问他们，山戎人要匈奴的土地，给不给。那些怒冒顿之"不争"，心里有气，或闷声不语，或高声反对。而那些心中另有盘算的人则发了话：弃地嘛，给也行，不给也行。

冒顿把那个暗中盘算他的人提溜出来要试他的径路刀了。"地者，国之本也，奈何予之！"他拿那个倒霉蛋祭了刀。同时发布了一道命令：立即出征，后者斩！

将兵者，不杀人不足以立威。孙武子斩阖庐二姬，宫中美女也可列阵。冒顿不读书，不知有孙子兵法，然他之行事，竟暗合兵法。他一方面命人把使臣团的众人们都蒙在鼓里，让他们尽情寻欢作乐吧；另一方面，他的先锋部队和后续部队已经一拨又一拨地出发了。预做安排的事情均已到位，他也率着亲卫们奔上了前线。他的命令都被准确地执行了。

我们不知道冒顿是走哪条路进击山戎王或说东胡王的。或者更准确地说，山戎王或说东胡王的龙廷大帐究竟设在什么地方，史家也不知道。根据当代考古调查，河北丰宁县发现五千多座山戎古墓群，这个地方极有可能是山戎王或说东胡王的政治中心。我们推断冒顿对山戎王或说东胡王三次挑衅的反击，很可能就是在这里。而冒顿当时的所在位置应是在今武川一带，或可前出到今四子王旗或今卓资一带的森林峡谷中。推断是主观的，依据的仅是逻辑的可能性。

今武川或四子王旗或卓资这一带均属阴山中部，古时属森林草原地带。冒顿行事低调，不事张扬。从固阳以北的山林中徐徐东进，有远离父死之事的阴影之念，有巩固各山林部落及整军的需要，但更主要的是为接近中原，能够抵近探听或窥察中原复杂战事的发展，较快得到第一手资料。当时他大约并未在意山戎王或说东胡王，因为在他成长的时期，山戎或说东胡作为政治势力是不存在的。山戎王的复辟，他或许听说过，或许还可能是他幼时在月氏王廷里见过，但这已毫无意义。山戎王或说东胡王以他弑父自立之因而来向他挑衅，他必须还以颜色。

假如上述的推论有逻辑上的可能性，从现在的卓资或从四子王旗向丰宁进发他会走哪一条路线呢？

最直接和最近的路线当然是直趋今张家口。但从张家口直奔丰宁大约是不行的。我没有走过，打听熟悉的朋友也告以不知情。但沿浑善达克沙地南缘的正蓝旗，多伦和从多伦北上，穿过沙地经达莱淖尔到锡林郭勒草地我都走过。假如冒顿的骑兵从四子王旗或卓资出发，径奔东部阴山北麓，在无终的人迹罕至的干旱草原上急行军，是不会有什么障碍的。在抵达今称闪电河的西岸南进，经过现在称作平安堡的浅山地带大约就可直抵丰宁地区了，在冒顿的斥候、谍员的引领之下，可以不走任何弯路便直扑山戎王或说东胡王的龙廷驻地。冒顿的其他几路人马在由另外的斥候引领之下如期抵达。

虎咬羊纹铜饰牌（战国，长8.3厘米，1977年伊克昭盟东胜征集）

令冒顿惊诧的是山戎王或说东胡王在被他俘虏时，完全没有抵抗。因为山戎王或说东胡王正在搂着他索要的匈奴阏氏及其他众多嫔妃仕女饮酒作乐，欣赏歌舞，竟然没有任何军事上的部署和准备。而谍员和斥候引导冒顿的部队绕过常规的关卡和哨位，如入无人之境。

冒顿的骑兵没有解鞍，各部按原计划继续前进，但他们都接到了报告说冒顿已驻马于山戎王或东胡王的龙廷之上。而从洋河到潮河，从滦河到西拉木伦河，从大小凌河到整个辽河流域各个山谷中近百部落都接到了冒顿的传谕，同时也都接到了山戎王或说东胡王的口信。在较大的部落，传谕和口信的宣示者是与军队同行的，而较小的部落的头领们是被召到较大的部落听训的。在个别地区也许有战事发生，但似乎没有掀起什么大的波澜，因而也没有引起后世史家的注意。这就是说，冒顿以"不鸣则已，一鸣惊人"，"不飞则已，一飞冲天"的气势，一举便夺取了山戎或说东胡赖以生存并经营了几个世纪的地盘。在这块地盘上，燕和秦按郡县制的原则组建了五个郡及每个郡各辖若干县的行政机构。他们把各不相属的部落制推进到集权封建制。而在一旦之间，它们的归属又发生了变化。当然这个变化中间有个山戎王或说东胡王作为过渡。在过渡期间，山戎王或说东胡王是无作为的。他既没有摧毁燕秦的封建郡县制，也没复建部落制。燕秦的封建制是自行毁灭的，原始的部落制是自行恢复的。其实这也无所谓恢

复或不恢复，两者均无考，反正在无政府状态下，有人站出来一喊话，似乎事情便笃定了，只要这个喊话者在众人面前显示了他的权威就行。

这个喊话者所仰仗的权威是冒顿。所有的地方和所有的部落都承认了这个权威的时候，冒顿的权威就再也不是一个弑父自立为单于的一般的部落头领，甚至也不是一般的一个小国的王。他是在为建立一个巨大的草原帝国迈出了坚实的一大步。

当然，冒顿驻马在大马群山中的时候，他的草原帝国尚未成型。他不能长期滞留于燕山地带，即使他的马蹄曾经踏进了西拉木伦河流域，并在英金河饮了马，他也不能在那里长期流连忘返。他留下一支军队和一批特别挑选的干练人员，急欲回到他的阴山根据地。第一，他不能让自己的老巢为别人所乘。第二，怎样巩固他的正在扩张的帝国？第三，中原鏖兵的规模初现，他有些瞠目结舌。第四，他要抵近观察中原战争。第五，龙廷怎建？

冒顿建政

史载，前207年，秦帝国最后一员大将章邯破项梁军，击杀项梁，即谓楚地兵不足忧，遂渡河击赵。时赵歇为王，陈余为将，张耳为相，守卫钜鹿城。各路诸侯十余支队伍陆续前来救赵，双方集结兵力恐怕不下四十余万。但秦军势强，赵危。

项梁军败后，其侄项羽继为军将，受上将军宋义节制。因宋义不肯援赵，项羽愤而假楚怀王令将其斩之，即引兵渡漳河救钜鹿。渡河前，项羽破釜沉舟，以示士卒无一还心。至阵前与秦军九战。救赵之诸侯兵不敢接战，皆作壁上观。项羽大破秦军，召见诸侯将，众抵辕门无不膝行，莫敢仰视。

这场战争，项羽声威远震，名传千古。当时刚刚结束了远征东胡的冒顿得到了这个情报，并且产生一种冲动：去见识一下这位无敌将军。当然他想自己是不会在他面前"膝行"和"仰视"的。当然也不是想和他交手。

自从陈胜、吴广及继绝、兴亡的诸侯并起大潮涌动之后，冒顿的眼睛瞪得溜圆，耳朵竖起老高，始终关注着风起云涌的中原战事。但那始终是二手的。二手材料，各种消息很难系统、准确，而常常会出现矛盾抵牾的现象。因此有些事情就很费解，一时难以判断。若项羽果真是天下无敌之人，那么独霸中原之人就非他莫属吗？他会建立一个什么样的政权呢？他会比秦始皇更秦始皇吗？他会越过长城吗？以冒顿的性格和心胸而论，他更愿以第一手的材料作为判断某一事物的依据。那么他有没有可能亲自去接触一下呢？我想他一定不止一次地萌生这种念头。在他以奇兵征服了东胡之后的回程途中，他想顺便拐个弯去看一眼。当然他不可能深入钜鹿这个战场的中心。不过他可以在像伊间车若鞮这样精明的情报网络专家的周密安排下，越过习惯上称之为边界而现在却根本没有任何防守的地方，穿过山岭，走出峡谷，看到那广阔的农田沃野。那景色会完全不同于草原，气候更不同于草原，定能使他感到很惬意、很舒适，只是略有些热罢了。在一个较为殷富的村庄里，冒顿可能去拜会一些长者，与他们进行亲切

的交谈，虽然有语言上的障碍，但边民商贾有时也多会说些山戎语言，以商贾面目出现的冒顿借助翻译也能与之畅所欲言。

若冒顿果有此行，在秦末那样一个大变革的时代所造成的人们难以预想的机会恰恰被他捕捉到了，于是他的行动和所取得的效果就构成了一曲"绝唱"，同时也造就了一个时代的伟大的枭雄。因为在他走遍了阴山，造访了红山，跨过了燕山之后，他仿佛得到一种启示，产生一种灵感，看到一线曙光，使他想到应该建立一个什么样的草原帝国……

一、月氏的挑战

如果不是月氏人突然发出挑战的信息，不知冒顿会在燕山山前地带延宕多久并向南走出多远。走在最前边的谍员和斥候回报说，易水的渡口被封锁，特来请示下一步如何行动。恰在这时，呼兰斯逐若派人送来了急报。

冒顿于途中没有过多地耽搁，迅速回到了现在名曰武川的他的老营里。因为月氏人也在拿他弑父这桩公案说事儿，集结两路兵马，一支东渡黄河北上，一支则沿河西北上。他召集了他的亲信大将们商议对策。

他深恨这位月氏王。走在途中时他就在想，你月氏王要来挑战为什么不早些来或者晚些来？这是成心要打乱我的计划！他想的是他的建政的计划。但有什么办法呢？既然挑战了，那就应战吧！他心想，他选的这个时间是有意还是无意？如果有意，其目的何在？假如月氏王在我深入东胡时，对我背后一击，我将难以应对。如果拖后一些时间，趁我无防或有什么危难，我也会难以应付。如今中原自身战乱不止，我已胜东胡，兵力已增，你却来挑战，那我就改变一下议程，和你较量一下吧！

但冒顿马上又否定了自己的想法，他警告自己：轻敌者必败！他警告自己：东胡王不是他冒顿打败的，是因为东胡王自己轻敌才失败的！他警告自己：必须以前车为鉴！

当初他年幼，崇拜这位国王，也从这位国王那里学到不少东西。月氏国王爱马，也善于养马、选马和驯马。国王的宝马群是在经过严格选择种马的基础上培育出来的。他的士卒也经过严格挑选和严格训练。武器装备也是经过严格检验才能发给将士使用的。冒顿见过他如何训练士卒，知道他们善用一种战术就是集团冲锋。一旦对垒双方摆好阵式，一声令下，主将在前，部队跟进，不管第一批战士冲锋出现什么结果，后续团队始终保持冲锋态势，一波接一波冲杀上去，直到鸣金时为止。因此月氏王的军队以善冲锋为其特点。冒顿练军也保持这些特点，但他做些改革，即以鸣镝为号令，以弓弩先发制人，在远距离上刹住敌人的前进势头，然后再集团冲杀。这其实在最早练兵时就有针对月氏人的意义隐含其中。但仅此而已，那不过是战术上的一点小技巧。而水无常形，兵无常势，不能以不变应万变。战争背后的东西和战争最后的结果才是最重要的。

现在的冒顿不是作为质子时的冒顿，也不是虽然名为万骑长却只有几百人的万骑长，他已经成熟了。他在听着几位将军和臣仆的议论、建议、顾虑。他一方面从他们的议论中吸纳有见识的建议与主张，另一方面却觉得遗憾甚至恐惧。因为他从未忘掉少年时的经历与记忆。随着年纪的增长，阅历的增多，他总觉得对月氏知道得太少，不知道和不理解的又太多，因而总想安排一个充裕的时间，从多方面去了解月氏，认识月氏，进而重新考虑如何与月氏相处。他不想再以质子问题作为什么不可解的冤仇。有大漠可以为界，有河水可以沟通，有边市可以贸易，有道路可以交通，那又何必刀兵相向呢？但上天好像从来没有给他这样的时间，总是一件事情接连一件事情，永远叫人无法按照预想的计划去做某项事情。不期然而来的事情叫人措手不及，不想打的仗，似乎必须得动手。腾格里给人安排的命运，谁能不接受呢？没有长时间去了解月氏，那就请伊伐伊屠斯老人快些帮我了解吧！他在构想着应当走的几步棋。

他知道长城那边的事情给他提供了一个大好的时机，不趁这个机会解决月氏的问题，他将无所作为。因此他必须把握这个机会。所谓机不可失，时不再来。因为长城那边终有一天会发生变化。他感觉到这个变化与项羽相关。但战场上的变化谁能说得清？生死判在呼吸之间的事情，怕只能取决了腾格里了。一旦有了结果，譬如说是项羽，他若一统天下会不会重起长城？会不会比秦始皇更残暴？会不会……他不能不预作筹谋。

他听取了众臣与将军们的意见，最后他发布了一个明确的指示和命令：进入河南（冒顿这里所说的河南指今河套地区，即包头地区的黄河之南）的队伍，只能守不能攻，只能退不能进，但不可退过黄河，只有在他派遣的进攻队伍到达时才能采取反攻措施，对沿黄河西岸北进的月氏队伍也是同样的原则。他分派的这两支队伍都不大，甚至也不很强，他只要他们大喊大叫地与他们打，打不过就跑，打得过也不强打，不怕暴露弱点，不怕丢盔弃甲，不怕损失军资战马。敌人停止进攻时，他的队伍就反攻，但反攻的力度不能很大，也别弄丢太多的土地。这两支队伍统由呼兰斯逐若指挥，配合作战。总的方法就是缠住他，叫他打不得又退不得，时间拖得越长越好。

另一支队伍是由呼衍乔鞮统率，运动的路线从狼山经居延泽附近长距

离向觻得迂回。这次行军，呼衍乔鞮专门组织了一个运输车队。其中有两辆辎辒车，但外形很破旧，与一般辎重车相比只多了个棚子罢了，一点也不显眼。其中一辆为伊伐伊屠斯专用，一辆为冒顿专用。

觻得在今张掖境。《汉书·地理志》：张掖郡治觻得县。考古学者认为今张掖县城西北约30公里处兰新公路侧的黑城遗址大概就是西汉后期张掖郡治所觻得县所在。这里也是冒顿当年盗得月氏王宝马之处。因此他们的行军速度想快也快不了，当然，他们压根儿就没想快。

在大漠上行军总是要贪早赶晚，尽量回避中午的如火的骄阳。对冒顿而言，这里是旧路重游，但引路还有比他更熟悉的牵驼人，他们不仅知路，且更知泉。所以冒顿就可以一直躲在辎辒车里与伊伐伊屠斯老人促膝而谈。

大约是因为路长，时间充裕，伊伐伊屠斯老人仿佛在说故事一样讲起他从前在河西经商的往事。他说，当初感到最繁难的莫过于说话。首先是羌人，和他们说起话来简直是鬼打差！其次是跟月氏人、乌孙人和敦薨人，说十句怕有六七句是乱钣钣，不过月氏人还好点儿，这你知道，他们能讲点儿我们匈奴语。和我们语言相近或阿拉巴拉能弄明白个大概其是义渠人和胸衍人的语言。

伊伐伊屠斯这里所讲的大概包含着今天我们所说的三大语系，即汉藏语系羌藏语族所属的各族；印欧语系东伊语支所属各族和阿尔泰语系匈奴、突厥语族所属的各族。

他说，羌人大约在很早很早以前就已经在河西扎下了根，在河水两岸留下了脚印。羌人中最古老的一支叫印羌，大约在秦献公时曾以湟水地区为据，开发河西，并曾经占据渭水上源。秦献公要恢复穆公之业，在渭源地区将其打败（后《汉书·西羌传》称其为"狄獂戎"），开地千里，遂霸西戎。从此印羌西去，很可能落脚于河西走廊的西部或祁连山中，后与小月氏人并居。但羌人的其他部落居于渭水上源及其西南地区。秦昭王起长城于临洮，向榆中的河水岸边延伸，其防羌之意至明，其后沿河水北上，则意在防月氏与我匈奴。这里所说的临洮乃今之岷县，而今之临洮乃汉时的狄道，河水即指今之黄河。

伊伐伊屠斯又说，羌人中还有一支婼羌，他们傍弱水而居，居于弱水岸上的还有小月氏人。你知道月氏王麾下的婼兵就是指婼羌人。但据说还有一支婼羌人却远在西域。伊伐伊屠斯这里所说的婼羌的婼或弱水的弱是同音，当时这些民族无文字，婼羌即因弱水而得名，经汉译而写成婼、若、弱。后有称"弱水三千"，实即指祁连山北流之诸水。伊伐伊屠斯还指出羌人中还有番和羌、烧何羌、封何羌、羝羌、种羌，等等。和、何同音，番、烧、封诸羌或是兄弟部落，皆在祁连山南，羝羌多居于祁连山北麓。羌的种类多，实即部落多，不相统属。各部落人口多寡不一，寡者或不过百户。故都得为月氏王服役。

伊伐伊屠斯据其所见所知，又叙及义渠戎之事。他说，义渠戎历史久远，周时，自陇山以东，远及伊水、洛水皆有其踪迹。西周亡于戎，平王东迁，戎所逼也。渭水上源的翟、镮之戎，岐山、梁山、泾水、漆水之北有义渠、大荔、乌孙、朐衍诸戎，以义渠王为首。秦历代诸公与义渠征战，互有胜负进退，直到秦昭王灭义渠，诸戎或降或走。河西也都臣服于月氏王。

他还提到有几个部落，其头人亦皆称王，并称为月氏国酋涂王部、呼蚕王部、若苴王部。这些部或被称小月氏人。酋涂人，据《史记·索隐》，汉代所书酒泉实为酋涂的异译。所谓以御酒倾于泉中兵将同饮云云乃演绎之词也。《汉书·地理志》谓酒泉郡之呼蚕水出南羌中。呼蚕水即今之托兰河。小月氏一部居此，其王以呼蚕——《史记》作孤譜——名之。若苴王部与呼蚕王部相邻，约在呼蚕水之西至酒泉玉门之间。

另有涿邪人，涿野亦作猪野，浞野更译张掖，水亦名之，部亦名之，但均与"张其两掖"之意无干。月氏人据之，涿野人亦即成为月氏人了。

月氏人大约是中国古史中最有来历的人种之一。他们有许多不同的称呼，秦人的字也有不同的写法，谁能说得清呢？总之，不管是称作禺知、愚氏，析支、其至称作渠搜、月氏等都是月氏罢了。他们历史长，活动地域广，分散的部落多，各部落的名称自然也多，而且聚在河水以西的时间也有先后，各部落更互不统属，各部落所在地区宜牧则牧，宜农则农，宜渔则渔，宜猎则猎，称谓亦各不相同，大者称王，小者依附。敦薨部以敦薨名其所居之山、之水、之渚、之浦，乌孙部则以乌孙名其山，但作为"行国"，部落迁徙，名亦随之。与月氏、乌孙、龙勒等部语言差不多完全一致的塞种人是敦薨地区的一个更为古老的部落。伊伐伊屠斯说他因一个乌孙朋友的介绍，与塞种人有一段交往，做过多次生意，故略知他们在敦薨的西部还有着许多说着同样语言的部落。但伊伐伊屠斯说因自己的脚步止于敦薨，没有亲历，说不清楚。他希望在他有生之年能在西部走上一遭，不拘多远，只要有路可通就走下去。

伊伐伊屠斯最后还告诉冒顿，河西地域广阔，水草丰美，各部杂居，本来互不统属，而月氏王部却能一统，以河为界，与秦抗衡，相持百年，互不逾越，足证其统驭有方。月氏王将其王廷从敦薨、祁连之间东移至猪野泽，不是只为该地水草丰美，而是有多重目标。他在东渐过程中首先征服了诸羌，从而壮大了自己的力量，想越过河水重续戎人的辉煌。但秦人

太强势了，而且在其北部还有我们匈奴，因此便始终未得施展。而现在，强秦仿佛在一夜之间有如山崩地裂般地轰然倒塌，月氏王便派兵渡河，翻越长城。但他们不敢贸然东进，一是中原纷争，难分伯仲，不见端倪；二是深恐我匈奴冲击其左翼，不得不防。但月氏王显然不肯坐守，必采进攻态势。这却使他暴露了两个弱点：一是他在河水以东即渭水流域的山区里进行两面作战，这会使他顾此失彼。因在山地作战，军马运动受阻，不能有效支援和接应，只要有效地打击他一支主力，他就会失去进攻力量。二是月氏王本身以为他有诸羌、涿野、酋涂、敦薨各部作为后续支援，身后无虞。其不知这正是他的软肋。一旦他在前线出现闪失或是败绩，诸羌、义渠、小月氏各部及敦薨等部谁是他的援手？谁能出而号召或组织兵力？这些都是靠不住的！

冒顿对此论深以为是，而且倍感兴奋。他眉头紧锁，拳头紧握，暗下决心，不禁说道：如果我们猛然冲出合黎山，将其一举打败，可否将月氏国占据呢？如果这样……

"没有如果！万不可如此！"伊伐伊屠斯老人几乎是喝止他了。显然他的想法深深地刺痛了老人。

冒顿有些吃惊，不知自己是说错了什么话，竟引起老人的震怒。他是尊重这位老人的，就像他一向以晚辈身份那样看待已故的呼衍尼特克老人。

伊伐伊屠斯老人意识到自己失了态：他不该对自己的单于竟忘记尊卑之别，连忙拱手："老臣心急了！"他的声音压得很低，语速变慢了。他说："我的单于，如果我们逞强一举占据了月氏，我们的失败会比月氏王更惨！"

冒顿吃惊，不解，但他相信老人："请您说下去！"

伊伐伊屠斯说，月氏王在河西经过几代人的经营，虽无重大建树，亦无重大失误，各部基本相安，这就算治理有方。他的军队东渡河水，其实具有试探性和观察性，他仍然坐镇于猪野泽的龙廷中，各部仍以其马首是瞻。而我们兵力有多少？对河西各部有什么影响？如果我们陷在这里，长期被纠缠住不得脱身，甚至反被包围是什么结果？我们怎可轻敌？我方才所说的关于月氏各部的情况，是皮毛，是旧话。从前经商至此，着眼的是食货，是珠玉，并非认真关心其人口多寡，胜兵几许，问及族际关系也是为了探问经商环境，并未仔细探访或揣摩究竟。如今时过境迁，更难说准。我们不能以此为据决定大事。再说比这更为重要的是中原的战事，迄今尚难见端倪，究竟鹿死谁手，难以遽断，这是绝不能掉以轻心的事情。如果中原再出现一个类似秦人的强势帝国就绝不是匈奴的福音，而一味地混战下去也不是我们所希望的。我们唯一的选择是趁机巩固自身的力量。怎样巩固？过去的部落联盟的建政方式显然无法和一个有着严密的政府组织的帝国政府相抗衡，至多也不过是在边界上搞点抢劫和掠夺式的进攻，讨点小便宜罢了。这些年来，我一直观察着秦人所建立的中央朝廷和地方郡县的组建方式，它不适合我们游牧民族的生活，但我们原来的部落联盟也不适合保护我们自己的牧民。我们的单于廷怎样有一支强大的常备力量？怎样有效地管理地方各部落？地方各部落应该有几个层次实行有效的管理，从而改变各自为政的部落联盟，这是我们能否强大的关键。所以眼前不过是对月氏王示个警，叫他在不明我们虚实的情况下避之唯恐不及。等我们腾出工夫来再对他进行第二次打击或者第三次打击，甚至第四次打击！我说过，我想找机会出敦薨继续向西去看个究竟，你觉得如何呢？

冒顿恍然有所悟。

在以后几天的行程里，辎辒车里的密谈一直在继续着。有些事情，冒顿可能还有些难解，但他的眼界因老人的叙述而大为开阔。他开始明白一点：好战者未必知兵，知兵者并非好战。战争中的胜负往往在瞬息间决定，而政治上的成败常常在睡梦中展现。这不是天算人算的问题，而是长期积累的结果。

在距离合黎山还有三日行程的时候，偶尔有一两个牧人所能看见的不过是驼队而已。而在夜间，他的人马才按着驼队留下的斥候指引迅速前进。冒顿和伊伐伊屠斯老人这时早已丢下辎辒车，混杂在疾行的队伍之中。

当冒顿突然出现在猪野泽边的月氏王的龙廷所在时，鼓噪之声吓坏了月氏王。月氏王仓促逃跑时大概骑的是光背马，他的镶嵌着珍珠宝石的象牙雕鞍成为冒顿的战利品，也可能是冒顿后来举行阅兵仪式的专用马具。

冒顿这次战役打得十分漂亮，一战便迫使月氏王西走千里。冒顿采用了"穷寇勿追"的战略。他听说月氏王逃到了敦薨，即后来所说的敦煌。冒顿及其士兵们自由自在地在猪野泽边饮马，他的佯败的队伍这时已根据他的命令，将月氏王东进北上的队伍全部收编了。

冒顿对月氏的第一次打击到这里戛然而止。

二、云中龙廷

当冒顿离开猪野泽东渡黄河率军北上时，占据河南——这里指的是包头段黄河以南的地区，即今宁夏——这里的白羊王已经箪食壶浆恭迎在大道上了。他不敢再给冒顿的头上冠以弑父者的称号了，而是一口一个"大

单于"来表示自己的忠顺。

冒顿继续北上,并传信楼烦王。传信人未到,楼烦王率臣仆已在云中恭候有日了。云中在今托克托县。战国时赵地,西接九原,西南控鄂尔多斯,东近今呼和浩特,北靠阴山,南则直面朝那、肤施等上郡地。

冒顿把龙廷设在了云中。

云中,大约始建于元前 300 年或稍后。《史记·赵世家》:武灵王二十六年(公元前 300 年),"攘地北至燕、代,西至云中、九原"。秦置云中郡,统阴山之南。大体包括今山西之怀仁、左云、右玉以北,东至四子王旗,西至鄂尔多斯左。古城在一座小村庄的边上,我去踏访时,只剩下些许城垣尚可辨识,遗址当时未得保护,有零乱垃圾和农民任意取土或搭建猪舍之处。但从周边的大环境看来,它正位于土默特川平原的中心,西临黄河向南折弯之处,平川沃野,四通八达,实在是个好地方。大约也正因为它是好地方,也就成为历代的兵家必争之地。

当然冒顿的龙廷不必一定要建在有城垣、房舍和狭窄街道的地方,每年入冬之后将龙廷由漠北移徙过来,可以选择这里的任何一块他所看中的地方,竖起穹庐宝帐,搭建起一座雪白的毡房城。他的穹庐宝帐有如一个磁场,而冒顿则是那块永磁体。他的臣仆们簇拥着他,围绕着他,派遣或驻守外地将领的信使纷纷前来禀报军情,领走旨意,或者送来贡物、赋税或者他索取的任何东西。他这两次大规模的军事行动整个儿改变了北方的格局。以山戎王或东胡王为代表的东部上百个部落,他们多以畜牧和狩猎及少量农耕维持生活;主要分布在燕山地区及西拉木伦河流域,燕山南麓和浅山地区,即接近中原地区的人民学会了农耕,但英金河流域及闪电河一带的人民则完全是游牧民族。冒顿清醒地认识到这样一个问题:他之所以能够非常顺利地征服这个地区,不是依靠他的武力。因为他知道自己当时并没有多大武力。经他亲手训练的不过几千人,他作为万骑长时,实额不过什一。由他的爱将和他提拔的将领所训练的军旅,他自己心里明白,那也不过万人,他父亲留下的军队能够长年留在军中的也不过万人,而经他筛选的不过是半数而已。当然在编的随时可以应召的士卒可达到五万人。这是他的人口总数和经济能力所能容许的数字。经过他两次课校,这个数字是他直接统治的各部落能够抽出并做较为长期服役的极限了。临时应召、短期服役的大约也是这个数字。

东胡一役之所以获得远超预期的胜利,关键在于对手太软弱,甚至是弱智。冒顿曾与他的阶下囚东胡王即山戎王谈过话,知道他之所以复辟成功完全是由秦政权的骤然崩溃给他造成的机遇,犹如天上掉下一只肥羊,而且是煮熟的。至于如何建政,如何组军,他压根儿就没想过,却天天沉浸在歌舞酒宴与美女之中。一些部落也处于群龙无首的情况下，他们刚想要聚拢起来商量商量大计，但应者寥寥。因为一个山谷里的一个部落自由自在地狩猎，畜养牛羊，却又无大课税，不是更为惬意吗？就在这个时候，他——冒顿单于如天兵天将，突然降临。

冒顿在东胡王的驻牧地停留期间尽可能争取会见各部落的头领，有的还不止一次两次。他到西拉木伦河流域和燕山东部也尽可能争取会见各部落的头领和一些百姓，尽最大努力争取和解，做出必要的承诺，最后的结果十分满意。约百个部落归为一统，这是当时草原游牧和山林畜牧狩猎部落的历史上的第一次。这使他形成了一个想法，但还需创造一些条件。而在东胡这个问题上，燕人的作为，秦人的建政，对冒顿而言都有经验和教训可以借鉴。因此他从山戎人那里归来时，趁热打铁，马不停蹄地西奔，兵贵神速，千里迂回，竟然能使东西两翼毕其功于一时，他这个草原雄鹰终于可以飞起来了。但为了使他的翅膀更坚挺些，河南白羊王已经就范了，楼烦王还能助他一臂之力，正在帮他解决林胡的问题。林胡驻牧于今山西岚县一带，与楼烦相邻。楼烦在其南，今属离石一带地区。他们除畜牧外，百姓亦多农耕。与战国时期的赵国不即不离，相与有时，受赵国文化影响较多。但又始终保持独立，时称三胡，即林胡、楼烦、白羊并立之地。秦溃，林胡又有独立之意。他觉得事不宜迟，已经构想成形的东西应该付诸实施了。他的意见若能得到多数人的理解，实施起来阻力会小一些。他现在既不能允许那些部落制的迷恋者分散众人的心志，也不能丧失眼前的一个大好机会，即长城那边的内战。

中原战火燃烧遍地，中原鏖兵酣畅淋漓，中原士卒血流成渠，中原人民号寒啼饥。而冒顿在阴山山前平原地带纵马驰骋，途中迎者载歌载舞。龙廷周围穹庐成城，校场练兵鼛簜声声，战马嘶鸣。

冒顿单于召集了原属各部落的头领，山戎或东胡各部落的头领，原属月氏王辖下的涿野人、朐衍人、义渠戎（仅为一个部落了），以及白羊部、楼烦部和由楼烦头领邀来的林胡头领，还有原代王亲族的后裔，等等，凡冒顿兵力所及和影响所达之处的百余部落或氏族的头领及方国的诸王，有的是应邀、有的是被召、有的是惧威、有的是望威、有的是巴结，总之是都来了。

这是中国历史上一个重大事件，即在中国长城以北的地方，即以长城为界，建立了一个以匈奴人为主体，以冒顿为最高领袖的草原大帝国。

但是这个重大事件在当时当世的中国却几乎没有任何反应，或说几乎无人所知。待后来为人所知时，冒顿单于已经完成了他的立国大典，其建政建军已经形成了基本完整的体系。史迁撰史时，对此已语焉不详，只谓

"其世传国官号乃可得而汇云，置左右贤王，左右谷蠡王，左右大将，左右大都尉，左右大当户，左右骨都侯。匈奴谓贤曰'屠耆'，故常以太子为左屠耆王。自如左右贤王以下至当户，大者万骑，小者数千，凡二十四长，立号曰'万骑'。诸大臣皆世官。呼衍氏、呼兰氏，其后有须卜氏，此三姓其贵种也。诸左方王将居东方，直上谷以往者，东接秽貉、朝鲜；右方王将居西方，直上郡以西，接月氏、氐、羌，而单于之廷直代、云中：各有分地，逐水草移徙。而左右贤王，左右谷蠡王最为大，左右骨都侯辅政。诸二十四长亦各自置千长、百长、什长、裨小王、相、封都尉、当户、四渠之属"。

从引文中可见冒顿所建立的匈奴帝国是军事与政治不分、文官与武官不分、战时为兵平时为民的兵与民不分。这就意味着举国上下适龄壮丁都被编为士兵，所有各级官吏同时又都是大大小小的军事首长。

当然这种军政不分、文武不分、兵民不分的体制并非是匈奴人的独创。恩格斯在《家庭、私有制和国家的起源》中早有明确的论述："战争以及进行战争的组织已成为民族生活的正常职能。"而冒顿的创造在于他的三分制。

冒顿的战争经验并不多。初见阵仗时，他是被动的，如从月氏王眼皮底下的逃亡，如对蒙恬筑长城时的防御。被动的、防御的人时时刻刻都得竖起耳朵，睁大眼睛，吃饭睡觉都得耳听八方，眼观六路。稍不留意便意味着失败或死亡。这使之认识到自己多么需要有人手从左右予以协助。但是他没有。后来他从自己的担忧中悟出来要有耳目，于是他努力物色善于打探消息的人。他从这些人的身上学到了很多东西，很多知识，很多道理，很多谋略……他在接受山戎王或说东胡王的挑战时，和在向其发起反击时，首先靠的是谍报，他得到知情的优势；其次是几支力量的协同行动，他不是单打一，他取得了成功。但他这时也暴露了自己的弱点，在他于东部行动时，有人就在他的西部乘势发动了进攻。所幸，东部的敌人太软弱太无能了，又加上他的谍报及时，使他迅速采取远距离迂回行动，以声东击西的战术取得了胜利。那时他势单力孤，不得已，只能采取一对一的战斗态势。现在人多势众了，从军事组织上行未雨绸缪之策，建成一个人两个帮的态势就能处在进退有据的地位了。这也是他在西征月氏时与伊伐伊屠斯在辁辒车中逐渐构思成形的。

但冒顿想的不仅是这一点。他知道自己带出来的士卒有几多？从父亲那里继承来的人马对他持怀疑态度的人有多少？纯粹的匈奴族人有多少？一向与匈奴族保持着良好关系的部落有几个？时远时近的、沾亲带故的、姻亲关系的又有多少？山戎人或东胡人、月氏辖下的各部族，一向与中原人接近的部落，或者已接受了中原人农耕文化的部落，怎能一下子都将其摆平？他相信如果没有一种有效的能够控制得住的相关体制是不行的，而三分制当是最为可行的办法。在军事上如此，在政治上也是如此。而且只有在政治、军事处在同一的管理体制下才能明显地体现出来。

从三分制的结构方法及结构体系来看，冒顿在设计时恐怕还有更深层次的思考。他深知自古以来各游牧民族——包括他的祖先在内——都以氏族部落为单位，间或有以三两家庭为单位，更有甚者简直就以一个家庭为单位，自由流动，任意迁徙，随遇而安，只要能放牧牛羊，或有猎物可寻，就散漫行动。但因气候变化，自然灾害的不可预知性，人口的增殖，争猎物，争草场，争水源，在部落间、氏族间、兄弟间、邻居间时有发生。大部落既有自我保护意识，也有以势欺人之势。小部落迫不得已躲进深山自保，所以游牧民族有如一盘散沙。他的祖先已经形成大部落，他的父亲吸纳不少小部落，形成部落联盟。但西有月氏胁迫，南有强秦虎视，东有三胡遏阻，北有诸翟侵扰，使他父亲头曼单于举步维艰。现在因强秦瓦解，各大部落虽有要求重建自己旧有地位，但也有一些小部族仍希望回归旧日自由自在的部落制的游牧生活。当然也有要求或愿意实现大联合的。不过，除了少数有见识的部落头领，人们普遍缺少明确的建立帝国的意识。但通过最近这些天的交谈、商量、沟通、说服，各部落头领似乎逐渐开些窍了，有的已经在掂量自己的权位了。冒顿看见了这里有两个苗头。一个是好的苗头，即人们开始明白建政的必要性了；而另一个苗头则可能是隐性的危机：如果不能满足某些人的权位欲望，他们会采取什么动作？这使他意识到建立三分制更为必要，即三者之间还应有一种互相牵制即制约的作用。当然这是不能明说的。

冒顿还考虑到实施三分制对生产能否起到限制作用。因为他担心一向自由散漫惯了的牧人和猎人从来都是不愿受人管束的，同时也是难以管束的。划分了地，这些人能同意吗？但冒顿想到这种状况由他们的头领去处理吧，个别牧人走了就由他去吧！草原辽阔，各部基本都在原地，对生产应当不会产生破坏作用。他希望有了这种三分制，他就可以适当地保有一定数量的常备军和轮流服役的半常备军，对外和对内都能起到保卫作用。

冒顿创立的三分制的建政建军原则对中国北方的草原游牧民族所起到的作用与影响具有经典性的意义，不单为匈奴帝国的辉煌起到了直接的推动作用，其后世的北方游牧民族一直都沿用着这类建制，而不管其在名义上或口头上承认与否。而到今天，人们仍然能看到这种体制所留下的影子。

但这种三分制具体是怎样划分、怎样执行的呢？他的二十四个万骑长

不要说分驻于何处我们不得而知，就是他们的具体的官称我们也难弄其准。

历史上的匈奴人没有创造自己的文字，因而也就没有历史记录。史迁在《史记·匈奴列传》中留下的记载就是我们前文征引的那么多。研究匈奴史的专家们行文谨慎，都依史迁原文，只称其"这些统领万骑的军事首长共有二十四个"，未做考证，亦未做诠释。有在相关的博物馆中列表明示者，但表中也仅有十个名称，根本对不上茬，不知二十四个万骑怎样配置。因此所谓的三分制如何具体划分仍然叫人不甚了然。显然这绝不是当年冒顿创制的本意。（见附表一）

但如果我们仔细研读前所引的史迁原文，似乎应该看出其中一些端倪。

从行政区域结构方面划分为三："直上谷以往者，东接岁貉、朝鲜；直上郡以西，接月氏、氐、羌"；在东西之间，"直代、云中"。这三大块在地域上划分得十分明确。从今张家口地区起，包括燕山山系，西辽河流域，直抵今吉林西部及辽宁西部，为东部地区。从今陕北绥德以西直至河西走廊西部为西部地区。上述两地之间即为中部地区。

划分行政区域是国家行政的地理载体。每个行政区域各有一个最高统治者，居中者是国家最高统治者，东西两个地区分由两个屠耆王统治。他们统治东西地区最根本的政治目的是拱卫中间部分，即国家最高领袖单于。即划分区域——三分制——的目的任务就是维护、保卫国家的统一，因此两个屠耆王都应是单于的儿子。匈奴人尚左，左屠耆王就是储君，是太子，是王位的第一继承人。因为战争原因或其他原因，如疾病，如才能，等等，第一继承人不能继位，则由第二继承人继位，所以右屠耆王亦必须是单于的儿子。这也是三分一统的原则措施。第一、第二即左右屠耆王各据一方执政；因军政不分，执政者亦统军。有了行政和统军的实际经验（也是考验），一旦继位，其行政和统军的能力也因而提高，仍能继续维持草原帝国的一统。

单于则直接管理中间这部分的行政与军事方面的事务，但同时也兼管左右两部军政的大计。因为他是整个草原帝国的大单于——既是匈奴族的最高首领，也是政府的最高首领，匈奴人称之曰"撑犁孤涂单于"。据《汉书·匈奴传》的解释："匈奴谓天为撑犁，谓子为孤涂，单于者，广大之貌也。""撑犁"，后人有译写祁连，如祁连山；有译腾格里，如天山腾格里峰，皆天之音译。匈奴人称其最高首领为天子，不知其是否效法西周时代中原人对其国君的称呼。而其又加单于是谓其像天一样广大之貌也。

自古代氏族社会形成以来，部落头领或氏族首领都是要亲自领兵作战的。或者说因其领兵作战有方、有力、有功才得以被举为首领。因此，按习惯法，军政不分、文武不分、兵民不分，单于和左右贤王一样在战时也是要领兵作战的。也正是基于这一点，冒顿才确立三分制，即单于居中，左右形成掎角之势，一旦临战，左右应援，进可攻，退可守，立于不败之地。

然而这也只是理论上的意义。实际上的操作和布局，一个君临天下的单于不能和驾驭一方的王将等量齐观。在政务上有日理万机之烦，在军事上有运筹帷幄之务，千头万绪集于一身，这时又怎能与管带一旅之师的将领相提并论？战场上的搏击，力为优，战略上的较量，智为上。统治全国，虽设计为三分制，但要以中心为主，两翼为辅。主者驾驭两翼，必须是力大于两翼，此势若变，如两翼之力大于中心，必生祸乱，或说将出叛乱。单于是懂得这个道理的，因此他在册立两屠耆王的同时，还敕封左右两谷蠡王。这两王也必须是由他的子侄担任，其地位略低于左右屠耆王（《史记》《汉书》习惯称作贤王，盖屠耆之意为贤者也，后文我们也只称贤王）。我猜想，如按单于继承人排出次序的话，以左为上，则左贤王右贤王为第一、第二继承人，那么左右谷蠡王则当为第三、第四继承人。两位贤王分治两翼，拱卫东西，两位谷蠡王则直接隶属大单于。不管哪一方有事，单于都有强力可以支援；若中央有事，两翼来援。若发生不忠不孝事件或其他内乱事件，地方势力终不能大于中央势力。这也应是三分制的一个原则。

但这里还需特别指出的是直属单于的武装力量的配置。王（单于）权归根结底是以武装力量为其后盾的，否则便会被架空。因此他必须保有一支直属王权的军事力量，它具有控制任何一方势力的能量，方可有效地统领全国，抵御外敌。这是冒顿三分制原则的核心部分。因此冒顿既有直接控制的左右谷蠡王，又有直接统领的左右大将。左右谷蠡王因直属单于，而位又低于左右贤王，故左王置左将，右王置右将。而下属大当户则仍分左右，分地亦然。既有权力平衡，又有经济保障。这种三分制的格局，对后世影响至深，直至今日，在地名上还能看到它的影子。（见附表二）

行政有区域划分，军队有层级的划分。左右贤王各管一方，按三分制原则，他们各设左右大将，他们各分管一方军政。一方军政事务也是千头万绪，因此也得各设一高官协助治理，故有大都尉一职。史未详述大都尉一衔的职能，但此职称应是源于秦汉军中职衔之称，其作用大约也相类。即低于将军，但高于其他军职，当是协助大将军管理军政要务的官员。而在大将军及都尉之下的官员，仍按三分制原则，则为左右大当户。当户的含义不明，是音译是意译也不明，猜想此词可能与部落首领相关。

　　冒顿单于统一大漠南北，横贯东西，但并未打乱原来各山山谷谷的部落群体。他只要求他们归顺，形成一个统一的草原帝国，却不能将部落任意拆解分散。因此原来的大小部落头领自然也得按其部落的大小、头领对单于的忠诚态度及治理一方的政治军事的才能与原来的威望等条件，分别授予一定的职衔和职权。那么这个职衔和职权予以统一的称呼，就有可能是"当户"。按三分制的设计理念，那么每位左大将或右大将的治下或麾下，就应有左大当户、右大当户。而在大当户之下还会细分为许多当户及其他层级的军政官员，《史记》中列出的有"千长、百长、什长、裨小王、相、封都尉、当户、且渠"等。且渠，后世作沮渠，由官称而变为姓氏。

　　前引文中所谓"自如左右贤王以下至当户，大者万骑，小者数千，凡二十四长，立号曰'万骑'"。如按字面解释，左右贤王以下至大当户，凡左皆在东，右皆在西的序列，其数不足二十四，且亦不合三分制的原则；从上至下，从单于至大当户皆按三分制原则，其数远大于二十四。按字面解释者必遭两难处境而难以自说。窃以为匈奴单于虽然有亲自统领军队、亲临战场之例，却不能以万骑长列之。自古（从氏族长算起吧）以来，头领、首领、国君、元首都有统领军队、亲临战阵之例，古今中外皆然，已是普世原则，绝不止于匈奴单于。是考，单于不能列入万骑长之序，其左右贤王和左右谷蠡王亦不当列入万骑长之序。而以其尊位，必有亲兵护卫，与称亲卫兵、亲卫军、羽林军、御林军的秦汉兵制类同。即使这样的亲兵，单于和左右贤王、左右谷蠡王也会委派将领去统带与训练。至于偶尔临阵，其所指挥的军兵皆视战局而定，怎可囿于"万骑"。他们备位储副，有发号施令之权，有亲兵护卫之尊，因此只有受权者方能实际统兵，这当然就是左右两大将。他们统兵多少，统兵才能的高下，布防地域的广狭，军事装备的优良与士卒训练的程度，直接决定或至少影响国家的安危。因此，大将才是真正的万骑长。而按三分制的原则，分管东西两部的左右贤王麾下，都需有各自的左右大将以构成一个区域的掎角拱卫之势，也是权力的平衡之势。这是统驭一方、保卫一方和扩张一方的权力保障系统。左右谷蠡王直接受命于单于，拱卫单于，是单于至高无上的权力的保障系统和执行系统。两位谷蠡王是单于的左右臂，但比左右贤王略低，只有一员大将。而大将之下，亦需按三分制原则分置左右大当户，既保持互为掎角，又保持互相制约。就如直属单于的左右大将之下分置左右大当户一样。但地域不同，部落多寡不一，大小不等，大当户之数可能并不拘于一格，可多可少。即使大当户有定数，而其所属的当户则以部落数目为据。如这一推论可信，其左右大将当为八员，左右大当户当为十六员，总为二十四员万骑长。而左右大将之下的左右大都尉，当为军中重要官员，如军中副帅、大将参谋、护军、监军或其他临时受大将之命专门负责某项任务、使命等。军队是要分层级管理的组织，因此有千骑长、百骑长、什长等官员，而协助各级首长管理庶务的下层官员还有裨小王、相、封都尉、且渠等职。他们各属什么层级恐怕是难以弄得十分清楚的。

单于廷和左右贤王廷是"各有分地"作为他们的游牧地。单于对于直接隶属于他同时也是他的主要依靠力量的左右谷蠡王当然也要划有分地，这是其生活资料的来源。因此"分地"的大小也表明他们地位的高低。四个王的隶属是他们的左右大将，左右大将麾下的军队按理讲应是单于的常备军，是单于多年所期盼的武装力量。但纯粹游牧经济的生产力量和牧区人口的稀少无法养活不事生产却消耗巨大的大数额的常备武装力量。仅单于和四位王爷的亲卫军——他们是绝对的常备军——数目相对会小一些。但这是政权的统治集团为保持其安全和权威的绝对不能缺失的基本力量。而这种力量其实是消极的，因为它的基本任务仅是保卫，那么真正具进取能力的积极的力量则是由左右大将所掌控的进可攻退可守的常备武装力量。然而生产力量达不到能够保有大量常备军——如一位大将保有足额的一万骑，八位左右大将就是八万骑——的程度时，就只能视生产能力来相应地减少。但上峰——冒顿单于又要求必须保有足额的力量时，就只有将其兵员一半常备，一半生产，两者轮流，而这需要有足够的"分地"才能予以保证。左右大当户这个层级因为本身就是由原来较大的部落或方国的首领出任的，他们属下的小的部落或方国的当户则由较小的部落或方国首领充任的，因此他们的万骑也罢，数千骑也好，就不能是常备军了。他们是寓兵于民或说兵民不分了。他们的驻地也可说是他们的部落的领地。谁的领地能够向外扩充，谁的财富就能增加。而扩充是要靠"甲骑"的力量的。

冒顿的三分制，为他向外扩充，为其政权巩固，为其内部统一和协调，为其财富的积累和国力的强大提供了制度的保证，而这个制度又为其向外扩张和草原帝国的发展准备了相应的条件。

但是一个政权仅有武装力量还不能有效地保证和推动社会的正常运行，它还需要文官对武官的制约，对民政事务的处理，对社会生活的有效的梳理与协调。一言以蔽之，社会的平稳运行是要靠文官的正确政策来推动的。这是冒顿单于即像天一样广大的天子治理其国家时所依赖的，于是冒顿单于以匈奴族中最有威望和德行的呼衍氏和呼兰氏，后来又加上须卜氏的德高望重的首领们协助他处理狱讼，从事外交，制定各种政策的辅政官员，他们被封为左右骨都侯。即呼衍氏为左骨都侯，左为上，呼兰氏和后来的须卜氏俱为右骨都侯。（见附表二）

在中原鏖兵、各路诸侯缠斗得不可开交的时候，冒顿单于统一了大漠南北和阴山东西，建立了一个空前强大的草原帝国，实现了他的一个梦想：拥有一支强大的常备武装力量和半脱产的随时可以调动的准常备武装力量，史迁谓"控弦之士三十余万"，或称"四十万"。终冒顿单于之世是否达到了这个数额缺少佐证。后单于时代或有多于此数之时，但更有少于此数的时候。当然这只是个理论上的或概念上的数字。即假定单于帝国的总人口能达到两百万时，其兵员总数或可达到三四十万。而常备军的数量是"控弦之士"的十分之一、八分之一或五分之一，在平时或战时也应是其极限了。这时，长城已不再是将他屏之于外的一道高墙了。他现在正自在地策马徜徉于阴山南麓的白道岭上，然后越过草原，饮马岱海，在冰轮初上时，优哉游哉，驻马于杀虎口。

附表一

匈奴军队序列简表

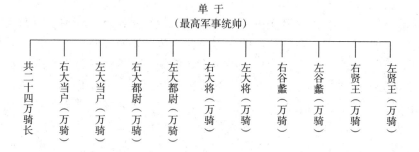

单　于
（最高军事统帅）

共二十四万骑长　右大当户（万骑）　左大当户（万骑）　右大都尉（万骑）　左大都尉（万骑）　右大将（万骑）　左大将（万骑）　右谷蠡（万骑）　左谷蠡（万骑）　右贤王（万骑）　左贤王（万骑）

各万骑长属官名称

且渠　当户　都尉　相　裨小王　什长　百长　千长

附表二

匈奴军队序列简表

单　于

（亲　卫）

右骨都侯　　右骨都侯　　　　　　　　　　左骨都侯
（须卜氏）　　（胡兰氏）　　　　　　　　　　（呼衍氏）
右贤王　　　　　　　　　　　　　　　　左贤王
亲　卫　　　　　　　　　　　　　　　　亲　卫
右谷蠡王　　　　　　　左谷蠡王
亲　卫　　　　　　　　亲　卫
右大将　左大将
右大将　左大将　　　　　　　　　　　右大将　左大将
右大将　　　　左大将
右大都尉　左大都尉
右大都尉　左大都尉　　　　　　　　　右大都尉　左大都尉
右大都尉　　　左大都尉
右大当户　左大当户　右大当户　左大当户
右大当户左大当户 右大当户左大当户　右大当户左大当户 右大当户左大当户
右大当户　左大当户　　右大当户　左大当户

注：（1）单于、贤王、谷蠡王驻地分设龙廷及王廷、置亲卫；
　　（2）左右骨都侯辅政，由三大姓担任，凡左皆上位；
　　（3）大将以下二十四位万骑长各有份地，兵力大者万骑，小者数千；
　　（4）万骑长属官：千长、百长、什长、裨小王、相、都尉、当户、且渠。

三、隔岸观火

前205年，汉王刘邦二年。

刘邦受西楚霸王项羽之封为汉中王，龟缩于汉中，用卧薪尝胆之计，行韩信所献明修栈道，暗度陈仓之策，袭三秦王，乘项羽东击齐国之机，率诸侯兵五十六万人伐楚，入彭城抄了项羽老窝，"收其货宝、美人，日置酒高会"，自以为是报了鸿门宴的仇。谁知，项王得报，"令诸将击齐，而自以精兵三万……大破汉军……死者十余万人"。楚汉鏖兵，自是开始。

是役，刘邦的家被项羽所抄，妻吕雉被俘，老父太公被虏。刘邦本人被项兵追得屁滚尿流，为了自己逃得性命，竟然把其子刘盈、女鲁元三次推入车下减轻载重以增车速，所幸三次均被太仆夏侯婴收载之。其狼狈状如是。汉王刘邦不是霸王项羽的对手。

但汉王刘邦文有良、平之谋，武有韩、周诸将，更有丞相萧何源源不断的后勤补给和源源不断的兵员补充。而当时"关中大饥，人相食"，这就更加难能可贵。萧何功高盖世！这兵员中竟然还包含了极善骑射的楼烦族的士卒。

前203年，汉王刘邦四年，楚汉鏖兵，已进入第三个年头。汉王刘邦正面与项王苦斗，几乎是百战百败。但刘邦的地盘却在不断扩充，使项王在战略上处于每况愈下的劣势。

当这些消息陆续传到冒顿的耳中时，他深感不解。如果不是消息有误或情报失真，则项刘鏖兵的大趋势必然有重大的为他所不知的情况。他希望能得到更多的消息，以免自己判断失误。

古史没有给我们提供类似的资料。但综观冒顿一生行状，其每次重大行动都紧扣着长城内边的局势变化，使己不受干扰，以避免腹背受敌。他的自由行动是在有效或准确掌握外界情报的条件下实施的，而不是盲目地去撞大运。因此，当他顺利地实现了立国建政的伟大目标之后，他不能像山戎王或说东胡王那样把自己沉浸在酒杯中或女人们的怀里，而是必须弄清自己将要面对的是一个什么样的对手，要弄清是哪些人、是什么样的人能够左右他的对手的政策取向，要弄清能够实施或保证实现他的政策取向的是一些什么样的人，他们有多大的力量和他们所能控制的武装的力量。当然，他也相信他们绝不会是铁板一块，可以肯定的是任何一种权力层中都会有派系矛盾，他希望他的情报官员中能有发现对手营垒中出现一些哪怕是蛛丝马迹的裂缝的人，使他把问题看得更深一些，更全一些，更远一些。当然，他也需要使情报的来源更能多几条渠道。

冒顿率轻骑简从乘明月初上的时候来到了杀虎口。这里有一座赵国时建筑的长城烽火台遗址。赵武灵王时，再建长城已移至阴山白道岭一带，秦时沿用的也是白道岭长城，这座有烽火台的长城便弃置不用了，但保存的还算完好。经过斥候反复侦察验看过的烽火台下的哨所经过打扫便充作了冒顿临时歇脚的地方。而作为左谷蠡王麾下的左大当户已经先一个时辰从其驻牧地来到这里恭候了。见面时，大当户要对冒顿单于行大礼参见，被冒顿伸手拦住了。他说微行而来，无须大礼。当大当户又要参见左谷蠡王时也被单于挡住，并且指示左谷蠡王以子侄之礼拜见大当户。左谷蠡王立即屈一膝扶胸以子侄辈，口称"拜见楼烦王"行了礼。

左大当户原本是楼烦王。秦灭赵，楼烦也遭了殃，不仅是被削了王位，且被俘至上郡，下了大狱。扶苏、蒙恬相继自裁之后，他侥幸逃得活命，先是东躲西藏，后来得见天日，最后还是冒顿把他请出作为上宾。冒顿建政时请他复王，他坚拒，并且向各部落头领、方国之王建言：各部分散，盘踞山谷，无力发展，只求苟安，既不得温饱，亦难见天日。奉大单于为共主，方能抗击暴秦之类的强敌。为此，冒顿得以顺利建政，使百有余戎终归一统。

冒顿行事低调，他为了解情况而来。如果大张旗鼓至某一地区或某一原部落，势必兴师动众，劳民伤财，招摇过市，引敌注意，不仅难得真情，反易遭来暗算。因此只带左谷蠡王等少量亲随，在大量斥候的暗中护卫之下约来了楼烦王——左谷蠡王麾下的大当户。

楼烦王长期与赵国比邻而居，民众多有从事农耕或手工业者，与赵文化结识日深，多能用双语交流。赵武灵王胡服骑射之后，楼烦人就多有为赵军士卒。因其善射而为赵将格外看重。长平之役，赵卒中之楼烦人亦多有死难者，故其深恶秦人。秦末义军蜂起，楼烦卒多有参加抗秦队伍者。后来他们在刘邦军中亦甚被看重。

原楼烦王现左大当户受到冒顿的礼遇，心存感激，楼烦人在刘邦军中为数不少，死者伤者的消息不时传来。有的伤者愈后有辗转回来者，带回来不少故事。尤其是最近发生的事情传说更多。有传说是刘邦受项羽一箭，贯穿前胸，命已难保；更有传说：刘邦已死，只是秘不发丧，而张良派人假扮刘邦，强起劳军，以安士卒。不管是伤是死，刘邦受创的消息肯定是真的，因为有楼烦卒曾目击刘邦受伤。

楼烦王向冒顿详细叙述了刘邦的几位谋主和大将。他首先讲的是萧何。他说萧何不问前方如何布兵、如何行军、如何作战，只问缺员多少，粮草被服兵器车辆马匹输送至何处。因此刘邦在前线是不会被项羽打垮的。萧何不单是给刘邦做了后勤保障，还曾给刘邦举荐了像韩信那样的大将。刘邦在前线与项羽死缠烂打，使用的是"没章法的章法"，既用刀枪，也用嘴皮子，得机会狠捞一把，如在彭城端了项羽的老窝，打不赢，什么老爸老妈老婆孩子全不要，只要逃命，且美其名曰：权不可预设，变不可先图；与时迁移，应物变化，设策之机也。而韩信却分统大军征魏、破代、击赵、降燕、下齐，占地日广。项羽虽有万夫不当之勇，面对刘邦却有捉襟见肘之虞。只是最近他与刘邦的成皋之战，却使刘邦吃尽了苦头，直到今日，刘邦仍是生死不明。

冒顿要楼烦王详述，并追问消息来源是否可靠？楼烦王回身对一侍从吩咐，叫他去外面叫来一人。那是他派出的细作，以楼烦的弓弩手为汉王

刘邦麾下的一名骑兵。他曾目击汉王刘邦中项羽贯胸一箭之人。细作说道：

今年初，冬十月（汉承秦历，以十月为岁首，故十月为年初），汉大将军韩信破齐，至临淄，汉王刘邦得报便率军攻打项羽麾下守卫成皋的将军曹咎。曹咎渡汜水，半渡，汉王击之，大破楚军。尽得楚国金玉货赂，占成皋，驻军广武。项羽震怒，急回军亦驻扎广武与汉王对垒。汉王坚守数月，楚军屡攻不下，粮食不继，项王患之。项王急欲攻下成皋，遂欲逼汉王与之决战。于是项王在阵前置一大釜，并把汉王的老父推至阵前。项王对汉王喊话，说汉王如不立即投降，他将油烹太公。当时汉王在城上，身后以及左右全是顶盔贯甲的将士，一听此言，全都傻了眼。谁知汉王并不介意，双手抱拳，朗朗说道，当初我与你共同受命于楚怀王，约为兄弟，我的老父也就是你的老父，你若把你的老父烹了，请你分给我一杯羹。怎知道这一句话竟把项王难住了，老人是杀不得，而城又攻不下来。稍停，大锅被抬走了，老爷子也不见了。项王却对汉王说道，我和你单打独斗，一决雌雄，免得天下黎民为你我二人受累！汉王却说，我与你斗智，不与你斗力！项王怒，派人城下挑战。我拈弓搭箭，一箭将其射杀！

他说到这里，楼烦王拍了拍他的肩背，说，好样的。但这小伙子却低下了头，嗫嚅地说道，这时又有一员将领冲出阵前来挑战。我刚一张弓，那将领两目如电，一下子仿佛摄去了我的魂魄，手抖得不行，弓拉不动了，箭也掉到脚下。我知道他必是项王，那双眼睛不是人的眼睛，而是神的眼睛。当时汉王大约也是一惊。他紧靠女墙，身边众人也把他紧紧围了起来。这时有人插问：那你怎么了？那楼烦卒又说道，我被挤到后边去了，觉得羞得不行了。这时我断断续续地听汉王说项王有十大罪行。没等说完，就听嗖的一声，城头上立即就乱成了一片。我探头一看，见汉王刘邦胸前铁甲的缝隙已渗出了鲜血……

不知汉王刘邦是生是死，也不知楚王项羽是赢是输。对于冒顿而言，在深心中既感到一种欣喜，也暗含着一种忧虑，欣喜的是毕六王、一四海的强秦于瞬间崩溃之后会出现这样一场混战的局面。当然这是送给他的一个大礼！他们不论是谁赢得这场战争，在百年之内怕都难以恢复到强秦的局面。然而也有令他忧虑的事情，即这场混战的胜者会是个什么样的人？他会对匈奴采取什么态度？假如刘邦是胜者，那会是什么局面？一时之间他还想象不出来，因为他对刘邦知道得太少了。若项羽是胜者，眼下看来，他握的胜券似乎还多些，他对匈奴是个什么态度？续修长城？麾军直趋我龙廷？他心目中的项羽是个逞凶斗狠的角色。谁知道他是怎样呢？他无从解答。这时他忽然萌生了一种想法。但这种想法还只是一闪，他还不清楚这是一种什么概念，他需要深思熟虑，需要找人商量，需要判明情况再说。

在离开杀虎口的第五天，他转道去了上郡，即今延安附近。在那里他察看了右谷蠡王的龙廷及其麾下左右大将的驻地。这里曾是秦始皇长子扶苏与将军蒙恬的行辕。冒顿之所以要把他直接控制的左右谷蠡王及他们各自掌控的左右大将一直前出到秦晋之地，不仅是出于对领土扩张的本能的一种意愿，更多的恐怕还是对秦人的一种报复。他的祖和父辈曾长期游牧于河南地——今鄂尔多斯——的广阔草场，是秦人一步一步把他们逼退至固阳，逼退至阴山北麓。现在他终于回来了。但他行事谨慎，而且经常保持一种低调状态。从东胡和月氏两地回来后，他仔细估算过，人口总数大概不超过一百五十万，四五口人组成一个家庭不过三四十万。牲畜包括牛羊马驼等总计按人均百头计算恐怕还是高估。

冒顿在东征和西讨的过程中，路途所经之处，事事多有留心。山戎人所居的燕山山系，多是高山峡谷，没有广阔的草场，圈养牲畜受饲料限制，多数山民得靠狩猎补充生计，人口、经济不能发展。在山戎王所居的潮河山谷中，冒顿注意到那里还有许多山民居于山洞之中。他们习以为常了，但那生活状况能有足够的温饱吗？西拉木伦河流域的人民生活状况优越于山戎，以氏族部落形成聚居，这固然能使部落居民生活较为安定，但粮食生产和畜牧业生产的能力有限。西部居民以游牧为主，草原面积很大，但多沙漠，草场的载畜量不高，牧民的流动性太大，而夏有酷热，冬有严寒，自然灾害太多，因此为争夺草场，各部落之间常有争斗，为避免争斗则更分散到偏远之处，而一遇到灾害就只能听天由命了。月氏人在河西地区占据了最好的草场，形成几个大的聚居区，在聚居区中又能游牧，并且建立几个大的养马场，占尽了天时地利，一直对匈奴构成威胁。现在月氏王西移，冒顿让右贤王善用此地，使匈奴能因此地而兴盛。

冒顿的根基在阴山。他一直刻意经营阴山，走遍了阴山东西。他珍爱阴山南麓的山前平原，而且是得来不易。因此他尽量把他的亲兵爱将向黄土高原的深处布防，严密地监视着中原鏖战的各路兵马。秦皇的一道长城把他隔在塞北，他是大气都不敢出地在长城脚下像土拨鼠一样生活了那么多年，如今总算可以对天长啸了，可以在阴山山前平原上任意放马驰骋了。但他能在现在驻马的黄土高原上修筑一道防止中原人的长城吗？不能！他没有那样的力量，当然他也认为有效的防御是不能靠一道石头墙的。他相信他的三分制和互为掎角的防御战略只要认真执行，消息灵通，指挥得当，进退有据，就能使他的战马任意在山前驰骋。不过他深知自己的力量是不足的，而假如遇到像西楚霸王项羽那样的统帅能集中力量攻击

其一点，那么这一点无论如何在最终都是会被突破的。他在上郡所见的蒙恬的军幕、扶苏的官邸虽无狼藉之象，却已经失去了昔日的光彩。当然他要看的并非是这些。以一个大草原游牧民族领袖的眼光去审视，肤施的整个环境恐怕正是扶苏与蒙恬之所以遭到赵高、胡亥、李斯之辈暗算的根本。在冒顿看来，肤施或者上郡只能是一处藏身之窝。手中握有重兵时，可关上门称王称霸，一旦丧失权力或者兵力失去优势，就是等死，因为没有回旋余地。由此，他甚至还认为自己眼下所据的阴山山前地带，如果敌人处于强势，或者如项羽那样动辄采取破釜沉舟的战法，也叫人难以与之周旋。因此他还得依靠阴山。当然他不是指阴山的地理优势，而是阴山所能给他提供的巨大的回旋余地。如果连阴山都不能守的话——在蒙恬摆出大举北进的架势时，他是做过这样的打算，当父亲头曼单于之所以在狼居胥山一带建立龙廷就是做这种准备的。当然他希望自己不要遇到这样的麻烦，他相信阴山以北的大漠始终是他的最坚固的不可逾越的城堡，而云中至多也不过是其前出的驻牧地。

冒顿在回到他在云中设置的龙廷之后，更加如履薄冰似的小心翼翼地生活着。他不敢睡懒觉，每日清晨必到校场，他的亲卫兵必须进行晨练，和他一样。他希望他的亲卫兵不只是做他的卫兵，而是能够成为冲锋陷阵的一旅骑兵。他把他自幼即成为他的侍卫、后来为侍卫长的呼衍乔鞮受命为单于的特使持符指挥一个王的军队。后来冒顿娶了他的妹妹作为阏氏，呼衍乔鞮被封为左骨都侯为单于辅政。原来伊间车若鞮的祖父伊伐伊屠斯身体依然健朗，冒顿封其为右骨都侯辅政大臣，而伊间车若鞮亦为辅政之臣，实则仍掌谍讯之机。

冒顿希望使自己能保持着身手利落，耳聪目明之态，以期他所缔造的草原帝国能够兴旺发达，永远立于不败之地。但右骨都侯伊伐伊屠斯却告诫冒顿不可忘记祭天，要课校人畜之数图自强。

他理解老人的深思远虑。

四、龙廷祭天

有军史学家曾做过这样的表述：人类自有史记载以来，每十三年战争才能赢得一年和平。人人都深恶战争，人人都祈祷和平。战争带来死亡，战争带来破坏。人们在和平岁月千辛万苦小心翼翼积累起来的一点财富，一遇战争便毁于一旦。但人类却又不断地制造战争，发动战争，甚至以战争为荣，多少英雄都是在战争中成长的，多少个国家是在战争中崛起的。历史学家承认战争是不可避免的。社会学家认为战争是人类固有的一种互动形式。文化学者强调说战争年代促进了人类的文化交流。科学家指出战争推动了科学的发展，绝大多数的科学技术门类都是为了战争的需要而发明和创造的，然后才普及为民用。人类学家认为战争推动了民族的融合。专门研究和描绘战争规律与指挥艺术的兵书战策是最早形成系统的独立学科。

这不是在讴歌战争，而旨在叙述一种历史现象，不管人们在主观上愿意不愿意，承认不承认，这都是无法改变的一个事实。从地缘关系来说，这种经济的、政治的，最后导致军事的互动关系更具有普遍的因而也是必然的一种现象。

我为之立传的这位主人公冒顿生活在一个动荡不安的时代，他又不幸被历史推到必须用战争才能维持一个民族的生存并振兴的风口浪尖的地位上，所以就无论如何都不能绕开战争这样的问题。

公元前202年（汉刘邦五年），挛鞮冒顿单于邀集大当户以上官员和部分首领于正月初齐聚龙廷，会商几件大事：一、祭祀祖先，祭祀天地，祭祀鬼神之事，包括建坛、时间、礼仪，等等；二、课校人、畜之事，包括地点、时间、内容；三、刑、狱、立法诸事。这几件事本由伊伐伊屠斯提出，聪颖的冒顿深知此间干系重大，立即思考筹措。他知道父亲在世时，与各部落建立联盟关系甚久，但却始终难以稳定。父亲在世时多次为此大伤脑筋。就如窳浑、屈射、薪犂、鬲昆、丁零等部，今合明分，明合暗分，朝三暮四，反复无常。最近他们又突然有所动作，这次聚会，他们能否前来还得等等看。他不能再沿着老路走，这是他要解决的首要问题。他知道一个国家如果内部不稳，早晚必出大乱。殷鉴在前，不能掉以轻心。建坛祭祀，虽是礼仪，却是神权护国的大事。课校人、畜，增加税收之利是决定国家能否建立常备军的问题。立法之类为草原游牧民族所不谙，但无规矩不成方圆，匈奴立国则当有法。冒顿觉得伊伐伊屠斯老人见多识广，深思远虑，实在是他的恩师。为匈奴长治久安，就不能不把这些事情做好。

挛鞮冒顿也许未必在其意识中形成或认识到神权、君权和法权的明确观念，但立国和治国所需要的基础条件却在头脑中逐渐萌生了。这不能不说是一个重大的进步和觉醒。

但就在确定建坛和祭祀时间等问题的同时，伊伐伊屠斯向他报告了一条非常重要的消息：汉王刘邦率重兵包围西楚霸王项羽于垓下（今安徽灵璧县东南），项羽突围走乌江（今安徽和县东北乌江浦），自刎死。

冒顿非常诧异：刘邦不是遭受重创，一箭贯胸，濒临死亡了吗？他怎么会去垓下包围了项王？贯胸重创是真是假？果真贯胸，他是有神医救

治，还是有神灵保佑？如非重创，这是施展了什么阴谋？项王力能拔山，以神勇著称，百战百胜，何以一败而肝脑涂地？垓下这一仗是谁指挥的？他是怎样布局的？……冒顿的脑子里产生了一连串的疑问。他要伊伐伊屠斯迅速弄清详情。

他直觉地意识到将来会遇到的对手绝非等闲之辈。这个对手不断在战役上和战术上失手，但却能在战略上取得成功，这是个什么样的人呢？传来的消息——过去的、现在的——都是准确的吗？此人的身边究竟集合一批什么样的人呢？这个人会在哪些方面对自己构成威胁？他是个好勇斗狠的人，还是一个奸诈阴险的人？

好事多磨，或说福无双至，祸不单行。汉王刘邦的事情令他放心不下，漠北的丁零、鬲昆、屈射诸部不仅不来与会，反而明确地扯起了反叛的旗帜。

他走出了穹庐毡帐，深深地呼吸了几口冷空气，舒展了一下双臂，扭动一下腰身，向东走出几步，转身向北望去。眼前的阴山仍然白雪皑皑，但在阳光下熠熠生光，寒风中毕竟已透露出几丝春的气息，春天毕竟不远了。

他在深心里关切着汉王与楚王的战争。如果楚王已死的消息是真的，未来是个什么样的局面？他对汉王刘邦的了解太少了。他有没有力量统一中原？如果他统一了中原会不会也像强秦那样或者比强秦更加凶残，不允许他在阴山牧羊？如果他不能统一中原，诸侯继续纷争或比从前更加混乱会是什么局面？会出现另一位霸者吗？有没有能向汉王挑战的人物？汉王只要不能像强秦那样统一中原，再筑长城，他在云中的龙廷就会安然无恙。可恨的是丁零和鬲昆这些头领昏庸无知。草原帝国的强大会荫及草原的每个部落、每个民族、每个邑落和每一户的福祉与安全啊！他们为了几个头领个人的私利和权欲又想兴风作浪吗？好吧！让他们闹去！他在内心中对他们是轻蔑的。他决心要去对付他们。

冒顿借着诸部落首领在单于龙廷聚会的机会向众人讲了关于汉王与楚王在垓下作战和楚王自刎乌江的情况。他说的可能很简单，没有触及关于未来的他的某些预测以及对未来的看法。因为关于未来局势的走向毕竟还有许多未知数，他的深层次的想法也有许多不确定性。但他把楚汉之争做了一些引申。他说不管项王与汉王谁是谁非，谁强谁弱，表面上的结果是分出了胜负，实际的结果恐怕是两败俱伤，或者是生出新的混战和更大的分裂。他话锋一转，说丁零、鬲昆等几个部落头领不来龙廷参加会议使他非常难过。他说匈奴人绝不能像楚汉那样自己打内战。他说匈奴各部落都有自己的分地，草原又是这样的无比广大，想要扩大自己的分地就扩大好了。他甚至说，他冒顿绝不跟自己人打内战。如果薪犁或者窳浑等部的头领要我冒顿的分地，我立即从分地上迁移，就是要我冒顿的单于称号也立即拱手相让，千万千万不能打内战，不能学中原人那样自己拼死拼活。他最后说他想自己一个人单骑去见丁零等各部头领。

他的话引起一片哗然，没有一个人赞成他的话，有的人甚至破口大骂那些头领，要求立即向漠北进军，将其剿灭。冒顿对这些激烈的反对意见不是制止，而是苦劝，且反复举楚汉战争为例，并汲取教训，匈奴人绝不能再行分裂。最后他敦请不拘是谁，尽可能多有几个人去漠北会会他们。他强调，只要不搞分裂，不打内战，什么条件都行。

云中冒顿龙廷的诸万骑长会议本来商议建坛祭祖，祭天地、鬼神的大事，因丁零等几部头领不肯与会并没有使会议变得冷清。冒顿始终坚持他的不打内战的论调。最后终于派出七八位头领，同时也是大当户联袂北上。留下的人继续商议如何举行蹛林大会，课校人畜，建坛祭祖的选址也是久议难决之事。同时，冒顿还主张立法和刑狱诸事。

他苦口婆心地劝，好酒好肉地宴。他希望把会议的时间拖得长些再长些。因为他知道，他的话也好，他的什么措施或举动也好，一定会有人通过他们的各种渠道传播出去或传递出去。而今冒顿最希望的也是这样，甚至希望越快越好，包括把他的讲话尽量地加油加醋、无中生有、夸大其词、任意曲解都行。他示意有关人员把口子开大些再大些，该闭上眼睛时就别睁开。当然暗中睁开眼睛数清数目，弄清方向还是必需的。

人们在美女歌舞宴乐中会忘记了时间的流逝。他们中——包括那些可能向外传递消息的人在内——恐怕没有谁会注意到常随在冒顿身边的呼衍乔鞮与伊阗车若鞮有几多天没有露面了，因为他们不正式参与会议。冒顿当然更希望与会者能忘记他们。因此他每天都在宴会场露上一面，跟与会者碰上几杯马奶子酒，让侍酒的美女们把从远处花大价钱买来的白酒勤勤快快地劝与会者喝个痛快，期望因为酒的缘故使与会者压根儿就不记得他们的存在才好呢。

当然冒顿不会忘记他们。但那些与会者中的某些人忘情地仰脖把酒杯扣住脸的时候，冒顿已经扬鞭策马驰向茂林深处的穹庐去了。那里才是他运筹帷幄的中心，当然也是他所需要的各种消息和情报的集中点。

这座穹庐非常隐蔽。但当我们在研究或说涉猎中国古时各个朝代的宫廷建筑，或者在参观现存的古建筑——如故宫、颐和园、避暑山庄及圆明园遗址时，稍加留心，就不难发现，帝王的朝会大殿只是礼仪之处，而离宫别院要多、要远、要秘，不应只看作仅是帝王的奢靡淫逸之所，更多的时候是行使帝王之术的必备条件。冠冕堂皇的典籍不会作此记载，行权的

机要人员自会做此安排。以后事例前事，信不诬也。冒顿也不待言，他为行事的需要也必循此例。

冒顿在其隐蔽的穹庐里急切地要听取伊伐伊屠斯关于垓下之战和乌江自刎的项王的故事，当然这其中的关键是：项王何以百战百胜而一败则肝脑涂地，汉王何以百败百战却一战即取项首，他能定鼎中原吗？另外那些诸侯的情况意欲如何？他们会为项王复仇，还是倒向汉王走向统一经济？或者有哪些诸侯要为项王复仇，哪些诸侯拥戴汉王，这是他最急于想知道的。

当冒顿与呼衍乔鞮及其几名亲卫进入他的茂林深处的庐幕时，神秘的伊间车若鞮已经在第一座庐幕——实等于过厅——里恭候了，在行过见面礼后，与呼衍乔鞮随在冒顿身后进入第二座较为宽大和豪华的庐幕中，这时右骨都侯即伊间车若鞮的祖父伊伐伊屠斯也已在此恭候多时了。伊间车若鞮现在已完全取代了他祖父在中原的工作，他所经营的谍员网络仍在逐渐扩大。所以当冒顿抛开了缛礼之后，他们便在毡罽上屈膝而坐了。

伊间车若鞮开口第一句就是汉王刘邦即将于氾阳称帝。

冒顿猛听此语有些愕然。他的第一个反应就是汉王刘邦想因袭秦人之策，难道他想要成为第二个秦始皇？但他立即定了定神，示意伊间车若鞮讲下去。

伊间车若鞮说，前细作所言皆属实。汉王受项王一箭贯胸之创，虽重甚，但在右侧，不能致命。他从广武西入关，在栎阳疗伤。愈后，汉王砍秦旧将被项羽封为塞王的司马欣的头悬于栎阳市，后复归广武。此时，梁王彭越、齐王韩信皆以军逼项王。项王不得已，遂与汉王相约，中分天下，鸿沟之东归项王，西则为汉。项王释归汉王父母妻子，并解兵东归。但汉王毁约，遂进兵追项羽，用良平计，围项王于垓下，终致项羽败亡。

"用良平计？"冒顿沉吟。

伊间车若鞮着重介绍了汉王重要的两位谋士：张良与陈平。冒顿过去对这二位略有所闻。他明白了：汉王所以成功，是其身旁有高士指点。伊伐伊屠斯稍作补充：陈平曾在项王麾下任过职，而汉王用之不疑。此人年富力壮，而张良已显老矣。

伊间车若鞮还报告：齐王韩信徙为楚王，彭越为梁王。韩王信为韩王，这几位都随汉王围歼项王有功；英布、臧荼、张敖仍为淮南王、燕王和赵王。

冒顿在心里盘算着这些王与刘邦的关系。他们合力能使项王兵败，但却不能合力与汉王对垒。合力对项因有汉王牵头并受制于汉王，对汉王，他们无人牵头，互相制约，不是汉王对手。天下归汉，大局定矣！

伊伐伊屠斯预言，刘邦称帝于氾阳，但氾阳不足以建都，不日必将西徙。他若定都洛阳，则对我匈奴有利，若定都关中，我须慎之又慎！

冒顿理解老人的心意，对其言有同感。但冒顿似乎仍有不解。秦王在扫六合时是以何等的威力与气势完成一四海的大业，项王灭秦时又是以何等的勇力与霸气威震天下的，而汉王无威无勇无权无势，仅是一乡里之间的无名小吏——亭长，却能在秦末风起云涌的大潮中脱颖而出，力排群雄，称王称帝，这究竟是天意还是人力？这些天他与诸大当户会聚龙廷商讨建坛祭祖、祭祀天地、祭鬼神，是实心实意的，但现在却似乎产生了疑问，当然这疑问是不能对人言的。

伊伐伊屠斯似乎摸着了冒顿的脉搏。汉王的胜利是天意，他所有的人脉也是得天意。天不仅授给他一个子房，还授给一个萧何，又授他一个韩信。人说张良张子房运筹帷幄之中，决胜千里之外，但若没有一个巩固的后方，没有一个善用兵的将军，那也只是一句空话。项王也有一位智者范增，但项王不能用其谋，也有几位大将军，项王不会用其勇，立了国却不派人去安抚百姓，谁还愿为之卖命呢？他只想以其个人的神勇称霸，他年老体衰的那一天还有神勇吗？吃不饱肚子还有神勇吗？不过一匹夫而已！中原人常说，顺天意，天意即民意。此言值得三思。

冒顿深信老人的教诲。顺天心，应民意！这就是他的结论。他回到诸部落长——大当户的会议上，把建坛的问题具体化。匈奴人崇拜天地万物，崇拜祖先，崇拜日月，自古皆然。但现在不是单一的一个匈奴族，其他族各有祖先。先睁一只眼闭一只眼吧，不强求，慢慢来。立些法规，也必定要从简从宽。据史迁在《史记》中说："其法，拔刃尺者死，坐盗者没入其家；有罪小者轧，大者死。"这种简而宽的法，既因为其无文字，无法形成记录在案的有文书的法律形式，也因为牧人生活分散，互动关系有限，就没有那么多的法律或诉讼纠纷。所以史迁接着说："狱久者不过十日，一国之囚不过数人。"冒顿还根据历来的习惯，只要无损于草原大帝国的统一原则，并不强求一律，如丧葬仪式等皆任其便。但对攻战之事，他不会含糊，因他建立了常备军与非常备军的两种管理体系和三分制的严密组织架构，军中自有奖惩之规，而对于非常备的民兵要啖之以利，便于征召就可以了。简便易行，行之有效，顺天心，应民意，不仅使广大牧民产生向心力，也使大多数的部落头领们产生向心力。

向心力增长的另一面就是离心力的衰微。当呼衍乔鞮派遣的斥候悄然来到时，冒顿的心里开朗得多了。因为斥候所陈述的呼衍乔鞮的报告不仅使他明确了丁零等部的情况，而且已经有了可以制胜的方略了。原来在北海（指今贝加尔湖）南端两岸的丁零人因连续两场暴风雪延续已过十天，

人畜损失惨重，自顾不暇，与窳浑、屈射等部的联系大约会中断很长时间。而在涿邪山和浚稽山里的窳浑和薪犁两部与丁零部相距太远更不会与之连成一气。放过冬春两季，软硬兼施，或可平复。

冒顿心里有了底。他知道严冬之际轻易不可动兵。不得已偶然动兵也不宜投入大量兵力，因为冬日兴兵，给养难以补充，这是冒顿特别审慎之处。再说，凡可以通过谈判解决的就尽量不要动兵，能用计谋当然更好！

他决定从现在起开始在阴山中段北麓（今武川北）筑日、月之坛，筑起后，龙廷即从云中迁徙过去，然后择日大会龙城。祭祀之日规模要尽可能大些再大些，参加的人数多些再多些。他还决定派专人到丁零等部，做最诚挚的邀请。因为他这时又得到消息：汉皇帝刘邦已经移驾洛阳南宫，并已决定以洛阳为都城。这个消息使冒顿高兴异常。他所希望的就是如此。因为刘邦不进关中而停留在洛阳，一则表明刘邦不会行秦人旧辙，铁心与匈奴为敌；二则表明会迁就身边众多功臣，他们不愿离开故土，不肯移居关中，显然也不愿再披征袍，而愿争功做富家翁了。他想刘邦大概是太累了，打了多年的败仗，九死一生，实在太辛苦了，他是该歇口气儿养养伤的时候了。他冒顿终于看见了这一天，他要好好地建设他的草原帝国，尽量把他的龙廷向南移一点；再移一点；使冬天的风雪少一点，再少一点；使牧羊人的冬羔生得多一点；再多一点；使他的军队也能多一点，再多一点。那时，匈奴人的日子就好过多了。

五月，冒顿在视察建设中的祭祀祖先、天地、日月、鬼神的祭坛时，嘴角上流露出一丝微笑，他的龙廷也从云中移到了武川。龙城大会顺利地举行了。草原上的牧人，燕山里的猎人，西拉木伦河流域的东胡人从来没有像现在这样团聚在一起，从来没有这么多的人在一起喝酒。那几天所喝的酒如果加在一起足能浮起一艘大船。他们相信冒顿大单于是他们的大救星，他说过的话就一定能实现，他的每一句话都是草原人的法律。差不多男女老少都不辨东西南北举着酒杯享受着大酺三日的狂欢期还没过完的时候，冒顿的话又传播开了：拒绝参加五月龙廷大会的丁零人逃回了北海以北的地方，离昆逃到更远的地方，大概是今天的叶尼塞河一带了，薪犁的头领死了，部落散了。倒是窳浑和屈射越走越近了，他们已经获冒顿的特许，允许他们在狼山一带地区游牧。他们人数不多，但他们助呼衍乔鞮打败了丁零。

草原上第一次出现了大一统的局面。冒顿悄悄屈指计算，假如强秦仍在，不管他有多少军队，一旦进入草原和万山之中都如飞石入海，一下子就会被淹没，而他的草原骑士按五口之家出一丁计算，少说也应有三十多万或四十万。他们全部是骑兵，天下还会有敌手吗？

他有些飘飘然了。

这也难怪，对于一个成功者来说，在他受到万众仰慕的时候，会不由自主地骄傲起来，甚至骄傲到沉醉的程度。但愿他能及早地恢复理性，而那些不能恢复理性的人不是一个个地倒下去了吗？

冒顿沾沾自喜的心情很使他快乐了不少日子，大概在他欢迎归来的呼衍乔鞮的夜宴上达到了高潮。他的爱将不仅给他解除了后顾之忧，爱将的小妹作为草原上最美的一朵鲜花也成了他的阏氏。

但就在他缠绵于胜利和新婚燕尔举国欢庆的时候，最新最确的谍报传来：汉帝刘邦听娄敬之言，已经决定建都长安，现已起驾赴关中，选栎阳作为临时驻跸之地。

冒顿一下子便警醒起来了。

五、两个韩信的消息

公元前202年，汉王刘邦称皇帝，是为汉高帝五年。在秦末大乱之际，出身最为卑微的刘邦取得了最后的胜利，对于死者，对于生者，似乎都是始料所不及的。尤其是在他屡屡吃败仗时所出现的惨相、狼狈相和重伤之后所呈现的奄奄一息的败象，谁敢预料他最后的结局？自古以来，王者都是有瑞征的，至少也要有辉煌的家世可以炫耀。刘邦呢，啥都没有。在乡里，他只是个小角色，没有谁看重他，他会有什么祥瑞的征候，有了也没人相信的。祖上八辈都没有上过经传，没有什么可以炫耀的。至于什么斩白蛇起义，什么白帝子红帝子之类，或者什么祥云罩顶，吕太公会相面，知他必大富大贵，而把女儿吕雉嫁给他，等等说法都是他自编自导自己散布的，史官若不将其纳入史中，"本纪"怕就不太好写了。

还有时势造英雄和英雄造时势之辩，其实这和蛋生鸡、鸡生蛋之辩是一样的，即没结论的辩题。我们不必自投于这个陷阱之中。刘邦是绝顶聪明的。在他决定建都于洛阳之后，他当然要总结经验，好为日后建政取得理论上的依据。他封了七个异姓王，而这绝不是他心甘情愿的。战国后期即形成七雄时期，那时的周赧王姬延是个什么角色？难道他想当那个周赧王吗？当时的形势使然。他不封那七个王能把霸王项羽逼到乌江自刎吗？一到洛阳，刘邦首先采取的一个动作：宣布项羽所封的临江王骓叛汉，令卢绾、刘贾去征剿，逼其降而杀之。骓是否真的叛汉，史未详。绾、贾将其围之，数月未下。这是骓强悍，还是绾、贾无能？当时，天下大局已定，他凭什么要顽抗？能顽抗，显有实力，那何不派遣强将，尤其是那几位骁勇剽悍的王，谁去都会马到成功，何需数月？但刘邦却不派他们去征

剿，明显的是他对异姓诸王怀有戒心，已不愿再叫他们麾兵驰骋了。他们的兵一动，天下会乱颤的。而卢绾不仅与刘邦同乡，且是同年同月同日生的玩伴、密友，但却不是干将与能臣，所以刘邦是信任的，当然还得派一个宗亲兄弟副之。临江王骦最终放下武器投降，表明他不是顽抗到底的死硬分子。但他是降而被杀的。不过是谁下令杀降？是主将擅命还是衔有密旨就说不清了。反正他是异姓"王"，就当杀。这是杀鸡给猴看。

刘邦杀完了临江王骦之后，实行了一项最顺民心的政策，从而实施了他的釜底抽薪的计谋。

从春秋到战国，从战国到秦扫六合，从秦皇黩武到刘邦称帝，几百年的历史，一言以蔽之：战。老百姓太苦了，当兵的太苦了。刘邦宣布："兵皆罢归家。"这是最大限度地顺应了民意嘛！至于将某某一类的人免除多少年的徭役，供给多长时间的粮食等当然也都是顺应民意之举，不在话下啦。但这样一来，诸异姓王的兵也就没有了。没有了兵的王就是光杆一根的司令。而这绝不会包括皇帝所拥有保卫宫城和自身安全的亲卫人马。仅此一项，就把帝与王的差距拉大到天与壤了，釜底抽薪之意即在此。但哪个能站出来说："我的兵就不准'罢归家'。"但不说不等于遵命，哪个王也没罢兵归家。刘邦只好默认，放到一边以后再说。

因此，刘邦在洛阳南宫里看到和听到除诸王之前的众将们在庙堂上下前后左右争得面红脖子粗的各自的功劳大小的问题，刘邦听见了也看见了，那就一个劲儿地偷着乐吧，他把众位将军的兵权先一股脑儿给拿掉了。于是他潇潇洒洒地置酒洛阳南宫，轻轻松松地要求与会诸公："列侯诸将无敢隐朕，皆言其情。吾所以有天下者何？项氏之所以失天下者何？"高起、王陵等对之，谓刘邦能与天下同利，而项羽则不予人利。刘邦则谓："公知其一，未知其二。夫运筹策帷幄之中，决胜于千里之外，吾不如子房。镇国家，抚百姓，给饷馈，不绝粮道，吾不如萧何。连百万之众，战必胜，攻不取，吾不如韩信。三者，皆人杰，吾能用之，此吾所以取天下也。项羽有一范增而不能用，此其所以为我擒也。"此据《汉书》，略改《史记》数字，我们不去细究。两位史公显然对此段文字，情有独钟。字里行间，颇有真情。如文中称谓，始称"朕"，表明他明确自己的皇帝意识。皇帝用朕做自称始于始皇。继而用"吾"，有文绉绉的味道。子曰："吾日三省吾身。"最后用起"我"来了，实话实说，大白话，又流露出草莽人的本色。这种很有个性化的语言，是很招人喜欢的，而且也是耐人寻味的。但如果从其"兵皆罢归家"的角度解读呢，恐怕说他言不由衷当不为过吧。如果认为我的说法太武断，试看刘邦在称帝之后的几次重大的军事行动中，他都是自为将，即所谓的御驾亲征，这包括在他有病的时候都是如此。而刘邦所褒扬的三位人杰，如子房，在刘邦定鼎长安之后就以"辟谷"为名，渐渐远隐，他终究是高人。萧何后来有牢狱之灾。韩信从齐王徙为楚王，堂堂楚王在云梦泽如小鸡一样被捉，因固念其军中影响太大，未敢就杀，降为淮阴侯，并最终死于一妇人——吕后之手。韩信临死前有"鸟尽弓藏，兔死狗烹"之论，是他悟得太晚了呀！

但就历史发展的大趋势而言，刘邦的抉择是正确的。如果七王继续掌握兵权，各霸一方，全力扩张，他们多是沙场老手，文韬武略，样样在行，再回到战国七雄时代的死缠烂打的局面中去，历史会倒退多少年呢？刘邦任萧何行秦法，是他的伟大之处。萧何一进咸阳，他对秦宫聚敛的天下珠宝、美人，不说视如粪土吧，确是没把那些财货看在眼里。但是秦宫里的、相府里的、各衙门里的，总之，他能搜罗到的所有行政文书、文献资料以及各种档案等，全部运走，在被迫进入汉中时，他更把这些东西视为珍宝。在楚汉战争最为艰苦的时期，萧何能把汉中、后来又加上关中等凡他的行政权力所能达到之处，征多少钱粮，调多少丁壮，同时又怎样组织生产都处理得不错，他才能做到"镇国家，抚百姓，给饷馈，不绝粮道"，使战争有后续之力。因此，楚汉之战一结束，秦始皇的暴政他予以蠲除，而有利于国家统一的秦法则一仍其旧。它竟成为延续两个千纪的中国封建社会的基本大法。

假如我们从上述的这个角度来看待刘邦的驭臣之道和赞扬"三杰"之论，也可以说的确是他的真心之论。

因此，在决定定鼎的都城当在何地时，他本人是喜欢洛阳的，以他的学识和政治远见，当时尚不及一个"齐虏"娄敬。而当时最有识见的留侯张良似乎已经不愿多有建言，在娄敬说出建都关中的意见后，他才表了个态。当然这个表态非常重要。他一点出，聪明绝顶的刘邦立即醒悟，当即决定入都关中。这不表明刘邦从谏如流，却表明刘邦智慧超常。

当刘邦决定建都关中并且即日就向关中进发的消息传到冒顿的耳中时，他着实大吃了一惊。他觉得形势的变化超出了预期。伊伐伊屠斯和伊间车若鞮祖孙与冒顿一道仔细分析情报，觉得其间还是有许多缝隙值得特别的关注，显而易见的是关中的废墟得有一个重建的过程。他们和草原不同，一夜之间是建不起一个城市、一座宫殿的。这里的虚耗够这个雄心勃勃的汉帝国折腾一段时间，不可能很快就见到效果，更不可能凭空又出现一个强秦那样的国家。

其次，刘邦强行解除七王兵权，一道命令就能做到吗？没有私兵他还能算是一个王吗？每个王既有自己的封地，就得有保卫身家封地的措施和力量。七王都能服服帖帖顺顺当当地交出兵权吗？不能有一个说"不"的

吗？如果有一个，就能滋出第二个，或者还有第三个、第四个，这不该予以特别的关注吗？还有背离项王的楚降将们，他们统率的楚兵。刘邦若把楚人兵将分离容易吗？……

一连串的猜想只是一种推理。但它启发了冒顿，伊伐伊屠斯向冒顿建言：自身的强大与内部的巩固是立国之本，对重要的目标人物，不仅是刺探其动向和消息，更重要的恐怕还是建立全面了解的渠道。他说他过去一向看重的是那些强者，而忽略了强者的对手，因而不能准确预见并判断楚汉战争中的最终走向和结果。看来这当是伊间车若鞮恐怕要特别留意或予以安排的。

伊伐伊屠斯长期在秦晋之地经商漫游，路越走越宽，最后把他经商的网络转为冒顿的军事情报系统，使他对中原地区的政治动态具有深刻的远见卓识。他把这个网络逐步移交给他的孙子伊间车若鞮。也许是遗产，也许是家学，后来这个小伙子把这个网络编织得更加庞大和更加严密，把他的触角也伸向了汉家的诸异姓王及其他一些重要的文武官员。不久就有了消息，它充分证实了伊伐伊屠斯的预言是完全正确的。

原来刘邦在洛阳于五月发布旨意，兵皆罢归家，六月即定都关中，燕王臧荼起兵，攻下代地，刘邦自将击之，九月臧荼兵败被俘，立卢绾为燕王。紧接着，项羽降将利几在颍川反叛，刘邦又自将击之。

当冒顿得到楚王韩信在云梦泽被刘邦拿下，并被缚至洛阳的消息时，不禁吃了一惊，迅即召来伊伐伊屠斯老人，询问此事与伊间车若鞮有无干系，会不会危及伊间车若鞮。老人说，消息是他传来的，显然还不会危及他，因为伊间车若鞮还根本接触不上韩信。

冒顿心稍安。

冒顿估计刘邦还会遇到一些麻烦。如果伊间车若鞮还能起一些作用，刘邦的麻烦恐怕会更大一些。但如果刘邦能逐一地解开那些麻烦，那么对刘邦真得刮目相看了。他知道至少从其父亲头曼单于的时代算起，匈奴向南每进一步都与中原内部的混乱相关。一旦中原出现了大一统的局面，至少阴山山前的平原地带就很难任由匈奴的牧人驻足了。他授权给伊间车若鞮通过一切手段不仅是刺探消息，更重要的是策动那些对刘邦心怀不满或心存不轨的人，哪怕是小打小闹，只要能弄出些事情来就好。伊伐伊屠斯分析判断汉帝刘邦在对待韩信的问题上可能还会网开一面，说他有谋反的打算没有真凭实据。再说韩信麾下的将领也多为列侯分布各地，一时之间恐怕也不会全做清理吧。而韩信兴汉灭楚实在是功劳太大了，杀了他容易，但背上杀功臣的恶名则不太容易洗刷。

转眼间过了年，洛阳城里着实大大热闹了一番。刘邦还曾起驾长安看萧何复建兴乐宫的工程。这兴乐宫本来是先朝的旧宫，因其在渭河之南，项羽焚秦宫时，此宫虽亦遭焚毁，但只是部分，其基础完好，萧何将其复建，省工省料，指日可以建成，而规划的未央宫，萧何也已着手筹备。这里将是大汉帝国的新都。他连名称都拟好了，就用兴乐宫所在地的原名称作长安，而兴乐也改为长乐，长乐要永远，故新宫将名为未央宫，取长乐未央之意。

刘邦听着萧何给他描绘的长乐未央的蓝图，看着他用手指点的未来的长安城的巨大规模，自是高兴不已。刘邦是见过秦宫的，那规模、那气魄、那奢华、那威严当然比萧何所指点的未来的两座宫要大得多。但他也知道那规模、气魄、奢华、威严也正是它遭到焚毁的一个原因。他刘邦有长乐、未央两宫足矣！

刘邦眼见未来的宫殿正在或将要拔地而起的时候，酝酿有时的计划已经形成，他告诉萧何，将把他的兄弟子侄们陆续封王，同时把初封在阳翟的韩王信改封他处。聪明能干并且绝对忠实于刘邦的萧何当然明白刘邦的用意，立表赞成，声称"早该如此"。尤其是韩王信叛汉降楚，二次归汉又封在近畿膏腴之地。不过他心存顾虑，怕他也学臧荼，但却未明说。这阳翟本为夏禹始封之邑，周为郑栎邑，后为韩国都，秦置县，即今河南禹县。不过萧何关心的是这一多封几个王，他们各占一方土地，中央所能行政的郡县又将减少许多。因此他小心翼翼地说，郡县行政如果减去一些……刘邦看着萧何，明白了他的意思，不禁一笑，说出了他已经盘算好了的话，似乎是在征求他的意见，因为老萧毕竟是丞相啊，实则是要他首肯。刘邦要把楚国之地分为二，因刘贾有军功，以为荆王，王淮东，弟刘交为楚王，王淮西，子肥为齐王。这个刘肥是刘邦与外妇的私生子。他说凡说齐言者皆属齐，王七十余城。齐虽占郡县多些，但徙韩王信于太原，原韩王信的郡县足可补偿了吧！接着刘邦又说，我意封刘喜为代王，他可以助韩王信一臂以防北边。他问萧何："这样安排如何？"

刘喜是刘邦的长兄，萧何怎敢有异议。至于他是助韩王信还是监韩王信，更不待言。在他表示圣上英明决策之后却试探着问：怎样处置韩信？韩信被从洛阳押至栎阳，当然不是绳捆械铐，而是既未将其下狱，也未给予自由，而是不王不囚。

刘邦诡谲地一笑：丞相认为怎样处置为好就怎样处置吧！说着，他仰望天空：噢！现在是白天，没有月亮。

萧何曾有月下追韩信的情谊。皇上此言却叫萧何摸不着刘邦的心思了。不过略一沉吟，他笃定刘邦还念旧谊，更顾虑影响。因此他斗胆地说：韩信功高，影响甚广，为孚众望，不妨赐以列侯之爵……

刘邦不待萧何说完就急着说道：就依卿言！

这一对君臣在视察未来的未央宫的基址上，即长满了野草的旷原上，把两个韩信的命运似乎很随意地做了改变。人为鱼肉，我为刀俎。刘邦一定会产生这种感觉，而且觉得"真好"！

十余天后，在一次朝会上，皇帝刘邦正式宣布：封韩信为淮阴侯，刘贾为荆王，刘交为楚王，刘喜为代王，刘肥为齐王；徙韩王信于太原。

一两天后，这次封、徙的消息就传送到冒顿的耳朵里了。

六、白登之役的前因

从头曼单于时代开始，匈奴人就逐渐地从萨拉乌苏河即今之红柳河流域向北移动。他们的西边是月氏人，南边是秦人。这两者是头曼的心病，向西，月氏人凭借河水，使匈奴难越"雷池"半步；向南，秦人高墙为垒，步步进逼，使匈奴不敢正视。退一步，逼一步。后来是秦人逼一步，头曼得退十步。后来，秦人一统天下，头曼单于竟然退到大漠以北。冒顿则藏匿阴山峡谷茂林深处，只能是"窥视"强秦而已。冒顿在峡谷深处窥敌时，看出了秦军的一些弱点，这也是他坚守深谷不畏强敌的一个依据。长城不论有多高，有多严，它毕竟是个死东西。就如山再高，人只要敢攀登就能把它踩在脚下。历史终于翻过了这一页。山戎人也罢，东胡人也罢，他们都皈依到冒顿旗下，月氏人也西去，如今阴山山前地带任他纵马驰骋。不过，冒顿是明智的。他知道自己所有的成功其实并非缘自他的征伐，而是来自对手自身内部的腐败。否则，一个乡村小吏怎能取代强秦？这个乡村小吏如果能除去强秦弊端，励精图治，再造秦势，对匈奴而言就绝对不是福音。这是他畏惧刘邦移驾西进、定鼎关中的根本原因。但伊伐伊屠斯提醒他：凭他多年对中原各地的观察，一个国家的强大需要一个过程。这个过程是漫长的，是曲折的，因此能否强大是个未知数。对人对己是同一个道理，自身强大与否才是最根本的。自身如何强大是从眼前的每一个具体事情的措施开始的。措施得当则前进一步，措施不当则后退。这后退有时则不是一步半步。秦亡于一夫作难。所以有时错失一步则往往会酿成不救之灾。

冒顿懂得这个道理：治国必须兢兢业业，不敢错失一步，至少要保证不可出大错。

当韩王信向太原移徙的时候，冒顿和他的臣工们不知做了多少"迎接"的准备。差不多可以说，每次在接到伊间车若鞮送来的情报，冒顿都会召集他的核心"内阁"举行会议，分析情况，研究对策。他们把韩王信及其麾下的将领和臣僚们的每个人都研究个透。俗话说，苍蝇不叮无缝的鸡蛋。如果能把对手的方方面面都有所了解的时候，采取什么对策都将是游刃有余的。

如何对付韩王信？能否把对付韩王信的事情纳入国策？冒顿急于要得到第一手材料以便当机立断。他授权伊闾车若鞮不拘用什么手段，不拘花费多少，争取一个或几个最受韩王信信任的人成为内线，并通过他们争取韩王信本人背叛刘邦。他相信这比摧毁一段长城要省力得多也有效得多。

不是伊闾车若鞮的工作效率奇高，而是某种错综复杂且变化迅速的利害关系的驱使，韩王信的将领也在寻觅机会。两方面的人在晋阳很快便找到了契合点。

高帝刘邦徙封韩王信以太原郡为韩国，都晋阳。这当然有着非常充足的理由，并且给韩王信戴上几顶高帽子，以表示徙封是对他委以重任。当然也是对他麾下的将领委以重任。对于他们的部队不仅未予解散，反而增加粮饷。因为他们的北边有胡人，他们是守卫国家边防的战士。

抵达晋阳的先锋将领是王喜。

王喜是个什么样的人，打过什么仗，立过什么功，史无传，不得其详。但他作为韩王信麾下的先锋官必是其爱将和心腹，这样的将领通常也必是军中有勇有谋之人。他对韩王信失去膏腴之地，移徙北边，充满了恨、怨之情。他与主子是一荣俱荣，一损俱损的关系。主子遭到皇上在事实上的贬黜，他的封侯的愿望也就永远告吹。所幸他手下有兵，这就是本钱，也是他的幸运。陈胜、吴广起事时手里不就只有几把锄头嘛！

晋阳已很残破了。街道虽然还算整齐，但失修多年的城市，百姓穷苦，官舍凋零，人口不多，商业萧条，早已失去昔日的光辉。他给韩王信看了几处房舍，都叫他灰心丧气，愤懑不已。在寻找房子的过程中，他就想到这里是当地方官的好地方。只要人口慢慢多起来，商业一发达，捞钱就容易。但当王可不好。这里通往京城——不论是洛阳还是长安——的人员太多，王府里有点什么举动，消息会立即传到京城。

他对晋阳很失望。他既为主子抱不平，也为主子忧心忡忡。一天下来竟一无所获。

给他的先锋部队做军需供应的商人为讨主将的欢心，特意送来几大套食盒和一车老酒。小伙子口齿伶俐，一顿恭维话把满腹心事的先锋大将给哄乐了。他告诉先锋大将晋阳的过去是个什么样子，现在是怎样残破的。他还告诉先锋官，尽管晋阳已经残破，但给王爷找个好下榻处还不难。不过那只能是暂时的，因为地方太小。

这正是王喜心里的痛处，也许韩王信在命他起程开赴晋阳时，就交代

给他一些具体要求，并做好接驾的准备。王喜对这位供应商很感兴趣。因为他也正想找个合适的人能给他介绍许多当地情况。这个年纪不大但很有阅历，且商业实力不小的供应商，不单回答他提出的问题，且在商言商，只要接受他作为长期的供应商，他暗示他对将军的服务是最好的。

在以后的几天里，他使王喜对他满意度达到极点了——他与将军已成莫逆之交。他甚至还给他送去一个美娇娘。将军的私处他是可以随意出入的，行辕的卫兵没有人不认识他。

他就是伊闾车若鞮。

当韩王信在晋阳驻跸时，伊闾车若鞮作为供应商也深得韩王信的好感，至少每天得有一餐是伊闾车若鞮的特贡。这是他从未享受过的美食，也是他再也舍不得放弃的美食。当然还有一群能歌善舞的楼烦美女。

有一天，从栎阳来的朝廷的特使视察韩王在晋阳新建王府及其驻军备边的情况时，他用盛宴款待，用楼烦美女的歌舞娱酒，结果却遭到特使的揶揄，就差一点便是申斥了。韩王信只能隐忍，心情非常郁闷。这一切当然都逃不过躲在屏风后边指挥侍宴的伊闾车若鞮。在夜阑人散时，伊闾车若鞮特来请示其所备之宴及歌舞娱酒有何不周之处时，韩王信脱口而出：沐猴而冠的蠢货配吃那些东西吗？他若伸手碰一下我的美人，我会让他断臂而归！伊闾车若鞮也脱口说了一句：王爷何不就到马邑去备边，何必受这些鸟人的气！韩王信更是满腹气愤地说：给谁备边啊？不过是送命而已！

自从韩王信移徙晋阳，就如他们所看到的先是齐王，再是楚王，终是淮阴侯的另一个韩信都有"鸟尽弓藏，兔死狗烹"之怨，又何况他们？其下场岂不是比"狗烹"更惨！伊闾车若鞮抓住韩王信君臣的这一心理上的要害，终将他们引向了马邑城。而在马邑城，伊闾车若鞮向韩王信亮出了他的身份。

马邑城，始建于秦。《寰宇记》称，白起与赵括相战于长平之时筑之。史又称建城时，屡崩不成，后有一匹神骏周旋反复，父老异之，从以筑之，遂名马邑。在今朔县东北40里桑干河北岸。这是晋北少有的一块平原。桑干河在这里形成多条水道，沿河谷，东可直达河北。北通平城，亦通左云、右玉，径与阴山山前平原相连。西北黑驼山，海拔2147米，能为其遮挡西北来的寒风。南边则是著名的雁门关，雁门关是从晋阳通向北方的最主要的也是最著名的重要关口和屏障。它具有一夫当关，万夫莫开的气势。

在马邑，冒顿和韩王信在伊闾车若鞮的安排下有了不止一次的会晤。大约这个会晤有很严密的保安措施，它没有被汉高帝刘邦所知悉，韩王信派人送往长安的奏章却是"国被边，匈奴数入，晋阳去塞远，请治马邑"。这奏章冠冕堂皇，一派忠心耿耿的样子：封国的北部边界被敌人像被子一样覆盖住了，匈奴多次入侵，而晋阳去塞太远，因此他要求把他的韩国都城从离匈奴太远的晋阳移至马邑，以防备匈奴。不过也许他还心存犹豫，和匈奴打交道，这毕竟还是头一次，说得都好听，其实又如何呢？而刘邦对他还是有恩的，使他从布衣到封王，直到今日仍使他保有军权，这也是一种信任啊！在他上书之后，刘邦自然照准，这当然也因为他已经移驾至马邑了。

但是人一到做了墙头草的地步，他的根基就已经和浮萍画上了等号。冒顿会对他施加压力，刘邦在鞭长莫及时会以安抚的言语笼络，而在鞭长可及之时态度立即会变。但这还不是最大的危机，最大的危机是其麾下王喜、王黄、曼丘臣等人的态度。他们若连成一气，韩王信就是一根无骨的小草。仅此而已！

冒顿的压力是做样子的，当是应王喜、王黄等人之请，而刘邦的斥责最具威胁性，韩王信只能走叛降之路，以马邑降胡，并击太原。汉匈之战由是爆发。

但这里需要加一个注脚：我这里所谓的汉匈之战并非是指本书开篇所述的"白登之围"或说"平城之战"，而是指整个两汉时期的"汉匈之战"，其影响之深远几乎是历史的永恒的存在，也是历史的永远的课题。而"白登之围"或称"平城之战"，我们应当在这里做一个了结。

"白登之围"发生于帝国初肇之时，并使帝国遭受重创，故《史记》《汉书》在高祖本纪和参与此役的将领——他们都是开国元勋——列传中记载颇多。此节于本书开篇时已述，为便读者，于此再略述之。

《史记·高祖本纪》："七年，匈奴攻韩王信马邑，信因与谋反太原。白土曼丘臣、王黄立故赵将赵利为王以反，高祖自往击之。会天寒，士卒堕指者什二三，遂至平城。匈奴围我平城，七日而后罢去。"

《汉书·高帝纪》："上自将击韩王信于铜鞮，斩其将。信亡走匈奴，（与）其将曼丘臣、王黄共立故赵后赵利为王，收信散兵，与匈奴共拒汉。上从晋阳连战，乘胜逐北，至楼烦，会大寒，士卒堕指者什二三。遂至平城，为匈奴所围，七日，用陈平秘计得出。"

《史记·匈奴列传》："汉初定中国，徙韩王信于代，都马邑。匈奴大攻围马邑，韩王信降匈奴。匈奴得信，因引兵南逾句注，攻太原，至晋阳下。高帝自将兵往击之。会冬大寒雨雪，卒之堕指者十二三，于是冒顿详（通佯）败走，诱汉兵。汉兵逐击冒顿，冒顿匿其精兵，见其羸弱，于是汉悉兵，多步兵，三十二万，北逐之。高帝先至平城，步兵未尽到，冒顿

纵精兵四十万骑围高帝于白登，七日，汉兵中外不得相救饷。匈奴骑，其西方尽白马，东方尽青骢马，北方尽乌骊马，南方尽骍马。高帝乃使使间厚遗阏氏，阏氏乃谓冒顿曰：'两主不相困。今得汉地，而单于终非能居之也。且汉王亦有神，单于察之。'冒顿与韩王信之将王黄、赵利期，而黄利兵又不来，疑其与汉有谋，亦取阏氏之言，乃解围之一角。于是高帝令士皆持满傅矢外向，从解角直出，竟与大军合，而冒顿遂引兵而去。"

《汉书·匈奴传上》记"白登之围"皆出自《史记》上引文，除个别文字略有不一外，只有一处原则性的更动："冒顿纵精兵三十余万骑。"

《史记》《汉书》中韩王信、刘敬、陈平、周勃、樊哙等诸列传中都有与"白登之围"相关的记载，特别是《史记》《汉书》中的韩王信传稍详。《史记》谓："上……破信君铜鞮，斩其将王喜。信亡走匈奴。……曼丘臣……等……复收信散兵，而与信及冒顿谋攻汉。匈奴使左右贤王将万余骑与王黄等屯广武以南，至晋阳，与汉兵战，汉大破之，追至干离石，复破之。匈奴复聚兵楼烦西北。汉令车骑破匈奴，匈奴常败走，汉乘胜追北，闻冒顿居代谷，高皇帝居晋阳，使人视冒顿，还报曰'可击'。上遂至平城，上出白登。"《汉书》与之同。

余有关记载，从略之。

上述征引，虽繁，但至关重要者是其兵员数额。《史记》数处记载，皆谓匈奴出动兵力四十万，汉兵三十二万。《汉书》则谓其为三十余万，但亦有称为四十万时。

这些兵员数额除最后一笔均是莫须有的。要知道，韩王信移徙太原时，汉兵大部分均已"罢归家"，其中作为汉帝最亲信的将领，即在丰沛起事时就追随在他身边的周勃、樊哙、卢绾、夏侯婴、灌婴、靳歙诸将，即"方其鼓刀仆御贩缯之时"即"附骥之尾"者，才保有部分兵力，或随入关中以为护卫，或屯要冲以为掎角。还有部分兵力，如卢绾据燕，韩王信徙晋，皆为备边者。汉帝国初肇时，没有太多的兵力。韩王信叛离，事发突然，刘邦不信故不敢派出异姓王，不能调用守边将，只好自将亲信，从哪里弄得来三十二万步马兵丁？即使有这许多兵力，一时之间也集合不起来。冒顿的草原帝国也是初肇，除冒顿亲率的左右谷蠡王和左右拱卫的两贤王各自麾下的左右大将，在理论上拥有所谓的"万骑"，其余各大当户的兵员均不脱产。所谓的四十万"控弦之士"充其量也难达到其数的五分之一。此次出兵，左右两贤王合兵将万骑，这当是最大数了。再加之冒顿亲率的兵力和左右谷蠡王的兵力能有三万骑就是他的全部。此外还有其他诸多不利于冬季作战的条件也使作战双方都不能也无须在战役行动中动员那许多兵力和同等数额的战马。因此上述的"四十万""三十万""三十二万"云云，都是夸大其词。

"白登之围"，不战之战。大汉皇帝刘邦认识了他的帝国的一个强大的对手；草原帝国匈奴单于也认识了能够推翻强秦并且直面雄霸天下的"鼓刀仆御贩缯"之辈的坚韧不屈之力。

马形、骑马武士铜饰件（春秋，高 2.3～5 厘米，1977 年伊克昭盟东胜征集）

"白登之围"，不战之战。刘邦比谁都清楚：他失败了！但不是在战略上，也不是在战役上。战略或战役的失败，只要有命，有人，有根据地，一切可以从头再来，他是屡败屡战的英雄啊！他败在他的伤，他的病，他的年纪和他的继承人的问题上。他没有力量再与冒顿斗下去了。冒顿也十分清楚，他胜利了。但不是在战略上，也不是在战役上。他胜在他的"不战之战"的决策上。他知道自己的兵力、国力以及社会生活的方方面面都不能与推翻暴秦和战胜霸楚的汉帝国相提并论，因此他不敢炫耀他的胜利。他需要的是使他的草原帝国能够真正地逐步强大起来。

之所以把"白登之围"称作"不战之战"是因为它产生了战争的结果——分出了胜负；而这个结果是放弃了战争的手段取得的。这为汉与匈奴的关系奠定了一个基础：和平，但摩擦不断。摩擦不断导致战争，都是局部的。不战之和，亦战亦和，维持了 60～70 年。双方都在为战争蓄积力量，彼此的眼睛都在紧盯着对方，并且以对方的行为作为己方动作的依据。

地缘政治关系从来都是如此，这是一种铁律。

七、白登之役的后果

刘邦非常懊恼、愤恨，但也为化险为夷而窃喜。他在广武向刘敬道了歉："吾不用公言，以困平城。"对刘敬自然是优待有加，封侯升官，随侍左右。他把亲信诸将重新做了部署，取道河北，踏上归途。

惊魂难定的刘邦太疲劳了。行军速度自然缓慢许多。进入洛阳之后，南宫仍然是他驻跸之地。许多故旧乡亲、隶属部下箪食壶浆围聚宫前，刘邦不得不大酺之以慰民心。但就在他酒已尽兴、醉意犹在之时，衣冠不整、惊魂未定的刘喜却突然闯入了宫禁。

刘喜的出现，使刘邦大为惊愕。

刘喜本被封为代王，有备边之意，但更主要的是负责监视备边的异姓王，即韩王信和燕王卢绾。怎知他在得知其弟刘邦有白登之围时被吓破了胆，有传言说，冒顿要进攻代城，他竟弃城而逃。

刘邦气得要命。他拿这个哥哥怎么办？在白登解围之后，他到广武时就派遣陈豨作为代相，以协助其兄守边。陈豨骁勇善战，在南阳宛城从沛公攻武关入秦，为游击将军。后定代，破臧荼，被封为阳夏侯。陈豨也很想攀附龙兄，敲开日后晋升的大门。谁知刘喜如此不争气，未见敌之面，未与其相谋，一句传言便撒丫子逃跑了，这当为死罪。是皇兄，当奈何？

刘邦是带着最忧郁的心情回长安的。而这种忧郁不仅仅是因为平城之败，还因为其兄的弃国而逃。他刘氏兄弟竟然如此不堪吗？那么后世又将如何呢？暴秦是二世而亡的，难道汉家也得落同样的下场吗？他有一种不寒而栗的感觉。

他想要严惩他的这位弃国而逃的兄长，并以此作为整顿刘氏家族的开端。但他看见了太上皇的忧郁的祈求的眼光和那欲言却止的神情，到了舌尖的话却又停下来了。他知道父亲的心意。太上皇——刘邦的父亲，自从项羽将其交还给刘邦，刘邦便将老父亲等人都安置于栎阳。那时刘邦为表示尽孝，五日一朝太公。后来太公家令讽喻太公："皇帝虽子，人主也；太公虽父，人臣也。"家令教太公应以人臣之礼见其子。刘邦遂上尊号，称其父为太上皇。他不能违背父亲的心意，何况他自己也是从平城败下来的呀。但弃国而逃实在是叫他无法容忍呀，他怎么可以不和派去给他当丞相的陈豨商量一下，交代一句，你这个王也算是发出了一道命令呀！他得怎样处理刘喜呢？恰在这时，萧何请皇上起驾去看一眼未央宫。

自从刘邦决定在关中建都并移驾栎阳，萧何便开始营造先朝遗留下来的兴乐宫所在地长安作为都城。他先整治兴乐宫，并将其更名为长乐宫。同时即开始大兴土木，兴建未央宫。未央宫最主要的建筑是前殿，立有东阙、北阙。在未央宫和长乐宫之间还建有武库和大仓。

未央宫（也包括长乐宫）位于渭水南岸的龙首原上。龙首原是沣河与浐河、灞河之间的分水岭，地势高敞。龙首原北麓，地势逐渐向渭河河谷下降，开阔平坦。原来秦始皇的兴乐宫建筑群虽遭兵燹之灾却留下了完整的基础，这就给刘邦营造长安城准备了条件。而"长安"二字原本就是这里的一个乡聚的名称。它寓有长治久安之意，正中刘邦的下怀。未央宫前殿等主体建筑已经落成。不看还好，一看，那火就更大了。心想，这是给我建的吗？我能住几天？但嘴里却说："天下匈匈，劳苦数岁，成败未可知，是何治宫室过度也！""成败未可知"，道尽了他心里无数的苦痛，谁能给他保证长治久安啊！若有几个像他兄长刘喜那样的刘氏后裔，这壮丽的宫殿倒是会成为招灾的祸水。他想到了他的儿子刘盈等人，他是怎么都高兴不起来。

但萧何是何等聪明、何等忠诚之人，脱口答道："天下方未定，故可因以就宫室。且夫天子以四海为家，非壮丽无以重威，且无令后世有以加也。"

铁律：前人规定不了后人的事情。但这是后话。

刘邦被萧何说服了。再说，他也不忍把萧何千辛万苦给他营造的宫殿因为壮丽而放一把火烧了呀。他毕竟不是项羽。

刘喜被赦，封为合阳侯。

子如意封为代王。不过，如意还小，不能就国，代国的行政就由其相陈豨署理吧！

他决定正式由栎阳徙都长安。当然，这也包括以萧何为首的相国府衙以及各部府衙。其中刘邦还特别看重宗正卿，因为这是管理刘氏九族的衙门，他不能让刘氏家族中的庸懦之辈把持过多的朝政。

白登之围以后，冒顿又把龙廷迁回到云中。长安城所发生的一切自有耳报神断断续续却事无巨细地迅速地报给他，而不论他是在马背上，还是在穹庐中，都能使他对中原的动向了如指掌。这使他逐渐认识并形成了一些想法，但如何决策却还在斟酌，他需要他的心腹帮助其决断。

冒顿之所以在白登山上断然决定放刘邦一马，绝不如史乘所谓的是陈平"厚遗阏氏，阏氏乃说冒顿曰：'今得汉地，犹不能居；且两主不相厄'"云云，这不是冒顿的行事规则。他不是一个受女人左右的男人。且不说在冰天雪地中，一位阏氏怎么可能出现在一线战场上，而陈平又怎么能去私会阏氏。在冒顿时代当然也不会有所谓的地缘政治关系或地缘国际关系的概念，但地缘政治关系或地缘国际关系却是一种现实的存在。以秦例之，一个强大的秦帝国的存在，匈奴就只能不断地向北退却。汉帝国如果也如秦国那样强大，他将如何面对？汉帝国不能像秦国那样强大，那么对匈奴则是有利的。假如在白登山上，乘一时的优势加害于汉帝，中原会乱。乱，一时也。终必再出一王者或霸者，以复仇为名，那对匈奴是福是祸？他不能鲁莽从事。放刘邦一马，他冒顿显然占尽优势。

"白登之围"时，冒顿仔细地观察着周勃、樊哙、夏侯婴、灌婴以及谋士陈平等人。也许他们中的任何人，如果单打独斗的话都不是项羽的对手，但他们却能使刘邦在绝望中找到重新崛起的力量和手段。他佩服这一帮子人的从不言败的勇气，更佩服这一帮子人的刚韧自如的谋略。他们处变不惊，进退有据。当时他不能贸然对刘邦下毒手也是因为他惮于甚至是

佩服这一帮子精英所具有的魔力。就如他们进攻铜鞮之前，他们竟能深入云中，并从那里向铜鞮迂回，刚一交手就斩王喜于马下，着实令人吃惊不小。若不是自己早把龙廷移至阴山北麓，他们还能把他的龙廷给端了。他们不是他轻易就能战胜的英雄。而对刘邦和他的那群生死与共的英杰们网开一面，他们至少也绝不会采取秦皇和蒙恬那样直逼匈奴的政策，当然条件是匈奴也不采取过度南侵的政策。特别是他采取了对刘邦及其将领们网开一面的行为，使这一代精英群体都会对他产生好感，至少是不产生恶感，因而对匈奴、对大单于冒顿不会构成重大威胁。

但冒顿明白，大汉帝国能不能对他构成威胁和他应当采取的对策不能建立在他的主观愿望上，他得运用策略迫使对方做出对自己有利的保证。这个保证若能确实有效，最好的办法就是对汉帝国不断地施加军事压力。然而简单地施加军事压力，会激起仇恨，从而导致战争，这是冒顿所不取的。第一，因为他没有足够的兵力和物力；第二，即使有一定的兵力，他也不愿进行这样的战争。他的最大利益不在于此。

他看准了刘邦的软肋。

从在白登山上与刘邦的近距离接触，他就看透了刘邦的弱点：刘邦所能信赖和依靠的武力，其精锐就是他身边的这些将领所率的人马。他所分封的七位异姓王即使不是全部站出来反对他，至少是多数反对他，即使暂时还肯听他的指挥，却在将来必然不再听他的调遣。他们眼下被刘邦分封在彼此相距甚远的地方，显然是怕他们联合。当然他们绝不会立即联合起来，将来也不会，但两个或三个偶然联合是可能的。之所以如此，就缘于他们是"王"，他们不能融于别人，也不能为别人所容。韩王信就是这么个东西。但也正因为这个特点，韩王信，或者以后还有其他什么王，对于他冒顿而言，却极具使用价值，即使暂时还不能为他冒顿所用，也应借重或慢慢争取之。

当他的这个想法得到他的核心大臣的全部赞扬时，作为决策——招降纳叛——就陆续予以实施了。譬如以优渥的礼遇接见韩王信及其将佐，使其在原封地上感觉自己真正地像个王了，可以为所欲为了，可以放手去掠夺周边的郡县，公开对汉帝刘邦竖起反旗了。

冒顿的招降纳叛的谋略是一箭双雕，甚至是三雕。招降了韩王信及其麾下将领，这就壮大了匈奴的力量；让他向刘邦挑衅，削弱了汉帝国的力量；有了韩王信的榜样，就可能吸引另外一些对汉帝国不满的异姓王。由这些情况所产生的渔利并非冒顿所刻意追求的。他要的是实现更大的目标，这一箭多雕是为其更大的谋略服务的。但怎样实现这个更大的谋略呢，恐怕还有障碍令他犹豫。没有万全之策，他还不敢贸然行动。

人在走背运的时候，喝口冷水都会塞牙。而在走旺运的时候，天上能掉下馅饼，而且还端端地落在他的嘴里。

冒顿在"白登之围"以后一直在走旺运。在"白登之围"的那个时期，他一直在楼烦王的地盘上活动。由于楼烦王及其治下的不少人在汉军中服过役，冒顿屈尊近下，约见过不少从汉军中归来的士卒。他一方面通过他们所讲述的亲历事件了解到汉军中的许多细节，另一方面也使楼烦人对他有亲近之感。在当他得知白羊部的牧民因与匈奴人争草场而对他有微词的时候，他没有按右贤王的意见对原来的白羊王、现在右贤王麾下的大当户进行申斥，相反，却邀白羊王陪同他去了白羊部落的牧民家中，不单妥善地处理了争草场的矛盾，还深受部落牧民的欢迎，尽情地在那里大酺数日。

这个白羊部落当时占据着黄河南岸，即今银川以东、鄂尔多斯的北部地区。在秦末大乱匈奴头曼单于北退，渐行渐远时，他们就移牧于此。秦亡，匈奴人回来了，两相龃龉。冒顿不仅安抚了白羊部的牧民和白羊王大当户并使之倾心拥戴。

冒顿在极力安抚同族各部。他深知自己所使用的招降纳叛和挑拨离间的办法能使汉帝刘邦有内忧外患，那么他自己又怎能不规避这种弊端的滋生呢？

他的这个政策是成功的。就在他稍感欣慰和有些得意的时候，伊伐伊屠斯派来的属臣特别禀报：汉帝刘邦特派使臣刘敬即抵云中，据说有和亲之议，请大单于定夺是否及早返回龙廷接见来使。

八、"和亲"

冒顿有几个妻子，史焉不详。

匈奴单于称妻为阏氏，犹如中国称皇帝或国王之妻为皇后或王后。但中国皇帝或王只对其正妻或说大妻称后，其次及以下者，民间称妾，宫中称妃，按等级还有许多称谓，而匈奴单于对其妻妾一律称阏氏，称母亲为母阏氏，无他称。匈奴人还有一种习俗，即父死子可妻其后母，兄死弟可妻其寡嫂。但这一习俗非匈奴所独有，北亚各游牧民族多有此俗。一般称作收继婚，中国史乘有称烝婚者，含贬义。

冒顿的第一个妻子颛都隆云是在他从月氏盗马逃回匈奴之后，在未及弱冠之年娶的。冒顿"以鸣镝自射其爱妻"。在冒顿自立为单于后，又曾"取所爱阏氏予东胡"，这是他见于史乘的第二个阏氏。还有一个妻子在"白登之围"时上了前线，她是否接受了陈平的厚礼——非常像演义小说

的情节，这里不论，但她是冒顿的见于史乘的第三个妻子则无疑。除这三人之外，冒顿还有几个阏氏不得而知。

这三个阏氏生孩子了吗？被冒顿以鸣镝射杀的那个妻子因年岁太小，可能没有生育。那么送给东胡王的那个阏氏呢，在冒顿俘获了东胡王时，史乘没有提起那个女人，很可能她也没有生育。但这时，可以推测冒顿已经有了恐怕不止一个儿子。根据：冒顿建政是在灭东胡之后，时为汉高帝六年，冒顿单于四年，亦即公元前201年或再往后推迟一年。冒顿的三分制中的左贤王必是储君，右贤王虽不是储君，却在实际上具有第二继承人的地位，而左右谷蠡王亦是有血缘关系的子弟或子侄辈中最亲信者。从后来冒顿驾崩，其子稽粥（yù）立为老上单于，其间左贤王一职未曾有生变的记载，可见冒顿在设立左贤王之位时，稽粥已经诞生，他的兄弟们也应诞生。当然，那时他们都年幼，虽然封王（左右贤王、左右谷蠡王）却不能视事，只能由近臣署理。那么他们的母亲，有可能是由史乘所记载的第三个阏氏。按时间算，她可能生育一个或两个，若有第三个或第四个，就可能是由没有见于史乘的阏氏们生的。

冒顿单于必定是妻妾成群的，不这样才是奇怪的事情。

冒顿在布满了豪华的穹庐大帐的单于龙廷最主要的大穹庐中接见了汉皇帝刘邦派来的使臣刘敬。接见的仪式非常隆重，气氛非常热烈，但又处处显得威严。因为匈奴毕竟是"白登之围"的事实上的胜利方。当然刘敬也会不辱使命，在礼仪上，"白登之围"并没有失败方。

关于刘敬见冒顿谈判的细节，史乘无载，我们也不能凭空杜撰一个会见的场面，更不能像如今影视界那样利用现代的声光视频铺陈一个毫无根据的动漫场景来描绘这次影响深远的外交谈判。但关于和亲之事确由刘敬建言，且延宕有时，最后终得实施，并影响深远。

自韩王信彻底叛汉，朝见冒顿之后，在冒顿授意并予以支持下，以晋北作为他的活动地盘，不断骚扰北边。其向东则胁燕，或与燕王卢绾暗中往还，向西则及肤施。高帝刘邦甚为苦恼。他甚至摸不清冒顿究竟有多大实力。他的情报不灵，只能以传言为根据，相信冒顿的控弦之士有三十万、四十万。而他在经受"白登之围"以后，实已不能也不敢再去亲冒矢石与冒顿对垒。而身边之人，言匈奴者尚不至谈虎色变，却无善策。因为他们对匈奴知之甚少，谍报系统大概根本不能在草原游牧民族中扎下根去。因此刘邦只能问计于刘敬。刘敬是山东人，山东人早在春秋时就与山戎打交道，或经商或争战，总算对燕山里的山戎以及他们与匈奴的关系有一些了解。这恐怕也是宏观的东西多些，而微观的却很有限。因此，他对皇上刘邦上言，从宏观上说，汉帝国的形势是："天下初定，士卒罢（疲）

于兵，（对匈奴）未可以武服也。"他避开不愉快的白登之役。而匈奴的情况，刘敬认为，"冒顿杀父代之，妻群母，以力为威，未可以仁义说也"。刘敬视匈奴为野蛮人。这个野蛮人不可以理喻，却又打不过他，那怎么办呢？刘敬建言："独可以计久远，子孙为臣耳。然恐陛下不能为。"他在这里激一下刘邦，不肯用一句话把事说透。刘邦是诚心打问，于是刘敬详陈其谋："陛下诚能以适长公主妻之，厚奉遗之，彼知汉适女送厚，蛮夷必慕以为阏氏，生子必为太子，代单于。何者？贪汉重币。陛下以岁时汉所余彼所鲜数问遗，固使辩士风谕以礼节。冒顿在，固为子婿；死，则外孙为单于。岂尝闻外孙敢与大父抗礼者哉？兵可以无战以渐臣。若陛下不能遣长公主，而令宗室及后宫诈称公主，彼亦知，不肯贵近，无益也。"

刘敬这位辩士真是把话说得滴水不漏周到至极。然而他的立论的根据是传言，如"妻群母"云云，用简单的形式逻辑推理，如把皇上的亲女儿送给他做妻子，皇上就能有个单于女婿，将来再生个外孙子，那外孙子就不会再进攻大汉帝国了。刘敬大约也知道他自己说的是蒙人的昏话。皇帝和他赖以获得宝座的文臣武将对付不了外敌时，就只能拿女人当作挡箭牌了，而这个女人还必定得是皇帝的亲眷。当然冒顿也曾这么干过。不过他有明确的目的和实施谋略的步骤。而刘敬所献之策就只是想当然和一厢情愿罢了。同时，刘敬为了让这个想当然的谋略能显出立竿见影的效果还得用"送厚"予以保证。"送厚"即送厚礼。这是关键点，要害点。但他却只用两个字来表述，显得是无足重轻之事。他也知道这事于情于理皆为不当，因为当时皇上的女儿鲁元公主早已出嫁给张敖了。但他还要这样说，并且还威胁刘邦：若以他人"诈称公主"那可不得了。

明知不可为而欲为之。刘敬居心不值得怀疑吗？

明知不可为而欲为之，刘邦竟然接受了刘敬所献的既不合于情也不合于理的"和亲之策"。

如果刘敬并非居心叵测，而良、平等谋臣和一干武将均无反对之声，可见当时大汉帝国初肇之时所面对的北疆的态势大约已是累卵之危了。刘邦有鉴于此，江山当然要比女儿个人幸福重要，牺牲女儿也就是无奈之举了。而吕雉出于母女之情予以反对，以其性格而论，她本可以大喊大叫大哭大闹抹脖子上吊。但她没有那样做，而只是"日夜泣"，显然她也深知当时的汉匈形势恐怕已经命悬一线了。

大汉帝国的君臣们之所以产生这种误判，其原因只一：对匈奴、对冒顿是完全不了解，其情报工作在这里完全是一个盲区。

吕后的日夜涕泣，使刘邦无法把鲁元从其夫婿身边拽走，使刘敬的谋略无法实施。事情拖了一年，这一年中，冒顿并没有麾兵南下，也没有发

出南下的威胁。不知是刘邦沉不住气了，还是刘敬沉不住气，他们决定坚决执行"和亲之策"，但不是把鲁元公主当作礼品，而是取"家人子"，即宗室之女充作"长公主"及相应的大批礼物，于汉高帝九年，匈奴冒顿单于十二年初（公元前198年）派遣刘敬走匈奴与冒顿结"和亲之约"。

汉初袭用秦历，以十月为岁首。刘敬大约在冒顿龙廷逗留了不短的时间。既然汉家使臣奉高帝之命，主动愿以"长公主"嫁给冒顿，冒顿当然是欣然接受，但不是以子婿相约，而是以兄弟相约。对此，刘敬是不是欣然接受不得而知，但反正是接受了，刘邦无可奈何，历史也无可奈何。嫁女本是子婿关系，在这里却成了兄弟关系。另外还得岁赠絮、缯、酒、米、食物。多少，史未详；岁赠则是年年需去进贡的，其数必定可观，这就是刘敬打马虎眼的所谓"送厚"。

"和约"肯定没有经过签字的手续，因为匈奴无文字，冒顿也不识字。但口头和约肯定是有的，史亦有载。刘敬在十月末回到了长安向刘邦报了喜。北方匈奴的威胁，因刘敬的三寸不烂之舌而被搞定。刘邦显然是非常满意的，史无他关于此约有非难之议。相反，却以此约为例，后世有许多和亲之约，并被誉为盛事，赞之不绝如缕。

此次刘敬的"和亲"之旅，来时走的是哪一条路，史焉不详，但估计走的是旧路，即当初随刘邦走晋南、过太原、抵云中。因为这是他熟悉的，并且可以通过韩王信或其麾下使之与冒顿龙廷随时沟通。

马具

和议成，两国以兄弟相约。刘敬归时，可不必担惊受怕放心地走，冒顿会给他以安全的保障。他不用再低三下四地托人情走门子去与叛降匈奴的韩王信的走卒们打交道，或求他们带路了。他走的可能是秦直道，一路所见，使他有所思，也有所悟。回到长安之后，除禀奏"和亲之约"和应送的厚礼，由皇上着人准备送亲之事外，他还向皇上奏报了一件非常重要的建议，促使一件重大决策得以实施。

史载刘敬之言："匈奴河南白羊、楼烦王，去长安近者七百里，轻骑一日一夜可以至秦中。秦中新破，少民，地肥饶，可益实。夫诸侯初起时，非齐诸田、楚昭、屈、景莫能兴。今陛下虽都关中，实少人，北近胡寇，东有六国之族，宗疆，一日有变，陛下亦未得高枕而卧也。臣愿陛下徙齐诸田、楚昭、屈、景、燕、赵、韩、魏后及豪杰名家居关中。无事，可以备胡，诸侯有变，亦足率以东伐。此彊（通强）本弱末之术也。"

稍加诠释：河南指今鄂尔多斯北部黄河南岸之地。秦中指今之陕西省。陕西为古之秦国故谓之秦中。秦中新破指秦末天下大乱后陕西全境的残破景象。田齐、楚昭……云云指秦末大泽首义之后，战国时旧贵族乘势复起之辈。

刘敬的此项建议，对大汉帝国初肇之时所起的作用十分巨大，它拔掉了六国旧贵族在地方上的根。这一政策立即为刘邦所采纳，花了几十年的时间进行大迁徙。大汉帝国的崛起有赖于此策的实施；加之"和亲"政策，它使刘邦可以腾出手来去对付异姓王了。

然而获利者并非刘邦，而是冒顿。他不单是得到一个汉家宗室的女子成为其众多妻妾中的一员及其大量陪嫁，也不因为他已把冬季龙廷移到阴山山前地带。最重要的成就之一是得到韩王信等一批降将，很可能还有另外的降将也会加入其中。他当然不是看中他们的人品，而是看中他们的作用。他们会像一群猎犬，只要他们叫起来，跑起来，而且厮杀起来，匈奴百姓不仅高枕无忧，更会六畜兴旺，而冒顿的一个大计划就可以付诸实施了！

几片带雨的云

汉家天子派人送来的新嫁娘是不是大汉皇帝的长公主，冒顿根本就没在意。以他的耳听八方、眼观六路，遍布京城以及各地要冲的谍员连这点小事都弄不清楚，冒顿恐怕就不成其为冒顿了。但他要这个名义：汉家天子得把其长公主送来给他做妻子，这就够了。有了名分，当然就跟来了实在的好处：大量的陪嫁，大量的贡物，还有阴山南麓的山前地带。事实上，原来的燕长城、赵长城及后来的秦长城对匈奴而言都不设防了，即都为匈奴所占有了。汉帝刘邦只得默认这个现实。但他们都明白这是一个模糊概念。一旦汉家天子兵精粮足、内部凝聚一心，就会麾兵北上，就像秦始皇那样，山前草原地带归谁所有就难说了。刘邦需要这个模糊概念。同样地，冒顿也需要这个模糊概念。

这种模糊概念，不论是刘邦还是冒顿，在他们的心目中都是权宜之计。

白登之役，任何一方都不对对方构成绝对优势。因此也都怕自己的真实情况暴露给对方，权宜之计是双方都需要的最明智的选择。刘邦当时处在不利地位，但总体优于对方。冒顿占天时、地利，却不占人和。他不能把这个根本性的弱点暴露给对方。"控弦之士"四十万、三十万云云仅仅是理论上的数字，宣传上的数字。现在好了，汉家举国上下都相信了这个数字，只是几十年之后才有人开始怀疑这个数字，但却没有人去相信这位怀疑论者。这个数字被记入了历史，从此便如铁板钉钉，古今中外的学者一律异口同声地这样说，谁都不愿睁眼去看一看那历史的真实情况。冒顿宣传战略所获得的成功为后人所景仰，成为兵家所谓的"兵不厌诈"的一个经典战例。但冒顿不会因此而沾沾自喜，他在得到刘邦议和、嫁女、赔偿并约为兄弟这样的"背书"之后，他要去寻找、积聚、扩充他希望得到的经过严格训练和指挥的三十万、四十万铁骑，而刘邦不敢忘记他的头上还有几片带雨的云。

一、来自北方的威胁

虎咬马纹铜饰牌（战国，长9.2厘米，1968年凉城县崞县夭子出土）

冒顿在出奇兵进入山戎地区征服东胡王的时候，他对山戎、东胡以及东胡之更东的秽貊等地的总体情况，如有多少部族、部落，所占地域以及他们的历史渊源、沿革、语言、风俗、习惯、生活方式、经济状况、地理环境、人口多寡、兵员战力，等等，知道得非常有限。当时伊间车若鞮所能给他侦察到的情况也仅限于刚刚复辟不久的山戎王的情况。那次成功的谍报工作，使他以奇袭的方式，让山戎王感受到迅雷不及掩耳的威势而向他俯首称臣了。现在该是把这一地区做一次充分的调整和规范的时候了。他的长子稽粥能上马背了，得让他以左贤王的身份去管理他的领域之内的臣民了。当然具体的行政仍由左贤王麾下的官吏们去管理和实施。不过他委派了伊间车若鞮去当左贤王麾下的首席大臣。冒顿要伊间车若鞮彻底弄清原东胡地区的一切情况，切实组织一支能征惯战的常备军。当然伊间车若鞮原先所掌握全部谍报系统仍然是他的"专利"，别人指挥不了那支隐蔽战线上的庞大的队伍。同时冒顿也向稽粥和伊间车若鞮明确交代：左贤王的冬季王廷和夏季王廷可在上谷一带和弓卢水流域选择适当地点。上谷在今北京延庆地区，弓卢水即今蒙古人民共和国东部之克鲁伦河。冒顿同时也向呼衍乔鞮交代：右贤王还上不了马背，只能留在他的母阏氏身边，但要照样为他设置王廷，冬季要靠近九原或是朔方，夏季要进入燕然山中。九原和朔方，秦时置郡，都在河套地区黄河南北。燕然山即今蒙古人民共和国的杭爱山，右贤王廷设在今乌里雅苏台地区，是今色楞格河上源。

冒顿也对左右谷蠡王及其属下的左右大将等作出安排：由单于指名抽调队伍，并直接指挥。他告诉子侄兄弟和各位大臣，在他不在单于廷的时候，一切国事皆须禀报伊伐伊屠斯并由他裁决，或权宜处置或派人奏禀，而单于的旨意也直接下达给伊伐伊屠斯并由他传谕众人。

冒顿之所以做这种安排是基于这样一种考虑：汉帝国在一个相当长的时间内不会对匈奴构成严重威胁。由伊伐伊屠斯老人提调，韩王信等一干降将恣意闹腾，就会给汉家天子制造不少麻烦，万一有点什么意外，各大

当户（实际原各部酋长）的人马也能抵挡一阵，那帮降兵降将闹大了，汉家天子自会收拾他们，闹小了就激励他们去闹，闹不动了各大当户还可以帮着闹。总之，冒顿自己不露面，适当时说几句好话就行。而左贤王那方面由伊间车若鞮提调，只要不出事，就会使冒顿无后顾之忧。

他希望——大约是从未说明——伊间车若鞮能好好好辅佐左贤王稽粥，让左贤王从小就能了解自己所面对的情况是多么复杂，从小就应懂得自己不仅能治理一方还要驾驭全局。他相信伊间车若鞮能把自己知道的事情慢慢都传授给左贤王。当然冒顿也想要从伊间车若鞮那里知道东部的情况，以便将来向东发展。冒顿希望凡是靠放牧牛羊驼马和追逐鹿犴熊罴的部落都能统一到他这位大单于的麾下，到那时，他才能有实力和汉家天子比个高下。不过当前离那个目标还太遥远。狼居胥山和弓卢水以北的丁零等部是他背上的芒刺。不论他做什么，只要一动弹，丁零等部就在他背后捣乱。最近丁零更与鬲昆和呼揭紧密结合，胁迫一些较小的部落做他们的应声虫，不单是摇旗呐喊，还得倾尽全力派出兵力由他们指挥。现在有跨越大漠之势，或者试图与月氏勾结。而月氏一直试图收复失地，从西面威胁着匈奴。在月氏的背后还有很多个国，他略微听说过一些事情，但都模糊不清。伊伐伊屠斯老人一直有西行的愿望，但眼下老人帮他提调国事，不能分身，再说他年事已高，不宜远行了。所以他想要叫呼衍乔鞮适当地向西发展，目的是先弄清情况，然后再适时进退。

他要把事情想得远些，并且要把事情弄得通透再行动。他已经成熟了，不愿再贸然行事了。他和呼衍乔鞮有过长时间的探讨，在探讨中还不时回忆起乔鞮的祖父。他们俩从小就是在这位老祖父的呵护下一同成长起来的。他们的启蒙教育就是来自这位老祖父，最初的磨砺是在老祖父的羽翼下度过的，那时的唯一与他相伴的小朋友就是乔鞮。他们一同长大，一同过着质子的生活，老爷爷既是他的管家、监护人，又是当时头曼单于派出的外交代表。老人家用力做着这一切职务上的事情，但深心里却只关注着一点：保护冒顿的安全。他洞悉质子冒顿双重的夺命的危险，那不是用人力能够抗衡的。但漫长的曲折的生存道路使他积累了丰富的阅历和知识，对抗双重夺命的危机只能凭智慧和上天的护佑。现在老人已离开他们升入天国了，但他把他一生所积累的阅历、知识与智慧却都给他们留了下来，同时还把另一位忠诚的智者——伊伐伊屠斯推到冒顿的眼前。

不论是已经逝去的呼衍老人，还是现已年高的伊伐伊屠斯，他们呵护过冒顿的成长，教导他要怎样直面人生，也用他们的丰富的阅历和渊博的知识在内忧外患中帮助他奋战，拼搏，闯出一条逐渐宽广并闪耀七彩霞光的大道。但这闪耀七彩霞光的大道既不是呼衍老人设计的，也不是伊伐伊屠斯所规划的，当然也不是冒顿拍着脑门子想出来的，更不是历史的宿命。

究竟是什么？我不知道。

许多人做出各种各样的解释，而且都有着非常充足的理据。但就是叫人难以确信。

我们不去纠缠它吧！

现在是冒顿率领着他的勇士们走在这闪着七彩霞光的大道上。他的直接的目标就是必须遏制那些在他背后向他投掷标枪的人！他们是些反复的小人。每当直接面对他们时，他们很快就纳贡归顺，甜言蜜语，满脸赔笑，千承万诺。可是转过身去，乘人不备，便立即跳将起来，或是抢掠，或是占据草场，而且大言不惭，肆意挑衅，丁零人是一个主谋。几路斥候有报，说丁零人又派人来勾结已经在狼山西南安顿下来的窳浑、屈射两部，主动攻击右贤王驻牧地。其攻击特点是小股骚扰，抢劫，特别针对分散在较远的牧场上的牧民，掠走牛羊马驼。牧民稍有反抗，便予杀戮。最近更从北海（今贝加尔湖）西部传来消息：丁零人与鬲昆（后称坚昆、柯尔克孜、吉尔吉斯——其历史名称很多，如契骨、纥骨、黠嘎斯、吉利吉斯、乞尔吉斯、布鲁特等）人频繁接触。也正是这些消息，引起冒顿的极大重视，伊伐伊屠斯老人提醒他：丁零人这一系列动作恐有大阴谋。窳浑、屈射两部一般骚扰不足挂齿，若系伴动必有深意。其南为月氏，西为燕然山。燕然山极为隐蔽，西可接塞种，北直达鬲昆。丁零人若唆使窳浑、屈射向东骚扰，暗中南下勾结月氏，北边接应鬲昆，西去联络塞种，就可能为丁零人在北海东西组织大联盟做了掩护，其意明显，其心歹毒。但其力嗛，乃吞象之蛇也。然而不能掉以轻心令其坐大，一旦坐大，吞象不能，吞羊有余；南北联合，东西呐喊，则危乎哉殆矣！老人长期游历中原，涉足西北，驰骋辽东，阅人多矣，深知包括势力派系、大小种族部落、强邦弱国之间，玩弄折冲尊俎、纵横捭阖的把戏，层出不穷，防不胜防。但能破其局者，一是贵在先知，二是顺天应人。他要冒顿每行一步，必先探其十步，审时度势，谨慎行事。

"贵在先知"，冒顿对此是领悟最深的，这几乎已经成为他行动的准则了。"顺天应人"，他似乎也有所悟。但这对他却又似乎是个难题。伊伐伊屠斯老人多与中原人接触，通晓语言，对中原的文化有所理解，受其哲学思想的影响不是表现在只言片语上，而是因阅历丰富而感悟。而冒顿自己在政治旋涡中又该怎样悟呢？弑父，在人伦道德上和灵魂深处总有愧怍之情；为训练士卒而以箭射妻；或为骄纵敌酋而以妻相赠；等等，扪心自问，也难安寝席。这和"顺天应人"又怎么联系在一起呢？夫所谓"顺

天"者，自然的规律是也；"应人"者，是要适应人们的要求。《周易·革》："汤武革命，顺乎天而应乎人。"弑父、杀妻有违天意，但建立统一的强大的草原帝国则是适应了各部落牧人的根本要求。人们之所以没有对冒顿"弑父、射妻"提出过多的谴责，恐怕是因他的"顺天应人"的目标在历史上留下了巨大的烙印，是可圈可点的。但在族际、国际，这种立足于一族、一国的利益目标势必导致地缘政治的矛盾与冲突。而这种矛盾与冲突在任何历史时代都是无法避免的，迄今为止，人类还没有展现出解决这种矛盾与冲突的智慧与能力。

且不说这些。冒顿师承了"贵在先知""顺天应人"的建国理念，牢牢地把握住一个巨大的历史机遇，不仅再次占据了九原郡的全部，又占据了北地郡和上郡的一部分，还在晋北打进了一个大楔子，向东则完全控制了燕山山戎各部，还进一步占据了东胡各部，使他能以阴山为依托，向北直抵大漠以北的肯特山，建立一个适合于广大牧民所需的三分制草原帝国，但是他感觉这个帝国并不牢靠。丁零反复无常，向他挑战，并且想联合以月氏为首的西部各游牧部落或建立政权的国家以及据说还有以绿洲为依托的一些城邦国，他们既会种植庄稼，也善畜牧。这许多情况，对冒顿来说还只是耳闻，就连广泛巡游世界、知识渊博、通晓多种语言的伊伐伊屠斯老人也是耳闻多于亲历了。他不敢盲目自大。他要呼衍乔鞮从狼山一带西向燕然山，但不可冒进，以控扼为主，他则向北运动。

根据各种可靠消息，在北海周围显然有以丁零为主导的三个大的部落联盟，或亦可称之为国。冒顿时代所谓的北海即今之贝加尔湖，东北—西南走向，呈月牙形，长达 600 多公里，平均宽不足 50 公里，最深处达1620 米，是世界上最深的和蓄水量最大的淡水湖。湖周围群山环绕，山中300 多条大小河流注入，集水面积达 55 万多平方公里，经叶尼塞河支流安加拉河泄出。巨大的水体对湖岸地区的气候具有调节作用，冬季相对较为温暖，夏季则较为凉爽。湖中鱼类资源丰富，湖的东西高山峡谷森林密集，盆地草原牧草茂盛。丁零等部在这里活动，渔猎游牧，生生不息，逐渐地形成或说分化为三大部落集团，或谓三个部落联盟，史乘上有的也称为国。在北海东部今称乌兰布尔加瑟山脉以南地区是丁零部，北泫的西南部萨彦岭一带则是鬲昆，鬲昆的西南则临近呼揭。

这三个部落集团语言相通，相貌相类，风俗相同，宗教一样，当属同种族，至少在其迁徙到这里之前应该同属一族。然而他们的迁徙并非在同一时期，出发地当然也不同。

丁零，在春秋以前就长期活动于齐、鲁、晋、卫、宋、邢等国之间，与中原诸国频繁接触。因其来自漠北，故称北狄、狄，或翟。公元前 7 世纪时又分为赤狄、白狄、长狄三部。战国时期，狄人或立国如代、中山，或融入各所在地的戎人之中，以至戎狄不分，或北移。秦汉之际，早期的狄人多已式微，原来仍生活在北海（贝加尔湖）的其他姓的狄人逐渐勃兴，形成新的势力，在汉史中称作丁零，其实皆为音译，只是汉字写法有别。在丁零人南下时，鬲昆人、呼皎人或以个人身份或以聚落中的群体参与其间，最后也就混同了，后裔们则混血了。

追本溯源，据考证，从黑海平原向东迁徙的西徐亚人中有一支被称作马萨革太（Massagagetae）人。希罗多德说他们不播种任何种子，逐水草，营游牧，食畜肉，善骑射，歃血为盟，以人头为饮器，父死妻后母，等等，与中亚、北亚的游牧民族完全相同。波斯人说他们分成几个大集团，其中的一个在波斯楔形文字碑铭中写作 Saka–Tigrahauda，他们东迁漠北建立索国。索国当是 Saka 的音译。索国又衍生丁零、鬲昆和呼揭。丁零即狄，后又写成铁勒，都是 Dil 的同音异写。鬲昆又写成坚昆、契骨，都是 Kerkiz 的异译。呼揭或写作呼得，其实是 Saka–Tigrahauda 的节译。索国三部虽有国之称谓，其实大约仍是以部落联盟为主要的结构形式，并非是严格意义上的国家概念。随着时间的推移，人口逐渐增多，部落间为争夺草场，特别是冬季牧场，冲突是无法避免的。呼揭显然抗争失利，从北海西南端撤向西萨彦岭和阿尔泰山区。叶尼塞水源地区的位于南部的小叶尼塞河和位于北部的大叶尼塞河之间出现了真空，这可能又引起丁零与鬲昆的不和。他们大约都觊觎这块水草丰美的水源地区。很可能在这时，他们得到了有关冒顿的一些消息，诸如弑父自立、奇袭东胡、白登之围，等等。他们感觉到南部出现了一个强势的匈奴帝国，对丁零而言，匈奴堵塞了他们南下的通衢大道，对昆坚而言，在其东和南有了两支强大的力量，都是他不敢碰的硬石头。而这时，大约丁零人得到了某种启迪：为什么不能与鬲昆人联合起来对付匈奴人呢？甚至有人会说，为什么不派人去与呼揭通好，毕竟是兄弟嘛，三部联合在一起对付匈奴人不是更有力吗？他们是否真的联合起来，有什么联合的举动，形成一种什么样的联合力量，有什么具体的对抗措施，等等，史无明文。但不管怎么说，联合起来对抗冒顿的消息在漠北草原已是尽人皆知了。

二、漠北之行

匈奴冒顿单于十三年（汉高帝十年，公元前 197 年）初，漠北已下过几场大雪了。但十月有小阳春之称，冒顿进狼居胥山狩猎。

中国古代不论游牧民族还是农耕民族，都有狩猎习惯。《诗经》有载，

《左传》谓四季狩猎皆有专称："春蒐、夏苗、秋狝、冬狩，皆于农隙以讲事也。"君王们进行狩猎活动，一般都具有练兵的意义，有的则以狩猎为名，实为军事活动。冒顿此次狩猎当属后者。

冒顿这次狩猎的狼居胥山是指位于弓卢水即今克鲁伦河的水源地，而非指今克什克腾西北的狼居胥山或今河套西北狼山。克鲁伦河水源地的狼居胥山今称肯特山。

时值冬初，刚落下一场雪。雪不很大，但有的地方雪深竟没马膝，山路有些难行了。但冒顿并未在意狩猎之事，而更着眼于地形。他是平生第一次进入此山中。山中的美景令他看不够。山不太高，森林茂密，宽阔的河谷地区是天然的冬季牧场，可以屯兵，且宜牧宜猎，非常理想。连续多天，猎物丰富，每夜都有篝火烧烤野味，酒也运来不少。他在士卒和中下级军官中尤显得兴高采烈，颇有流连忘返、乐不可支的神态。但在与他的高级将领们在一起的时候则忙于议事。有两次，他竟然率领几位重要将领翻越雪山，寻找北麓可行的山谷。

冒顿用一只眼睛盯着北边，另一只眼睛盯着南边。

他恪守着冬季不用兵或少用兵的原则。自古以来，草原游牧民族，有事则兵无事则民，他们没有后勤补给问题。部落之间发生战事，胜则劫掠甚或吞并对方，败则逃或降，头领易人。部落联盟出现之后，联盟的大酋长有少量护卫兵力以为常备，余仍按旧制，不分兵民。冒顿一统阴山东西，大漠南北，如以常数——五口之家有一青壮——计之，"控弦之士"三四十万人，就证明此时的匈奴作为一个国家的总人口在150万至200万人之间。这与当时初肇之大汉帝国的人口总数相比，那就是不得了的大数目了。冒顿亦是初建政权，兵力也十分有限。冒顿非常想建立一支常备军，但兵力动员与人口总量和国家综合实力直接相关，而"千兵易得，一将难求"的古训更表明兵力动员在操作上的难度。夫所谓"一将难求"包含多层意蕴。它可以指将才、帅才，但也含有政治上的忠诚度，君臣之间的关系，文臣与武将的关系，各种政治派系及阶级、阶层的利益集团的各种关系。所以不论是刘邦，还是冒顿，都不敢以乌合之众来扩充其兵员，在任用将才时更是千甄万选，特别是实战时的考验。

此次冒顿亲率万骑纵穿大漠，虽然没有千难万险，但秋风骤起时飞沙走石，黯兮惨悴，蓬断草枯，凛若霜晨的景象也令人惊心动魄。冒顿在余吾水的南岸停下脚步，那里曾是他的父亲头曼单于龙廷所在，但没多久又越河北驻。余吾水今称土拉河，很可能就是今天的乌兰巴托，至少是相距不会太远。这里的确有得天独厚的优越性。它北靠大山，是一天然屏障，南有大河，径流充沛，两岸牧草如茵，牛羊遍野。他父亲在这里扎下龙廷大幕，是绝佳的选择。此番他进狼居胥山行猎，主要是设想建立一支常备军的营地。它应具有相对的隐蔽性，使龙廷处在它的保卫之下，却又不为外人所知。但眼下的情况未必不为外人所知，因为最初跨越大漠时，他并未刻意要求下属严格保密。一般地说，大部队行军很难不为外人所知。这在他们搜索敌人行踪的时候，冒顿就已经感觉到了。他建龙廷兴师动众，后来又跨河改在北岸重建龙廷，但暗中却把主力带进狼居胥山中，而建龙廷之人却仍如蜂群在营造蜂巢，进展缓慢，已经建起的龙廷穹庐则夜夜笙歌宴乐。

我们现在无法知道他当时所了解的和我们今天所了解的情况是否一致。在没有用文字记录历史的北方游牧民族、狩猎民族、绿洲民族、城邦民族、半牧半畜或半农半畜或半农半牧民族中，关于民族史、民族传统、民族文化及家族谱系的传承，通常是神话，是传说，而谱系，通常是家族谱系全靠记忆。一般人可上溯七代就了不起了，最多怕不会超过十四代，再之前便逐渐淡出历史了。歌呀、舞呀、说唱呀、行吟诗人什么的，受者甘之如饴，研者难探究竟。冒顿在详细探访和了解索国三部情况后，他做了大张旗鼓营造龙廷的决定。

冒顿所做的这个决定是英明的。作为北亚游牧民族的政治中心，2000多年来，它一直屹立在土拉河畔。

但冒顿当时所想的大概是设法掩饰他的北征索国三部的军事行动。他想在狼居胥山里把军队休整一下并隐蔽起来，熬过一个严冬，伺机寻觅一个出奇制胜的机会以解除其后顾之忧。随着对敌情的了解和经过两场暴风雪之后，他忽然意识到敌手所处的地理环境和所占有的巨大空间，以他区区万八千骑，不能与敌作战，甚至只是追寻几次敌踪，不待交锋，恐怕就已经被拖垮了。

冒顿是明智的，适时地检讨了对形势的误判。他决定了以狼居胥山作为他屯兵与殖民的基地，而把余吾水北岸的龙廷作为夏都。对丁零、鬲昆和呼揭以通商贸易为主。而通商贸易对三国应有别，使他们三国有利益冲突。在军事上不采取主动行动，但亦不做被动防守，而是放其进来，适时将其全歼。屯聚在狼居胥山中的军力就是为此而设置的。冒顿在狼居胥山中做这种构想并予以布局时，他还明确意识到另外一种现象必须予以规避，即绝不能同时进行两线作战。冒顿的行事原则一向都是事前极度低调，不明就里之人甚至会把他看作是没长犄角的羔羊。他在规避两线作战时，其实他已在擘画新的进取：月氏王国和从属于月氏王的乌孙、朐衍、敦薨等部。月氏是他的一个心结。如果汉帝国处于劣势，月氏会不会北上或是东进，而北上则对他冒顿构成威胁。几十年的仇结是不会在一时之间

就消除的。他要呼衍乔鞮辅佐右贤王监视西部，意即在此。当然他还得防备着与丁零勾结的寙浑等部，他们在燕然山中游牧，左右顾盼，叫他心中不宁。然而真正的劲敌还是大汉帝国。他们一旦强大到如同前秦那样，便会成为匈奴的魔障，那会令匈奴人寝食难安。当然现在皇帝刘邦还没有那份力量，对他施用和亲政策，不过是一种缓兵之计，他压根儿就没把那位宗室之女放在心上，只不过是他若干个阏氏中的一个而已。他笃定要对韩王信之类的叛降者施加影响，给予支持，要他们尽可能给汉帝刘邦制造麻烦，且越多越好。这会迫使刘邦不得不继续向他讨好，并送来更多的礼物，而他当然会在口头上予以示好。对于那些大当户在边界上对汉帝子民们做些什么手脚，他是从不过问的。

在农耕地区，十月被称作小阳春，那是很温暖的。但在狼居胥山中，十月寒气却已经逼人了。冒顿与其将领们借酒驱寒，同时他已决定择日返回云中。行前他要把驻牧于狼居胥山的左谷蠡王麾下的左右大都尉各两个千骑长所部留下来监视索国三部。他和他们差不多进行了彻夜长谈，详细地给他们布置了任务。他在这里没有采取通常惯用的发布命令、宣达旨意的方式，而强调他们应当明白他的目的和所采用的谋略。他认为臣子们理解了他的目的，并明确自己的处境和肩负的任务，就会主动采取一些手段，权宜处理问题，而不至于在发生情况时左右支绌，不敢决断，以致贻误战机，甚至使自己无所措手足。他知道远隔大漠，如果不授权主将便宜行事，临事之时必然造成混乱。而欲使主将正确便宜行事，就必须使之能从大局着眼，随机应变，进退有据，争取胜利。

冒顿带着他的亲卫将士，一如往常，回到了他的龙廷大幕，士卒早晚换岗，炊烟晨夕飙升，将领进出有序，管弦之声也常有所闻，单于龙廷的大纛旗凌空呖呖缭绕，仿佛要与觱篥之声唱和。

他希望丁零、鬲昆和呼揭三部能够望见他在漠北竖起的匈奴单于龙廷的大纛旗。而在笙歌正喧的寒夜，他已率亲卫人马悄悄踏上了归程。

三、陈豨的结盟者

当冒顿从漠北的狼居胥山昼夜兼程赶回到云中附近的单于南廷时，预先得到信息的伊间车若鞮已从左贤王处赶了回来。他向单于报告了一条无比重要的消息：身兼赵国和代国的丞相陈豨已在韩王信的游说之下准备反汉，沟通渠道已经完全建立起来。

不消说，这完全是伊间车若鞮在其祖父指导之下设计并实施的一项重大招降纳叛活动。但出乎冒顿意料的是伊间车若鞮所带来的最新的消息：

淮阴侯韩信是陈豨的最深最强的支持者。伊闾车若鞮希望冒顿大单于能批准他的一个更大胆的行动计划：他要去燕国秘会燕王卢绾！

"那么韩王信现在何处？"

"在参合。"

"能把他叫来见上一面吗？"

"眼下还不好说。因为……"

"淮阴侯的消息准确吗？"

"是的，非常准确。就是因为淮阴侯与陈豨的消息走漏，汉帝恐怕又要对韩王信用兵了！"

冒顿显然对这一连串的重大消息既感到喜悦，又感到震惊。用一颗像韩王信这样微不足道的小棋子在平城一带一搅和，汉帝国皇帝刘邦就睡不安稳了，那若多几颗这样的棋子，刘邦这个皇帝宝座还能安稳吗？但冒顿从来不把事情做这种简单的一加一等于二的算式来看待。因为不确定的因素太多，偶然的因素也太多。人们事后可以做简单的归纳，或以为什么都是必然的，但在事前，人们不可能把一切事情都预料到。人们常说物极必反，但"极"的点在哪里，只有在事情发生后才能确定，事前是难以确定的。人们只能去做。"谋事在人，成事在天！"

冒顿同意伊闾车若鞮去燕都，但要他不必急于一时。他需要把许多事情都好好梳理一下。

冒顿慎于思。他始终不能忘记以秦皇之强、项王之勇却都为刘邦所乘，是天命抑是人谋？天命不可测，人谋亦难为人知。能毕六王、一四海者，是天命吗？天命谁曾见之？是人谋吗？六国的谋臣如夜空繁星，不胜数也，而秦国的谋士寥若晨星，无一善终。孰是孰非？难以常情论断。因此冒顿以此告诫自己：能识人，能安民，知进退，知取舍，庶几可见一片蓝天，安一邦之国。他询问伊闾车若鞮：在韩王信与陈豨、陈豨与淮阴侯韩信及燕王卢绾之间的活动中，这个陈豨好像是个关键人物。你可知陈豨的来历？汉帝刘邦有何决策？

伊闾车若鞮回答说，他从韩王信那里得到的消息不会有误，但韩王信的耳目大约并不很灵。他与燕王麾下的张胜已有接触，但燕王卢绾本人却还左顾右盼。刘邦征天下兵的羽檄他已得知，但有多少响应者现在还不知情。

冒顿沉吟良久。最后他要伊闾车若鞮尽快弄清详情。同时他又发出几道指令，如命左贤王、右贤王及他们麾下的左、右大将军等人速来单于廷。他还特别指令呼衍乔鞮更要火速前来。他不敢把眼前的事情看得太乐观，当然也没理由悲观。不过必须把事情的来龙去脉弄清楚才好决断，他

不能掉以轻心。

冒顿无法估量大汉皇帝刘邦对陈豨、对两个韩信、对卢绾能容忍到什么程度，能采取什么政策，能派出哪些将领，要在哪个地方展开行动的时候，他不敢幸灾乐祸，而除了做好以防万一的准备和继续侦察之外，也不能贸然做出怎样应对的决定。

原来，刘邦在"白登之围"以后黯然地脱离了晋北战场。但刘邦是个输得起的人，这很重要。项羽百战百胜，但输不起，因而一败涂地。刘邦百战百败，已经习惯于当个输家了，终至一胜而定鼎关中。这时他有些飘飘然了，在知到韩王信在马邑降匈奴，他在盛怒之下立马率部亲征。殊不知他此举犯了兵家大忌——怒而兴兵。他又尝了一回败果。显然他又找到了感觉，在顺着今称桑干河的治水东行，寻又折向位于祁夷水——今称壶流河——南岸的代国进发。当时代王是刘喜，即邦之兄，史乘也称作刘仲。他嘱咐其兄坚守代国，并决定留下樊哙率其所部以定代地。樊哙奉旨，但其所部为野战之军，代国地广，不能驻守一地。前已述及代王刘喜在其弟刘邦走后，听说冒顿要向代国进军，他大约对樊哙连个招呼都没打，便一溜烟地跑了。他大约比刘邦还早一些到达洛阳。刘邦的鼻子可能都被气歪了。但那是他的兄长啊，他能奈何？刘邦削去其兄的王号，降封为合阳侯，让他养老去吧！

但代是重地，刘邦决定封爱子如意为代王。如意年幼，刘邦有废太子刘盈之念而立如意为储君，虽封代王却绝不能让他到封国履新。刘邦要选择并委派一个最值得信任的人代为代相，替代王执政、守边。这个最值得刘邦信任的人就是陈豨。

陈豨这个名字怪怪的。《史记》注释引邓展语："东海人名猪曰豨。"《汉书》同。若从注，陈豨可能是东海人，因为江、浙、闽一带史称东海，但史乘明言豨为宛句人。宛，古读冤，宛句亦作宛朐，在今山东菏泽县西南，其地也属东海。字书把"豨"字解作大野猪，今人就会觉得怪了。不过这也许是古人的习惯，如吕后名曰吕雉，雉者野鸡也。今人若直称吕后为吕野鸡，则太亵渎古人了。但古人对此大约不以为意，我们也不必大惊小怪了。但陈豨何时投奔刘邦，因何或从何时起获得刘邦的好评和觉得非常值得信任则语焉不详，史乘只记刘邦语："豨当为吾使，甚有信。"他一直是刘邦的近身侍从的官员，称作郎，后为郎中。郎通廊，即宫殿的廊。郎官职责原为护卫、陪从、随时建议，并备顾问或差遣。他受刘邦信任的程度显然异乎常人。曾为齐王、楚王的韩信也对他刮目相看，就在韩信落魄为淮阴侯时，史谓他"羞与绛、灌等列"，樊哙见他时仍"趋拜迎送，言称臣，曰'大王乃肯临臣'"，却独与陈豨携手漫步庭中，称他是"陛下之信幸臣也"。可见如韩信这样羞与众将为伍的人都要对他另眼相看，格外尊敬。陈豨以郎中之职得封列侯，并授以赵国丞相之职。时赵王为张敖，是刘邦的女婿，鲁元公主的丈夫。在刘喜从代国逃回洛阳、又随之回到长安后，刘邦封子如意为代王，旋又下旨陈豨为代相，但并未撤销其赵相之职，监赵、代之边，"边兵皆属焉"。可见刘邦对其倚重之深，信赖之殷。

然而刘邦如此看重陈豨却是走了眼，而韩信对陈豨却看个透！就在刘邦指令陈豨兼任代相并监其边，将走马上任时，陈豨特来向韩信辞行，两人定了密约。

这种密约涉及事态之大，如果两人没有推心置腹的深交，没有同生共死的血盟，没有互为折冲的制约，没有势在必得的把握，通常是不敢结盟的。

韩信在云梦泽被刘邦俘获至长安，本已是阶下之囚。刘邦虽有一百个心要杀掉这个为大汉帝国的肇建立下首功的元勋，却又怕给自己留下一个妄杀功臣的罪名。韩信当然也知刘邦"畏恶其能，称疾不朝从"。而刘邦还愿找他聊天。有一天两人聊到诸将各自的特点，将兵作战的差异。刘邦问韩信："你看我能统率多少兵将？"韩信直言："陛下不过能将十万。"刘邦反问："那你能将多少？"韩信泰然而答："我？多多益善！"刘邦以胜利者的倨傲之态笑问："你谓多多益善，可怎么你却被我擒住了？"信曰："陛下不能将兵，而善将将，此乃信之为陛下擒也。且陛下所谓天授，非人力也。"韩信这时说的既是妙语，也有愤懑和无奈。他不会忘记，刘邦夺其兵权已不止一次，妒杀之心早在封其为齐王时就已萌生。他是心知肚明，而留他至今日者只不过是在等待机会，寻找借口和方法罢了。而他也要为自己寻找机会，设计一个解套的方式。

机会出现了，解套的方式也就有了——这就是已任赵相的陈豨又得以兼任代相，同时监领赵、代之边，换言之，陈豨已获得了两个封国的军政大权，而其中的代国之王不仅是个小孩子，而且压根儿就不到封国去。至于赵王张敖，他会摆平的。

我们现在不知道的情况是韩信在何时与陈豨交好甚至成为莫逆的。在秦末大乱和楚汉角逐之际的兵家之中，名气最高者不外乎项羽与韩信，这是第一档次的，其余的就只能放在第二、第三的档次了。项羽以霸气著称，韩信因帅才名就。而陈豨怕连第四个档次也排不上，可是韩信却与陈豨有结盟之谊，令人费解。是因为刘邦对陈豨的宠信吗？不可解。刘邦宠信多多，放在韩信眼里的没有几个，还轮不到陈豨这样一个位阶并不高且无军功的郎官。

但史乘有言，陈豨年轻时特别羡慕战国时魏国贵族信陵君魏无忌。他以养士著称，有食客三千。陈豨在刘邦身边任职郎官时，职微人轻，不具备养士的条件。他可能有交友之好，圈内自有知者。但在刘邦身边，他未必敢大肆张扬。初为赵相时，财力聚敛有限，且上有赵王张敖，公主鲁元，即使养士怕也寥寥。不过他的好客之名和有接近皇帝的特殊地位，会使许多人愿意巴结他，追捧他。韩信这类大智慧者恐怕老早就已经注意到他的一举一动、一言一行，并对他有所品评。物以类聚，人以群分，此一说也；惺惺相惜，又一说也。他们早有相识，互知底细；近有缘分，识见略同。于是就出现了这样一个场面：本来已为赵相且已封侯的陈豨忽然又进长安受封，即兼任代相，而代王并不去封国执政，身为代相的陈豨成为事实的代王。他在就职的前夕，不知是以老友身份、老上下级身份，或是同为列侯的身份，或者兼而有之，他来向韩信辞行了。

一般的辞行，客厅里按礼如仪，相互说些恭维的、祝贺的、祝愿的等套话、官话、空话，在官场上司空见惯。交深者杯酒畅叙，瞻前顾后，洒泪告别，恭祝平安，也就罢了。但韩信接见前来辞行的陈豨，不在客厅里进行按礼如仪的官场应酬，没讲他们杯酒惜别的友情，却用浓重的一笔写他们抛开了僚属，避却了仆从，摒弃了俗礼，两人携手在庭院中漫步。他们的举措不使一人得见，他们的言谈不使一人得闻。韩信——大汉帝国的开国三杰之一，兵马大元帅、齐王、楚王，终至一普通列侯——竟仰天而叹：

"子可与言乎？吾欲与子有言。"

"唯将军命！"陈豨是表态，也是宣誓。

"公之所居，天下精兵处也，而公，陛下之信幸臣也。人言公反，陛下必不信；再至，陛下乃疑；三至，必怒而自将。吾为公从中起，天下可图也。"

陈豨曰："谨奉教！"

这段对话见于《史记·淮阴侯列传》，《汉书》与之同。

人们无须去追问，既然是两人秘谈，第三者从何处得知。这已经成为历史，无关紧要了。且说陈豨心里藏着与淮阴侯韩信的秘密约定，但却风风光光地捧着圣旨到代国统兵去了。代国即今之河北蔚县。其故城在蔚县之东，周二十五里，在遥远的古代，城池如是之大，蔚为大观。战国时，赵襄子以枓击杀代王及从官遂夺代地并置郡，秦仍之。代城建于祁夷水即壶流河南岸。祁夷水在这里水流平缓，河床宽阔，呈西南—东北走向，祁夷水发源于恒山，出广灵进入一片平展的谷地，长百余公里，最宽处有30多公里。它是桑干河的支流。据信，由白翟建立起的古代国，大约是特别

324

看重这条水草丰美的谷地而放弃了逐水草而居的游牧生活，建立起中国最北边的早期城邦文化。

陈豨一到这里，虽然名为代国丞相，监赵、代之兵，实际上一开始他就是这里的王。因为原先的王——刘喜跑了，新任的王——如意年纪太幼，不能履职，他过去羡慕信陵君欣赏他的养士做派，但养士之人首先得具备一定的高地位，二是具有非常多的资财，三有德行，四有威望，五有慧眼，六有被人认同的政治目标，七有……八有……总之，养士需要许多条件，缺一则不可。孟尝君田文、平原君赵胜、信陵君魏无忌、春申君黄歇，如果不是在战国时期那个大的历史时代的背景下，养士之人不是成为政治上的反对集团的首领，就是沦为具有黑社会性质的阴谋集团的"老大"或是"教父"。陈豨的所谓"养士"，他都养了一些什么人？哪一位有侠肝义胆，做了惊天动地的大事？哪一个具有明确的政治远见，说出一句深邃的政治哲理？哪一个懂得战争艺术，在战略上预见了战争的结果？哪一个甘愿两肋插刀，做一个"舍生取义"之士？

陈豨所处的时代不同了，陈豨本人更不具"养士"者的品格，而只在形式上摆出了一副"养士"的模样，招摇过市罢了。他一到代地就开始召集宾客了。三教九流，鸡鸣狗盗，地痞流氓，行商坐贾，百嘛皆有，只要肯来，滥竽充数，一概收留。因为他有钱了、有势了，所养之"士"越多，就越能张扬他的声威。有一次陈豨按例通告休沐之假经过赵地，因为他曾是赵国的丞相，这时丞相已经易人，但他仍监赵边，即管辖赵国的军事，赵国理应接待。但其随行宾客有千余乘，以汉代最常见的一马驾驶的轻便辒车包括驭者在内，少者两人，多者三四人计，这是多少人？赵相周昌对此十分不满，乃命人将这个情况报告给刘邦，称陈豨宾客众多，"擅兵于外，恐有变"。这当然引起刘邦的注意，便派员到代地调查。调查结果令人震惊：陈豨宾客在代地多有不法之事，都与豨有牵连。

朝廷派员在代地调查，当然掩不住陈豨众多的耳目，陈豨也立即提高了警惕。

陈豨在长安辞别淮阴侯韩信到代地之后，蓄养宾客，效法信陵君是虚，积聚力量是实。因他所监赵、代之兵，各有主将，隶属有别，且任务明确：防胡、守边。他焉敢公然悖之。而他一向任职郎官，近上，但不带兵。他监兵有权，直接指挥却乏力，所以他需要建立自己的嫡系兵马。但他没有授权，不敢公然建立，其"养士"的目的恐怕就在于此。

陈豨在招纳"宾客"的同时，也时刻不能忘记淮阴侯韩信的嘱托。他知道淮阴侯韩信的处境远比韩王信更惨，只因他的功劳和威望远比韩王信大得太多了。淮阴侯不明说，但其意却昭昭。所以陈豨急于和韩王信挂上

钩。但其实他不用急，韩王信的密使已经跨进了他的门槛了。"宾客"中就有王黄派来的奸细。

"白登之围"后，韩王信仍以马邑为中心做他的降王，其麾下众将则以平城、参合（在今阳高南）、定襄等地活动。表面上他拥有今天晋北大部分地区和陕北、内蒙古一小部分地区，实际上完全受控于匈奴，作为其前哨，他们分别听命于左右谷蠡王。这时冒顿单于远在大漠之北，以打造其北部的铜墙铁壁。

韩王信是个内心充满矛盾的人物，论其出身，他是韩国旧贵族中最边缘的人，实际上已经沦为布衣了。时逢乱世，他也不是弄潮之人。但机缘凑巧，刘邦使他成为裂土之王。他心存感激，偏又遇上刘邦要削藩，夺其近畿之地。他不满、怨愤，但还不忘刘邦之恩，他毕竟还是裂土之王，仍有感激之心。白登之役以后，他是王不如将，将不如兵，唯匈奴马首是瞻，同王黄等人驻守参合。他们传话给他，说陈豨很想见他一面，苦于无法障人耳目。在伊间车若鞮来马邑看他时，他一五一十地汇报了情况。当然伊间车若鞮的奸细也会成为陈豨的"士"，同时，伊间车若鞮的触须也会在燕王卢绾的周围设线布点。

这时，冒顿单于从狼居胥山神不知鬼不觉地回到了在云中的龙廷。

这里的穹庐大帐要比狼居胥山中的军中营帐舒服得太多了。他决定去马邑一行。在行经杀虎口时，他攀上赵旧长城，登高远眺，隐隐地感觉到好像又有一场惊天动地的雷声从远山的背后滚滚而来。别人是听不到的，但他坚信那雷声真的不远了，至少是不会太远了。假如真的有一天那雷声中夹杂着淮阴侯韩信的吼声，还混有与刘邦同乡同里同时而生的卢绾的叫声，那时汉帝国的北部江山会是一副什么模样？假如这样的局面真的出现时，彭越和黥布两位异姓王真的会作壁上观吗？

他要好好地从头到尾地看一场汉帝刘邦和他的属臣们演出的这部大戏，也许这场大戏只演到一半，他冒顿就可能产生一部新的行动纲领了吧！他深心里越来越对伊间车若鞮感到满意。他在辅佐左贤王的同时仍能把其谍员舞动起来，像一把宝剑一样直插入大汉帝国的心脏。当然冒顿也不敢忘记伊伐伊屠斯老人家经常提醒他的话：中原的事情有我们捉摸不透的地方，一切都要小心从事。冒顿站在参合口（杀虎口）旧赵长城的制高点上向南瞭望着。随行人员与他保持着几步的距离，卫士们在参合口内外严密地警戒着。当然这一切都是例行公事，没有情况，他并不介意，甚至是忘记他们的存在。这里在名义上统归韩王信的管辖，但在他来这里之前，左谷蠡王麾下已着人通知韩王信守边士卒退归营房回避了。

从这里到马邑即今山西朔县有通衢大道，对冒顿而言，没有任何障碍。他本可以召韩王信到龙廷晋见。但如伊伐伊屠斯所言，对这类人要多用点软功夫，不给他们留下"招之即来，挥之即去"的感觉。如今伊闾车若鞮已传来密报，他已使陈豨派出心腹将军侯敞随他潜入马邑，冒顿觉得更有必要对韩王信做软功夫，借以影响陈豨和卢绾。

冒顿走参合口多次，对这里的地理环境本很熟悉，但登城眺望却是首次。他深知长城对马背上的民族确实是一个重大的障碍，但如今几乎没有一个隘口不能通过。问题的实质是国家的整体实力与朝廷能否实施有效的管理。他此刻希望借助韩王信能与大汉帝国沿长城一线的官员广泛建立联系，那将会出现一个什么样的局面。但要小心，似乎什么事情我们还没有琢磨透。

200多里（汉里）的平川大道，对于马背上的骑士而言，无须急行军，两个多时辰从从容容地到达了。韩王信是半个多时辰前接到快报的，因此他得以摆出全副仪仗，几乎是倾巢出城迎接。他要对冒顿行三拜九叩的大礼，却为冒顿坚决婉拒。迎接的典礼延宕了好大的工夫，终以两人并马进城。这使韩王信及其属下深为感动，甚至以为他们的选择是对的：他们投奔到一位明主的怀抱里了。

盛大的欢迎场面和全城百姓大酺三日的庆祝活动都为的是掩饰一项秘密的策反纳叛的谈判。陈豨的代表侯敞能以见到冒顿为无上荣光。他所见到的韩王信在王府里的无上尊崇似乎已经使他相信陈豨一旦宣布自己成为代王时也必然能享受到同样的无上尊崇。他代表陈豨向三国结盟的盟主冒顿表示最大的忠诚，并且承诺要尽最大的努力千方百计去做燕王卢绾的工作，争取他也加入这个同盟之中。而盟主冒顿自然也做出最慷慨的承诺：全力保护他们的独立。他甚至于还表示一个愿望：如果有幸能有一日会晤楚王——他指的是淮阴侯韩信——他愿尊崇韩信为新楚霸王。

四、兵贵速更贵谋

汉高帝十年（匈奴冒顿单于十三年，公元前197年）秋八月，阳夏侯陈豨在代竖起反旗，自立为王。陈豨一身任赵、代两国之相，监赵、代之兵，韩王信又派遣麾下大将王黄、赵利等率部与陈豨麾下侯敞、张春等合兵，声势浩大，矛头指向曲逆、聊城，举国震惊。各地告负信使不绝于途，恐遭兵燹之民惊慌失措。大半个中原似乎在颤抖，有人额手称庆，蠢蠢欲动，正在思量着怎样使这风雨暴些，再暴些，使这烈火旺些，更旺些。

九月，刘邦御驾亲征的兵马已经抵近赵都邯郸。这时先锋来报，请圣

驾入城驻跸。

高皇帝刘邦此番御驾亲征陈豨，庙堂如何决策，史乘未载。但有几笔，透露些许消息：陈豨反叛消息传来，刘邦非常震怒，因为那是最信任的长期在他身边的爱将呀。但是他没有如韩信所预期的那样经历了从"不信"到"疑"再到"怒而自将"的三个阶段，而是立即就承认消息属实，并决定御驾亲征。但御驾亲征并不是刘邦单枪匹马去打仗，他需要确定此番出征的战略方针和战役计划，要征集天下兵马，要任命将帅的指挥系统、后勤保障、内政安排等一系列重大问题的布置与调动。而这开始均属刘邦的重大机密，但却不是他一个人的行为，而是必须有一个核心集团进行全面的研究、布置与执行。但这个核心集团有哪些个人，史无明文。不过，史称周緤因"上欲自击陈豨，泣曰：'始秦攻破天下，未曾自行，今上常自行，是亡人可使者乎？'"据此，我们可以看作周緤是核心会议的参加者。周緤仅是一列侯，食邑仅三千三百户，帝国肇建后未居要职。但有一条，他是沛人，"以舍人从高祖起沛"。从韩王信在马邑叛降匈奴，刘邦自将亲征起，有一个特点，随征将军几乎全部出自沛县、芒砀山时那些老弟兄，用人们常说的话是"铁哥们儿"。只有两个人例外，就是张良和陈平。这两位均是刘邦的谋士，即帷幄运筹者，并不临阵厮杀。而他们的谋略证明他们对帝国的肇建具有特殊的功勋，而他们个人却从不具有威胁帝国的力量。因此他们融入了刘邦的"铁哥们儿"——核心集团而不见疑。也正是这些人保留了刘邦的基本武装力量。在刘邦于楚汉战争结束之后"罢兵归家"令只是针对各地及各路诸侯的杂牌武装。裂土封国的几位异姓王显然并未实施"罢兵归家"令，同样的，刘贾、刘仲、刘交几位刘姓王不仅不实行"罢兵归家"令，恐怕还有所扩充。只有刘仲即刘邦的二哥，也称刘喜是例外，"弃代"逃跑了，不管兵不兵的。而周勃、樊哙、郦商、夏侯婴、灌婴、傅宽、靳歙、周緤等人则仍然保留军权或军职。他们都属于"铁哥们儿"，即最早随刘邦起事的那些人。他们随着刘邦有百败百战的经历，从未因刘邦身处逆境而背叛或背离。另外也属"铁哥们儿"这一层的，如曹参及其麾下将领因辅佐刘肥等而不在长安，大约未必参加决定征豨的重要会议。因此我们可以这样认定，刘邦从接到周昌关于陈豨大量"招致宾客"时起，就已对陈豨生疑。此为韩信所未料，故"不信、疑、怒"这个三段论也就成为虚语。

陈豨叛乱的消息对初肇的大汉帝国的震动是巨大的，它表明危机发展的趋势所造成的影响关系着帝国的命运。如果因判断有误而导致措置不当，对大汉帝国意味着什么，从帝、后到开国元勋都有必要在心里好好掂量一下。但危机也是双刃剑，克服危险便是机遇再造。除帝、后之外，生死不渝的元勋们，如萧何、张良、陈平、周勃、樊哙、郦商、夏侯婴、灌婴、傅宽、靳歙、周緤之辈，大约都会齐聚御前，如曹参等人一旦接到羽檄，定会奉旨行事。这从史乘上所记述的参战诸将的情况可以看出端倪。同样，据此情况可以推测当时御前会议所做的某些决策：

第一，对陈豨叛乱所造成的帝国的危险形势，与会者有高度的共识；

第二，御驾亲征和保卫长安并行不悖，要有周密的准备；

第三，御驾亲征的行动路线与大将征战的路线要分出各种梯次，确定不同任务，公开与保密并行，正面进军与迂回运动要有时间上的差距，临战指挥要随机应变；

第四，公开发动羽檄征召天下兵，特别是诸异姓裂土王者之兵；

第五，防匈奴，但不打匈奴，当然是在对方不动手的条件下；

第六，要打大仗，不留后患。

也许还有第七、第八……这就不敢乱推测了。总之，对导致"白登之围"的韩王信之战以及"白登之围"本身所取得的教训是此次作战行动的张本。韩王信仍是这次作战的必须消灭的作战目标，因为他是引发战祸的祸首。而另一个韩信即淮阴侯是不是这次战祸的策动者或主使者呢？当时的刘邦及其圈内的谋臣与大将似乎谁都拿不出真凭实据。刘邦于是派人去侯府敦请淮阴侯随驾出征。当时刘邦派哪位大臣去敦请，如随征授韩信以何职——主帅？副帅？主将？副将？或谨备咨询乃至挟持，这都无从猜测。而此谋由谁策划似乎并不重要，反正是韩信的态度明朗了——"称病不从"。

九月，汉高帝刘邦亲率征豨大军已抵近邯郸。此番行军不似前年征韩王信之时。那时高帝心急如焚，军行如风，卤簿收敛，旌旗不张。所谓卤簿乃指天子出行的车驾次第，卤即大楯，楯通盾，读如吮，实即藤牌，御敌的武器。一旦遇敌，能迅速将车驾围护起来抵御弩矢。秦汉之际，天子舆驾行幸，甲楯有先后部伍之次，皆著之簿籍，案次导从，不得紊乱，故谓之卤簿。而此番行军，鸣锣开道，鼓声阵阵。红旗掩映半天，甲楯次第上墙。羽仪张扬，马步从容。车驾辘辘，如雷霆之贯耳；马蹄嘚嘚，似大河之涛声。每过城镇，从不驱散百姓，官员接驾，亦任黎民围观。且派员对众宣称陈豨与韩王信之大将王黄等相互勾结，劫掠代地。吏民没有罪过，凡能弃陈豨、王黄来归者，皆赦之。

周昌在南门外伫立半日始见车驾前锋姗姗而来。他心急如焚，却又不敢远离城池。他不断派出传令兵丁，哨探车驾远近，几欲远迎，又恐出现闪失。作为赵国丞相，守土之责重大。自从得知陈豨叛乱，他虽然早有警惕，却也十分诧异。因为守城士卒有限，备边之兵又为陈豨劫持。而得知

圣上御驾亲征，他欣喜若狂。本以为兵贵神速，陛下之兵或于旬日可到，不承想皇上却大摆卤簿，延宕至今。他急不可耐甚至有些慌不择路地把皇上迎进赵王宫中。因为他原本还想绕开残破的旧赵国君的丛台，结果却按平日习惯竟从丛台穿过。周昌为人率直，但说话却结巴，心里越急，口吃越重。他与刘邦旧日至交，如今君臣有别，按理按制，他都应大礼拜谒。但他没等刘邦落座于"龙床"之上，他就抱怨皇上来得太慢了。他说，兵贵神速，但一急就不连贯了，"神"了老半天，"速"字就是出不来。刘邦笑了，他的不离左右的几位近臣如张良、陈平、郦商及一些郎官不禁也都笑了起来，而与周昌站得最靠近的夏侯婴替他把"速"字补述出来，他却更急更火了："我还不不不知神……"他还是"速"不出来，这引起了更大的笑声。这次君臣相见的朝拜之礼完全被哄笑之声取代了。

周昌的急是有原因的。他结结巴巴地奏禀皇上：常山郡二十五城已有二十城为豨所得，他焉能不急，而且这二十城并非是陈豨以武力夺取，敌兵未到，有的逃，有的降。他要求皇上将那些郡守、郡尉等人全部诛杀，以儆效尤。刘邦问，那些人都反了吗？周昌说，没反，就是不敢抵抗。

刘邦这时才收敛了笑容，众臣当然亦皆肃穆视听。他对周昌说，他们没反就好。他们没罪，因为他们没有抵抗的力量。如抵抗，遭敌屠城又将奈何？他告诉周昌，抵近漳水时，在得知陈豨并未占据邯郸，更不必说阻断漳水了，我就知道你这里没有危险了。所以我也不急着往你这里赶，怕你不给我水喝，不给我饭吃。你看看，到现在你都没给我们拿一瓢水来呀，在座众人又都大笑起来，周昌也跟着笑了起来。急忙回头张望，这时才有使役人送上酒水和准备筵宴。刘邦继续说，陈豨这个"豨"字就是个"猪"字，东海人就这么称呼猪的，对不对？良、平等人首肯而笑。刘邦又说，这头猪不知占据邯郸，不在漳水布兵，他就无能为力了，他就死定了！

周昌有些愕然，但看皇上与张良、陈平、郦商、夏侯婴等人相视而笑，他的脸上似乎也露出了笑容。皇上又对周昌说，常山郡的守与尉等人皆恕其无罪，别的被陈豨所占据之地，能归来者也恕其无罪，能任事者设法任事。他又令周昌选几位赵国的壮士来见他。几天后，周昌选来四个人，皇上把他们上下打量一番，说你们几个臭小子能为朕带兵打仗吗？这几个人赶忙伏地叩头，不敢仰视。刘邦命他们抬起头来，各封千户，命为将。刘邦左右的郎将们觉得不可解，这大约也包括周昌在内，不禁谏阻，说，自从打进汉中，直到伐楚，以迄今日，许多从征者尚未普遍封赏，现在却封赏这几个小伙子，他们有什么功劳啊？刘邦说，你们好好想想嘛：陈豨反叛，赵代之地皆为其所有。我发羽檄征天下兵，谁来了？淮阴侯韩信托病不愿随我出征，梁王彭越见了羽檄竟然亦称病。这是什么病？你们给他把把脉吧！现在我们住在邯郸城中，靠的是邯郸的兵民，怎么就舍不得那四千户，用以慰藉赵的子弟呢？众人恍然大悟。刘邦乘势又问周昌，乐毅不还有后人在邯郸吗？乐毅是战国时赵国之名将。周昌举荐其孙乐叔，帝封之乐乡，号华成君。皇上又问周昌，得知陈豨麾下统兵诸将的情况。周昌虽然结巴，但他思路精细。他告诉皇上，除侯敞、张春等旧将之外，新近起用之人多为商人、破落户、横行乡里之人，也就是他所网罗来的或说所收养的"士"。刘邦转向张良、陈平等人，他们相互额首微笑，说，这好啊！我们就在这里住下来吧！

五、万事俱备，只欠东风

匈奴冒顿单于十四年（汉高帝十一年，公元前196年）初，冒顿又来到参合口（杀虎口）。这是最近一段时间里的第二次。不过这次随行人员甚多。因为先遣人员已经在参合口东南的小河边的树林中给他扎下了大大小小十几座穹庐毡帐。当然在其四周稍远之处也得布下各种随员以及护卫亲兵的军帐。如果和一年前在狼居胥山中狩猎的地方相比，这里的十月才是真正的小阳春。虽说下过两场雪，但是山上、林中却没留下一点痕迹，更不用说路上了。他穿过参合口到了林中小河边的穹庐帐前，几株柳树仍是绿叶扶疏，只不过树下多了一些黄叶。当然其他的阔叶林木如白蜡树、栾树、杨树等，枯叶都剩得不多了，不过小叶钻天杨的叶子还在树梢上稀里哗啦地响闹个不停，而松柏则维持着老样子，不以盛夏大肆宣扬，不以严冬萎靡不振。林中的茂草已经枯黄，但草籽结实极富营养，正是牲畜上膘之时。眼前的一切似乎都使他有一种满意的感觉。

金 鞍

冒顿此番来到此地，并且还要安营扎寨小住一段时间，算是接受了韩王信的邀请。当然明眼人是从来都不会把外交辞令看作真情。在地缘政治上尤其要独具慧眼。

据韩王信说，他已派遣大将王黄、赵利在参合口县地以东与陈豨会合（这一点已由伊间车若鞮证实），他们分进合击，豨将侯敞向邯郸进发，张春去攻聊城；韩王信将王黄下曲逆，赵利占东垣（曲逆，今河北完县东；东垣，今石家庄市

东），已经迫使刘邦龟缩邯郸，不日可将其擒获。伊间车若鞮对此不予证实，甚至也不予置评。冒顿对此根本不屑一顾。他关心的是淮阴侯韩信，是燕王卢绾。

关于卢绾，伊间车若鞮与燕王麾下将领张胜有接触，但因燕王与刘邦有情同手足之交，对张胜之言根本听不进去，未将其惩处便是开恩。而伊间车若鞮却认为燕王不将其惩处就是给未来的谈判留下一条丝线，他不能将其放弃。冒顿认可伊间车若鞮的策略，不过他能否脱出樊笼，不能单靠他个人的智慧，应该要有一些助力。

他认为淮阴侯韩信若能顺利逃脱樊笼，他就可以把韩王信、陈豨，也包括卢绾笼络到一起，那时，并州、冀州、幽州甚至青、徐、兖、豫恐怕都已不再是刘氏所属。冒顿甚至还进一步推测，如果出现上述局面，那么梁王彭越、淮南王英布何去何从？如果他们坚决受命于高帝刘邦，这会使汉帝国一分为二，鹿死谁手还得走着瞧。但彭越与英布虽然裂土为王，但已在高帝必夺之列，他们各自为政，必遭各个击破之难；他们犹豫不决，则死期更近；他们与韩王信结盟，新一局楚汉战争将重新上演，但他们没有联合的基础。

冒顿认为不论出现哪种局面，都对匈奴有利，但都是小利，是一时之利。形势一变，利将变为害。韩王信、陈豨之辈获胜对匈奴最为有利。但他们是扶不上墙的癞皮狗，胜不了。淮阴侯脱出樊笼，统领三王，若再加上梁王和淮南王，汉帝国大乱，利匈奴于一时，而祸及长远，这都不是冒顿所欲见者。他认为最有利于匈奴者，是淮阴侯统驭韩王信、代王豨、燕王绾挑战于汉帝国之北，梁王越、淮南王布挑战于汉帝国的东南，那时候，他们都会疲于奔命，那么匈奴单于帝国想做什么都是游刃有余了。

如今，冒顿进了参合口，抵近来观察由陈豨挑起的这场动乱，必将会看到几场大戏。为此，他已命人征集了数目庞大的战马，准备作为礼物赠送给他的朋友们，他祝愿他们取得成功——在火中取得栗子。他来到参合口，会亲身感受到那火焰的热度，他得到消息一定会更快些。

但他热切盼望的消息却迟迟没有动静，不期而至的消息似乎突然多了起来。

前者指的是长安城中淮阴侯韩信的消息。据信，陈豨一旦竖起反旗，韩信就将行动。但他几次派人查问时在燕国的伊间车若鞮，回答都是正在探听，请候佳音，或者尚无消息云云。后者，即不期而至的消息有：曹参亲率齐国之兵于聊地击破豨将张春；而在邯郸的高皇帝刘邦亲冒矢石攻打东垣，据说战况激烈，结果却是赵利跪地投降，成了阶下囚。这使冒顿忽然警觉起来。他重新审视刘邦率军从洛阳不疾不徐从容入驻邯郸，完全不似白登之役时那种积极采取贸然进击之势，泰然等候陈豨与韩王信麾下诸将夺城略地。夺城略地者势必分兵占据，其攻势变为守势。而汉帝一旦反击，便将其各个消灭。

冒顿恍然意识到，此番汉帝御驾亲征完全改变了战略战术。因此，陈豨、韩王信如果再得不到淮阴侯韩信居中策应的消息，这个仗还能打下去吗？他的脑子里已经产生了许多个问号：陈豨是否真的与淮阴侯韩信有约？如果是真的，那么淮阴侯在长安城中已被软禁了数年，他还有力量行动吗？万一他被识破了那又是什么结果？汉皇帝此番御驾亲征究竟动员了多少兵将，他始终没有得到准确报告，这其中有什么特别情况吗？陈豨起兵在代地，刘邦却至邯郸便止，这又是为什么？现在看来，张春在聊城之败，赵利在东垣之失，显然都不是偶然的。

当冒顿思虑到这里的时候，他忽然意识到自己此番贸然进驻参合口是否失策？他的头上突然出了不少冷汗。据说燕王卢绾一直犹豫不决，不肯明确表态。这又是什么意思？伊闾车若鞮去燕多日，亦无准确报告，莫非其中有诈？当然他不是指伊闾车若鞮，而是与其打交道的燕人。

他突然做出一个决定：立即从这里撤退。他派人去叫传令官来。片刻之后，传令官来了，但与他同时来的还有伊闾车若鞮。

传令官没有得到任何指令。

伊闾车若鞮报告了关于卢绾的消息。

原来汉高帝刘邦尚未到达邯郸时，命令燕王卢绾击豨的檄文已经到达。燕王狐疑，不敢公然违命，却又不愿真打，于是张张扬扬地摆出要打的架势。陈豨派人向左贤王求救，卢绾也派人向左贤王求救。其实他们都捏在伊闾车若鞮的手心里。各方都做了些假动作演给汉帝看。

这个消息来得很及时，它给冒顿吃了颗定心丸，他没有发出当日就从参合口移驾的命令，对传令官挥了挥手，令他下去了。

腊月里出现了几场风雪，或许是严寒阻碍了积极的军事行动，各地传来的都是些温吞水的消息。冒顿有些心神不宁，他不愿让自己像一个站在十字路口的行人，东张西望、瞻南顾北、举步迟疑。但眼下的形势偏偏就是这个模样。他寄希望于韩王信、陈豨及卢绾的联合，特别是长安城中的淮阴侯韩信，如果他真能挣脱六年来的牢笼里的沉寂，而作出如俗话所说的"不鸣则已，一鸣惊人"，"不飞则已，一飞冲天"的举动来，那将会是一个什么样的局面？汉帝刘邦在邯郸被陈豨缠住，卢绾在陈豨身后呐喊助阵，韩王信在参合虎视三晋，而早已奉命的呼衍乔鞮一直在悄悄协调右贤王和右谷蠡王麾下各部大将和大当户们以直道为主线，以两翼为护卫，积

极待命……但温吞水的形势，温吞水的待命，似乎让他不能忍受。他穹庐中的欢宴与歌舞更让他心烦。一直在他左右的伊阊车若鞮明白他的心事，并且也觉得事有蹊跷。他知道自己责任重大，谍报稍有错，万死难辞其咎。他悄悄向冒顿提出：他去一趟长安，以观究竟。

冒顿略沉吟一下，眉头紧锁，轻声道："速去速归！"

六、长乐钟室

汉初长安的兴建是从修复秦兴乐宫开始的。长乐宫告竣，萧何又主持修建未央宫。未央宫位于长乐宫之西，占据了龙首原上的高地，由前殿、宣室殿、承明殿、椒房殿等 40 多座宫殿和台阁等组成。其壮丽与华美的程度，刘邦在初见时惊诧不已，甚至指责萧何说这未免太过分了。两宫完成时，长安城墙尚未营造，甚至连规划也未必草就。因此两宫各有宫墙，宫墙基宽达 20 余米，城高有的地方竟达 11 米。浐河与灞河分别被引入两宫之中，未央前殿就建在龙首原上，地势高敞。其北，地势渐次向渭河河谷下降，平坦、开阔。在两宫兴建的同时，官僚机构的衙署，重要的文臣、武将、勋戚的府邸也都陆续兴建。

后来修起城垣始于惠帝刘盈元年（公元前 194 年），历时五年建成。因各种建筑营造在前，故建城垣时为不规则的形状，后人实测面积约为 35 平方公里，周长为 25100 米。伊阊车若鞮悄然到达长安时，尚无城垣，有的只是两宫城垣。他知道那不是他去的地方，甚至也不敢接近。当然他也不会贸然地去自寻客栈。不过这里是他轻车熟路来过多次的地方。他过了渭桥没走多远，大约就在后来修建的厨城门或洛城门附近的地方落了脚，因为那里有集市，行商坐贾、摊床、小贩、茶楼、酒肆、货栈、旅馆应有尽有。他的以经商名义长期落户于此的谍员，不用说，立即便做出了妥帖的安排。

伊阊车若鞮是有目标来的，他的坐探们是照规矩行事的。头两天他只听他们的禀报，或者随他们在商贾荟萃、市井热闹之地闲逛一番。其实他是想摸摸舆情，实地观察一下人们的日常心态，并且想看一眼颇为壮观巍峨的两宫。因为这是草原游牧民族最不可解又最为羡慕的地方。这一点对伊阊车若鞮来说也不例外，尽管他最见多识广，但那新建成的汉宫，他也从未涉足一窥。那里对他仍然是非常神秘的地方。远远看去，城头上遍插红旗，每面旗下似乎都有一名持戟挎弓的士卒站岗。他不明白在那么高大的城墙上，四野无警，光天化日，却要如临大敌般地戒备森严，莫非宫中发生了什么事情？他想再向前走几步，看得清楚些，但巡街兵丁过来喝止，他只好停了下来。但见兵丁除喝阻之外并不多做干预，他就转身往回走了。他问随行人员是否往日亦如是。从人回答说往日宫墙外的岗哨或巡逻人员不会放出这么远，墙下车马行人任意走动，只是不让任意停留罢了。

伊闾车若鞮沉思一下，又回头看了几眼。他知道汉军崇尚红旗，兵丁加岗加哨，放远巡逻，也许不值得大惊小怪，毕竟前线有战事嘛！但他又问，往日也如此吗？回答是否定的，说只是这两三天才如此。伊闾车若鞮询问淮阴侯韩信的府邸在何处之后，便率从人回到下榻处牵出三匹马来直奔上林苑去了。

上林苑是秦始皇的御苑，范围极广，杜牧《阿房宫赋》云："蜀山兀，阿房出，覆压三百余里，隔离天日。骊山北构而西折，直走咸阳，二川溶溶，流入宫墙。五步一楼，十步一阁……盡不知其几千万落。"阿房宫只是上林苑的一部分，御苑规模之大，后人难以想象。秦始皇一死，被项羽一把大火把那些"盡不知其几千万落"的离宫别院都化为灰烬随之而去。刘邦初建成新宫，尚未来得及规划皇家御苑，故一些开国元勋得以落脚上林苑，淮阴侯韩信虽已失去王位及裂土，仍得封列侯，有一立锥之地，故选择上林苑中。

伊闾车若鞮与其随员扮成猎者模样，沿着马路恣意前行。其实他们并没走出多远，就有哨卡拦住。谓萧丞相（时萧何尚未封为相国）有令，上林苑已封为御苑，军民人等非有特令，一律禁止通行。

伊闾车若鞮没做一句争辩，没多一句闲言，转身即回。到了下榻处，他嘱咐随员：千方百计不惜重金，探明韩信生死。他本人收拾一下行囊，立即动身。不过他又嘱咐一句，不论什么情况，每日依例上报。

伊闾车若鞮仿佛在长安蒸发了，他的属员、朋友、还想继续攀谈生意的人都见不到他的踪影了，但他没有离开长安。他注意到两宫城头的警戒，街道上的哨卡，上林苑的突然封锁，凭直觉，他认定已经发生了某种事情，但什么事情他无从判断。他排除了几种可能性。譬如，汉皇帝刘邦已回长安；刘邦在前线不利；刘邦采取某种重大决策；他认为这几种可能都不存在，因为刘邦下定决心要解决北边的叛乱问题。根据韩王信提供的消息，淮阴侯韩信在陈豨扯起反旗的时候，他将采取行动。如今已进正月，陈豨已经大规模展开行动了，淮阴侯应该行动了，但没见动静。是他食言骗了陈豨？这不可能。因他重言诺。他已行动了，但不事张扬。这不符合其性格，且此种行动必须张扬方显效果，一声张扬能胜千军万马。他行动了，但败露了。以其一贯的行事风格和他的智慧与谋略，果真如此是不可想象的。因为刘邦的谋主——张良与陈平及众

亲信将领皆随帝出征陈豨，驻跸邯郸，长安城中谁还善谋？萧丞相吗？他有安邦治国的大策，却无运筹帷幄的谋略。吕后嘛，他想她乃女流之辈，更无此权谋。

但天下事谁能完全预料得准？万一是淮阴侯已经得手，但为了麻痹刘邦故意低调行事，以期一举功成呢？他又否定了。因为天上掉不下馅饼来。

三天之后，他得到一个荒信：淮阴侯韩信可能已经成为阶下囚，甚至有可能已经是人头落地了。

他大惊失色，但稍一沉吟，反问，有证据吗？

没有人能拿出证据来。

他意识到自己说了谍报人员不该说的、不该犯的错误：视听而来的情报是没有证据的。他要对此做出精准的判断，就需要更多的由视听而来的情报；需要投入重金并能用非常手段扼住出卖消息的人的脖子而得来的情报。

从细作得来的一句话的消息：淮阴侯府中舍人上书告变，信反吕后谋泄。

又得来的另外的一句话的消息：传陈豨已死，萧何强邀韩信入贺，为吕后缚。信死于长乐宫钟室。

伊间车若鞮得此消息，立即动身溜出长安。不知他在途中要换乘或将跑死几匹马，反正他都要一刻不停地赶回参合口。

他为什么那样急呀？

一条重要情报有时会影响战事的成败，甚至国家的存亡。历史上这类事情不乏其例。情报人员的职业素养和操守使他必须做出间不容发、刻不容缓的决定。

或问：韩信参与阴谋叛乱，这情报是真的吗？历史存有疑问，民间历来也有传说。

20世纪70年代末、80年代初，笔者两次走访汉代长安城遗址。当时，长安遗址一片农田，几个稀疏的村落，村中房舍不多，人口也不多。作为遗址，一点都没有遭到工业化破坏，未央宫台基遗址保存完好，其他遗址不能细辨，但地形高低错落，残垣断瓦随处可见。在走过一处玉米地时，有一小块地方不足百平方米，其庄稼与众不同，引起注意。那整片玉米地长势良好，每株都在2米以上，玉米穗均已吐茸，宽大的叶子油绿油绿的。唯独那块不足百平方米的地儿长出的玉米秆儿却细细的、矮矮的，每片叶子宽不过寸，而且没有一棵结出玉米棒子。

我问当时在场的几位村民这块地的庄稼怎么会长成这种样子。村民告诉我，这小块地方历来如此，不论怎样施肥，怎样换土，它就是不长庄稼，任什么庄稼都不行。

我问：这是为什么？？

回答：不为什么，它就是不长！

我问：地下有建筑遗址吗？这里应是汉代长乐宫所在地吧？

回答是肯定的。村民告诉我这片庄稼地确属长乐宫遗址，据考古人员说，这里就是长乐宫钟室所在地。而老人还说，这块不长五谷庄稼的地方就是当年韩信掉脑袋的地方。他的一腔子血汪在这里一年多都没有凝。他的头从这里一直往北滚，所过之处是一道火墙。他的头最后滚进渭河。可是那颗头并不沉进水里，而是一直冒着火，把渭河搅起巨浪，最后流到哪里就不知道了。

我没有理由相信村民的这些话。因为史乘有载："信乃谋与家臣夜诈诏赦诸官徒奴，欲发以袭吕后、太子。部署已定，待豨报。其舍人得罪于信，信囚，欲杀之。舍人弟上变，告信欲反状于吕后。吕后欲召，恐其党不就，乃与萧相国谋，诈令人从上所来，言豨已得死，列侯群臣皆贺。相国绐信曰：'虽疾，强入贺。'信入，吕后使武士缚信。斩之长乐钟室。信方斩，曰：'吾悔不用蒯通之计，乃为儿女子所诈，岂非天哉！'遂夷信三族。"（《汉书》与《史记》同，文字略有出入。）但我也没有理由不相信那块地确实不长庄稼。

二三十年没再去西安了，不知汉宫遗址那块不长庄稼的小片土地在现代科学的条件下是否已经改变了习性？还有那几位告诉我这个故事的农民兄弟仍健在吗？如果健在，能否指证他们从前说过的话？

阿弥陀佛！

七、几片带雨的云

伊间车若鞮在途中得知冒顿单于已撤出参合口。他破命亡魂似的奔向云中。待他终于赶到单于龙廷时，那里只剩留下专门等候他的小队人马。单于估计他的归期已近了。

伊间车若鞮没见到大小穹庐帐幕云集的龙廷，已是大惊失色，待恭候他的那支小队人马欲上前施礼时，他已是筋疲力尽，一头便从马背上栽了下来。所幸被人接住，不曾致伤。

他是躺在担架上被送到冒顿单于的龙廷的。

单于的新龙廷是老地方——头曼城。

冒顿在打发伊间车若鞮亲赴长安去打探淮阴侯韩信的动静时，真的是

他最踌躇满志的时候。那时他以为淮阴侯韩信运筹于长安城内，暗中布就了一张大网：陈豨直面刘邦的"御驾亲征"，韩王信与之结盟，割据晋北，进则直逼长安，驻则策应陈豨，又有卢绾牵制住齐鲁，阴阳两面，一时之间似乎已把刘邦锁定在邯郸。但伊间车若鞮抵长安后，他原先那些最为灵通的谍报系统似乎突然不灵了。在他毫不知情的情况下周勃所部竟突然出现在马邑城下，而当时韩王信已去参合，准备与在当城的陈豨会晤。周勃所部是从哪里来的？为什么偏偏要在韩王信离开马邑时他却来到马邑城下？这是他来晚了一步让韩王信溜之大吉，逃过一劫；还是瞄准了时机，趁韩王信离开马邑之时，一举便端掉了韩王信精心经营的老巢，让他成为丧家之犬？看来这次袭击显然经过周密策划，严密封锁消息，清理了周边环境，使匈奴多年编织的谍报网络及所控制的楼烦和林胡地区瘫痪，不仅把马邑城明松暗紧地包围起来，也使近在咫尺的驻跸于参合口的冒顿耳不聪，目不明了。冒顿在得出这个结论的时候，立即采取了断然措施：马上离开参合口，放弃云中郡，退回头曼城。

他之所以做此决定，是他觉得已经嗅出了汉高帝刘邦此番出兵邯郸的意图，并且决定坐镇在那里指挥，如今已显示出了他的战略意图，而且这个战略意图显然已取得了胜利的开局。他认为自己误判了形势。他觉得在长安的淮阴侯恐怕也会陷入囹圄。

就在冒顿于头曼城刚刚稳住神，所有后宫阏氏及子女都有了落脚点，重要臣工和各部门也都有了各自的穹庐大帐的时候，斥候传来速报：马邑已被攻破，甚至遭了屠城，其守将乘马降（乘读音食孕切，乘马复姓，名降）在逃跑时竟被汉军一卒所斩。

这时已经完全恢复了体力的伊间车若鞮搀扶着他的祖父伊伐伊屠斯老人进了冒顿的穹庐，冒顿急忙起身去迎。

伊伐伊屠斯老人已经衰老到难以自理的程度了，特别是在这次匆忙的撤退过程中，他更形衰弱。他今天自我感觉不错，坚持叫伊间车若鞮陪他来见冒顿，他有话要说。

老人喘得很厉害，说话很费力气。但他坚持着要把话说完。他告诉冒顿：失败不可怕。可怕的是不知道失败的原因。

他要冒顿记住：

不要做超越自己力量的事情。一个人能推倒一座山吗？

要尽量使自己强壮起来，但记住强壮不是膨胀，一膨胀起来就虚空了。秦始皇膨胀到极限，谁也打不倒他，那么他自己就把自己打倒了。

要知彼更要知己。

他谆谆告诫冒顿：草原是游牧人的故乡，守住故乡吧！发展故乡吧！

跟汉皇帝友好相处吧！

老人沉默了，显然他是在做政治遗嘱。他的气力已经不多了。

冒顿噙着泪说：我记住了。

伊间车若鞮哽咽地说：我该死，做了超出了我的力量的事情。

谁都不用怪罪。老人颤颤巍巍地说，声音越发微弱了。他示意伊间车若鞮：他要走了。

伊间车若鞮去搀扶他。他似乎已经完全没有站立的力量了，头倚在孙子的肩膀上。冒顿也想要去搀扶他，他用最后的力气，如耳语般的声音对冒顿说道："没有后人，谁接牧鞭？有了后人，不会接鞭，或者群起抢鞭，羊群也会跑散。……"

倚在孙子怀中的老人慢慢合上了眼睛，嘴角上却似乎留下一丝笑意……

他留下了一笔遗产。如果接受遗产的人认真对待，那遗产就丰厚得不得了；反之，就无话可说了。有形的遗产和无形的遗产，其效果是一样的。

冒顿是在这两位老人的呵护下成长的。他们留给他的遗产是无形的，是精神的。他要把这种独特的遗产奉为圭臬。

伊伐伊屠斯的丧事办得很简单。据伊间车若鞮所说的，祖父在去见冒顿之前就已嘱告他：生命已到尽头，不要厚殓，不许张扬，不立标识，不必祭奠，只望长远安宁。

冒顿遵循了老人的意愿，把老人的遗体用厚毡包裹，安放在一辆高轮马车上，由他和伊间车若鞮及呼衍乔鞮在各自卫队的扈从下穿过了高阙峡谷，到了阴山北麓，把老人安葬在呼衍乔鞮祖父的墓侧。

无须用言语说明，伊间车若鞮与呼衍乔鞮完全可以意识到或体会到冒顿单于对于这两位老人是一种什么样的心情。从封土夯实之后，本应立即离开墓地，但他却要扎下几座小帐篷，即军中野营时士卒们常用的那种。有时他竟一个人站在墓前，或是静默沉思，或是绕墓踱步。呼衍乔鞮和伊间车若鞮两人一商量还是请他赶快回头曼城要紧。冒顿知道他们的心意，却要他们命人准备些酒肉。他说，他不是做一些小儿女的姿态来报答两位老人对他的恩德，而只是在想老人谆谆教导的几件事，他们该怎么做，这是关乎匈奴人的大事。

他说，从韩王信投降以来，不论是白登之围还是这次陈豨之乱，我们差不多总是被韩王信牵着鼻子走，希望借他们的力量做我们无力去做的事。特别是眼前这次，以为有淮阴侯从长安城里杀出来，我们则助陈豨之辈攻进去。结果却是一场梦。假如真的是一场梦，那就好了，眼睛一睁，

就什么事情都没有了。可它不是梦，我们就差一点儿被围在参合了。想想老人是怎么说的？

我们总是借别人的力量来壮大自己，事实证明这是不可能的。记住老人家的每句话吧！

他们在两位老人墓前彻底倾谈，把这些年的风风雨雨、大大小小、明明暗暗、是是非非的事件，对错正谬纵横捭阖，南征北战东征西讨的举措，都做了一番回顾、一番梳理，以便更好地规划一下未来。

当然，历史上所有的执政者们对未来所作的规划，和实际能够操作的规划，以及最终实现的规划，不说相距十万八千里，但至少是没有一例完全相符的。古人云"君子之泽五世而斩"的"五世"不是定数，甚至也不是常数，只是一个希望的数。但能够坐下来沉思、回眸、评说、检讨，并且能在一代、两代、三代人中延续下去，并且留下一串清晰的脚印，就很不错了。

果然，在冒顿率众返回头曼城不久就传来了韩王信被斩于参合的消息。消息称韩王信本拟率部去参合与陈豨会合，陈豨也已率部去当城。两地相距不远。参合县在今山西阳高县东北，当城在今河北蔚县北。他没承想自己一动地儿，老窝就被端了。他失去根据地，茫茫然如丧家之犬，未及与陈豨会合，却接到汉柴武派人送给他的劝降信。想来这大约是留侯张良的谋略。张良此番随高帝刘邦出征，以邯郸为帷幄，居中调动各路人马，或秘密接近敌营，或出奇兵突袭，或深沟高垒，或大肆张扬进军，或致函游说以撼军心。柴武将军奉命唯谨，一封书信，使韩王信进退失据，悔恨交加，战无勇，退无路，终致身首异处，参合被屠，而陈豨也死于当城。

接踵而来的消息进一步证实淮阴侯韩信确死于长乐宫钟室并夷三族；两个月后即汉高帝十一年（公元前196年）梁王彭越亦为吕后计杀之，夷三族，又将彭越之尸剁成肉酱遍赐诸侯，这使淮南王英布恐惧万分。他知道与汉高帝的关系已到义尽恩绝的地步了。但他会冷静地思考，并明白这样一个浅显的道理：共患难易，共富贵几无！而凭他自秦末以来的历经百战，独患淮阴、彭越而已。天已亡此二人，余不足惧。他下决心要造反了。

冒顿关注战事进展，估量了形势，认定汉军已经占据了优势，诸异姓王不过是几片带雨的云。阵风袭来，他们至多洒下几星雨点来证明他们曾经存在过罢了。他还认为包括燕王卢绾在内，他甚至是无雨的云。因此他传令诸王皆作壁上观。他尤其严厉地告诫各大当户，管好麾下及所属部落牧民不要做些偷鸡摸狗、乘机抢劫的勾当。对于逃亡过来的一般百姓需要救济的救济，能做安抚的安抚。他还召来左贤王及左谷蠡王，详细交代对燕王卢绾的策略：佯示友好，但绝不施援手；对汉兵追击卢绾兵将听之任之。只需守好自家疆界，并将此意设法通告汉兵。至于曾经对韩王信、陈豨甚至卢绾所做的承诺，他压根儿就没放在心上，只是借他们的手去对抗汉军，而不会让自家的控弦之士为这些贰臣去流血牺牲，所以当韩王信麾下的云中守速、丞相箕肆、将军博等被周勃追击，事态危急时，向冒顿求救，冒顿在头曼城中满口应承，但却未派一兵一卒。他们本来占据云中、雁门几十个县，那时这些郡县是任匈奴人随意活动的地区，冒顿在冬季把龙廷设在云中境内，外围的保卫力量是由他们来担任的。但周勃突然出现在马邑城下，最后甚至将其屠戮殆尽，冒顿便立即撤回至头曼城，直到周勃麾下将阴山山前地带韩王信的麾下全部消灭，他都没施援手。因为匈奴与大汉帝国有姻亲之约啊！周勃、樊哙等同样严格地约束部下不得逾越雷池。

刘邦在消灭诸异姓王的战争中获得了决定性的胜利，虽然他还没有看到卢绾的败亡，但卢绾已不具备危害帝国的力量。至于长沙王吴芮、南粤王赵佗虽为异姓，却对帝国无碍。刘邦不能再披挂出征了，因为他的生命将要走到尽头了。

冒顿自始至终都参与了这场战争，只是他没有动用一兵一卒。那些背叛刘邦而投靠冒顿的人的败亡似乎是冒顿的损失，其实不然。这些背叛刘邦的人极大地消耗了初肇之汉帝国的力量，本来在秦末大乱和楚汉之争时期，中原就在衰退中竭力苦挣苦扎，他们的叛乱就更加重了国家的和民族的苦难。他们在这一方制造苦难的同时，就为另一方创造了机遇。苦难和机遇是同比。冒顿的崛起和匈奴的崛兴就是在这个条件下获得的。

冒顿是明智的。他充分利用了这个机遇，却又用得很适度。

所谓适度，是指那些叛王和叛将能给汉帝国制造麻烦时，他就充分利用他们。而在他们丧失了使用价值时，为了保护自己的利益，便毫不客气地将其抛弃，以维持他与汉帝国的姻亲关系。这大约是古往今来的地缘政治关系的通则，一旦破坏了这个通则，地缘格局就要发生大变革了。他巧妙地适应和运用这个通则就为自己创造了这样一个条件：已经疲惫至极的大汉帝国为了自身的休养生息，在相当长的一段时间里不会对这个毗邻而居的草原帝国——匈奴构成实质性的威胁。这使冒顿也具备了一个既能休养生息，也能解决其侧背受到威胁的条件。

但他深知，所谓休养生息言简意赅，它包容天下万物，而首要的是让天下牧民有一个安心的生存条件。但他同时也深知，虎啸山林，狼行暗夜，风云骤起，变生不测，他怎敢解鞍卸甲，酒醉歌迷！

他要到部落牧民的毡房中去。

他要去看望几个大当户。

他要巡行天下。

这些年来，他念念不忘的是国不富，何以养兵；兵不强，怎能摧敌？一切的一切都在于国富民强。

缔造草原帝国

　　曾有兵家言，冒顿不读书，其所行往往合于兵法。此言谬矣。兵家战于前，兵书著于后。匈奴无文字，并非无战事。经战阵，两兵相遇勇者胜，两强相遇智者胜。求生本能使然，然后知兵。治国亦然。他念念不忘的事：国不富，何以养兵；兵不强，怎能摧敌。类此之言，先秦诸子多有论焉。《商君书》谓："兵不强，不可以摧敌；国不富，不可以养兵。"《管子》则言："凡治国之道，必先富民。民富则易治也，民穷则难治也。"经典之论，冒顿不得而知。但以他的身世、地位、经历、教育以及资质，他会得出某些结论。他的成功证明他的某些结论是正确的，一些用兵之道合于兵法就不足为奇了。

　　建政、治国、强兵云云也只是一种理念。当然，能建立这种理念也是冒顿的一大进步。但理念的实施需要制度的保证，而祖上留下的制度难以适应新的形势。创造不能凭空而生。他仅有的一些经验最初来自月氏，但他对月氏只有一知半解。秦的制度似乎有道理，但因何只有二世？汉怎样建政？他必须仔细观察。冒顿对汉的关心颇类梁惠王，"察邻国之政，无如寡人之关心者"。

　　他察邻国之政会得出什么结论？他要采取什么措施？

　　在他"察邻国之政"时，别人不是也在其背后察其政吗？而且不单是察其政，恐怕还要干其政。

　　他还不能离开马背。

一、察邻国之政

　　冒顿在决定到牧民的毡房中去的时候，他就决定把他的长子稽粥带在身边。"粥"读作育，就如"谷"读作禄，古史是如此注释的。稽粥已经有十六七岁了，正是他当年在月氏作为质子盗马而归的年龄。他的亲随卫士当中有不少人都是在这个年龄段上被他征召来的，有的留用到今天。稽粥是被他封作左贤王的，还有次子呼奴皋若鞮被封为右贤王，还有三子、四子被封为左右谷蠡王。他们一过十岁，他就命他们到自己的领地去住上

半年,然后再回到他身边半年。他们去领地的时候只有行政监督权,没有行政决定权。他们的一切行为都受他指派的长者的约束、教导和管理,就像呼衍乔鞮的祖父当年管束他一样。而那些长者都是长期追随在他身边的人。

虎咬羊纹铜饰牌(战国,长 11 厘米,内蒙古自治区博物馆藏品)

冒顿自立为单于的那一年也是胡亥成为秦二世皇帝的那一年。换言之,当冒顿在月氏王王廷作为质子的时候,那个胡亥却是在一群女人和一群太监极端娇宠放任的环境中恣意胡闹妄为的时候。胡亥即位后,不消两年的工夫,做了刀下鬼不值一晒,可是他把一个独步天下的大国也弄得一朝倾倒就不能不令人毛骨悚然汗不敢出了。因此冒顿不能放任他的儿子们,也不能把他们放在女人的怀抱中恣意娇惯,因此他要对他们严加管束,而同时又要让他们明白自己所处的地位和具备管理的能力。伊伐伊屠斯老人告诫他要知进退,他也要他的儿子们懂得进与退的道理。而尤其重要的,他要让他的儿子们一到三岁,从剪毛头的那天起就得与马匹相伴。自古相沿,在男孩三周岁生日的那一天要剪去他的胎发,以便让他重新长出一头又黑又粗又硬的毛发来,并送给他一匹马驹子,以显示他将要成为一名英武的控弦之士,成为一个草原上的英雄。而且从那时起,他们的生母就不得过分地骄纵他们了。他们得与自己的马驹子——通常都选当岁驹,因为哺乳驹太小,而育成驹对四岁孩子而言又太大——一起在草场上奔腾和摔打。他从不向人提起,甚至自己也不愿回忆那段往事,但那段往事的阴影似乎挥之不去。他在规训儿子的举措上总是受那段往事的影响。他接近某个儿子的时候,总是要疏远其母,而在宠幸某个阏氏时,不准她谈起儿子的事情。他的一个阏氏被他的鸣镝射杀,一个阏氏拱手让给东胡王,除了当时的特殊政治谋略所需之外,不准其阏氏干政怕也是一个原因。

冒顿带领他的两个儿子——稽粥和呼奴皋若鞮及其臣仆和亲卫们在草原上,在阴山里走访了一些毡房,甚至有时在夜里就与牧马人挤在毡房里或在燃起的篝火旁相拥而坐,同杯饮酒,一起欢歌,随兴之所至,也一齐手之舞之,足之蹈之。

但他不是带着儿子和亲随们游山玩水或假模假式地访贫问苦,而是和牧民们在一起认真地探索和寻找一个问题的解决方案,即富国、养兵的问题。而在牧民中间才能真正体会到富国、养兵的核心问题是富民。民不富，国何以富？国若把民榨干了，民活不成，兵源也就没有了，还强什么兵？因此怎样把富民的政策细细地厘清，变成具体的措施，不能立竿见影，而经年则能见效，若有十年当会改观。这既包括牲畜的繁殖，也包括人口的繁殖。

他带着同样的问题走访了许多大当户。

所谓大当户是指各大部落的首脑，他们原是各大部落的酋长或部落联盟的酋长，甚至还包括一些原已称王的人。他们有戎族、狄族，有山戎族，有东胡族，而东胡族实际包含有乌桓部、鲜卑部、奚部，等等，而曾经称王立国的有楼烦王、白羊王、山戎王、东胡王，等等，他们被称大当户已是屈尊降贵了。如今与之谈富民问题，怕就难免有"太岁头上动土"之嫌了。好在老王多已退位入土了，新王无称号就失其威，既职为大当户当然就得从命于大单于。而这是政策调整问题并非是利益冲突问题，还是容易摆平的，至少在表面上是容易摆平的。他们的实际兵员多寡不一，并且是寓兵于民的。他们受制于握有常备控弦之士的大将军或大都尉们，而这些常备军的将领实际都直接掌控在单于手中。单于则要求他们不可直接向大当户索取财物，控弦之士的家属们尽量安置在辖区内，以使士卒在牧民忙碌时助家中一臂之力。

就在冒顿与其两子——左右贤王偕众臣仆殚精竭虑地打造一个强大的草原帝国，并已初显绩效的时候，汉宫里却上演了一幕又一幕令人战栗、令人齿寒、令人发疯、令人作呕的悲剧、怪剧、闹剧、丑剧，甚至可以说这些戏的每一出都具有惨绝人寰的血腥味儿。

这出戏很像时下流行上演的电视连续剧，步步设悬念，场场有凶杀，叫观众连喘口气儿的时间都没有，眼花缭乱，惊心动魄。剪短截说吧，原是刘邦一死，汉宫易主，名义上是惠帝即位，实际上是吕后掌权。她干的第一件事是将刘邦爱妃戚夫人囚于永巷。第二件事是鸩杀戚姬所生的刘邦的第三子、惠帝的弟弟赵王如意。惠帝刘盈时年十七，刘如意年十五，两人挨肩长大。惠帝担心其母加害如意，在如意进宫期间，他与如意同床而眠，同出同进，寸步不离。他毕竟是皇帝，其母不便命人对如意公然下手。一天，惠帝晨射，如意贪睡未起，就趁这么个工夫，吕后命人将如意鸩杀。惠帝痛心疾首，但对其母又能奈何。而吕后意犹未尽。有一天吕后命人通知刘盈（惠帝）去厕中看"人彘"。原来吕后把戚夫人手足砍断，挖眼，烧灼耳朵，又灌暗药，使其成哑巴，扔进厕中。惠帝已然看不出她是谁。得知是戚夫人，被吓得大哭失声，一病，竟经年卧床不起。在病榻上，他直斥其母："此非人所为，臣为太后子，终不能治天下。"

冒顿的情报来源未必能弄清所有细节，但总归八九不离十，要害之处没错，这使冒顿甚至觉得不可理解。原来在楚汉战争时期，传说吕后帝被项羽俘虏两年，最后终于得归，与刘也算患难夫妻。刘邦称帝，多娶几个妃子，历史上从来如此。就算妒妻悍妇，大打出手，也未必敢如此杀人。不过细想此妇大约确非寻常之辈，淮阴侯韩信，英雄一世，统兵百万不是死在她的手里了吗？还有梁王彭越，曾是何等英雄？当年他若佐楚，汉必亡；他佐汉，楚王自刎乌江，最终竟也死在她手中，足见此妇人城府之深，出手之狠，当属天下第一！

不久，又有消息传来：还是关于杀人的，不过没杀成。消息说，齐王刘肥来朝。刘肥是刘邦的非婚生子，长刘盈十余岁。刘邦对此子也是厚爱有加，封于齐，王七十余城。刘盈设宴欢迎，以兄弟之礼，置刘肥于上座，向兄弟敬酒。吕后怒，命人暗备两卮鸩酒，齐王举杯向母后敬酒，刘盈则举起另一个杯子，欲与兄同饮以敬母后之寿。吕后慌了，站起来一巴掌打掉了皇帝的酒杯。齐王刘肥不敢饮酒，装醉而去。刘盈揭穿其母的把戏，救了兄长的命。吕后恨刘肥，这时也恨刘盈。但公开下令杀刘肥，她还得掂量一下。这时刘肥聪明，听其属下官员建议，把自己封地中最富裕的城阳郡献给鲁元公主（刘邦和吕后的唯一的女儿，小于刘肥，即为刘肥之妹），并且还上尊号，称鲁元公主为王太后，即称其妹为母。这使吕后高兴了，不仅代女接受了奉献，还代其女接受了尊号，即她的女儿突然变成了在名分上也是她的儿子刘肥的母亲——王太后。于是她饶了刘肥一条命。

后来，又有消息，其实有点像笑话。消息说，惠帝刘盈恨怨其母，拒绝上朝，不理朝政——其实他母亲也不让他处理朝政——常日以继夜饮酒作乐，淫戏无度。吕后越管束，他越闹得凶。没办法，吕后又出了狠招：给皇上完婚，让皇后来管束皇上。但皇后能管得了皇上吗？吕后知刘盈与其姐鲁元公主感情至深，自幼就愿听姐姐的话，所以吕后就想把鲁元的女儿，即她的外孙女，皇帝刘盈的外甥女，娶来做皇后。鲁元的女儿将八九岁，还不通人事，而且既是近亲，且又辈分不同。但吕后就这么决定了，并且也举行了大婚之礼。

当冒顿听到这个消息时，他觉得这是开玩笑。但消息得到证实，他觉得好怪！把不住应当按笑话听，还是当真事儿听。如果是笑话，这当然毫无意义；但它是真事，这究竟有什么含义呢？

他的第一个感觉：这个女人疯了，权力使她疯了。她没有了道德观念，没有伦理观念，没有了人性的常识，恐怕也没有政治的常识，不足挂齿。

但他马上改变了自己的看法。在她做西楚霸王的俘虏时，她就介入政治斗争了，虽然是被动的，而且是受害者。但这使她开始体验到政治的残酷性和政治的非理性：只问目标，不问手段。因此，她能杀淮阴侯韩信，能骗梁王彭越而将其置于死地。所以她为了权力是什么事情都做得出来，什么"人彘"，什么鸩杀，什么兄妹变母子，什么舅舅娶外甥女……只要对其权力有利并且是其权力所及，她就什么都敢干。疯子是不足挂齿的，而政治上的疯子则不能小觑！

吕后在后宫里如此胡闹，其朝廷众臣就不能干预吗？果真如此，恐怕刘邦所建立的汉帝国还没有秦的寿命长吧！但冒顿不敢这样臆断。从刘邦亲征韩王信与他在白登山的接触，特别是前些时，刘邦再度御驾亲征陈豨的遣将布阵，声东击西，南照北应，形为应战，实为进击，其进兵的神速，打击的精准，多路的进攻，横扫的气势，显见其谋略之深，布局之严，有令其敌手防不胜防的态势。一个刘邦死了，其政局就全乱了吗？

他觉得不能得出这样的结论。那么是谍报有误？

他也得不出这样的结论。因为淮阴侯韩信在长信宫被杀一事，其消息竟能被封锁相当的时间，他已经责令伊间车若鞮究查其原因。所以最近的消息就来得颇为及时和比较详细，可以觉察出谍员的能力了。但缺少朝廷行政方面的消息，可见谍员太偏重于汉宫的故事了吧！当然汉宫的故事也确实非常好玩！

冒顿对大汉帝国的关心颇类梁惠王："察邻国之政，无如寡人之用心者。"当然他与梁惠王"察邻国之政"的出发点不同。梁惠王是表白他比之邻国的国君，他是多么勤政，而冒顿却是从地缘关系的角度在监视和侦察邻国每时每刻的一举一动。如果一直追随刘邦的那些执掌政柄和刂国元勋仍在原位依然行政的话，那足以表明：吕后不过是在汉宫那里的小池塘中制造一些风波罢了，掀不起大浪来。但是，如果吕后能一手遮天，独掌乾坤，培植势力，罢黜功臣的话，可就另当别论了！

针对这种特定内容的谍报陆续反馈回来一些。譬如，有情报说，相国萧何已故，就任相国是曹参，原是齐王刘肥的丞相。但其功勋可比萧何，是刘邦临终前交代的：萧何之后，曹参可为相。他一进长安接过相印之后，却很少走出相府，而相府中的酒香却能溢出府外。卿大臣们为公事敲开相府之门，请示政务时，不问急了他不回答，问急了他则反问：萧相国在位时怎么办的？听到回答之后，他只说一句：照办！其他各位卿大臣也多不上朝，皇后有指令，照皇后指令办；没皇后指令，按萧相国时代的老规矩办。

这些情报好像给冒顿喷了一头雾水，很明显的感觉是汉帝国的朝廷已

经没有一个朝廷的样子了。可它又让人感觉那朝廷还是原来的朝廷，萧何的规矩还在执行着，谁想改，曹参一句话——"照办"——就把什么都给挡住了。萧何的规矩是什么规矩呀？那是"道之以政，齐之以刑"的规矩。

还有关于筑城的消息。谍员报称，吕后让丞相征调长安周围600里内的百姓，户出一人自带干粮奔赴长安服劳役。当年萧何为筑两宫已经耗尽了老百姓的力量，加之连年战争，实在难以动员百姓了。如今后命难违，为逃避徭役的农民被搜捕之后则成了罪人，吕后甚至要复秦法，将其列为"城旦"，即判刑四年，服筑城役。曹参告病，而十四五万的民工却无权因病告假！长安城是一片大雾。

聪明的冒顿实在弄不懂吕后的"政治"！但是灵机一动，他产生一个奇想，一定要揭开长安城的这片大雾，哪怕是冒一点险。他觉得不把事情弄清楚，他是睡不好觉的。许多年来，他一直在琢磨一件事情，准备一件事情，即打造一个富强的有常备军的草原帝国。但他顾虑重重，力不从心。因此，他下定决心要把事情弄个明白。他派人请来他核心的几位骨都侯及左右贤王、左右谷蠡王和他们麾下的几位大将，举行一次会议。

会议的结果是叫来一位本是中原人的书记官，以冒顿大单于的口气用汉文写了一封致吕后的信。在信使出发之后，与会者要严加保密，同时各自做好应对的准备。

二、"书嫚吕后"

冒顿单于致书吕后之事，发生在汉惠帝三年，匈奴冒顿单于十八年，公元前192年。史乘多有记载，谓之"书嫚吕后"。嫚者有轻侮、谩骂之意。据《汉书·匈奴传上》披露，书嫚吕后云："孤偾之君，生于沮泽之中，长于平野牛马之域，数至边境，愿游中国。陛下独立，孤偾独居，两主不乐，无以自娱，愿以所有，易其所无。"如此奇文，确有传世价值。不知史迁撰《史记》时为啥不敢引用。若非班固录入《汉书》之中，今人怎知这段风流案？

史称"吕后大怒，召丞相平及樊哙、季布等，议斩其使者，发兵而击之"。

冒顿在发此书之前显然是做了"预案"：首先是准备打仗，当然不会真打，至少是不会大打。因为他想知道：吕后在受其侮嫚之后，假如采取强硬态度，她能调动多少人马？任谁为主将？什么时候能行动？怎样行动？选择哪条路线？有多少胜算？等等。只要她一动，就可以把这位权倾天下的汉宫女主的实际能力估量个大概其，甚至也能把她的政治结构摸索出几分成色。

如果她并不直接派兵出征，而是调动兵力，加强边备，整顿朝纲，任用贤能，徐图进攻，那么这个大汉帝国庶几将会强大起来。但他认为吕后本人恐不具备这样的雄才大略，这需要观察其用人的标准。而这正是他对大汉帝国最为敬畏的地方。因此他特别关注大汉帝国的一举一动，其至一呼一吸。一个强大的邻国的政治走向，一定会影响与之有地缘关系的邻国的政治走向。

如果她因为自身存在的问题，使其无可奈何接受了"嫚书"，绝非是匈奴的福音，但可能是匈奴的机会。假如她强忍此辱，或其臣仆促其接受此辱，实行卧薪尝胆之计，不需多久的时间，一旦积聚起力量，必是匈奴的最大的威胁。但他仍然希望是这个结果，因为这会给他提供一个机会。使自己有可能也强大起来，并具有与之较量的能力。当他派出使者致书吕后的时候，他希望并且相信这封"嫚"书会有他所希望的结果。

他终于得到了回书：

单于不忘敝邑，赐之以书，敝邑恐惧，退日自图。年老气衰，发齿堕落，行步失度。单于过听，不足以自污。敝邑无罪，宜在见赦。窃有御车二乘，马二驷，以奉常驾。

吕后在汉宫中以凶悍狠毒的妒妇形象"彪炳"史册，以致刘姓子孙如刘秀在重建祖庙时竟不肯给她留下一个牌位。当然那是后话。且说吕后竟然能如此放下身段，几乎以丧尽人格、丧尽国格的谦卑词语回答单于，这恐怕是当事双方任何人都始料不及的，恐怕也是令后世读史之人感到头皮发麻的。那么这封回书是怎么出炉的呢？

当时共见冒顿"嫚书"并议如何应对的人，史称有吕后、新任丞相陈平、吕后的妹夫樊哙和季布，余下为"等"字，即尚有多人，史略其名也。议题很明确并极具煽动性："斩其使者，发兵而击之。"这当然是一场非常重要的会议。大约会上有一边倒的趋势，一是吕后"大怒"，与会众人当然也是大怒，因为人人都要看主子的脸色表态。这时上将军樊哙吼道："臣愿得十万众，横行匈奴中！"

樊哙在鸿门宴上的表现令霸王项羽刮目相看。不论在楚汉战争中，还是在几次平服诸异姓王的战争中，他都是刘邦最得力的帮手，极受刘邦信赖。论私交则更近乎，他与刘邦是连襟，即吕后的妹夫。但在刘邦临终前，因他反对皇上废储另立赵王如意为太子，甚至扬言要将其杀害，而惹恼了刘邦，派周勃和陈平去军中捉他并立即斩首。时刘邦病危，处于弥留状态，周勃、陈平不敢遵旨行事，只将樊哙押回长安，请皇上自行处理。

这时皇上已死，吕后当然把妹夫赦免、复爵，且更加宠信、倚重。因此，他这一声吼，陈平大约不敢表示异议，其他朝臣自然就不敢言声了。

但这时庙堂上突然出现了一种不谐和音，其声虽未必是吼，却是掷地有声，重逾千钧："哙可斩也！"

这是振聋发聩的一声巨响，庙堂上一切聒噪的声音都停了下来。发言者接下去急促地说道："前陈豨反于代，汉兵三十二万，哙为上将军，时匈奴围高帝于平城，哙不能解围。天下歌之曰：'平城之下亦诚苦，七日不食，不能彀弩。'今歌吟之声未绝，伤痍者甫起，而哙欲摇动天下，妄言以十万众横行，是面谩也。且夷狄譬如禽兽，得其善言不足喜，恶言不足怒也。"

讲这一席话的人是季布。他怒斥了樊哙，遏止了一场可能发生的战争，说出了陈平等人不敢说的话，也给吕后找了个台阶。这之外恐怕还包含有不可言传的深意：制止樊哙重掌兵权。按汉初兵制，将军授兵权，率众出征。兵罢后，将军交回兵权，不再掌兵。樊哙平燕王卢绾叛乱时，授以上将军。而刘邦病危时命陈平、周勃杀樊哙，即取消了他的兵权。现在虽已复爵，但无战事，樊无兵权。樊主战，实际是要讨回兵权。故季布阻之。

季布其人官位不高，仅中郎将而已，是一员散官，不主事，无衙署。但其近上，参与庙议，随侍左右，以备咨询。他的名声也很大，《史记》《汉书》皆有传。不过，他这一席话，大约因为讲得太急，不假思索，所以讲错了好几件事。如说"陈豨反于代……匈奴围高帝于平城"云云，是把汉高帝七年的事和十一年的事给搅和到一块儿了。说汉兵三十二万，当时汉兵一大部分归家，一大部分为异姓王统领，当时能动员出征的兵不多，三十二万，乃夸大之词，就如说冒顿控弦之士四十万、三十万，亦皆夸大之数也。

这且不管他。总之，季布反对樊哙重掌兵权，也就阻止了这场无意义的战争。但吕后不愿意樊哙重掌兵权吗？她就那么放心把兵权拱手由周勃、陈平等宿将掌握吗？当然不是。但在她还没来得及全面掌握朝廷及兵权的情况下，突然爆发一场战争，她能驾驭这一整套的国家机器吗？因此，战不如和。她看得出陈平等众朝臣也是支持季布意见的，她得到一个台阶下，顺水推舟就是她的必然的选择。

但奇怪的是她干吗要叫大谒者张泽写那样一篇回书呢？这未免也太过分了吧！

但细想一下，这里边可能有真有假。但不论真与假，对于吕后而言，大约都是以她个人得失为标准来衡量的。当然在"朕即国家"的历史条件下这也是必然的。而吕后当时并非是"朕",她还有个儿子——刘盈在位，朝廷大臣中，萧何死后曹参继任，有"萧规曹随"之道，曹参死后，王陵、陈平以及大权在握的周勃等人都有着"萧规曹随"的影子，即是说刘邦所建立的朝廷——政府——还是以兴国利民、休养生息作为政府政策的主轴，因此吕后的权限还只是两宫之内，她的亲信还没拿到实权，也就是她本人还没真正掌握住实权。譬如樊哙刚一讨要十万兵的大权，立即就被季布斥为"可斩"，当时与会众臣没有谁站出来支持樊哙就是一例，这同时也表明吕后召集肱股商讨发兵反击匈奴的议题没人响应。我估计当时周勃未必与会，他很可能因取代樊哙所统重兵仍留驻燕代之地。他会侦知左贤王所辖匈奴左地并无兵马异动之兆，随时与陈平沟通信息保持联络，判断边界并无大事发生，怎能随意兴兵发动战争？

在这种情况下，她敢一意孤行吗？她有一意孤行之权吗？像吕后这样的政治家，其行事的准则只有一个：攫取权力，不择手段。如果硬的手段攫取不到权力，那就放软身段，徐图发展。什么人格、国格，对于这种人而言，其实都无关紧要。当年被项羽俘虏时，她作为阶下囚，作为人质，有什么人格、国格，只有争取到活着，才会有这个格、那个格。这就是她的逻辑。既然老头子刘邦当年在那么多勇将和谋士的保护下都差一点被冒顿包了饺子，她何必去冒那个险。为保险起见，那就把身段放软些，再软些，更软些。所以在回书中才有"敝邑"、"恐惧"、"年老气衰"（她为什么不用"年老色衰"，那不更直截了当嘛）、"宜在见赦"……

有一些赞扬"吕后称制"的史学家，不论这个女人干了什么伤天害理的事情，只因她敢"称制"就誉为中国历史上第一个最伟大的女政治家，他们绝口不提这段史事，不令人觉得遗憾吗？

冒顿的使者不仅没有被吕后杀掉，显然还成为上宾。他来时孤身一人，回去时却跟随了一群人。那群人是吕后派遣送降表，并且因为自己"发齿堕落、行步失度"不能侍候大单于而深表歉意的使臣及其护送冒顿使臣的仆从和贡献御车马等贡品的人们。

鹿形铜饰件（战国，高7.2厘米，1979年准格尔旗西沟畔出土）

冒顿得到了超出他希望的最重要的东西：在他面前，大汉帝国不过是一个"邑"而已！这是吕后承认的，也就是等于向他保证的，中国是匈奴单于国的一个邑，因而也就有义务向匈奴单于国纳税进贡。

冒顿压根儿就没见过也没想过要这已老的"徐娘"来陪她玩，写

在文字上的意思是拿她开涮罢了。没承想这个老徐娘还真格地动起了心思。如果她风华正茂，如果她发乌齿皓，如果她舞姿婀娜，还保不齐她真的跟着马车投怀送抱地来玩玩呢！当年在楚营做阶下囚时，不还是与审食其有暧昧关系嘛！而且据信这种暧昧关系一直维持到老死！当然这是笑话。但她的回信可比她本人要贵重万倍。因为那是堂而皇之送到他冒顿手里的一个保证，一个证据，甚至是一张卖身契。

冒顿的高兴不能用言语形容。

冒顿的高兴在面上毫无表露。

冒顿很快又派遣一位使者，向吕后表示谢意："未尝闻中国礼义，陛下幸而赦之。"

冒顿的高明就在于他知进退。他得到了便宜却绝不张扬；不仅不张扬，还要使对方觉得自己占了便宜，而忘记吃了亏。其拐点就在于他巧妙地用了"陛下"两个字。

信使不能空手而去，他带上冒顿献给她的一群马匹。

吕后受宠若惊，自己不能去伺候她心目中的英雄，于是选了宗室的女儿作为礼物回敬给冒顿，史称"和亲"。这是冒顿的第几个阏氏呢？

不拘多少，反正都称阏氏。

三、浚稽山中

冒顿命呼衍乔鞮驻守头曼城，但竖起两柄纛旗，一柄是冒顿大单于的，一柄是右贤王的，城头旌旗也要定时更新，并适时沿河水东岸的秦遗障塞巡视防务。每次出行都要打出单于和右贤王的旗号，届时会具体通知。他嘱咐呼衍乔鞮，驻守头曼城的主要任务是监视汉兵的动静。正常情况下，搞好互市，购买物资囤积，与其官员经常交往，情况随时通报。巡视河水东岸，切实保护河南地，经常整修沿河障塞。但打造渡河船只和缝制皮筏却要严守机密，不得走漏半点消息，并且常年不懈。他还特别嘱告呼衍乔鞮，不论是对汉军，还是对月氏人，都不要有任何挑衅活动，对方的些许侵犯都和平解决。他说，凡事考虑长远，小不忍则乱大谋。

冒顿到达高阙北口小黄山时已经是黎明时分。他是入夜的时候离开头曼城的。他的几位阏氏以及后宫的众多仆妇、侍者在此前就已经离开头曼城，她们也是夜行的。根据冒顿的旨意，他把大纛旗留在头曼城，所以就要秘密迁徙。头曼城的穹庐毡幕都留给了呼衍乔鞮及其将领们的女眷和家属了。

高阙峡谷北口横亘一座小山，山高约百米，但山势却较陡峭。秦长城自此处始筑，向东延伸。秦二世胡亥自毁长城，冒顿在此经营甚久，全部地形了然于心。他这几年一直命令各部左右大将和部分大当户选派一些千户长、百户长及士卒三百人左右，来到这个营地接受训练，时间一般不超过三个月。他希望打造一支训练有素的常备军，并通过这些受其训练的千夫长、百夫长影响和带动各部的武装。

冒顿的努力在这几年之间显出了效果。

首先是他的三分制的行政体制的架构，不仅是得到了完全的落实，而且充分显示了它的运作的有效性及其能力。

左贤王受封时，夏季王廷主要设在今克鲁伦河流域温都尔汗以东的牧场上，冬季王廷最初设在今多伦一带，后来则进至今河北丰宁，燕王卢绾投降后，在伊闾车若鞮的建议下，一度设在今北京延庆一带，它不仅是直对着上谷郡，简直就进了上谷郡，其郡治就在延庆地区。这就有效地控制了燕国的北部地区，因此燕山中山戎诸部，燕山南麓诸部，尤其重要的是在今西拉木伦河流域、老哈河流域及其汇合后的西辽河流域的乌桓族和鲜卑族（或统称之为东胡族）诸部。左贤王虽然年幼，但在伊闾车若鞮的强力辅佐之下，努力扩充左右大将的兵力，并通过左右大都尉协调各大当户。大都尉是大将的副手，协调军中上下左右各个层面的关系，亦可临时受大将之命执行包括作战在内的各种任务。大将统率的军队是常备军，各大当户所统率的军队则不脱产。他们都称万骑，即兵员总数应有万骑。但常备军与不脱产的军，在装备、训练、担负任务上区别很大。当时，各大将军的兵员达到万骑足员，受人口限制，是很不容易的。各大当户的不脱产的兵员则更直接决定于其部落的人口总数及地域面积。军旅属官皆有千夫长、百夫长、什夫长之别，此外还设有裨小王、相、封、都尉、当户、且渠等职。千长、百长、什长等皆直接统兵，余者或主管军中杂务，或主管地方百姓。如且渠，后世均作姓氏。其作姓氏也源其职务，且本指水草沼泽，且渠或指管理水源导渠之类的事务。人畜皆需倚水而居，故不论行军作战还是转移牧场，必须有专人负责寻找水源或挖渠引水之务。

左贤王作为大单于的左翼，有效地控制了匈奴的东部。大单于冒顿则无东顾之忧。左贤王治下的东部也是按三分制的原则行政。他麾下的左右大将与之三足鼎立，是个稳固体。大将军下置左右大当户自然也是三足鼎立的稳固体；大当户下属有左右当户，亦同样。一旦有警，各层级都是左右掎角，三面策应，上下贯通，立即投入运动之中。

伊闾车若鞮在辅佐左贤王行政的同时，还兼主管冒顿单于的谍报系统，他在辅佐左贤王的工作中也充分利用了谍报系统的优势。任何一个大当户的举措他都了如指掌，必要时则能采取适当措施。

右贤王呼奴皋若鞮是冒顿的次子，比稽粥略小一岁，这个孩子也是聪明绝顶。他在呼衍乔鞮的辅佐下，严格按照自古相传的习俗，在剪完毛头（满三岁时）之后，就与一匹当岁驹相伴为戏。如今这匹鼻梁上和四条小腿上皆有白毛的深紫色骏马仍是他的最爱，唤马时直呼其名"五白"，马便应之。不过现在他已舍不得骑它走长路了。呼奴皋若鞮以骑射见长，凡他走过的地方，他都能记得道里远近，水源所在，沙丘移动的方向与距离，大至山林的分布，小至一个冬季驻牧地能聚集几群牧畜。他的右贤王廷最南处直对上郡。秦之上郡最初置于今甘肃泾川县东南，后又移至陕北绥德。汉初实际统治在这些地方处于模糊状态。农民们自是心已向汉，而匈奴势力却常出现于绥德直至泾川以西。即在右贤王的名义下，呼衍乔鞮常派遣军队深入这些地方。但人数不多，来去匆匆，主要目的是监视月氏人的行动。这支来去匆匆的匈奴骑士，其中很可能就有右贤王的身影。而有他则必有呼衍乔鞮。当然他们亲自参与巡视性的行动，其次数是有限的。

在呼衍乔鞮的辅佐下，右贤王呼奴皋若鞮最大的军事行动是在得到冒顿的同意后，对浚稽山和燕然山的进军。

秦汉时的浚稽山即今之戈壁阿尔泰山，是阿尔泰山脉的东南端。浚稽山分东西，东浚稽山最高峰，今称东赛汗山，达2845米；西浚稽山最高峰，今称西博格多乌拉山，达3957米。

呼奴皋若鞮与呼衍乔鞮向浚稽山进军是一次非常重要的战略性的军事行动，但其规模并不大。事情源于冒顿北上狼居胥山之后，丁零、鬲昆、薪犁、屈射、窳浑等五部被迫向北部贝加尔湖和萨彦岭一带退却。当时冒顿兵力单薄，对北地情况不熟悉，加之未进冬季，却已冰雪交加了，冒顿不得不退回老营。后来他留下一支人马在狼居胥山中，监视其行动。后来逐渐得知薪犁、屈射向燕然山中转移。他们人口不多，且原本就游猎于燕然山，即今之杭爱山。那里山高林密，草原好，野兽多。可是因为人口少，人虽能猎兽，猛兽也能伤人，且野兽多也伤及牛羊。所以那些山中部落活得也很艰难。但后来狼居胥山中的人马得知丁零人不是单纯地协助或是自己也愿去打猎而大规模向山中迁徙，而是想要借这种迁徙的机会越过燕然山，伺机再进入浚稽山，目标是与胸衍部沟通。胸衍部后来则称居延部，那里有着巨大的湖泊，称胸衍泽，后称居延海。胸衍部属月氏国。因此，丁零人的意图就昭然若揭了：他们要以迂回的方式，与月氏人联合起来，以期实现南北夹击匈奴目的。

不论是从个人恩怨，或从历史渊源，也不论是从客观形势，或是从主观愿望，冒顿认为对月氏及丁零的战争几乎是无法避免的。从左右谷蠡王

的麾下大将到左右贤王的麾下大将，几乎都是"主战派"。但是伊间车若
鞮和呼衍乔鞮却成了"反战派"，最终是冒顿完全接受了"反战派"的意
见，硬是将"主战派"的意见压了下去。不过这次的所谓"反战派"并非
是一般意义的"反战"，而是强调在一个不恰当的时期选择一种不合适的
战争方式，其结果不可能取得胜利。即使取得一些战役的胜利，也无法弥
补战略上的失利。原因就是在没有弄清大汉帝国的总体情况，并取得一定
的保障的情况下，怎能在东北和西南两个方向进行大规模的战争。但不战
又怎能遏阻丁零与月氏的联合？呼衍乔鞮长期驻守西部，对浚稽山和燕然
山的情况不说了如指掌，但一点也不陌生。他认为如果主动对月氏和丁零
发动进攻在道义上不上算，且会使自身遭受重大损失：自然的恶劣条件和
长距离的奔波必然导致重大伤亡和疲弊；暴露自己的意图也暴露自己的弱
点；东部和北部闪出空当，给丁零以可乘之机，西部和南部也露出空当，
反使月氏乘虚而入；如果我们东西支绌，汉帝肯坐失良机吗？假如失败，
不说汉帝，不问丁零，不提月氏，就是各大当户又将怎样呢？因此他反对
在目前情况下对丁零和月氏进行战争。但不进行战争不等于任他们去实现
联合。呼衍乔鞮和右贤王主张换个方式以期实现遏阻的目的。

　　呼衍乔鞮所谓的"换个方式"，是指在一般情况下不能采取军事行动
的时间和地点却采取一次突然的军事行动。

　　漠北的冬季差不多长至七个月。牧民一进入冬窝子就都做长期打算，
即七个月不迁徙。他们要给牲畜准备过冬的牧草，给自己准备过冬的薪材
和牛粪，最后还要准备接羔。因此准备过冬，是牧民生产生活中最繁忙的
工作。寓兵于民的部队通常也不在冬季采取军事行动就是因为严寒的限
制。漠北的阿尔泰山、唐努乌拉山、萨彦山和肯特山，漠西的杭爱山（古
称燕然山），杭爱山以南的戈壁阿尔泰山（古称浚稽山）是牧民的最主要
的冬季牧场，往往移徙千里，也要到这里越冬。这些大山钟灵毓秀，连绵
蜿蜒，轮廓柔和，较少悬崖峭壁，而森林茂密，水源充足。峡谷中的宽阔
地带多为草甸草原，大小牲畜仍能主动觅食。隆冬之际，积雪渐深，毡房
温暖，牧人陶然。偶尔出现几场大风雪，山峰皆披银装，森林一片素裹，
冰河悄然延伸，道路全部封锁。不谙草原游牧民族生活习性之人或以"瀚
海阑干百丈冰，愁云惨淡万里凝"来形容之，闻而却步，但牧人对此并不
介意。他们照样与邻近的部落或亲友往来，饮酒作乐，谈情说爱。因为冰
雪充足预示着消融之后的牧草茂盛，六畜兴旺。不过也有使他们最为担惊
害怕的，就是狼群对人畜的恶性攻击。当然一般的侵扰，对善于打猎的牧
人来说是不在话下的。

　　伊间车若鞮完全同意并支持呼衍乔鞮的主张，同时提出向吕后挑衅的

建议，以试探其女主与众多功臣之间的关系。

冒顿完全接受了乔鞮和伊间车若鞮的建议，并且亲自扮演了一个不那么光彩的角色——向吕后调情，搞"书嫚吕后"的游戏，取得了完全意外的效果，成为古今地缘政治史或地缘关系史上一个极为独特的案例。

而呼衍乔鞮则精心地选拔了一支五六百人的"控弦之士"，他们进行了一场艰苦卓绝的战斗，但意外的是这场战斗，不是对人，而是对猛兽和冰雪。这其中还需特别提到一个人——呼奴皋若鞮，他全程参与了这次行动。呼奴皋若鞮未满十七岁，他差不多是在违背其父的意志——最后还是同意了——的条件下随军行动的。这个少年王子——右贤王不叫苦不叫累，不出风头不掉队，直到取得完全的胜利。

呼衍乔鞮统率的这支队伍是马匹多，人员少，即人均三匹马。管马匹的人几乎多于冲锋陷阵的人。其实这是小分队充分估量了长途行军于一条从未涉足的冰山雪谷里，而参与行军的人既有权高位重的大将军，还有比大将军更显赫的右贤王，这就不得不格外地做最好的装备和能设想到的生活保障。

他们几乎完全是沿着野兽的爪印，从东浚稽山追寻到西浚稽山，从猛兽丢弃的碎骨中发现了人骨，进而还发现了衣物，才第一次见到了人的踪迹。这还得特别感谢上苍施虐时刮起的暴风，是暴风吹散了厚厚的积雪才露出了人骨和衣物的碎片。

虎鸟纹金饰牌（战国，长 4.5 厘米，
1972 年杭锦旗阿鲁柴登出土）

当他们终于有一天在肆虐的暴风雪施暴时也累得停下喘口气的时候，隐隐约约地听到了在马嘶狼嚎的声音中似乎还夹杂着人的哭喊的声音，呼衍乔鞮仔细辨别了方位，估量了距离，判断了形势，他决定率上刚健勇猛、身高蹄硬的百余人马一律轻装，偃旗息鼓，去打前阵，再一批人马做好支援的准备，而第三批人马则以保护右贤王及马匹辎重为务。但当乔鞮终于寻到并且看清声源的战场时，他也惊呆了：原来是一群数不清数目的狼在围攻一群人。人数多少也难看清，但哭喊声中有孩子和女人。乔鞮辨别一下风向，估计弓弩怕派不上用场——容易伤着被群狼围困的人。他向后一招手示意众人随他冲上去时，却意外地发现了呼奴皋若鞮。阻止他已经来不及了，而且他已跑在前头了，那就只好追着他跑，以便万一时能伸出援手。

阴山、天山、阿尔泰山都有些捕猎的岩画。岩画中描绘着面临险境的羊啊、鹿啊拼命逃生的姿态，而凶狠的狼各显身姿围追堵截，也是曲尽其态。捕猎者张弓搭箭，但也心情紧张。那些岩画静中有动，动中有静，充分展示了瞬间的生命旋律。作为艺术品，历数千年益显其珍贵。但若设想那惊心动魄的时刻，特别是恶狼的群体发动对人畜攻击的现场，那也同样是一场致命的战争。笔者曾有过一次经历，只是规模小，时间短，有惊无险。那是四匹狼的有组织性的进攻，即从四面同时扑了上来。对于我而言，那真是恐怖，但对于我的牧民朋友而言，则是一场战斗。他有枪，有猎狗。在不容顶子弹的情况下，枪仍是抢打的武器，而且还有拳脚。在和野兽的搏斗中，仍然遵循着两强相遇勇者胜，两勇相遇智者胜的规则。

但在我们前述的遭遇上百匹狼围攻的人群而言则已不是两强相遇，更非是两勇相遇。若不是这一支生力军的及时赶到，后果则不言而喻了。

无巧不成书，这支被救的人群恰恰是寙浑王及其亲眷。他的亲卫们在几天与狼聒噪的恶斗中已经伤亡大半。他们大概是闯进了狼窝了，狼群越战越多，越战越勇，而这群人则相反。他们被匈奴右贤王及呼衍乔鞮的人马相救，简直就看作是被神相救了。这两位"神"只问伤、问饥。在一处能避风雪的山窝里燃起了篝火，随身所带的肉干与干奶酪等食品不够用的时候立即派人招呼后续人员火速送上来。女人和孩子得到了饱食和安慰，伤者得到了包扎和休息。在寙浑王得知呼奴皋若鞮是右贤王时，他惊呆了，在认出呼衍乔鞮时，他的双腿颤抖了，但他得到的是挽扶，是慰藉。

后来寙浑王收拢残部来到了今杭锦后旗地区驻牧。与之前后脚在燕然山中游猎的屈射诸部也相继寻来，没有再向月氏靠拢。寙浑也作浑庚，或作浑寙。侯仁之先生在西北进行沙漠考古时曾发现其古城遗迹。

寙浑王感念冒顿父子对其一家及其族人甚至整个部落的救命之恩，和盘托出了丁零与月氏勾结的谋略与意图，同时也坦承他与屈射王所担负的角色，即通过胸衍王与月氏王沟通，采取不间断的、连环包围的方式，迫使匈奴向丁零与月氏投降。这个计划很歹毒。这种不间断的打击，显然就是使冒顿疲于奔命。假使他们再与汉帝国勾结起来，匈奴必四面受敌，那还有活路吗？

右贤王呼奴皋若鞮与呼衍乔鞮这次浚稽山之行使冒顿得到了极大的慰藉，觉得他的两个儿子——左贤王和右贤王都成长起来了。从某种程度上说，他的三分制的草原帝国是由于这两个贤王的成长而变成有效的实体。冒顿又进一步改组了他的单于廷，正式称作龙廷，并任命呼衍乔鞮为左骨都侯，伊间车若鞮为右骨都侯。左右骨都侯执掌龙廷朝政，不再具体管理左右贤王的政务。而单于则以更多的心思和精力放在左右谷蠡王及他们的左右大将的身上。

冒顿深知他的两大宿敌月氏和丁零，始终是以两面夹击之势使他腹背受敌。呼衍乔鞮与呼奴皋若鞮在浚稽山的成功使他有理由来直面丁零和月氏了，但他的主观条件却仍嫌不足。因此他进一步以东西千余里的阴山作为基地，以左右谷蠡王属下的大将统率的骑士作为骨干，从各大当户的兵勇中精选控弦能手，严加训练，广积弩矢弓箭，大量制作铁兵。但他同时严格约束各大将麾下士卒，潜藏山中，不露爪牙，等待时机。

种种迹象表明，这个时机快要成熟了。

四、后吕雉时代的动荡

在终身制的皇权至上的年代，皇上之死所导致的皇权更迭，不是百分之百地必然导致一场政治危机，但出现危机的概率却几乎高到令人咋舌。

称制的吕后——不是皇帝等同皇帝——之死所导致的政治危机，当然也属终身制的皇权范围，其产生的危机却是极富戏剧性的。

这里所说的危机是中性词，不具褒贬之义。即危机所导致的结果并不都是坏的，有时甚至是意外的好。

汉高后八年，匈奴冒顿单于三十年，即公元前180年，吕雉死了。

吕雉在咽气之前，自知大限已到，对守在病榻前的娘家侄儿、统领北军的上将军、赵王吕禄和统领南军的吕王吕产叮嘱说，千万不可离开军营为她送葬，以免为人所制。

刘邦曾与众大臣刑白马定约：非刘氏而王者，天下共击之。刘邦生前，除长沙王吴芮、南粤王赵佗，其他异姓王一个一个被击杀了，剩下个燕王变成了东胡卢王也终于客死匈奴（公元前195年）。而吕后封了好几个吕姓人为王。她在世没有人敢说话，她闭了眼睛呢，当初与刘邦刑马盟誓的大臣们会不会有变动呢？她的丈夫刘邦的兄弟子侄们会不会有变动呢？她敢笃定他们会有动作。但由谁发难她还难说，也无力细说了。她对吕禄、吕产的警告是严肃的，而且她早就费尽心机为他们做了许多铺垫，把刘姓子孙的王权、兵权、臣权、财权陆陆续续搬掉了许多，把大臣们的官爵也削去了不少。这一切不都是为了吕氏家族吗？

可惜她的吕氏家族的子侄们都是些猪！

刘肥的儿子刘襄、大将军灌婴在洛阳联兵攻于外，太尉周勃与丞相陈平起于内，兵未血刃，略施小计就迫使二吕交出了北军和南军的兵权，终于族诛诸吕。

刘邦死后，刘姓政权名存实亡，由吕后经营了十五年。吕后死后，旬日之内，吕姓便遭族诛。政权更迭总带点血腥味儿。

　　与之地缘关系密切、相距不出三日马程的匈奴与月氏，一个在北，一个在西，都把眼睛瞪得圆圆的。耳朵竖得直直的在打探着长安的消息。长安城里的一束火光，一阵杀声，似乎立即就能被他们看到和听到。

　　从韩王信和陈豨死后的这些年来，汉匈之间的小摩擦不时发生，但就总体而言，双方都算在实施着"和亲"的睦邻政策。汉帝国从中得到了一定程度的休养生息。其内部虽因吕后执政，抑刘扬吕，宫廷内部混乱不堪，但人心思治，能臣的"萧规曹随"使政权还是逐步稳定了下来。而冒顿虽有弑父之罪，还有自知之明。他统一了大漠南北，征服了东胡诸部，建立了三分制的草原帝国。帝国草创，部落众多，民族不一，地域分散，他利用了吕后执政的这些年中无力经营秦、赵、燕之长城旧疆，冒顿刻意经营三分制的政治格局，依靠东西千余里、草木茂盛的阴山，发展生产，制作弓矢，组建和训练相当规模的常备的"控弦之士"，使各部落的大当户们既有相对自治的基层政权组织，又能与相邻部落互为掎角，守望相助，从而使匈奴跨越了部落联盟大酋长制的政治阶段。他的这种建政思想对后世各游牧民族的建政格局影响至深。现如今，吕后死了，吕氏政权瓦解于一旦，政权归刘，名实相符。那么原先的地缘政治格局会有什么样的变化呢？冒顿不能不做认真的思考。

　　他的思考基本是正面的。

　　自从在白登山与汉高帝正面接触之后，以刘敬作为"和亲"使臣，汉与匈奴之间的关系大体是平和的。尽管有韩王信、陈豨、卢绾等人从中作祟，干戈对峙多年，毕竟不是直接冲突，"和亲"关系也始终维系着。冒顿对这一局面的长期延续，其实是他最初不敢料想，甚或是求之不得的。因为强秦的那种咄咄逼人之势是他始终挥之不去的阴影。而他初肇的草原帝国面对推翻了强秦、战胜了楚霸的汉帝国，焉敢有一丝一毫的轻心？在白登山的较量，他接触到了汉高帝的弱点，但他也不敢自大；他更看重的是大汉军臣在一时失误情况下那种应变的意识与组织的力量。这些年来，他把自己主要的精力都放在东西千余里的阴山中，一切的一切都是围绕着两件事情展开的。第一件就是如何丰富、完善和巩固草原帝国的三分制的体系。他的民族，他的帝国是建立在马背上的，具有极强的流动性、分立性、松散性。他们不愿意与人合作，甚至不愿意与人结邻。一个氏族，过不了三代就要分立出去。这也难怪。一户牧民需要很大的草场，牲畜越多，需要的草场越大。不是一个姓氏的牧民很难共用一个草场，分门立户的亲兄弟也得分用草场，何况他人呢？为了避免争夺草场和水源，就只好分散开。

　　但是如果某一个部落或是部族，若是有组织、有准备、有计划地发动

突然袭击来争夺草场，抢劫牛羊，对于被袭击的牧民部落或部族则是一场浩劫。分散的牧民是绝对无力抵抗的。匈奴的先辈吃过无数这样的苦头，反之，他们也给别的部落或部族吃同样的苦头。他们的后世驰骋在欧亚草原上所向披靡，主要的战略战术就在于以有组织的铁骑集中对分散的或是力量相对薄弱的一方以毁灭性的打击。反之，他们也吃同样的败仗。

因为，冒顿建立的三分制的草原帝国的最初的模型就是月氏王军队的布防。他们在今甘肃乌鞘岭设置堡寨，同时就在今河口及景泰一带设置前出哨卡；又如景泰的哨卡还置左右卫。总之，每置一点，必有左右相伴，层层如是。所以当年其父头曼单于进攻月氏时，月氏王并不惊慌失措，因他有备。秦军的布营设障亦是一点数卫，掎角左右，且皆常设。但是牧民做到这一点真难啊！因此从冒顿执掌名为万骑实则数百的时候算起，就始终留着这一支常备的队伍。经过这些年的努力，他还特别效仿月氏王设置专业的军马场，他可以一声令下之后，三日之内调动起人均三匹马的八万"控弦之士"，每个士卒的马背上有足够两个月食用的奶、肉类阴干食品。匈奴的控弦之士上马出征作战是从不需要后勤支援的，因为他们的速度太快，什么后勤也追不上他们。当然他这常备的八万"控弦之士"并非是八大将各有一万的均等之数，他们有多有少。由冒顿单于直接掌控的左右谷蠡王的四大将兵员少些，右贤王左右大将麾下的兵员总数多于左贤王左右大将的兵员，这取决于他们的防区。至于所谓十六大当户及其兵员的数目就更参差不齐了。十六大当户是理念上的数字。大当户及相当于大当户的部落远远不止十六个。各大当户的部众，领地是自然的或历史的条件所形成的，多少、大小不能划一。这并不影响其三分制政体结构的平衡，且更有益于其稳固的发展，因它适应其自然的形态和需要。也正是因此，由冒顿单于直接控制和由左右贤王分别掌控的常备兵员处于强势和稳态就特别重要。它既具有对外的保卫国家的功能，也有对内的保持国家安全的功能。所谓其"控弦之士"达三十余万或四十万，就是指其国防的综合力量而言（不排除其中仍含夸张成分）。这是其帝国初肇时所不能达到的。

但今日吕后之死和随之立即出现的诛杀诸吕军事行动虽然引起冒顿的高度重视，却丝毫没有使他产生动员军队进入战备状态的理由。从接到长安的第一条谍报——吕后死——时起，冒顿就敏锐地感觉到汉廷将有异动，而这种异动不会对匈奴有什么利或害。接下来的消息，使冒顿莞尔一笑：精明吕后羽翼下的吕氏家族连一条会吠叫的狗都没有。后来听说樊哙的妻、吕后的亲妹子、临光侯吕须知其侄儿们不听教诲竟然离开军营，她气得将所有珠宝掷于地上，谓吕氏亡矣！冒顿喟然叹道，吕家的母狗还算有点骨气！

汉文帝元年，匈奴冒顿单于三十一年，即公元前179年，汉与匈奴复修和亲。即又以一位宗室女为公主嫁给了单于，不知这是单于的第多少位阏氏。

冒顿对吕后之死所引发的未央宫宫廷政变所做的判断是正确的。

但俗话说，好花不常开，好景不常在，汉文帝三年，匈奴冒顿单于三十三年，即公元前177年，夏五月，曾数次嫁宗室女为冒顿阏氏的汉帝国和曾数次娶汉宗室女的冒顿单于又一次兵戎相见了。

不过这次兵戎相见之事有些蹊跷。《史记·孝文本纪》谓："五月，匈奴入北地，居河南为寇。亲初幸甘泉，六月，帝曰：'汉与匈奴约为昆弟，毋使害边境，所以输遗匈奴甚厚。今右贤王离其国；将众居河南降地，非常故。往来近塞，捕杀吏卒，驱保塞蛮夷，令不得居其故，陵轹边吏，入盗。甚敖无道，非约也。其发边吏骑八万五千诣高奴。遣丞相颍阴侯灌婴击匈奴。'匈奴去。"《史记·灌婴列传》又谓："匈奴大入北地、上郡……灌婴击匈奴，匈奴去。济北王反，诏乃罢婴之兵。"《汉书·文帝纪》所记简约，只称："匈奴入居北地，河南为寇。上幸甘泉，遣丞相灌婴击匈奴，匈奴去。"这实际表明，此仗并未真打。当然北地、上郡之役并非无关紧要，它是另外一场战争的序曲、楔子。没有这个序曲、楔子，那场战争无法揭开大幕。

《史记》《汉书》在这里所提到的几个地名皆用秦时之称。如河南指今包头黄河南岸地区，北地郡在今甘肃庆阳、环县中间，上郡在今陕西绥德县东南，高奴即今延安。这表明当时西汉政府尚未在这些地方建立有效的地方行政机构，占据这里的是白羊大当户。它隶属于右贤王呼奴皋若鞮。但高后称制时期，西汉政府也要在这一地区建立行政机构。这一时期云中郡主要由周勃的兵力所控制，其郡守孟舒也是个强势的官员。而冒顿按照与汉约为兄弟的规定一直留在阴山里，相当长的时间里大体是相安无事的。吕后死，朝廷内发生变故，冒顿基本认识是正面的，并未乘机滋事。但大当户旧白羊王做了什么，使右贤王"离其国"？史迁称之"非常故"，即非一般的事情。于是右贤王"往来近塞……驱保塞蛮夷，令不得居其故"，而当时这里也有汉兵。他们不知右贤王所为何而来，于是双方发生冲突。右贤王年少气盛，"捕杀吏卒，陵轹边吏，入盗。甚敖、无道"，显然把事情闹大了。于是汉文帝发兵八万多抵高奴。但冒顿没有发兵，那就是他命右贤王撤退。接下来汉朝内部又生变乱，而冒顿仍然非常克制，并未落井下石，于是这一次汉匈之间陡升的战云很快就消散了。那么这次战云究竟因何而起呢？这恐慌怕是需要认真探索的。

前已述及，先秦时代，陇右河水（黄河）两岸有许多部落，统称戎或

西戎。秦昭王时，秦有陇西、北地、上郡，一方面是关起门来征伐以义渠王为首的诸戎，另一方面把河西走廊诸戎（包括黄河上游氐、羌诸部）隔绝于外。始皇时，从今兰州开始沿黄河修筑城塞，在今河套地区置九原郡，沿高阙、北假、固阳循阴山修筑长城，延绵万里，直抵辽东。

金城似乎永固，但秦始皇做梦也没想到竟于呼吸之间因一夫作难而至七庙隳于一旦。

从秦昭王至秦始皇约七十年间，被长城和黄河阻于河西走廊的诸部既不因天堑而却步，也不为高墙而生畏，生儿育女，往来贸易。他们还是要设法越过长城，贩去香料，运走丝绸。这样的日子似乎比往年艰难些，但还是得过下去。这个时期，在河西走廊上称雄的是月氏人，是敦薨人，是乌孙人，是朐衍人，是涿野人，是义渠人，是氐人，是龙勒人，等等。氐和羌，有时二合为一，有时一分为二。羌人主要活动于今祁连山南，氐人多在长城脚下，内外皆有。乌孙人是塞种人吗？不能十分肯定。敦薨人即吐火罗人，亦即龙勒或称楼兰人。这些部落人口不多，各据一方。除氐、羌，大约都奉月氏为盟主，或说是月氏王的属臣。

月氏大约是出现在中国西北最古老的民族之一。其族属有多种说法，如藏族说，突厥说，窣利族说，印欧族说，伊朗族说，等等。

秦筑长城，在西部主要针对的也就是这个月氏，但月氏王更为瞩目的是依阻于阴山中的匈奴。对游牧民族而言，东西千余里的阴山及与之相衔接的燕山甚至远及大兴安岭西麓，包括其南部山前地带和北部的广阔的大漠，才是真正的牧场，是牧人的天堂，但那里为匈奴人所占据。匈奴人还扼守着一条天然通道，因为从河西走廊东部进入阴山一带，不仅横亘着巴丹吉林沙漠、腾格里沙漠，还有着乌兰布和沙漠和库布齐沙漠。后两块沙地形成年代较晚，在秦汉之际比现在小得多，沿河一线尚多绿地，都被匈奴扼守住了。在头曼时代，这种扼守并不严密，两个"行国"互有往来，冒顿就是那时以质子的身份被送到月氏国的。当时有地缘政治关系的诸国，若单送质子，对方不予对应，则表明是一种不平等的关系。冒顿属单送质子，表明匈奴弱月氏强。头曼单于发兵进攻月氏，是一种背信行为，所以月氏王欲杀冒顿，而冒顿逃逸，两国交恶。月氏王欲伐匈奴，渡河有强秦势力，无法逾越；秦末大乱，天下汹汹，世事难料，只能观望。岁月蹉跎，时过境迁，江山易主，人事更迭。从秦始皇帝三十三年，即公元前214年，秦筑长城，北伐匈奴，月氏王额手称庆，以为匈奴死期已至，岂知转瞬之间，秦国亡于一旦，冒顿自称单于；汉得天下，匈奴崛起，而月氏王廷似乎也未宁静，各部势力，互有消长。直到汉高后八年，女主病亡，祸起萧墙，好端端一个大汉帝国似乎要步秦皇的后尘了。月氏王或以为时机已至，汲取过去的教训，及时渡河，夺路北上，以迅雷不及掩耳之势，打击冒顿单于，夺取匈奴草原，以树月氏雄风。

但月氏王是完全错估了形势。首先是大汉帝国的萧墙之祸也以迅雷不及掩耳之势被平息了；其次是冒顿早有准备，匈奴铁骑不仅在九原郡、北地郡、上郡各地行动自如，来去如风，而且对月氏军的出没与行动了如指掌，使月氏王完全处于被动的地位。当月氏王终于明白了自己陷入了这样的处境时，立即惊慌失措，甚至等不及亲卫兵为其备上马鞍，竟然骑上光背马逃跑了，以致他进入北地郡的兵马全线崩溃。

其实在冒顿从其谍报系统得知吕后之死的消息以后，根据及时的可靠的情报，准确地调整了他的军事部署：他命右贤王与呼衍乔鞮率轻骑在九原郡和上郡多处出没，造出一种令人慌乱的入侵事件，但以行动快捷为要，快捷既表明声势巨大，却又不致太多破坏；同时它既掩护其麾下大将准确打击月氏王，又使其无法判断形势。而与之同时，冒顿亲率主力，与奉命与之会合的左贤王及伊间车若鞮所部直扑胸衍戎部。他们在那里得到休整，并全面封锁消息，在胸衍戎部的协助下，沿弱水南进。

三十年了，冒顿当年盗得月氏王的宝马走弱水北归匈奴，开始了他一生的成功之旅。如今再度饮马弱水，他不是希望报复当年月氏王欲杀他之仇，而是希望能把河西草原也纳入匈奴草原的旗下，从而进入西域的草原，使他的草原帝国真正强大起来，那时他才能有足够的力量与大汉帝国势均力敌。

大约因兵马较多，大漠行军吃力，冒顿似乎走慢了一步。在他决定向猪野泽方面迂回时，月氏王已经沿南山向敦薨方向逃窜了。冒顿命左贤王稽粥止住了部队。他们计算一下时间，自己的迂回路线要比月氏王西逃的路线长得多。这是他们估计到的，但没料到的是月氏王显然没有在猪野泽岸边的王廷做片刻的停留，径直西行，因而抢在了时间的前面。这个举措是因为右贤王的佯攻动作幅度太大，使之如惊弓之鸟，还是月氏王对其两面包抄的行动有所察觉而采取了断然措施？一向谨慎的冒顿不存侥幸之想，不敢小觑敌人，在派出斥候的同时，把部队略作休整并等待后续部队的到达。

五、对月氏的第二次打击

人们之所以渴望和平，是因为在人类的历史上发生战争的次数太多了，战争已经成为人类固有的互动形式之一。

兵书战策大约是在人类发明了文字符号之后最早出现的用文字记录的

学科，而最早的科学发明和科学创造也必然和战争相关。

但不论兵书战策总结出千条万条的制胜之道，不管为战争研制出多少制胜的武器，有胜家就有败家，有败家才有胜家。他们永远是一对矛盾体，既是理论上的，也是兵器上的。

战场上的意外是无法预料的。

战场上的胜败常常判在呼吸之间。

战场上会出现许多偶然性。有时偶然性会影响巨大，涉面宽广，流传长远。但在其发生的瞬间，往往并不为人们所注意，瞬间之事谁管得了那么多……

连续奔波和作战的"控弦之士"刚刚把香喷喷的手抓羊肉抓在手里，冒着热气的肉汤还没喝到肚里，筚篥之声突然刺耳地啸叫。士卒们惊慌地抓起刚出锅的羊腿就上马。

大队立即出发了。

斥候报告：月氏王向敦薨方向逃跑，但因没发现追兵其行进速度放慢了，有女眷，沿途还掠夺了许多牛羊。

冒顿决定兵分两路追击。一路由从猪野泽赶过来的右贤王呼奴皋若鞮和呼衍乔鞮在月氏王马屁股后面做追赶样地跟随，而命随在其身边的右贤王稽粥设法迂回到其前面，最好在某一处设伏，至少也要咬住他。另一路则由冒顿本人亲率兵马。

稽粥的部队是轻骑，即一人两马，只带武器和干酪之类的东西。两匹马倒换着骑乘，速度极快。冒顿在众亲卫的护持下，不紧不慢地追踪左贤王所部，其后是辎重，其中包括左、右贤王及冒顿本人的辎重，以免遭受劫夺，这样实际行军速度不快，只是保留着迅速行动的力量。

冒顿在行军布阵和作战时也都保持三分制的特色，互为犄角，攻守兼备，缓急有度。

但月氏王从来不是懦弱之辈。《史记》谓其"控弦者可一二十万"，《汉书》谓其"控弦十余万"。他对冒顿的迂回动作事先也得到了消息，虽不准确，如究竟走哪条路线无法弄清，但既然作迂回的部署，那么在北地郡的行动，显然是冒顿别有图谋。他不能恋战，决定立即回师猪野泽的王庭。但在渡河时，得到消息：冒顿兵进胸衍。月氏立即决定全速西进敦薨并通知王廷守军，星夜向敦薨转移，并在那里会师。

月氏王的行动是敏捷的。

敦薨即今之敦煌。敦煌之名，最早见于元前126年，即张骞从西域回来后的出使报告，此后则多了起来。而汉、唐的注释家们皆以"敦，大也；煌，盛也"解之。其源出自汉应劭，非也。其实只是一个地名的译音，最初译作敦薨，薨与煌，音近。始见于《山海经》。古人文字简约，薨写作煌，为的是好看，但与原音相去亦远，或以为当是吐火罗、赌货罗，可能更近原音。

敦薨人或说吐火罗人在月氏人之前游牧于敦煌，在月氏人侵夺了敦煌之后，可能有一部人又回到了焉耆一带地方，另一部分人或仍留在原地，但臣服于月氏人。月氏王东进至猪野泽，建立了统驭河西的王廷。

在月氏王未迁猪野泽之前，依附于月氏王的乌孙王难兜靡亦游牧于敦煌与祁连之间。牧人不以土地为重，盖因地域辽阔。从水道的遗迹可以看出，当时河水丰沛，植被状态远胜于今。敦煌之西当今山，敦煌之东祁连山都是绝好的牧场，其南三危山亦早见著录，其北是宽阔的谷地平原。月氏王东去后，乌孙人便以这里作为其驻牧地了，并且逐渐壮大起来。

关于乌孙族的来历和月氏人一样，我们一时很难说得清楚。乌孙的族属，有匈奴族说、突厥族说、东伊朗族说、塞卡人说，等等，莫衷一是。

且说月氏王逃至敦薨时，立即召见了乌孙王难兜靡。月氏王虽然甩开了冒顿的追击，但他知道冒顿不会善罢甘休。他想要难兜靡替他抵挡一阵，可以喘口气。另外，他也不甘心就此一败涂地，在西行途中月氏王已派人间道北上，要求丁零人立即麾军南下，从背后猛击冒顿。因此他更想借重难兜靡重新组织兵马。他命难兜靡：迅速召集人马，听他指挥。但难兜靡不明情况，其在编的"控弦之士"其实都散在各自的毡房，分散放牧，一时之间，是集合不起来的。

难兜靡说的是实情。游牧族的小邦，一般都是寓兵于民。在无敌情的时候，特别是正处在夏季游牧的最佳时期，即各种仔畜均处在育成期时，牧人都忙于生产，而走圈放牧也最为分散。但这却激怒了月氏王，甚至立逼难兜靡亲自召集人马。而难兜靡当时偏偏又赶上他的儿子猎骄靡刚刚诞生，王廷的人手还不够用呢，他的解释更加激怒了月氏王，几乎是暴跳如雷了。就在这时有人来报，匈奴之兵已经追上来了。月氏王盛怒至极，不由分说便击杀了难兜靡，并且还要赶尽杀绝。就在他四处行凶时，左贤王的兵马已近在咫尺。月氏王只好再度上马逃窜。最后竟是稽粥左贤王在草丛里拾到了襁褓中的猎骄靡。

一个幼小的生命使年轻的左贤王左右为难了。俯身把他放在原地，因为追敌要紧，一纵身便跳上了马背。但婴儿的哭声像揪住了他的心肺，他又翻身下了马，把孩子抱了起来。贴身的一个亲卫说，别管他了，再迟疑就更追不上敌人了；另一个亲卫说，把孩子交给我吧，安置好了便去追你们！左贤王犹豫了一下，他记得父亲的教诲：散兵追敌，容易中伏。他传命收兵。

冒顿随中军到达敦薨时，天色已晚。他对这个襁褓中的猎骄靡十分心疼。他赞扬说左贤王做得对。孤军追敌，兵家之忌。他月氏王逃到天边去，那就由他吧。他要求左贤王休整士卒，搜索敌情，重新制订进军计划。另外叫人搜寻难兜靡的遗属，设法抚养猎骄靡，并安抚乌孙牧民，各安生计，举出耆老，管理部众。

不知是天缘凑巧，还是史家曲笔，这个襁褓中的婴儿，一见冒顿就有笑脸，而冒顿一抱起这个婴儿就舍不得放下。他竟然在敦薨这个地方多停留了许多天，部众中听说乌孙王的遗孤成为匈奴大单于的宠儿，有人前来探问。人们几乎不敢想象一位大单于竟整天把个婴儿捧在手心，不忍释怀，远近部众纷纷赶来围观。冒顿吩咐士卒好生接待，一时传为佳话。乌孙人视匈奴大单于为恩人，视匈奴人为兄弟，部落长老们唯单于马首是瞻。

冒顿已做好西进准备，几次要把猎骄靡交给部落长老布抚育，婴儿皆以哭声"抗议"，这使冒顿好生为难。万不得已，冒顿竟然决定：他要抚养这个婴儿，并请部落长老布选送几位妇女，举家随军而行。后来因军行倥偬，冒顿专派一旅军兵护送这几户人家回到冒顿在阴山北麓的龙廷，专责养育猎骄靡，直到其长大成人并复国为王，这是后话。

冒顿在安排了猎骄靡的抚养问题之后，遂麾兵西进牢兰。牢兰即楼兰。楼兰之名广为后人所知，楼兰后又名鄯善，一直沿用至今。牢兰在先秦时为龙勒，楼兰人即龙勒人，实为一声之转。龙勒人是否源于漠北，现在很难说清，但浚稽山南有龙勒水，是否为其原居地呢？当其西迁至牢兰海附近时，名称亦随之而去。或者龙勒人的另一部游牧到那里，因其水草丰美而占据之，并以其名名之。这有谁能说得清呢？班固作《汉书·西域传》，龙勒——牢兰，统称作楼兰了？

冒顿小心翼翼地进入了龙勒地界。他没有料想到他收养难兜靡之子的消息竟不胫而走，当地人听说冒顿大军已西进牢兰，没有避之唯恐不及，相反却主动前来迎接，并且向他述说月氏王的军队如何掳掠的情况。

冒顿的军队没有追上月氏王。他的军队越是追得紧，月氏王就似乎跑得越快。当冒顿放慢追击的脚步时，月氏王也立即放慢了脚步。

但龙勒王却以最盛大的礼仪迎接了冒顿单于。所谓最盛大的礼仪能大到什么程度？能动员举国之民全部出来迎接吗？班固作《汉书·西域传》，谓"户千五百七十，口四万四千一百。胜兵二千九百十二人"。往前推一二百年，其户、口、兵必远少于上列数字，故能有千人礼迎冒顿就不得了了。

冒顿约束部队停止了追击。在蒲昌海（今罗布泊）饮马休整之后，各路斥候传回的情报已能肯定月氏王率其所部进入塞卡人的游牧地区。他当时可能产生一种乐观的想法：迅速追击，或可与塞种人联合两面夹击月氏。龙勒王向他贡献了一个意见：通向塞种人占据的伊犁河上游谷地，路途十分遥远且艰巨难行。冒顿懂得穷寇莫追的道理，更深知孤军深入的危险，他不能把自己的子弟兵带进绝路。而且他不了解塞卡人的情况，在没有与之沟通的情况下怎敢期盼两面夹击之举。这个险冒不得。这时龙廷传来急报，转述左谷蠡王麾下右大将从肯特山发来的消息：丁零人和鬲昆、呼揭联兵从萨彦山南下，一部分进入燕然山，一部分西行进入后人所说的唐努山，目的不明。伊间车若鞮也有急报传来：他截获了月氏王派遣的去寻丁零人的使者，日内来见单于。但还有另外一些消息更使他警觉。在金微山（今之阿尔泰山。蒙古人称金为阿尔坦，故把金微山称作阿尔泰山，或称阿勒泰山）已发现有呼揭人，其北还有坚昆人在活动。冒顿对呼揭人和坚昆人的消息更看重些，也更警觉些。前些年，他驻马于狼居胥山，就是因为他们与丁零人联合在他背后作乱，他才北上。当时他意在斩断丁零人在背后打击他的魔掌。但在他接近北海（今贝加尔湖）时，适逢隆冬。在那里他也侦知萨彦岭以北的情况，他知难而退了。如今他们又出现在金微山中，是冤家路窄，使他们又要相遇，显然这是月氏王与他们也有勾结，才拼命北上穿越天山，以期与他冒顿大干一场？

冒顿并非是生性多疑之人，但他在成长的年代和成人后的年代，其际遇之人与事迫使他不能不多疑，行事不能不谨慎。如果他一旦尾追月氏至其身后，他的身后就必然暴露给呼揭人和坚昆人了。那时受夹击的便不是月氏人而是他自己了。

他不会神机妙算，而只有谨慎小心，依赖情报。

冒顿率众翻越东天山走伊吾庐（今哈密），而后迅速进入金微山，与伊间车若鞮会合。

六、驻马伊吾庐

伊间车若鞮自从随左贤王稽粥进入河西，与冒顿及右贤王呼奴皋若鞮会合后，不久就离开了大部队。

他的祖父伊伐伊屠斯有一个愿望，即想沿着天山葱岭向西去看一看，或者穿过天山到北部的大草原上周游一番。可惜天不假其寿，过早地离开人世，与他的老朋友呼衍尼特克结伴到了另一个世界游荡去了。临终前，他嘱咐伊间车若鞮完成他的这个愿望。他还提醒冒顿单于，戎人来源于西部，他们不断地向东挺进，如果不摸清他们的情况，恐怕对匈奴不利。他

还对冒顿说过，中原的朋友告诉他，周代有位穆天子从天山北部的大草原向西走到很远的地方。可惜的是他当时并没弄清楚穆天子究竟走到了什么地方，走的是哪条路。伊闾车若鞮在几位龙勒人的伴同下，继续着祖父的使命，部分地实现了祖父的愿望。只是时间太匆忙，太仓促了。但因形势有变，不得不赶回到冒顿单于驾前。

冒顿在伊吾庐与其心腹将领及左右贤王聚会。他们重新把各方面的情况梳拢一下，特别是伊闾车若鞮带来许多第一手资料，就使决策更多些根据。

伊闾车若鞮截获的月氏王与丁零人联系的信使透露的消息是要求各方都向燕然山西北部即现今的科布多河谷集中，因为那里有着极为丰富的森林和草原资源，不仅有广阔的夏牧场，还有着极为多样的冬窝子。显然他们是在做长期打算。其目的就是集中力量，趁冒顿向西追击月氏王而使自己力量分散时，他们向东能完全占据冒顿在阴山的老根，向南则恢复了月氏王在河西的全部势力。他们在燕然山西北部集中还有一个目的，即藏兵于兹，等待冒顿回援阴山时，不单是截住，而且还要设法吃掉冒顿。因此，丁零人从北海——今之贝加尔湖——南端开始西进，穿过东萨彦岭，沿着今之小叶尼塞河谷进入西萨彦岭，与鬲昆会合。呼揭人口不多，因冬天风雪成灾，牲畜损失太多，今春就开始南移，先头恐已进入今之阿尔泰山，可能正设法与之联络。月氏与丁零是这个谋略的制造者，他们也是谋略实现之后的主要受益者。但月氏王好似惊弓之鸟，他在小心地观望着，唯恐冒顿从他的后屁股杀过来，那时既得不到丁零人的帮助，还找不到逃路。

计划、谋略，永远是最好的，它对某些制订计划和谋略的人，不仅仅是一针强心剂，有时甚至是食粮，是酒肉，是支柱。这一切当然是不能与人分享的。于是严格的保密、封锁、诡秘的行动便开始了。在行动时，他亢奋、激动、暴躁、诡谲、神经质、喜怒无常，种种形态，不一而足。

但多少计划、谋略能够完全实现？多少计划和谋略不是主观的臆造？多少计划和谋略会完全得到保密？

伊闾车若鞮截获了月氏王派出的联络丁零的信使时并未暴露自己的身份。他当时以阔绰商人好客的神态招待好友，不醉不散，尽醉方休，然后各奔东西。

知彼知己，百战不殆。

冒顿不会用中原人的语言表述这句成语，但作为兵家却必须用自己的行动解读这句成语，实践这句成语，方能建功立业。但所谓"知彼知己，百战不殆"还必须有一个原则的注释：没有不败的将军，知兵者必须慎用兵，不战或少战而能屈人之兵，是最好的用兵者。

冒顿最大限度地运用情报资料作为用兵的依据。他给一直深藏于肯特山中的屈特哈兰发出指令：山中卧虎该是对嗥叫的狼群发威的时候了。呼奴皋若鞮与呼衍乔鞮向浚稽山进发，但要他们潜伏在窳浑之后。他对左贤王稽粥特别做了嘱咐：月氏王与我匈奴不共戴天，但我现在不去追击他们了。他的头还是暂时寄存在他的项上吧。希望在某一天，你认为适当的时候就把他的头取下来吧！这算是什么指令？或者是什么政治嘱托，甚至是政治遗嘱？我们不知道。后来稽粥实现了这个指令，或说政治嘱托、政治遗嘱。他在第三次打击月氏时，取下了月氏王的头，并做成一件饮器。那是后话，适当的时候我们会提及它。不过以敌人的头颅作为饮器，或刑白马立盟誓等礼仪，不知始于何时和始于哪一个民族。我曾见过一件实物，那是把一具人的颅骨整齐地锯成瓢状，边缘镶金，做工十分考究。从外形看来，该饮器使用的年代很久，有茶锈，有奶渍，颜色或浅褐或深褐。不知亡者是何人，做此饮器者是何人。该器物仅藏于塔尔寺。笔者于1960年元宵节期间见于该寺，迄今近半个世纪未曾忘怀。

且说冒顿在伊吾庐与其两个爱子——左右贤王和他的几位心腹爱将研究了所能得到的各种情报，考订了许多细节和可能出现的几种意外，做出了军事部署。月氏王是他一生的心结，一世的阴影。他已经对月氏王进行了两次打击，月氏王已处于败势。但只要月氏王仍活在人世，他就是匈奴的克星。他现在竟然与丁零人联合甚至会合，冒顿不能不做最严厉的措施和周密的部署。

当众位将领领命回到自己的下处做行动的准备时，冒顿又叫住稽粥，并且与之一同步出穹庐门前，一边目送着众将远去的背影，一边呼吸着伊吾庐散发着葡萄花香的空气，不禁脱口说道，没想到伊吾庐的草原竟这样的美！

伊吾庐即今新疆哈密。史载，周时有昆吾之戎占据此地。此地宜植五谷桑麻葡萄。其北为巴里坤草原，皆膏腴之地。汉以后，历代皆于此设县，是西域的东部门户，故成为兵家必争之地。

冒顿告诉稽粥，月氏从此地东出占据河西，由来已久，我匈奴就始终不得发展。匈奴若得长治久安，就得以伊吾庐为屏障。你放眼望去，伊吾庐周围皆是膏腴之地，你尽可以效仿中原人和当地人的办法，在此筑城，派人长驻于此，不仅监视那些已经纳降之人，还要陆续征服尚未归降之人，尤其是月氏王。

冒顿还告诉稽粥：如果我们各方面汇聚来的消息准确无误，我的部署又都能到位，你必须选择适当的时机去征剿月氏王，不能给他留下喘息的

机会。否则，不管我们取得怎样的胜利，不消灭月氏王，都是我们的失败。

在此后的几天里，伊吾庐基本是夜夜欢宴，其欢宴的规模似乎还越来越大，至少从第二天打扫欢宴的会场和清理煮肉的灶坑仿佛比最初的欢宴多了许多。而白天，各营房倒也安静，偶尔会有些人出来闲逛，但衣装不整，纪律松弛，还有打架的人，乱七八糟的。隔了两三个晚上，似乎又开始欢宴了，而且更加嘈杂、喧闹了。因此常有一些不知从哪里来的牧民到近前张望，有的还与那些醉醺醺的邋遢得不成体统的士兵们争争吵吵地做起了生意。不知那生意做成个什么样子，是谁骗了谁？在这种地方和这种时候，还必然会上演另一类节目：打架、斗殴。反正没纪律的军队打了胜仗之后能出的洋相，他们都出了，甚至私出营房偷鸡摸狗的事也时有发生……

但是他们受到了惩罚，而且所有的惩罚都是在受害人和举报人的面前进行，违纪的士兵所在单位的官儿们，如百夫长、什夫长、裨小王、相、封、都尉、当户、且（沮）渠等也都要连带受过。

违纪的事儿不再发生了。不打不相识，不打不成交。接受道歉的牧民们被邀请到营房来做客，受到热情的款待。几杯酒下肚，立马就成了朋友，寻这个问那个，半通不通地大概其算是弄明白了。他们当中有的是塞卡族的猎人，因追逐野兽而翻山越岭，走了不知有多远了，甚至已经找不到回去的路，于是在这水草丰美的地方留下来。还有几户鬲昆牧民，他们在上年初秋因走圈放牧，沿着一条叫作布尔根河的河谷一直往下走。谁知突然变了天，遇到大暴风雪就回不去了。这里水草好，他们也就不想往回走了。

这些牧民猎人们也打问这支军队是什么人的，士卒中的乌孙人坦言相告，说他们是匈奴大单于冒顿的军队，与月氏人打仗打到这里。鬲昆人还有呼揭人（他们的长相一样，语言相同，只是各有所属）一听说是匈奴人颇有些害怕。他们对匈奴人是仇视的，对冒顿是畏惧的。

但那个乌孙小伙子成了冒顿的活告示：难兜靡的死和猎骄靡的生的故事在鬲昆人和呼揭人的部落中传扬开了，试探性的接触结成了友谊。

不过没有人想知道这种试探性接触所结成的友谊是真是假，也没有人想知道这些鬲昆和呼揭的牧人或塞卡的猎人是真是假，甚至连那些受惩处的违纪的士卒是真去干了坏事抑或是奉命去干坏事也没人想探究。

兵行诡道。

战阵之间，不厌诈伪。

相聚亡在虚实，不在于众寡。

虚虚实实，真真假假。

七、冒顿的大纛旗

公元前175年，时为汉文帝五年，匈奴冒顿单于三十五年，仲春五月的一个严寒的早晨，在今小叶尼塞河与大叶尼塞河汇合处的南岸上（今俄罗斯联邦的图瓦自治共和国的首府克孜勒奥尔达市）突然响起一片撼天动地的鼓声，使大地颤抖，河水掀起波澜，群峰惊恐摇晃，朵朵的白云忽聚忽散，几列飞鸿骤然乱窜。鼓声刚落，觱篥又起，直冲霄汉，万籁俱寂。一面巨大的牙旗，在新筑的祭坛中央的旗杆上冉冉升起。旗至高处，随风飘舞，猎猎声喧。鼓声再响，重鼓隆隆，一波逐一波，滚过草原，翻过山岳；战鼓声碎，如万马奔腾，穿透森林，越过河谷，飘向远方。随后又是觱篥声起，似乎在为舞动的群山奏乐，又仿佛在为胜利的千军万马吟诵赞歌。如是三通鼓停，三颂乐止。在万千顶盔披甲的士兵的欢呼声中，冒顿单于徐徐登上了竖起大纛旗的祭坛。他向天礼拜，向太阳礼拜，向月亮礼拜，向崇山礼拜，向大河礼拜……

大纛旗！

冒顿的大纛旗！

这就是向腾格里、向太阳、向大地宣告，这里已经是匈奴的国土了！

冒顿到达这里已经不是一天、不是一月，而是将有一年的时间了。

冒顿在伊吾庐与其两子及其重臣经过几天的会议之后，便立即采取了军事行动。其中的一项便是左贤王稽粥的一支守卫伊吾庐的军队夜夜笙歌，日日酗酒，后来又演出了惩罚士卒、向众道歉的喜剧。总之，绝不怕丢人现眼。而目的只有一个：掩饰他们的军事行动。

冒顿的一面纛旗留在了伊吾庐，月氏与丁零的联系就很难顺畅，即使联系上了怕也未必全是真实情况，这使得他们双方很难协调一致。鬲昆和呼揭所得到的情报怕更是真假抵牾，好坏杂陈，讯息不一，时序颠倒，部落首脑更是无法抉择，举棋难定。丁零是极力反对匈奴的首领和主谋，他也同样得不到准确的情报，协调不动各路人马，已经不是举步维艰的问题了，而是像无头的苍蝇乱撞起来。往南去，右贤王的大旗，冒顿的纛旗，麾军的呼衍乔鞮亲率大军无处不在。他想冲出燕然山夺路西进，按照约定与月氏王会合，但左贤王稽粥的大旗当道，稽粥本人就在旗下横刀立马，而他的背后竟然还是冒顿的大纛旗！他估计情况不妙，如果跟谁都联系不上，恐怕就只有一条路了：退！但他刚掉过马头，还没走出百里，屈特哈兰就已经在今之色格楞河上源依德尔河的一段宽阔的河谷摆开了阵势。这

使他大吃一惊，虽然没从马背上掉下来，却也出了一身冷汗。

他知道冒顿藏军在肯特山里。当他得知这个消息时，起初认为不可能，后来得知屈特哈兰是这支队伍的首脑。但屈特哈兰并没有与他交手，反而以礼相待，以友相待，请他参观了营房，摆上了好酒。他相信屈特哈兰说的话：他只是修筑了几处瓯脱，备边而已，甚至还说了他奉命要在肯特山中寻找铜矿。他还给他看了一些他寻来的矿石，还请丁零人帮他辨认。他的"武装侦察"也就到此结束。如今却在依德尔河谷相遇，他不知屈特哈兰的虚实，一拱手，竟又缩进燕然山里。奇怪的是屈特哈兰竟然没有派兵追杀他。后来，丁零人的头领仔细回想，几个月了，他东撞一下，西突一下，南闯一下，竟在燕然山中转圈圈了，可是匈奴人却从来没动手与他打一次仗。冒顿怯阵了吗？不！他极力否认。而且他似乎已经感觉到他是不是已经被匈奴人包围在燕然山里了？但又想：我就是我，包围我，我也不认输，料他也没这个本事。

丁零人有永不服输的性格，因而也永不言败。在燕然山里，他们艰难熬过一个冬天，但仍然对鬲昆和呼揭是颐指气使，如行动迟缓供应不周了，纪律松弛了，等等。总之，鬲昆、呼揭等部不是丁零人的合作伙伴，不是同盟和利益攸关者，而是他的部属，他的奴仆。一切的过错都是他们的，一切功劳就当然都是丁零人的。

燕然山（今称杭爱山）在今蒙古人民共和国的中西部，呈西北—东南走向，长 808 公里。其最高峰鄂特冈腾格里，海拔 4031 米，平均海拔 2000～3000 米，北坡多森林，南坡多草原，蒙古的主要河流如色楞格河等多发源于此，并向北流入贝加尔湖。这里属于典型的大陆性山地气候，夏季炎热，冬季严寒，极端温度曾达到 -50℃ 和 40℃，是亚洲的寒潮源地之一。北坡森林多松树，与之伴生的则多是毛皮兽，而南坡的草原则是食草类动物的天堂。其居民，现在当然以蒙古人为主，而在古代，匈奴、鬲昆、呼揭（坚昆、吉尔吉斯、克尔克孜、哈萨克等不同时期所用的不同名称）、丁零（历世名称更多）、突厥等族都曾在那里留下自己的足迹。那里是牧人的天堂，但同时也是牧人的地狱，在享受丰收的欢乐时，掠食类的猛兽不仅劫掠牛羊，同时也威胁人类的安全。崇山峻岭不仅给人畜提供了猫冬的冬窝子，暴风雪也不时给人畜造成巨大的和难以抗拒的灾害。丁零人在意识到自己莫名其妙被困扰在这样一个环境中，他的焦虑与烦躁是可以理解的，但他拿鬲昆人和呼揭人做自己的替罪羊，无端地指责他们则毫无道理。丁零人曾要求鬲昆和呼揭仍然冲向西部，坚持要与月氏人会合。但鬲昆和呼揭反问他月氏人最近的消息时，他又无言以对。鬲昆人提出要求：仍返回原来的地方，即叶尼塞河的上源地区——小叶尼塞河和大叶尼塞河的河谷地区。至少那里没有匈奴人去包围他们。呼揭人势力单薄，怕匈奴人，但也不愿受丁零人的气。他们私下里与鬲昆人商议，不管丁零人了，两部暗中做好准备，待天气转暖、冰消雪融之后借转场之机，穿过唐努山就等于回到了故乡。

这里要稍加一点注释，所谓的唐努山或又谓唐努乌梁海，都不是秦汉时期的称谓，古史上并没留下它们的名字。唐努山在唐书中称作唐麓岭，元史作倘鲁山，为汉坚昆（这里提到的鬲昆）、唐黠戛斯、元吉利吉斯之地。这些名称是同一氏族的不同时代的称谓。明以后这里为蒙古族乌梁海部人所据，故又称唐努乌梁海，为乌梁海三部之一，山则称唐努乌拉山。在唐努乌拉山迆北则是萨彦岭。东萨彦岭直抵贝加尔湖——汉时称作北海，西萨彦岭则延至鄂毕河。大叶尼塞河和位于南部的小叶尼塞河均发源于东萨彦岭。两河西行至今克孜勒奥尔达汇合并折向北，横断西萨彦岭直奔向北冰洋。

不论是唐努乌拉山还是东萨彦岭，雪线以上终年积雪，皆称白山。而雪线以下则重峦叠嶂，森林密布，多珍禽异兽。古希腊人说那里盛产金羊毛，是狩猎者的圣地；淘金者说那里是黄金遍地，叫人懒得弯腰去拾。郁郁葱葱的原始森林，翠绿青香的灌木丛，掩盖住惊险的悬崖峭壁，使得崇山峻岭的轮廓变得很柔和。喜寒的牦牛沿着盘山小路蜿蜒迂回，它们总是鱼贯地不疾不慢地徐行，和那徐缓起伏的山峦，一望无际的落叶松、针叶林、白桦树的翠绿幽深，以及高高的牧草，万紫千红的鲜花搭配得无比的美丽与祥和。而枝头上的百鸟一边展示着争奇斗艳的羽毛，又一边比赛着旋律曼妙的歌喉。不甘寂寞的各种昆虫也来参加鸟儿们的合唱。

与高傲的能触摸着白云的山头、妩媚的身披着绿装的树木及敞开胸怀的绿草如茵的草原互相辉映的，是小叶尼塞河所展示的轻快舞步和曼妙歌声。顺流而下，山谷开阔，水流平缓。勃发的碧草覆盖着黑油油的土地，绿茵如毯，野花争艳，群蜂飞舞，百鸟争鸣。与小叶尼塞河流域的绰约风姿迥然不同的大叶尼塞河谷，首先闯入眼帘的是绵延不断的险峻山峰，各露峥嵘，望而生畏。而在山石中却有着比巉岩更加顽强的原始性的树木，它们的身姿扭曲，枝干横出，叶繁如炬，要与奇峰争雄，和在碧空中盘旋的雄鹰颔首传情。原始森林在山腰上挤得密不透风，各种野生动物出没其间，自古以来就吸引着远道的猎人到这里淘宝游猎。这一带的谷地全是湿润的黑土，抓起一把泥似乎能攥出油来。大叶尼塞河与上游的连珠似的湖泊中，鱼类自然地繁衍着，似乎从来都没受到人类的干扰，因为当地稀疏的聚落居民一向都不吃鱼。河的两岸长着高大的白杨，出叶之前已开始飘絮，给两岸的碧草蒙上一层薄雾似的白纱。北飞的雁阵一到这里便停拍翅

膀，轻轻滑落在草滩上，而飞在水中觅食的鸭群急忙拍打着将要脱毛的翅膀，溅起一团团的水花逃向对岸。

大小叶尼塞河各展不同的英姿慢慢地接近，直到终于汇合。随着河流而来的是天上的雄鹰，成列的雁阵，胆小的野鸭以及恣意游荡的百兽，突然听到阵阵的鼓乐之声和看到随风舞动的巨大的牙旗，都讶异地停下了脚步。

但是这些花呀、草啊、鱼儿、虫儿、飞禽、走兽的讶异算得了什么。真正讶异的，甚至是讶异到魂飞魄散程度的是它们的旧主人，即鬲昆人或称坚昆人和部分呼揭人。当他们终于下了决心不再与丁零人结盟，千辛万苦地走出了燕然山，同时又谨防背后追击和偷袭的丁零人，终于望见了他们心目中的圣山——萨彦岭最高峰蒙库萨尔德克山时，他们中的老年人和妇女们都禁不住掉下泪来，甚至哭出了声。他们抱怨为什么要离开这里？为什么要与匈奴为敌？为什么要追随丁零人？他们尤其思念在苦难奔波中死去的亲人。他们不由得提起了马缰，举起了马鞭，下意识地用脚后跟踢马腹，马儿似乎理解主人的心意，它们的长鬃大尾飘了起来，急匆匆地向克孜勒奥尔达奔去……

越接近故土越嫌马儿跑得慢！

但当他们突然看见高耸入云的杉木杆子上飘舞着巨大的镶着牙边的旗帜时，不由得勒紧了马缰，瞪大了眼睛仔细观察，在认出了那是匈奴单于冒顿的大纛旗时，大概是都吓傻了，吐出的舌头竟没有一个人记起来要吞回去，同时也没一个人发出声来，甚至人们胯下的战马也吃惊地瞪大了眼睛，不甩头，不踢腿，不嘶鸣，不晃动。它们也仿佛被吓傻了。

这时，大纛旗下走出来一队人马，与之同时，两翼也各走出一队人马。但他们没有人张弓搭箭，没有人舞刀弄枪，没有人亮出锋利的宝剑，没有人喊叫杀声，没有人擂鼓挥旗……

在相距不到五十步远近的时候，冒顿跳下马背，张开双臂，大声说道："鬲昆的弟兄们！我等待你们好久了！欢迎你们归来！"

"欢迎乡亲归来！"

"欢迎弟兄归来！"

"欢迎！欢迎……"

冒顿身后的队伍全部下马，欢呼的声音不绝于耳。

长途跋涉的人群恍如从梦中醒来，纷纷跳下马背……

冒顿实现了他的愿望：不战而屈人之兵。在克孜勒奥尔达冒顿的大纛旗下举行三日大酺的最后一顿晚宴时，姗姗来迟的丁零首领虽然没有背负荆条、没有自缚双手、没有项挂白练、没有膝行伸舌，却也羞羞答答，结结巴巴，以表纳降之意。冒顿以礼相待，坚请上座，以示友好。

冒顿在克孜勒奥尔达驻扎了半个夏天。他看着鬲昆人搭起了穹庐，呼揭人回到了原住的山谷，丁零人沿着大叶尼塞河谷直去今伊尔库茨克，或回到北海（贝加尔湖）以东的故土。冒顿还在鬲昆首领的陪伴下，沿叶尼塞河谷北行。大小叶尼塞两河汇合之后，迅速折向北行，其河床逐渐加宽，径流加大，水势平缓，吸纳了许多支流。两岸草原广阔，土地肥沃。夏季虽然短促，但牧草速生，蔚为大观。山地遍布泰加林，极为茂密。冒顿在今称作米努辛斯克的地方会见了上古时代从西方迁徙来的塞卡人。借助鬲昆人的翻译，相谈甚欢。他或许在无意中会发现现有许多基本语词竟然相通。他不知这是什么道理，当然今人就更加莫名其妙了。

在回到克孜勒奥尔达后不久，他接到了稽粥送来的报告：

月氏跑到伊犁河流域的深山峡谷之中，他们对塞卡人的突然袭击和掠夺，使毫无戒备的塞卡人蒙受了惨重的损失。当时驻扎在夏季王廷的塞王措手不及，只能向西迁徙，权避一时。谁知这一时的权避，竟渡过了锡尔河，到达了索格底亚那。而且最终连这个地方也没站住脚，竟被月氏人将其逼退至迦什密（今克什米尔）。这是后话，也许以后我们还有机会去探索那里的历史遗迹。

这一次远征，冒顿自述，曰："以天之福，吏卒良，马缰力，以夷灭月氏，尽斩杀降下之，定楼兰、乌孙、呼揭及其旁二十六国，皆以为匈奴，诸引弓之民并为一家。"但冒顿感到疲倦了。虽然他喜欢萨彦岭和唐努山，但更喜欢在萨彦岭和唐努山所会见的那些部落大人以及当地的牧民，却也促使他想念他已离开数年的儿女和他的那些阏氏。在他的众多的阏氏当中还有三位是大汉帝国的皇帝宗室的公主。他很希望能去拜会一次大汉帝国的皇帝。他知道大汉帝国皇帝的宫廷豪华壮丽得叫他难以想象，是他的穹庐望尘不及的。他还特别想念猎骄靡。当初他只是对一个小生命的怜悯，或许因为自己已经显得老了，看见一个小生命便格外的心疼。恻隐之心人皆有之，他没有想什么事情。谁知后来竟生出那么多的故事。尤其是进入萨彦岭和唐努山之后，又将此事有所演绎，更是他始料所不及的。这不禁使他又有所思：秦人用长城阻挡不了我的脚步；而我用快马却没追上月氏。但从草丛里抱起了猎骄靡，却使一些部落群众自然地聚拢于我的马前，这不是非常耐人寻味吗？

他主动去向新结识的部众告别。

然后他沿古已有之的一条大道翻越唐努乌拉山回到了他在阴山的单于龙廷。

但我不能肯定他究竟走的是哪一条路。首先我只能肯定他不会沿着旧

路返回伊吾庐，再进河西走廊，渡黄河，经河套，返阴山。然而从阿尔泰山到唐努乌拉山，自古以来就开辟出多条通道，它们均被称作草原丝路，而且这些丝路均早于张骞时代所形成的丝路。

譬如见之于先秦文献《穆天子传》中所记的古道。据考证，从阿尔泰山中段的东麓越过山口到达西麓沿黑水西进，这个黑水当指额尔齐斯河上游。如果冒顿选走这条路，即循额尔齐斯河上游，翻山到达阿尔泰山中段东麓的科布多。经杭爱山（古称燕然山）到单于北廷，几乎在同一纬度线上，从北廷到阴山的单于南廷则皆为平川矣。

再如从乌伦古河上源翻越阿尔泰山进入布尔根河上游，走乌尔莫盖提达坂，几乎可直达河套地区，这更是一条古老的商道。

这类古商道几乎可以列出十条。冒顿作为"天之骄子"，作为草原英雄（冒顿的本义就是阿尔泰语系诸相通语言中共有的"英雄"一词）会对草原丝路早有所知或早有所闻的。

冒顿是在什么时候回到他在阴山中的龙廷大帐，史无明文。在途中的旅行顺利与否，我们不得而知。但有根据可以推测他这次长途行军大概是顺畅的，其心情大概也非常的好。他觉得自己这些年来的所作所为，及对其所建立的以三分制为基础结构的草原帝国是满意的，对其有着深远地缘关系的大汉帝国急欲修好。因此，他在汉文帝六年，即公元前174年冬十月（岁首）命其龙廷中掌文翰的人用汉文字写了一封国书，派遣使者携带礼物直送长安，汉文帝当即回书赠礼，双方表明"约为兄弟"之谊。

对冒顿而言，他要与汉家"约为兄弟"是真诚的。从"白登之围"开始，他与大汉帝国的接触始终是有节的。他生在草原，志在草原。他实现了他的理想，为他的草原帝国开创了一个时代及其影响深远的草原帝国的一整套相当完整也相当科学的政治制度。他希望与大汉帝国能作为兄弟长期友好相处。

但天不假其寿，其奈若何？他致汉文帝的信是其绝笔，他收到的汉文帝的回信令其含笑九泉。

令人深感遗憾的是冒顿在文化上缺少建树。假如在他开始接触汉文化时就能有吸收的意识，从而创立自己的文字，那么这个草原帝国该有怎样一部历史，我们恐怕是很难想象出来的。缺失了这个环节，关于这个伟大的民族的许多历史细节，使我们无法描述。甚至连一些最基本的东西都难以说清。譬如冒顿生于哪一年，寿终时是多大岁数也都失于表述。因此这部关于冒顿的传记就只能是一部有很多残缺的，不清楚的记录。这也是我在多年以前就想要为其立传，但却一拖再拖，直拖到我已懒于执笔的时候才勉强将其记录下来。但在记录时，我常常是在回忆着甚至是幻想着在冒顿曾经踏足的地方我的所思和所想。不论在白登台还是在乌孙山，我都觉得我是在与冒顿对话。那感觉是非常美妙的……